영화로 철학하기

Philosophy Through Film

Copyright ⓒ 2002 by Mary Litch
All rights reserved.

Authorized translation from English language edition published
by Routledge, part of Taylor & Francis Books, Inc.
Korean Translation Copyright ⓒ 2004 by Sigongsa
Korean edition is published by arrangement with Taylor & Francis Books, Inc.
through BookCosmos, Seoul Korea.

이 책의 한국어판 저작권은 북코스모스를 통한
저작권자와의 독점 계약으로 (주)시공사에 있습니다. 신저작권법에 따라
한국 내에서 보호를 받는 저작물이므로 무단 전재와 복제를 금합니다.

영화로
철학하기

메리 리치 지음 | 이종인 옮김

시공사

지은이 **메리 리치**는 미국 앨라배마 대학의 철학과 교수이다.
그는, 학생들이 철학을 보다 쉽게 이해하도록 많은 노력을 기울이고 있다.

옮긴이 **이종인**은 1954년 서울 출생으로, 고려대학교 영문학과를 졸업하고, 한국브리태니커 편집국장을 역임했다. 현재 전문 번역가로서 인문, 사회과학 분야의 양서를 옮기는 일에 전념하고 있다. 지은 책으로는 『전문번역가로 가는 길』, 옮긴 책으로는 『문자의 역사』, 『폰더 씨의 위대한 하루』, 『비블리오테라피』, 『가르칠 수 있는 용기』, 『레오폴드왕의 유령』, 『사진과 그림으로 보는 성서』 등이 있다.

영화로 철학하기

2004년 1월 20일 초판 1쇄 발행
2014년 4월 25일 초판 5쇄 발행

지은이 | 메리 리치
옮긴이 | 이종인
발행인 | 이원주

발행처 | (주)시공사
출판등록 | 1989년 5월 10일 (제3-248호)

주소 | 서울시 서초구 사임당로 82 (우편번호 137-879)
전화 | 편집 (02)2046-2843 | 영업 (02)2046-2800
팩스 | 편집 (02)585-1755 | 영업 (02)588-0835
홈페이지 | www.sigongsa.com

ISBN 978-89-527-3585-0 03110

본서의 내용을 무단 복제하는 것은 저작권법에 의해 금지되어 있습니다.
파본이나 잘못된 책은 구입하신 서점에서 교환해 드립니다.

■ 차례

6 　작가의 글
8 　들어가는 글

1부　지식과 진실

15 　1장　회의주의
　　　　　"토털 리콜"과 "매트릭스"
63 　2장　상대주의
　　　　　"힐러리와 재키"

2부　마음, 신체, 그리고 개인

105 　3장　개인의 정체성
　　　　　"존 말코비치 되기"와 "메멘토"
137 　4장　인공 지능
　　　　　"A.I."

3부　윤리와 도덕적 책임

181 　5장　윤리학
　　　　　"범죄와 비행"
216 　6장　자유의지, 결정론, 도덕적 책임
　　　　　"가타카"와 "메멘토"

4부　철학, 종교, 인생의 의미

251 　7장　악의 문제
　　　　　"제7봉인"과 "휴거"
281 　8장　실존주의
　　　　　"제7봉인," "범죄와 비행," "라스베이거스를 떠나며"

306 　주석
319 　영화 스토리 라인과 분초 표시
348 　옮긴이의 글

■ 작가의 글

『영화로 철학하기(Philosophy through Film)』는 내가 버밍엄 소재의 앨라배마 대학교에서 '영화로 철학하기'라는 이름으로 여러 해 동안 강의한 경험의 산물이다. 나는 대학교에서 철학 입문 과정에 사용되는 1차 교과서로 삼기 위해 이 책을 집필하였다. 따라서 이 책은 철학 입문서의 모든 주제를 빠짐없이 다루고 있다. 『영화로 철학하기』는 영화를 통하여 철학의 문제를 풀어 간다는 새로운 접근 방식을 시도한다. 그 때문에 중급 철학 교과서로 삼아도 충분하다. 영화를 좀더 깊이 이해하고 또 해석하려는 영화 마니아들은 이 책에서 매력적이면서도 통찰력 깊은 정보를 얻을 수 있을 것이다.

'철학의 고전적 질문에 대답하기 위하여 몇몇 특색 있는 장편 영화를 해석한다.'

이것이 『영화로 철학하기』의 기본 전제이다. 이 책의 각 장에서는 우선 주요한 철학적 주제를 엄격한 철학적 방식으로 검토한다. 그런 다음 영화 한두 편에 초점을 맞추어, 그 영화를 구체적 사례로 인용한다. 곧 각 장의 주제와 관련된 영화의 기본 입장과 논증을 살피고 있다. 이렇게 하여 제시된 영화의 해석은 그냥 영화 평론으로 끝나는 것이 아니라 철학적 주제의 설명과 완벽하게 맞아떨어진다. 다시 말해 영화는 입문서 수준의 철학 교재를 보조 설명하는 '부교재'쯤으로 그치는 것이 아니라, 한 편의 훌륭한 철학 교재가 되는 것이다. 따라서 각 장의 여러 부분은 해당 영화를 보고 난 이후에 읽는 것이 더 유익하다. 각 장은 철학적 주제와 영화에 대한 간략한 안내로 시작되는데, 이를 먼저 읽어 두는 것이 좋다. 그러나 각 장의 나머지 부분은, 독자가 영화 내용을 상세히 알고 있다는 것을 전제로 한다.

각 장에서 초점이 되고 있는 영화는 스타일과 장르가 아주 다양하다. 우선 철학적 주제와 관련이 있는지를 영화 선정의 기준으로 삼았다. 이를테면 "이 영화는 철학자들에게 익숙한 방식으로 그 주제를 다루고 있는가?"라는 질문을 던져 적합할 때만 해당 영화로 채택했다. 영화를 선정한 두 번째 기준은 블록버스터(1985년에 설립된 세계 최대의 비디오 대여점/옮긴이)나 할리우드 비디오(블록버스터가 가족 중심인 데 비해 할리우드는 신세대 중심 타깃 시장을 형성하고 있다/옮긴이)같이 전국의 비디오 대여점에서 손쉽게 구할 수 있는 영화인지였다. 이 기준에 꼭 들어맞는지를 살피기 위하여 내가 사는 인근의 블록버스터 비디오 대여점에서 이 열한 편의 비디오 테이프를 쉽게 빌릴 수 있는지 시험해 보았다. 『영화로 철학하기』에서 초점이 된 영화들은 모두 이 기준을 충족시켰다.[1)]

많은 사람이 이 책의 집필에 기여했다. 초기 원고 상태에서는 '영화로 철학하기' 강의를 수강한 학생들의 비판과 제안이 잇따랐다. 그 덕분에 책의 내용이 좀더 나아질 수 있었다. 앨라배마 대학의 동료 교수인 제니퍼 매키트릭(Jennifer McKitrick)이 2장의 그림을 그려 주었으며, 그를 비롯해 제임스 레이첼스(James Rachels), 메리 휠(Mary Whall) 등은 이 책의 원고를 읽은 다음 유익한 논평을 아낌없이 해 주었다. 늘 그렇지만 만일에 있을지도 모르는 오류는 내 책임이다.

■ 들어가는 글

철학이란 무엇인가?

철학이라는 용어를 한 문장으로 정의하기는 몹시 어렵다. 하지만 철학자들이 연구하는 고전적 문제를 검토함으로써 철학의 분야를 설정하는 것은 비교적 쉽다. 예를 들면 다음과 같은 것이 철학의 전형적인 질문이다.

- 인간 지식의 한계는 무엇인가?(이를테면 나는 외부 세계가 존재한다는 것을 알 수 있는가?)
- 실재의 궁극적 성질은 무엇인가?
- 세상이 존재하는 방식과 그 세상에 대한 우리의 개념은 서로 별개의 것인가?
- 나를 나로 만들어 주는 것은 무엇인가?
- 마음을 가지고 있다는 것은 무슨 의미인가?
- 도덕적으로 옳은 행동과 도덕적으로 그른 행동을 구분해 주는 기준은 무엇인가?
- 내가 나의 행동에 대하여 도덕적 책임을 져야 하는 상황이 있는가?
- 신은 존재하는가? 만약 존재한다면 신은 우리의 찬양과 존경을 받을 만한 존재인가?

- 인생은 의미가 있는가? 만약 의미가 있다면 그것을 실현하기 위해 신은 필수적 존재인가?

서구의 지식 계보에서 이런 질문이 자주 다루어졌기 때문에 언뜻 보면 이런 질문들을 한 데 묶어 주는 장치가 없는 듯하다. 그래서 그것이 '철학적' 문제로 간주된다는 인상을 갖기 쉽다. 하지만 자세히 살펴보면 이런 질문은 한 가지 공통 사항을 갖고 있다. 그것이 곧 기본적인 질문인 것이다. 기본이라는 뜻은 이 세상에 대해서 생각하고, 또 그 세상 속에서 활동하는 사고의 틀을 구축할 때에 가장 먼저 물어야 한다는 것이다.

철학자들이 이런 질문을 검토할 때 통상적으로 사용하는 방법은 그 문제를 기술(記述)하고 이어 그 문제에 대한 특정한 답변을 주장하는 것이다. 따라서 **논증**은 어떤 진술을 지지하거나 정당화하기 위한 일련의 이유를 제시하는 것이다. 이를테면 회의주의자는 외부 세상이 존재한다는 것을 알 수 없다고 보는데, 그들은 그 이유로써 그런 세상을 알 수 있는 지식이 우리에게 없다는 점을 내세운다.

영화를 통해 본 '철학이란 무엇인가?'

형식에 입각한 논증은 이런 질문에 접근하는 유일한 방법은 아니다. 장편 소설도 때로는 논증과 유사한 기능을 발휘한다. 소설은 하나의 입장을 제시(예를 들어 위의 질문들에 대한 답변을 제시)하여 독자로 하여금 "그래, 나는 그게 그럴듯한 입장이라고 생각해." 하고 말하게 한다. 실제로 학부(學部) 수준의 철학 강의에서 소설의 도움을 받는 것은 그리 이례적인 일이 아니다. 소설과 영화는 중요한 차이가 있지만, 그래도 흥미로운 방식으로 철학적 문제에 답변하는 공통점을 갖고 있다. 이 책은 철학의 가장 기본적인 문제를 소개하고 토론하는 데 장편 영화를 이용한다.

장편 소설과 마찬가지로 영화는 철학적 사색을 용이하게 해 준다. 나는 위에서 철학의 기본 질문 중 하나가 "나는 외부 세계가 존재한다는 것을 알 수 있는가?"라고 말했다. 언뜻 보면 이 질문은 아주 황당무계하게 들릴 것이다.

"물론, 나는 알 수 있지!"

여러분은 이렇게 대답할 것이다. 이 질문은 너무 우스꽝스러워서 질문 자체가 되지 못한다고 생각할 수도 있다. 이때 영화는 이런 철학적 주제를 소개하는 아주 유용한 도구가 된다. 왜냐하면 영화는 관객으로 하여금 기존의 많은 고정 관념을 내던지도록 요구하기 때문이다. 우리는 소설이나 영화 같은 허구의 상황에 들어가면 이 세상에 대한 우리의 상식을 일시적으로 정지(停止)시킨다. 철학적 탐구에서는 이러한 정지시킴을 하나의 이점으로 활용한다. 예컨대 "토털 리콜(Total Recall)"이라는 영화를 한 번 생각해 보라. 이 영화는 그 속에 창조된 허구의 세계로 관객을 끌어들여 다음과 같은 점을 지적한다. 영화 속의 주인공은 그의 경험이 외부 세계와 일치하는지 또는 그의 기억이 과거의 경험과 상응하는지 알 수가 없다.

관객이 이런 전제 조건을 받아들일 때 그 영화 배후에 숨어 있는 의미는 분명해진다. 다시 말해 관객은 영화 속 주인공과 똑같은 입장이 된다. 이러한 인식이 갑작스러운 이해의 느낌인 '아하!' 하는 경험을 불러일으킨다. 그리하여 회의주의('우리는 외부 세계가 존재하는지 알 수 없다.')는 그런 대로 타당한 질문이 된다!

"토털 리콜" 이외의 다른 영화들도 똑같은 효력을 지닐 수 있다. 실제로 이 책에서 언급한 영화들은 모두 그런 효력을 가지고 있다. 이들 영화는 철학의 고전적 문제에 대하여 답변을 제시하고 또 그 답변을 옹호한다. 소설가나 영화 감독이 그 소설이나 영화를 제작할 때 철학하기를 염두에 두었느냐는 여기서 논외의 문제이다. 각 장에서 소개된 영화는 그 장의 시작 부분에서 제기된 철학적 문제를 다루게 된다.

이미 지적한 바와 같이 "토털 리콜"은 회의주의를 옹호하는 입장이고 영화 "매트릭스(The Matrix)"도 마찬가지이다. "힐러리와 재키(Hilary and Jacky)"라는 영화는 상대주의('모든 진술은 개념의 틀과 배경의 전제 조건에 따라 상대적으로 판단된다.')를 옹호하고 있다. "존 말코비치 되기(Being John Malkovich)"와 "메멘토(Memento)"는 인간의 정체성이라는 문제를 다루고 있다. 태어났을 때의 나와 현재의 나를 동일한 나로 인식시켜 주는 것은 나의 몸인가, 나의 정신인가, 나의 불멸하는 영혼인가?

"A.I.(Artificial Intelligence)"는 철학과 인공지능의 교차지점을 검토한다. 마음이란 무엇인가? 도덕적 권리를 가진 개인이 된다는 것은 무슨 뜻인가? 우디 앨런(Woody Allen)의 "범죄와 비행(Crimes and Misdemeanors)"은 도덕성의 본질을 검토한다. 어떤 윤리 이론이 타당한 것인가? "가타카(Gattaca)"와 함께 "메멘토"는, 인간은 과연 자유로운 존재인지 하나하나 따져 본다. 나는 자유의지를 가지고 있는가? 나의 모든 행동은 우주를 지배하는 자연 법칙에 따라 미리 조정된 것인가?

그 다음 두 영화 "제7봉인(Det sjunde inseglet)"과 "휴거(The Rapture)"는 악의 문제를 다루고 있다. 하느님은 과연 존재하는 것일까? 정말 존재한다면 이 세상의 수많은 고통을 왜 그대로 방치하는 것일까? 설령 우리가 신의 존재를 인정한다고 하더라도 이처럼 무수한 고통을 허용하는 신은 우리에게 찬양 받을 만한 자격이 있는 것일까? 이 경우 종교는 부정되는데 신이 없다기보다는 종교 생활의 일차적 활동인 신에 대한 찬양이 근거 없기 때문이다. 유신론자들은 이런 공격에 어떻게 대응할까? "제7봉인"은 인간의 존재를 의미 있게 해 주는 신의 역할을 검토하고 있다. 마지막으로 "라스베이거스를 떠나며(Leaving Las Vegas)"는 종교적인 틀 밖에 있는 실존적 질문을 살핀다. 인생은 과연 의미가 있는가?

책의 체제

『영화로 철학하기』는 철학 교과 과정에서 볼 때 비정통적인 접근 방법을 사용하고 있다. 하지만 이 책의 주제들은 기본이 되는 철학 입문서의 내용과 거의 비슷하게 구성되어 있다. 각 장은 철학의 고전적 주제들을 다루고 있다. 각 장의 구조는 대동소이하다. 각 장의 앞쪽에 포진된 두세 절은 해당 철학적 주제를 간추려 길잡이 노릇을 한다. 따라서 초점이 된 영화를 보기 전에 읽어 두어야 할 내용이다. 그 뒤의 절들은 해당 영화를 자주 참조하기 때문에 영화를 보고 난 후에 읽는 것이 좋다. 나는 영화 속의 개개 장면을 분초 표시(minute mark : MM : 영화가 시작되어 경과한 시간)로 언급할 것이다. 초점이 된 영화 열한 편의 줄거리와 MM을 책 뒤쪽에 첨부했다. 영화를 볼 때나 또는 각 장의 관련 부분을 읽을 때 이 첨부된 자료를 참조하면 도움이 될 것이다.

1부 _ 지식과 진실

제 1 장

회의주의

"토털 리콜"(1990년)과 "매트릭스"(1999년)

멜리나: 난 믿어지지 않아. 이건 꿈만 같아. 뭐가 잘못된 걸까?
퀘이드: 난 방금 끔찍한 생각을 했어. 만약 이게 모두 꿈이라면?
멜리나: 그럼 당신이 깨어나기 전에 내게 키스해 줘.

— "토털 리콜"의 마지막 장면

모피어스: 당신은 자기가 보고 있는 것을 받아들이는 사람의 표정을 짓고 있군. 자기가 곧 잠에서 깰 것이라고 기대하는 사람의 그런 태도 말이야. 그런데 아이러니컬하게도 그런 태도가 진실과 그리 동떨어진 게 아니라는 거야.

— "매트릭스"에서

우리는 감각이 의식과는 상관없이 존재하는 외부 세계를 보여 준다고 생각한다. 하지만 이런 생각이 타당한 것일까? 나는 이 외부의 세계에 대하여 무엇을 알 수 있는가? 나의 감각이 나에게 전달해 주는 정보가 정확하다고 확신할 수 있는가? 어쩌면 나의 감각은 외부 세상에서 벌어지는 일에 대하여 아주 잘못된 정보를 전달할 수도 있다. 과연 나는 외부 세계가 존재한다는 것을 알 수 있는가? 철학자들은 이런 질문을 몇 세기 동안 검토해 왔다. 일부 철학자들은 **회의주의**라는 입장을 취한다. 회의주의는 외부 세계에 대한 진정한 지식이 획득 불가능하다는 입장이다. 우리가 앞으로 살펴보겠지만, 과학소설(SF)의 가상 현실 장르는 이런 주제를 검토하기에 아주 알맞은 논제이다. 그래서 "토털 리콜"과 "매트릭스"라는 영화를 선택했다. 이 두 영화는 회의주의 입장을 적절하게 옹호하고 있고, 또 현대의 철학자들이 회의주의에 어떻게 반응하고 있는지 잘 보여 준다.

여기서 나는 이렇게 제안한다. 우선 이 장의 3까지 읽은 다음, 관련 영화를 보고 나서 4 이후를 읽어 나가는 것이 좋다. 1과 2의 첫 두 절은 아주 일반적인 관점에서 회의주의라는 개념을 소개한다. 이런 지식을 갖추고 "토털 리콜"과 "매트릭스"를 본다면 이 영화들의 철학적 주제를 좀더 쉽게 이해할 수 있을 것이다. 회의주의를 소개한 1과 2를 주의 깊게 읽어 본다면 두 영화의 구성과 대화가 이 철학적 주제와 아주 긴밀하게 연결되어 있음을 알게 될 것이다. 4 이후의 내용은 위의 영화를 자주 인용하고 있으므로 영화를 본 다음에 읽는 것이 가장 좋다.

1. 회의주의란 무엇인가?

일상 생활에서 어떤 사람을 가리켜 저 사람은 회의적이라고 말하면, 그 사람이 남의 말을 잘 안 믿는 의심 많은 사람이라는 뜻을 가진다. 또 정치가의 정치적 발언을 들었을 때 사람들은 "난 회의적이야."라고 말하면서 그 발언에 대해 불신이나 의심을 드러낸다. 철학에서 사용되는 회의주의라는 단어는 일상 생활에서의 회의라는 단어와 관련이 있기는 하지만, 조금 다른 의미로 사용된다. 철학적 의미에서 X에 대하여 회의적인 사람은 그 X가 참인지 또는 거짓인지 알 수 없다고 주장하는 사람이다. 이 점을 분명히 하기 위해 다음 세 가지 진술을 한번 살펴보자.

S1 : 조지 워싱턴(George Washington)은 미국의 21대 대통령이었다.

S2 : 2,356,717은 정수(1과 그 자신의 수 이외에는 나누어지지 않는 수)이다.
S3 : 나는 지금 꿈을 꾸고 있다.

이를테면 내가 위의 세 진술에 대하여 당신에게 각각의 진술이 참이라고 생각하느냐고 물어 본다고 하자. 당신은 어떻게 대답할 것인가? 만약 당신이 나라면 이렇게 대답할 것이다.

S1' : 나는 S1은 거짓이라는 것을 확실히 안다.
S2' : S2에 대해서는 참인지 거짓인지 알 수가 없다. 내가 수학의 귀재라면 또는 충분히 계산해 볼 시간이 있다면 참인지 거짓인지 계산해 볼 수는 있다.
S3' : 나는 S3에 대해서는 확실하게 알 수가 없다. 나는 지금 이 순간은 꿈을 꾸지 않는다고 믿고 싶다. 그러나 과거에 이런 경험이 있었다. 나는 그때 내가 꿈을 꾸고 있다고 생각하지 않았다. 그러다가 몇 분 뒤 자명종이 울리고 나서야 비로소 그게 꿈이라는 것을 알았다. S3의 진술은 생각해 보면 볼수록 더욱 황당해진다. S2가 참이냐 거짓이냐 물어 보았을 때는 그래도 노력하면 알 수는 있다고 생각한다. 그러나 S3은 질적으로 다른 문제이다. 계산을 해 볼 수도 없고 또 확신을 갖게 하는 실험도 해 볼 수 없기 때문이다. 이 진술과 관련해서는 'S3이 참인지 거짓인지 확실하게 알 수 없다' 가 정답인 것 같다.

S3' 의 대답은 철학자들이 말하는 회의주의의 개념을 정확하게 표현하고 있다. 다시 말해 회의주의는 지식이란 획득 불가능하다는 입장이다. 일상 생활의 '회의' 와 철학에서 사용하는 '회의' 는 의미가 다르다는 것을 주목하라. 일상 생활에서 회의주의자는 곧 부정하는 사람이다. 그러나 철학 속의 회의주의자는 의심을 품는 사람이다.

회의주의자라고 해도 어떤 분야에 대해서만 회의적이고 다른 분야에 대해서는 회의적이지 않을 수도 있다. 예를 들면 도덕적 회의주의자는 도덕적 진술이 참인지 거짓인지 알 수 없다고 주장하는 한편, 다른 분야에서는 지식을 획득하는 것이 가능하다고 본다. 이런 제한적인 회의주의는 뒤에 다시 검토할 것이다. 이 장에서 다루는 회의주의는 어떤 분야를 제한하지 않고 모든 분야에서 지식을 얻는 것은 불가능하다고 보는 회의주의이다. 때때로 다른 제한적 회의주의와 구분하기 위해 이런 포괄적 회의주의를 가리켜 인식론적 회의주의(epistemological skepticism)라고 한다(인식론은 지식이란 무엇인가, 어떤 믿음이 지식이라고 할 때 그것을 어떻게 정당화시킬 수 있는가와 같은 문제를 다루는 철학의 한 분야이다).

회의주의는 오랜 역사를 갖고 있으며 "토털 리콜"이나 "매트릭스" 같은 가상 현실의 영화가 나오기 2000년 전부터 존재해 온 사상이다. 최초의 회의주의자들은 기원전 3-4세기의 고대 그리스에서 찾아볼 수 있는데, 이들은 저명한 철학자 아리스토텔레스(Aristoteles)의 바로 직후 세대였다. 이들 초기 회의주의자들이 남긴 저작은 전해지지 않지만, 이런 저작들을 접할 수 있었던 후대의 회의주의자들 때문에 그들의 사상을 비교적 자세히 알 수 있다. 이런 후대의 회의주의자들 중 섹스토스 엠페이리코스(Sextos Empiricos, 175-225년)는 고대 회의주의를 가장 권위 있게 규정했다. 고대 회의주의자들은 지금 현재의 지각적 상태에 대한 지식 이외의 모든 지식의 주장을 거부했다. 좀더 구체적으로 설명하면 나는 지금 저 붉은색을 시각적으로 지각할 수 있으나(현재의 지각 상태), 그 붉은색에 대한 지각이 내 의식 밖에 존재하는 어떤 사물 때문에 야기된 것인지 아닌지는 알 수 없다는 것이다.

여기서 한 가지 주목해야 할 사항이 있다. 고대 회의주의자들은, 붉은색에 대한 지각이 의식 밖의 어떤 것 때문에 야기된다는 사실 자체를 부정하는 것은 아니다(회의주의자는 의심하는 사람일 뿐 부정하는 사람이 아니라는 것을 기억하라). 그렇다면 그들의 주장은 무엇인가. 현재 느끼는 붉은색에 대한 지각이 외부의 사물(다시 말해 관찰자의 마음과는 상관없이 외부 세계에 존재하는 사물)로 인해 야기되었다고 하기에는 증거가 불충분하다는 것이다.

    고대 회의주의자들은 현대 회의주의자들과 마찬가지로 이렇게 생각한다. 외부 세계의 존재에 대하여 적극적으로 믿지 않는 것은 그런 세계를 적극적으로 믿는 것만큼이나 근거가 없다. 다소 기이하게 들릴지 모르겠지만 고대 회의주의자들은 이런 생각도 했다. 회의주의에 대한 가장 자연스러운 심리적 반응은 기쁜 마음으로 이 세상에서 초연해지는 것이다. 과연 고대 회의주의자들이 기쁜 마음으로 초연하게 되었는지는 알 수 없다. 하지만 회의주의에 대한 현대인의 자연스러운 반응은 혐오감이다. 회의주의적 가정(假定)이 영화 속에 등장함으로써 "토털 리콜"과 "매트릭스"의 주인공들이 보였던 반응을 한번 생각해 보라. 그들은 기쁜 마음으로 초연하게 되었는가? 일반인과 마찬가지로 철학자도 회의주의를 아주 난처하게 생각한다. 근대의 인식론은 이 회의주의를 쳐부수기 위한 필사적인 시도였다. 일부 철학자들은 회의주의에 대한 경멸감이 아주 뿌리 깊어서〔이를테면 우리가 6에서 만나게 될 조지 버클리(George Berkeley, 1685-1753년)〕, 회의주의를 유도하는 전제 자체를 거부할 정도였다.

    고대 그리스에서 시작되었던 회의주의의 흐름은 중세 초기에 거의 소멸되어 그 후 1000년 동안 유럽에서는 지지자가 거의 없었다. 15세기와 16세기, 종교 혁명과 과학 혁명이 전개되면서 회의주의에 대한 흥미가 되살아났다. 이러한 소생은 16세기 중반에 엠페이리코스의 저작이 재출간되면서 더욱 박차를 가하게 되었다. 이렇게 하여 철학자들이 다시 한 번 회의주의와 씨름하게 되었다. 이 시기에 회의주의의 문제를 본격적으로 탐구한 철학자는 프랑스 철학자 르네 데카르트(René Descartes, 1596-1650년)였다. 현대의 철학사가들은 그의 출현을 근대 철학의 시점으로 잡는다.[1] 데카르트가 규정해 놓은 회의주의의 형태는 오늘날까지도 그대로 유지되고 있다. 그가 미친 영향은 아주 중대하기 때문에 나는 섹션 2 전부를 데카르트의 견해를 밝히는 데 할애했다. 회의주의는 17세기와 18세기 대부분 중요한 주제로 남았다. 이 시기의 또 다른 중요 철학자인 데이비드 흄(David Hume, 1711-1776년)은 회의주의를 옹호하는 논증을 더욱 정교하게 가다듬었다. 흄은 외부 세계가 존재한다는 것을 안다고 주장하기 위해 필요한 조건들을 검토한 다음, 그런 조건들이 이론적으로 근거 없는 것임을 증명했다. 우리는 흄의 논증에 대하여 4와 5에서 더 다루게 될 것이다.

19세기와 20세기에 들어와 회의주의는 철학의 변방으로 밀려났지만 아예 사라져 버린 것은 아니다. 현대의 철학자들이 회의주의에 대해서 어떻게 말하고 있는지 알고 싶은 사람은 1장 말미에 있는 '더 읽어야 할 책'을 참고하기 바란다.

2. 데카르트의 정식화

회의주의에 관한 가장 중요한 저작은, **데카르트**가 1641년에 발간한『제일철학에 관한 성찰(*Meditationes de prima Philosophia*)』중 첫번째 성찰이다.[2] 이 에세이에서 데카르트는 근대적 회의주의의 틀을 잡았고, 회의주의에 대한 반박을 충족시킬 수 있는 기준을 제시했다. 그리고 그는 나머지 다섯 편의 에세이에서 데카르트 자신이 판단하기에 합리적이라고 생각되는 회의주의의 반박 논증을 제시했다. 철학자들은, 데카르트가 주장하는 회의주의의 반박이 교묘하고 정교하다는 점은 인정하지만, 제이성찰에서 제육성찰에 걸쳐 제시된 데카르트의 '해결안'은 타당하지 않다고 생각한다. 따라서 데카르트의『제일철학에 관한 성찰』은 데카르트가 의도한 대로 회의주의를 반박하는 데 확실한 근거가 되지 못하고, 오히려 회의주의를 부추기는 고전적 자료가 되었다.

데카르트의『제일철학에 관한 성찰』중 첫번째 에세이의 전문을 여기에다 인용했다. 데카르트는 이 에세이에서 '참'임을 확신할 수 있는 믿음을 찾기 위해 애썼다. 그는, 감각이 과거에 자신을 속였다는 것에 주목한다. 그래서 감각에 바탕을 둔 믿음은 신빙성 없는 것으로 의심한다(위에서 이미 설명한 바와 같이, 진술의 참됨을 의심하는 것과 진술의 거짓됨을 믿는 것은 서로 별개임을 명심하라). 더욱이 데카르트는 꿈을 꿀 때 처음에는 너무 현실 같아서 각성 상태의 경험과 구분이 되지 않는 경험을 회상했다. 따라서 햇빛이 환한 데서 어떤 사물을 세밀히 관찰하면 자신의 감각이 잘못되었을지 모른다는 우려를 떨쳐 낼 수는 있지만, 햇빛이 환한 데서 아무리 세밀하게 관찰하더라도 '실제' 현실과 '가상' 현실(꿈속의 현실)을 구분하기에는 불충분하다. 그래서 데카르트는 자신이 엉뚱한 곳에서 의심할 수 없는 상태를 찾고 있다는 것을 깨달았다. 어떤 의심할 수 없는 믿음을 찾기로 하자면 그런 것은 순수 수학의 분야에서 더 쉽게 발견할 수 있다(예를 들면 '2+3=5'라는 진술). 그러나 데카르트는 더 깊이 사색한 결과 심지어 이것도 의심할 수 있다고 생각했다.

    이를테면 이렇게 생각하는 것이다. 데카르트는 전지전능한 신이 존재한다고 믿는다. 그를 창조하고 그가 총체적으로 기만당하지 않도록 보살피는 신을 믿는 것이다. 그러나 그는 이런 신의 존재에 대한 믿음조차도 의심할 수 있다고 생각한다. 어쩌면 신이 아니라 전지전능한 악마가 존재하는 것인지도 모른다. 이 악마가 데카르트를 창조하여 그가 2 더하기 3 같은 간단한 계산을 할 때도 오류에 빠지게 할 수 있다. 그는, 실제 사정이 그런 게 아님을 자신 있게 알 수가 없다. 만약 이런 악마가 존재한다면 이성(理性)의 힘에 바탕을 둔 그의 신념조차도 의심받을 수 있다. 데카르트는 이런 악마가 존재한다는 가정을 받아들이기로 한다. 이 가정이 근거가 있어서 받아들인다기보다(데카르트는 전혀 근거 없다고 생각한다), 한 점이라도 의혹이 있는 믿음은 모두 의심할 수 있는 대상으로 한다는 그의 결단력을 강화하기 위해서이다. 이런 치열한 회의(懷疑)의 분위기 속에서 첫번째 성찰은 끝난다.

    위에서 말한 것처럼 데카르트는 2-6번째의 성찰에서 자신이 회의주의를 완전히 극복했다고 생각했다. 『제일철학에 관한 성찰』의 대부분 에세이는 이 책의 범위 밖에 있는 것이지만, 두 번째 성찰의 첫 부분에 나오는 진술은 이 책과 관련이 있다. 결코 의심할 수 없는 믿음, 곧 그 진실을 찾는 과정에서 데카르트는, "나는 존재한다."는 직관이 그런 믿음이라고 결론을 내린다. 설령 악마가 존재하여 끊임없이 데카르트를 오류에 빠뜨린다고 하더라도 그가 생각하는 실체, 또는 의심하는 실체로 존재한다는 사실은 믿지 않을 수가 없다. 우선 그가 존재해야만 오류에 빠질 수도 있고 기만을 당할 수도 있는 것이다. 이렇게 하여 데카르트는 '나는 생각한다. 그러므로 나는 존재한다(Cogito, ergo sum)'는 직관을 정식화하여 그가 존재한다는 사실은 한 점의 의혹이 있을 수 없다고 주장했다. 자, 다음은 『제일철학에 관한 성찰』의 첫번째 에세이 전문이다.

제일성찰—의심할 수 있는 모든 것들에 대하여[3]

나는 몇 년 전에 이런 사실을 깨달았다. 내가 어렸을 때부터 많은 잘못된 견해를 참된 것인 양 받아들여 왔던 것이다. 따라서 그런 불안정한 원칙들을 근거로 해서 내가 쌓아 올린 것이 매우 의심스럽고 불확실할 수밖에 없다. 내가 학문에서 그 어떤 확고부동한 것을 이루려고 한다면, 지금까지 믿어 왔던 모든 견해를 벗어나 아주 기초부터 새롭게 출발할 것을 진지하게 시도해야만 한다. 이러한 시도는 나에게는 매우 벅찬 것이어서, 그 일을 시행하기에 알맞은 나이가 될 때까지 나는 기다려야 했다. 그래서 이 일은 오래 전부터 미루어 왔던 것인데, 그러던 중 이런 생각이 들었다. 그 일을 실행하기 위하여 남아 있는 시간을 주저하면서 보낸다면 그것은 잘못된 일이다. 지금 나의 정신은 모든 책임에서부터 자유로워졌고, 또 평화로운 여유 시간을 확보했다. 그러므로 진지하되 자유롭게, 내가 전에 가졌던 모든 견해를 전반적으로 뒤엎는 일을 해 보자.

이러한 목적에 이르기 위하여 그 모든 견해가 옳지 않다는 것을 증명할 필요는 없다. 왜냐하면 나는 결코 그 모든 것을 끝까지 증명할 수 없기 때문이다. 또 이성은 이미 완전하고 확실한 것은 의심해선 안 된다고 우리를 확신시킨다. 그뿐 아니라 이성은 우리가 명백하게 잘못된 것으로 나타나는 것들과, 그 밖에 조금이라도 의심할 여지가 있는 것은 모두 제거할 수 있다고 확신시켜 주었다. 따라서 그런 목적을 위하여 모든 것을 하나씩 검토할 필요는 없다. 그러한 일은 끝이 없기 때문이다. 기초의 파괴는 필연적으로 나머지 모든 건물의 파괴를 가져오므로, 나는 우선 전에 가졌던 모든 견해의 기초가 되는 원칙들을 따져 보려 한다.

지금까지 나는 직접적인 감각에서부터, 또는 간접적인 감각에 따라 배운 모든 것을 가장 진실하고 확실한 것으로 받아들여 왔다. 그런데 이 감각들이 가끔 나를 속인다는 사실을 깨달았다. 따라서 우리를 이처럼 속이는 감각은 부분적으로만 신뢰하는 것이 좋다.

부분적이라고 말한 것은 감각이 우리를 제대로 가르치기도 하기 때문이다. 감각은 거의 지각할 수 없는 것, 매우 멀리 떨어져 있는 것에 관해서 우리를 잘못 가르치지만, 때로는 이성적으로 의심할 수 없는 것들과 만나게 해 준다. 예를 들면 내가 실내복을 입고 종이나 또는 그와 비슷한 것을 손에 들고 벽난로 앞에 앉아 있다고 해 보자. 어떻게 이 손들과 이 육체가 내 것이 아니라고 할 수 있겠는가? 내가 정신이상자가 아니라면 말이다. 물론 정신이상자들은 담즙에서 올라오는 나쁜 기운 때문에 뇌가 아주 뒤집혀서, 자기 자신을 거지 아니면 왕이라고 착각하고, 벗었으면서도 금빛 비단옷을 입었다고 믿고, 또는 유리로 된 육체를 가지고 있다고 고집한다. 하지만 이들은 미친 사람들이며, 내가 그들처럼 생각한다면 나 또한 상식을 벗어난 사람이 될 것이다.

그러나 여기서 나는 내가 인간이며, 잠자는 습관이 있고, 정신이상자들이 깨어 있을 때 머리에 그리는 것과 같은 것을, 또는 더 해괴한 것들을 나 자신의 꿈속에서 상상할 수 있음을 고찰하게 된다. 나는 꿈속에서 내가 이 장소에 있고, 옷을 입고 있고, 벽난로 옆에 앉아 있다고 생각했지만 실제로는 옷을 벗고 침대에 누워 있었다. 내가 이 종이를 바라보고 있고, 내가 흔들어 보는 이 머리는 조금도 졸지 않고 있고, 내가 이렇게 손을 뻗는 것은 의식적인 행동이며, 또 내가 이것을 느끼는 일은 결코 두 눈이 잠들어 있지 않는 환한 대낮의 일임을 나는 안다. 이러한 것은 잠 속에서는 잠이 깨어 있을 때처럼 그렇게 명석하고 그렇게 확실히 나타나지는 않는다. 그러나 좀더 자세히 살펴보면 내가 잠잘 때도 마치 실제인 듯한 환상에 자주 속았다는 사실을 기억한다. 이러한 생각에서 보면 정신을 차릴 때와 잠잘 때를 구분하여 줄 수 있는, 결정적인 징후도 없고 확실한 표적도 없다. 나는 이러한 사실을 깨닫고 매우 놀란다. 내 놀라움은 매우 커서 나는 내가 지금 깨어 있다고 생각하지만 실은 잠자고 있는 것이 아닌가 생각할 정도다.

그러면 지금 우리가 잠을 자고 있다고 가정하자. 그래서 우리가 눈을 뜬다든지 머리를 흔든다든지 손을 뻗는다든지 하는 행위가 꿈속의 상황이라고 가정하자. 그리고 우리의 양손과 우리의 육체가 우리의 눈에 보이는 그 실물이 아니고 꿈속의 상황이라고 생각해 보자. 그런데 꿈속에서 우리에게 나타난 사물들은 실재적이고 사실적인 사물들이 다시 나타난 것이라고 할 수 있다. 그러므로 눈, 머리, 손 및 육체의 모든 나머지 부분과 같은 일반적인 사물들은 상상의 산물이 아니라 실재하는 사물의 재현이라고 봐야 한다. 비유적으로 설명하면 이렇게 된다. 화가들이 세이렌(그리스 신화에 나오는 바다 괴물로 상반신은 여자, 하반신은 새의 모습/옮긴이)이나 사티로스(그리스 신화에 나오는 반은 사람이고 반은 짐승인 괴물들/옮긴이)를 그리기 위해 괴상하고 특이한 형태로 온갖 인공적인 존재를 연구한다 할지라도, 세이렌과 사티로스에게 전적으로 새로운 형태나 본성을 부여할 수는 없다. 오직 여러 다른 동물의 신체 일부분을 섞어 종합할 수밖에 없는 것이다. 또는 화가들의 상상력이 아주 기괴하여 우리가 아직까지 그와 비슷한 것을 본 일이 없어 새로운 것을 생각해 냈다고 해도, 또 그렇게 해서 그들의 작품이 우리에게 완전히 꾸며진 것으로 나타난다고 해도, 적어도 그들이 사용한 여러 색은 실제로 존재하는 것들이다. 마찬가지 이유로 눈이나 머리, 손 및 이와 비슷한 일반적인 것들이 꿈속에 등장한다고 해도 그런 것들에 대응하는 실제 사물이 있음을 인정해야 한다. 또 우리의 머릿속에 존재하는 물건들이 실재하는 것이든 상상 속의 것이든, 그 물건들을 묘사하는 색깔은 실제 이 세상에 있는 것이다.

이러한 색채의 종류에 속하는 것들로는 물체적 본성 일반 및 그 연장(延長), 그리고 그 연장을 가지고 있는 것들의 모양, 이것들의 양(量), 즉 이것들의 크기와 수, 또한 이것들이 있는 장소, 이것들이 지속하는 시간 등이 있다. 그리고 이런 것들도 실재에 있는 것을 상상 속에서 대응시킨 것이다.

따라서 우리는 합당하게 이런 결론을 내릴 수 있다. 물리학, 천문학, 의학, 그 밖에 복합물의 고찰에 좌우되는 학문들이 매우 의심스럽고 불확실하다고 할 수 있다. 이에 비해 대수학이나 기하학, 그 밖의 사물이 자연 안에 있든 없든 구애됨이 없이 매우 단순하고 일반적인 것들만을 취급하는 학문들은 확실하고 의심할 수 없는 어떤 것을 지니고 있다. 예를 들면 내가 깨어 있거나 잠들어 있거나 둘 더하기 셋은 다섯이며, 사각형은 결코 네 변을 초과하지 않는다. 그리고 그렇게 명백한 진리들이 거짓이거나 불확실하다고 의심할 수 없다.

그런데도 나는 오래 전부터 내 정신 안에 전지전능하신 신이 존재하고, 그에 따라서 내가 창조되었고, 현재의 내가 만들어졌다는 생각을 가지고 있다. 그런데 누가 나에게 이 신이 땅, 하늘, 면적을 가진 물체, 도형, 크기, 장소를 만들어 냈다고 확신시켜 줄 수 있는가? 그리고 내가 이 모든 것에 대한 의식을 가지고 있고, 그것들은 내가 본 것과는 다르게, 마치 존재하지 않는 것처럼 나에게 보인다는 것을 누가 나에게 확신시켜 줄 수 있는가? 때때로 나는 다른 사람들이 최대의 확신을 가지고 있다는 것들에 대해서도 잘못 알 수 있다고 생각해 본다. 이를테면 둘 더하기 셋의 덧셈을 할 때마다, 또한 사각형의 변들의 수를 셀 때마다 또는 그보다 더 간단한 사물을 판단할 때마다 내가 틀렸을지도 모른다고 생각한다. 그러나 아마도 신은 내가 그처럼 실망하는 것을 원치 않았을 것이다. 왜냐하면 신은 전지전능하기 때문이다. 그러나 내가 항상 잘못 생각하는 것이 신의 선(善)에 거슬린다면, 내가 가끔 잘못 생각하는 것을 허락하는 일도 거슬릴 터이다. 그런데도 나는 신이 잘못된 생각을 허락한다고는 보지 않는다.

다른 모든 것이 불확실하다고 믿기보다는 차라리 전지전능한 신의 존재를 부정하고 싶은 사람들이 있을 것이다. 그러나 지금은 그들에게 반대하지 말자. 그리고 그들을 위해 신에 관하여 이야기된 모든 것은 하나의 우화라고 가정해 보자. 운명, 사고, 전례의 집적, 그 밖의 다른 방법 등으로 내가 이른 현재의 존재 상태에 대해서 그들이 어떤 판단을 내리든 간에, 과실을 범하고 잘못 생각하는 것은 일종의 불완전성이라고 생각된다. 따라서 다음의 사실은 분명한 것이 된다. 즉 나의 근원적 창조자가 덜 전능하기 때문에 내가 불완전하고, 그런 만큼 내가 나 자신을 기만할 가능성은 더 높아진다. 이런 주장에 대해서 나는 분명히 대꾸할 바가 없다. 그러나 내가 예전에 진정한 것으로 믿고 받아들였던 모든 견해 가운데 결코 무분별하거나 경솔해서가 아니라, 깊이 고찰한 매우 강력한 이유들에 따라서 내가 지금 의심하지 못할 것은 아무것도 없다. 그러므로 이제부터는 내가 이 생각에서 나의 판단을 중단하는 것이 필요하며, 확실하게 잘못되었다고 생각한 것 못지않게 지금껏 타당하다고 믿어 온 것들도 쉽사리 믿지 말아야 하겠다. 이렇게 해야 학문의 확실성에 이를 수 있다.

그러나 이와 같은 생각만으로는 충분치 않고 그것을 내 마음속 깊숙이 새기어 두어야 한다. 왜냐하면 이 오래된 상식은 저절로 내 마음속에 등장하기 때문이다. 상식은 너무 오래되어 편리한 나머지 아주 쉽게 내 마음을 차지하며 내 믿음의 주인이 되어 버리는 것이다. 그리고 내가 그러한 상식을 있는 그대로, 이를테면 내가 지금 논증한 바와 같이, 의심스럽다고 생각하면서도, 그 상식에 동의하는 습관을 결코 버릴 수가 없다. 나아가 그 상식을 믿는 습관도 결코 버릴 수가 없다. 말하자면 상식을 부인하는 것보다는 그것을 믿어야 할 이유가 훨씬 더 많은 것이다. 그러한 이유로 그 반대 입장에 서서 모든 이러한 상식이 잘못되고 허구적인 것이라고 가정하고 또 그것이 나 자신을 속이도록 허용한다면, 잘못된 행동을 하지 않게 될 것이다. 나의 여러 편견이 나의 견해를 편향된 것으로 만들지 못하도록 여러 편견을 충분히 저울질함으로써, 나의 판단이 더 이상 습관에 지배되지 않고, 진리의 인식으로 인도될 수 있는 바른 길을 찾도록 할 때까지 나는 그 견해를 조심스럽게 사용하고자 생각한다. 이렇게 하면 위험도 오류도 있을 수 없다고 확신한다. 또 지금 중요한 일은 행동하는 것이 아니라 오직 성찰하고 인식하는 것이므로, 지금 나는 아무리 불신해도 지나침이 없음을 확신한다.

 그러므로 나는 어떤 심술궂은 악마를 가정한다. 그는 진리의 원천도 아니고 전지전능한 신도 아니다. 오히려 그는 그의 모든 계교를 나를 속이는 데 사용하는 심술궂은 악마이다. 그는 막강하면서도 교활하게 속임수를 쓰는 것이다. 하늘, 공기, 지구, 색채, 형체, 소리, 그리고 우리가 보는 모든 외적 물체들은 그 악마가 나의 믿음을 농락하기 위하여 사용하는 환상과 속임수라고 생각하려 한다. 나는 나 자신을 손도 눈도 살도 피도 아무런 감각도 없는데, 이 모든 것을 가지고 있다고 잘못 믿는 것처럼 생각하려 한다. 나는 이러한 생각에 집착하려 한다. 그래서 이러한 방법에 따라 내가 아무런 진리도 터득할 수 없다 해도 적어도 나의 판단을 중단시키는 것은 나의 권능에 속한다. 그러한 이유로 나는 그 어떤 오류도 나의 믿음 안에 받아들이지 않기 위하여 조심을 다할 것이며, 나의 정신을 이 거대한 사기꾼의 모든 기교에 잘 대비함으로써, 아무리 그가 막강하고 교활하다 할지라도 나에게 그 어떤 것도 강제로 부과시킬 수 없도록 할 것이다.

 그러나 이 계획은 고통스럽고 힘이 들기 마련이다. 그리고 조금만 게을러도 나는 평소의 생활 태도로 되돌아간다. 그것은 꿈속에서 상상의 자유를 누리고 있는 한 노예가, 그의 자유는 꿈에 지나지 않음을 알아차리기 시작했을 때, 잠 깨는 것을 두려워하고, 그 즐거운 꿈을 좀더 오랫동안 누리기 위하여, 그 즐거운 환상들과 공모하는 것과 똑같다. 그렇게 해서 나는 옛 상식들 쪽으로 부지불식간에 다시 떨어지며, 이러한 나태함에서 깨어나기를 두려워하는 것이다. 왜 두려워할까? 왜냐하면 이런 평온한 휴식 다음의 고통스러운 각성이 진리의 각성에 어떤 빛도 가져다 주지 못하리라고 보기 때문이다. 빛은커녕 방금 제기된 어려움의 암흑 속으로 떨어지지 않을까 두려워하는 것이다.

3. 영화의 개관

"토털 리콜" 감독 : 폴 버호벤(Paul Verhoeven)
출연 : 아놀드 슈워제네거(Arnold Schwarzenegger), 레이첼 티코틴(Rachel Ticotin), 샤론 스톤(Sharon Stone)

아놀드 슈워제네거는 주인공 더글러스 퀘이드로 나온다. 21세기의 지구인인 퀘이드는 화성으로 여행하는 메모리 임플란트를 시술받기 위해 리콜이라는 회사를 방문한다. 영화의 미래 지향적인 배경을 감안할 때 여기까지는 별로 특별한 것이 없다. 그러나 임플란트 시술 중 무언가 잘못되기 시작한다. 이 오류의 결과로 퀘이드는 다음과 같은 사실을 알게 된다. 그의 평생, 좀더 정확하게 말하자면 그의 평생을 구성하는 '기억'의 총집합이 환상이라는 것이다. 곧 정부(政府)의 에이전트가 그의 뇌 속에 박아 넣은 메모리 칩에 따라 생산된 환상이라는 것. 그는 또한 그의 실제 인생에서 자신이 하우저라는 비밀 요원이었는데 정부를 배반했다는 사실도 알게 된다. 영화의 후반부는 퀘이드/하우저가 그의 진정한 정체에 대하여 더 많은 것을 알아 내려고 노력하는 과정이다. 이 후반부는 하나의 이야기로 구성되어 있는데, 우리는 그 진실성에 대하여 확신을 갖지 못한다. 이 모든 일이 실제로 퀘이드/하우저에게 일어나는 일인가? 아니면 퀘이드가 리콜 회사에서 사들인 가짜 기억 패키지 프로그램의 일부인가?

"매트릭스" 감독 : 앤디 워쇼스키(Andy Wachowski), 래리 워쇼스키(Larry Wachowski)
출연 : 키애누 리브스(Keanu Reeves), 로렌스 피시번(Laurence Fishburne), 캐리 앤 모스(Carrie-Anne Moss)

"매트릭스"는 가장 최근의 블록버스터 영화로서 "꿈의 세계와 실제 세계의 차이를 어떻게 아느냐?"[4]는 질문을 던진다. "토털 리콜"과 마찬가지로 이 영화도 미래를 무대로 하고 있다. 그 미래에서는 엄청난 기술 진보가 이루어져 완벽한 가상 현실의 창조가 가능하다. 엄밀하게 말해서 회의주의의 토론에는 초강력 컴퓨터가 필요 없다(실제로 17세기의 철학자 데카르트의 경우처럼 인간의 꿈속에서 벌어지는 가상 현실을 언급하는 것으로 충분했다). 하지만 고급 테크놀로지를 도입한 영화는 회의주의의 토론을 한결 용이하게 해 준다. "매트릭스"의 주인공 네오는 실제 현실과 가상 현실의 경험을 잘 구분하지 못한다.

어떻게 보면 "매트릭스"는 회의주의라는 주제와 관련해 볼 때 "토털 리콜"처럼 훌륭한 영화는 아니다. 왜냐하면 영화 말미에 가서 실제와 환상에 관한 철학적 의문이 말끔하게 해소된다는 느낌을 관객이 갖게 되기 때문이다(이 영화의 속편이 예고되어 있기는 하지만 말이다). 회의주의의 핵심적 주장은 감각에 따라 파악되는 이 세상이 비현실적이라고 주장하는 것이 아니다. 단지 그것이 비현실적인지 어떤지 알 수 없다는 것이다. 따라서 인식의 문제와 관련하여 산뜻하게 매듭을 짓는 영화는 회의주의 논제에 적합한 영화가 아니다. 그러나 "매트릭스"는 나름대로 용도가 있다. 이 영화는 영국 철학자 버클리가 흄과 데카르트의 회의주의에 대응하는 방식을 잘 보여 주고 있다. 바로 그 때문에 여기에 "매트릭스"를 포함시키게 되었다.

이 장의 첫 부분에서 4 이전에 관련 영화를 보아 둘 것을 제안했다. 자,

이제 이 두 영화를 볼 차례이다. 책 뒤쪽에 이 두 영화의 줄거리와 주요 장면의 분초 표시를 첨부해 놓았다.

4. 데카르트의 문제를 구체화하고 있는 퀘이드와 네오

자, 이제 당신은 영화 "토털 리콜"을 끝까지 보았다. 영화 속에서 무슨 일이 벌어졌는가? 누가 주인공들인가? 그들은 무엇을 했는가? 예컨대 이 세 가지 질문을 영화가 끝난 다음에 던지는 것이 아니라, 당신이 영화를 보고 있는 중간에 물었다고 해 보자. 당신의 답변은 극 중 인물의 생활 정보를 서서히 축적해 가면서 점진적으로 달라지겠는가? 아니면 극 중 어떤 시점에 그 질문을 던지느냐에 따라 획기적으로 달라지겠는가?

이렇게 말하면 좀 추상적이므로 좀더 구체적으로 설명을 해 보겠다. 이를테면 영화가 시작된 후 분초 표시[6] 17:30 시점에서 내가 당신에게 퀘이드와 하우저는 누구냐고 묻는다고 해 보자[17:30 시점은 퀘이드가 리콜 사를 방문하는 장면이다. 그는 이미 에고 트립(ego trip)이라는 임플란트를 선택했고 그 트립의 일부분이 되는 여자를 명시했다. 하지만 임플란트 시술은 아직 시작되지 않았다]. 이 질문에 대하여 당신은 어떻게 대답할까? 예를 들어 같은 질문, 곧 퀘이드는 누구인지 하우저는 누구인지 등을 MM 100:00에서 물었다고 하면 어떻게 될까?[MM 100:00은 리액터 장면으로 코하겐은 퀘이드/하우저가 그 기계를 작동시키는 것을 방해하려 한다]. MM 100:00까지 본 당신은 MM 17:30 때와는 다른 답변을 할까? 당신이 영화를 다 보고 난 다음의 답변과 이 두 시점에서의 답변을 비교해 보라. 당신의 답변이 뚜렷하게 달라졌는가? 다음은 각 시점에 대한 나의 답변이다.

해석 1. (MM 17:30 리콜 사 방문) 퀘이드는 건설 노동자이다. 나는 하우저가 누구인지 모른다.

해석 2. (MM 100:00 리액터에서의 코하겐) 퀘이드는 날조된 인물이다. 하우저가 진짜이다. 하우저의 몸에 퀘이드라는 허구의 성격과 기억이 실려 있다.
해석 3. (영화의 끝) 관객은 결정적인 증거를 제시받지 못한다. 그러나 영화 중간중간에서 퀘이드가 진짜이고 하우저는 가짜라는 암시를 받는다.

위의 1, 2, 3 가운데 하나처럼 특정 해석이 비선형적 진행 구조를 가지고 있는 것은 영화에서 그리 예외적인 일은 아니다(결국 사람들은 좀 이례적인 것을 보기 위해 극장을 찾는다. 해석의 선형적인 구조를 경험하고 싶으면 일상 생활을 관찰하는 게 더 낫다). "토털 리콜"에서 이례적인 것은 특정 해석에서 벌어지는 의미의 점프이다(시간의 경과에 따라 정보가 누적되어 쌓이는 구조를 '선형적'이라고 하는데, 구체적으로 스토리가 전개되면서 뒤의 상황이 앞의 상황을 모두 받아들여 나아가는 것을 말한다. 예컨대 앞에서 어떤 인물이 사망했으면 뒤에서도 계속 사망의 상태가 유지되는 것을 말한다. 선형적의 반대가 비선형적인데, 이 책에서 '비선형적'은 '비전형적'이라는 말과 함께 쓰이고 있다/옮긴이).

이를테면 위의 두 번째 해석에서 볼 때, 영화의 이야기는 거의 전지적 관점(全知的 觀點 : 관찰자가 모든 것을 알고 있는 것으로서 1인칭 관찰자의 관점과는 대비된다)을 취하고 있다. 에이전트들은 실제이고, 퀘이드/하우저의 머릿속에 있는 환상이 아니다. 배신하는 택시 운전사도 퀘이드/하우저의 머리 밖에 따로 존재하는 인물이고 리액터도 마찬가지이다. 실제로 이런 준(準)전지적 관점을 취하고 있기 때문에 이 영화를 처음 보는 관객은 이 시점에 이를 때까지 해석을 하기가 어렵다. 그러나 영화 전편에 걸쳐 두 번째 해석이 전체적인 그림은 아니라는 암시가 주어져 있고, 그래서 영화 말미에 이르면 위의 세 번째 해석이 가장 그럴듯하다는 결론에 이르게 된다. 퀘이드/하우저가 리콜 사를 방문한 이래 벌어지는 모든 일은 그가 선택한 비밀 요원의 프로그램인 에고 트립과 일치한다. 부주의한 관객이 이 점을 깨닫지 못할까 봐 영화는 MM 60:00에서 닥터 에지마에게 이런 말을 시킨다.

닥터 에지마 : 당신은 실제로는 지금 여기에 서 있는 것이 아닙니다. ……당신은 여기에 있지 않고 나 또한 여기에 있지 않습니다. 당신은 리콜 사의 임플란트 시술 의자에 가죽 줄로 묶여 있습니다. 한번 생각해 보세요. 당신의 꿈은 임플란트 시술 중간에 시작되었습니다. 그 이후의 모든 것은……리콜 사가 심어 놓은 비밀 요원의 프로그램인 에고 트립의 일부분일 뿐입니다. 당신은 돈을 내고 비밀 요원이 된 겁니다. ……그리고 저 여자는 어떻게 된 거지요? 갈색 머리에 섹시하고 진지한 저 여자. 우연의 일치입니까?

이렇게 말해 주었는데도 퀘이드/하우저는 자신의 현재 감각이 진짜라고 고집한다. 리액터가 화성의 분위기(여기서는 푸른 하늘을 의미한다. 리콜 사의 기술자는 임플란트를 하기 전에 이것을 약속했다)[5]를 만들어 내는 마지막 장면에 가서야 비로소 퀘이드/하우저는 자신의 감각이 진짜가 아니라는 것을 진지하게 인식한다(퀘이드 : "난 방금 끔찍한 생각을 했어. 만약 이게 모두 꿈이라면?").

하지만 위의 세 번째 해석에도 문제가 하나 있다. 이 경우 누가 그리고 무엇이 이야기를 만들어 내는가? 이 해석에 따르면 MM 17:30 이후에 우리 관객이 스크린상에서 보는 모든 것은 퀘이드가 선택한 에고 트립의 일부분이다. 그렇다면 우리 관객이 듣고 보는 소리와 이미지는 퀘이드의 메모리 임플란트 속의 소리와 이미지와 똑같은 것인가?(영화는 이 임플란트 기술이 어떻게 작동하는지는 설명하지 않는다. 아마도 고객이 가진 의식의 흐름 속에다 기억을 '주입시키는' 방식일 것이다. 우리가 일상 생활에서 '진짜' 기억을 머릿속에 주입하는 것처럼) 또는 우리 관객이 듣고 보는 소리와 이미지는 퀘이드가 임플란트에서 깨어나서 자신의 모험을 회상하는 형태일 수도 있다. 하지만 이 두 가지(퀘이드의 임플란트 속 기억이라는 설명, 임플란트에서 깨어난 이후의 회상이라는 설명)는 썩 훌륭한 설명이 되지 못한다. 왜냐하면 MM 17:30 이후의 이야기 중 꽤 많은 부분이 퀘이드 자신으로서는 알 수 없는 정보를 포함하고 있기 때문이다(예컨대 퀘이드가 없을 때 두 인물이 나누는 대화). 그래서 세 번째 해석이 타당하다는 여러 암시가 있는데도 그런 암시들은 결정적인 증거가 되지 못한다. 우리는 여기서 "매트릭스"를 먼저 검토하고, 유력한 두 가지 해석 가운데 어떤 선택을 내릴지의 문제로 되돌아오기로 하자. 사실 이 영화에서도 그와 유사한 문제가 발생한다.

"매트릭스"는 "토털 리콜"과 마찬가지로 해석의 비선형적 전개를 보여주고 있다. 우리는 MM 12:00에서 이 시점에 이르기까지의 모든 것(이를테면 네오가 컴퓨터에서 받은 이상한 메시지)은 꿈이었음을 알게 된다. 마찬가지로 네오가 MM 21:30에서 다시 깨어났을 때, 우리는 MM 12:00와 MM 21:30 사이의 사건들이 꿈이었음을 알게 된다. 따라서 영화 시작한 지 첫 12분은 꿈속의 꿈이다. 이 두 번째 깨어남 후에 주요 사건들은 아주 빠르게 전개된다. 네오는 모피어스를 만나고 모피어스는 '매트릭스'가 무엇인지 설명한다. 네오는 진실이 매우 난처하게 만들지라도 더 많은 것을 알고자 한다. 이 연속적인 한 장면은 '진짜' 네오가 의자에서 깨어나는 것으로 끝난다. 네오는 '진짜' 세계로 돌아와 '진짜' 모피어스의 영접을 받는 것이다. 영화의 이 시점부터 네오가 '진짜' 세계에 들어왔다는 해석은 단 한 번도 의심을 받지 않는다. 따라서 네오가 매트릭스로 다시 들어가 가상 현실 속의 악당들과 싸우는 때를 제외하고, 그의 모든 지각은 진짜이다.

하지만 네오가 의자에서 일어난 이후의 지각은 **진짜**인 반면, 의자에 앉아있었을 때의 지각은 가짜라는 것은 무슨 뜻인가? 마찬가지로 위의 세 번째 해석 아래서 MM 17:30 이후 퀘이드의 모든 지각이 **진짜**가 아니라는 것은 무슨 뜻인가? 이 두 영화의 탁월한 특징은 회의주의가 시작되는 시점을 잘 포착한 데 있다. 이 두 영화는 다음과 같은 사실을 분명하게 밝힌다. 우리가 지각을 할 때, 우리는 즉각적으로 외부의 사물을 인식하는 것이 아니다. 다시 말해 우리의 지각은 우리의 마음속에 있을 뿐, 그 지각이 곧 외부의 사물은 아니다. 이처럼 지각과 외부 사물을 명확히 구분할 때 다음 세 가지를 제대로 파악할 수 있다.

1) 매트릭스가 창조하는 가상 현실
2) 위의 해석 3에 의거한 퀘이드의 경험들
3) 사람들이 밤에 잠잘 때 꿈속에서 만나는 가상 현실

이처럼 '지각=외부 사물'이 아님을 인정한다면, 그럼 지각이란 무엇인지의 질문을 던지게 된다. 데카르트는 이것을 아주 중요한 문제로 인식했다. 『제일철학에 관한 성찰』의 세 번째 에세이에서 그는 하나의 이론을 개진했는데, 나는 편의상 그 이론을 **재현적 지각 이론**(theory of representative perceptions)이라고 부르겠다. 이 이론에 따르면 외부 사물을 충실하게 재현하는 지각은 진짜 지각이라는 것이다. 이것을 여기 내 책상 위에 있는 전화기를 가지고 설명해 보겠다. '여기 지금 내가 전화기를 가지고 있다.'는 지각은 다음 두 조건으로 진짜 지각이 된다.

첫째, 실제로 '저기 저 바깥'의 물질 세계에 나의 마음과는 관계 없이 전화기가 있다.

둘째, 그 전화기는 '여기 지금 내가 전화기를 가지고 있다.'는 인식을 만들어 낼 수 있어야 한다. 그러므로 나의 지각은 전화기의 크기, 모양, 다른 물건과의 관계 등 정확한 정보를 제공해야 한다. 만약 나의 지각에 따라 이런 조건들이 모두 충족된다면 그 지각은 **진짜**라 할 수 있다. 이 조건에 따르면 퀘이드와 네오의 지각은 진짜가 아니다. 왜냐하면 매트릭스가 만들어 내는 지각은 재현의 정확성이라는 기준을 충족시키기 못하기 때문이다. 다시 말해 네오의 지각이 외부의 소스(좀더 구체적으로 매트릭스 프로그램을 돌리는 컴퓨터)에 따른 것일 뿐, 재현되는 외부 사물에 따른 것은 아니다. 위의 해석 3에 입각한 퀘이드의 지각도 마찬가지이다. 좀더 구체적으로 말하자면 퀘이드가

멜리나와 상호 작용하면서 느끼는 시각적, 청각적 지각의 원인이 되는 외부 사물들이 없는 것이다.

데카르트는 재현적 지각 이론이 환상의 가능성을 배제해 주는 유일한 방법이라고 믿었고, 이런 믿음을 가진 철학자는 데카르트뿐만이 아니었다. 하지만 데카르트는 17세기와 18세기의 철학자들 중 이 재현 이론이 반드시 회의주의를 가져오게 된다는 주장을 거부한 유일한 철학자이기도 했다. **데카르트의 문제**(Descartes's problem)는 지각자의 현재 지각이 외부 사물로 야기된 것임을 설명하려고 한다.

퀘이드와 네오가 이 문제에 어떻게 반응하는지 한번 살펴보라. 닥터 에지마와 대화를 나누면서(MM 60:00) 퀘이드는 실제로는 리콜 사의 임플란트 의자에 앉아 있는 것이라는 말을 듣고서, 손을 뻗어 닥터 에지마를 만져 보며 냉소적으로 "그거 참 이상하군요."라고 말한다. 마찬가지로 컴퓨터 구조물에 연결된 네오의 첫번째 반응도 소파를 만져 보면서 "이게 진짜가 아니란 말입니까?"(MM 39:15) 하고 말하는 것이다. 이 두 경우에서 퀘이드와 네오는 그들이 시각적 착각을 겪고 있는 게 아님을 확인하기 위해 촉각에 의존함으로써 데카르트의 문제에 대응한다.

『제일철학에 관한 성찰』의 첫번째 에세이에서 데카르트 자신도 촉각에 의존하여 사물의 존재를 파악하려 한다.

"내가 이 종이를 바라보고 있고, 내가 흔들어 보는 이 머리는 조금도 졸지 않고 있고, 내가 이렇게 손을 뻗는 것은……"

하지만 네오, 퀘이드, 데카르트 세 사람은 촉각은 그저 촉각에 지나지 않고 외부 사물의 존재를 확인해 주는 것은 아님을 깨닫게 된다. 촉각은 질적인 면에서 데카르트의 문제를 해결해 주지 못하지만 왜 촉각이 네오, 퀘이드, 데카르트의 일차적 반응인지를 설명해 준다. 왜냐하면 우리의 시각이 종종 우리를 속이기 때문에 좀더 확실한 지각인 촉각에 의존하는 것이다. 실제로 잠자지 않고 깨어 있을 때도 우리는 시각적 환상을 경험한다. 그래서 보통 사람도 때때로 시각을 불신한다. 또 청각도 우리를 속이는 사정은 마찬가지이다. 이에 비해 촉각은 환상에 빠져들 위험이 상대적으로 덜하다. 그래서 우리는 시각과 청각이 못 미더울 때 촉각에 의존하게 된다. 하지만 "토털 리콜"과 "매트릭스"에서 보았듯이, 촉각 또한 진짜 지각과 가짜 지각을 구분하는 결정적 증거가 되지 못한다.

이렇게 볼 때 회의주의는 이런 전제에서 출발한다. 우리가 직접 경험하는 것은 우리의 지각일 뿐, 외부 사물 그 자체가 아니다. 당신이나 나나 지각의 매개가 없이는 외부 사물과 접촉하지 못한다. 따라서 우리의 **직접적 접촉** 운운하면서 외부 사물의 존재를 믿는다고 말하는 것은 어불성설이다.

그런데 이런 점과 관련하여 우리가 네오나 퀘이드보다 별반 나을 것이 있을까? 물론 우리는 리콜 사를 방문할 수 없다. 이런 회사는 현실에서 존재하지 않으므로. 게다가 우리는 네오처럼 2199년이 아니라 21세기 초입에 살고 있다. 하지만 잠깐만, 이런 논리를 추구해 봐야 이로울 것이 별로 없다. 리콜이라는 회사가 있든 없든, 지금이 2003년이든 2199년이든 회의주의를 불러일으키는 사정에는 변함이 없다. 즉 우리는 우리의 지각만을 경험할 뿐, 저기 저 바깥의 물질 세계에 있는, 우리의 마음과는 독립된 사물을 **직접** 지각하지는 못하는 것이다. 우리는 그런 세계가 있다고 가정하고 또 그 세계가 우리의 감각을 야기시킨다고 보지만, 우리의 지각을 뛰어넘어 '저기 세계가 있다.'는 그런 가정을 확인할 수는 없다. 그러나 우리 독자와 퀘이드 및 네오의 사이에는 한 가지 중요한 차이점이 있다. 네오와 퀘이드는 그들 지각이 진짜인지에 대하여 의심할 수 있는 확실한 근거가 있지만, 우리 독자는 그런 근거가 없다는 것이다(인생이 하나의 긴 꿈인지 아닌지 죽기 전에는 확인할 근거가 없다는 뜻/옮긴이).

닥터 에지마가 퀘이드를 방문하는 장면을 다시 한 번 생각해 보라. 퀘이드는 리콜 사를 찾았던 사실과, 지난 며칠간의 사건들과 그가 선택한 에고 트립 사이의 거의 완벽한 일치를 지적받는다. 이 시점에서 퀘이드는 현재의 지각과 관련하여 다음 두 가지의 갈등하는 이론 중 어떤 것이 그 지각을 더 잘 설명하는지 결정해야 한다.

1) 첫번째는 위의 해석 3과 일치하는 이론이다. 다시 말해 그의 지각이 진짜가 아니라는 것이다. 메모리 칩에 따라 그 지각이 생겨난 것이다. 이 이론을 지지하는 증거로는 다음 세 가지가 있다.

첫째, 그가 최근에 겪은 경험들은 대다수가 비전형적(atypical : 인간이 일상 생활 중에 잘 할 수 없는 경험/옮긴이)이다. 심지어 멜리나조차도 퀘이드/하우저가 자신의 바뀐 정체성을 이야기하는 것을 듣고서 "그것 이상한데." 하고 말한다.

둘째, 그의 경험과 에고 트립이 거의 완벽하게 일치한다.

셋째, 그는 가짜 기억을 제공하는 회사에 찾아간 일을 기억한다.

2) 두 번째 이론은 위의 해석 2와 일치하는 이론이다. 다시 말해 그의 현재 지각은 외부 사물로 야기되었고, 정확하게 그 사물을 재현한다는 것이다. 이 이론을 지탱해 주는 증거로는 어떤 것이 있는가? 별로 없다. 퀘이드는 자신이 가진 지각이 진짜임을 믿고 싶어하지만, 안타깝게도 지각 그 자체가 외부 사물의 존재를 증명해 주는 것은 아니다.

이렇게 두 이론을 설명해 놓고 보면 첫번째 이론이 가장 그럴듯하다. 이 이론은 그의 지각과 에고 트립 사이의 긴밀한 관계를 설명해 준다. 두 번째 이론을 취하면 이런 긴밀한 관계는 우연의 일치에 불과한 것이 된다.

이와 유사한 분석을 "매트릭스"에도 적용할 수 있을까? MM 21:30과 MM 32:00 사이, 곧 네오가 두 번째로 깨어나는 시점과 '진짜' 네오가 의자에서 깨어나는 시점 사이의 기간에 벌어진 네오의 지각을 설명하는 세 가지 이론을 검토해 보자.

1) 이 이론에 따르면 네오의 지각은 컴퓨터가 그의 신경계를 자극하여 생겨난 결과이다. 하지만 그 자극은 실제 사물에서 그의 신경계가 자극받는 것과 거의 구분되지 않는다. 아무튼 컴퓨터가 입힌 자극이기 때문에 이 기간 동

안의 그의 지각은 가짜이다. 이 이론을 지지하는 증거로는 무엇이 있는가?

첫째, 그는 MM 32:30에서 '깨어나기'와 유사한 경험을 한다. 이 경험 때문에 그 이전 지각이 진짜인지 의심받게 된다.

둘째, 이 기간 동안의 경험은 비전형적이다.

셋째, 네오는 영화의 나머지 부분에서 매트릭스의 방법과 이유에 대하여 추가 정보를 얻는다.

2) 또 다른 이론은 이 기간 동안 네오의 지각이 진짜라고 보는 것이다. 하지만 이 이론은 지지하는 증거는 별로 없다. 단지 있다면 이 기간 동안의 비전형적인 네오의 경험이 이 기간 이전 또는 이후의 행동에 비해 더 비전형적이지는 않다는 것이다.

3) "토털 리콜"과는 다르게, 약간의 타당성이 있는 세 번째 이론이 있다. 어쩌면 네오는 계속 꿈을 꾸고 있을지도 모른다. 어쩌면 영화 전편에서 벌어진 일이 꿈일지도 모른다. 결국 우리는 꿈속의 꿈이라는 가능성을 열어 두지 않았던가(영화 도입 12분 동안이 꿈속의 꿈이었음을 상기하라). 이 대안은 하나의 장점을 갖고 있다. 다시 말해 네오는 영화 전편을 통해 아주 비전형적인 꿈을 꾸고 있다. 그러니까 꿈속의 꿈은 초반 12분에만 있는 게 아니라 영화 전편에서 벌어진다.

이 세 번째 이론은 데카르트가 첫번째 성찰에서 제기한 문제를 다시 꺼내게끔 한다. 꿈과 현실을 구분할 수 있는 믿을 만한 지표가 있는가? 『제일철학에 관한 성찰』의 말미에서 데카르트는 그런 믿을 만한 지표를 발견했다고 하면서 "꿈속의 사건들은 현실에서 벌어졌던 다른 사건들과 기억에 따라 연결되지 않는다."고 말했다.[7] 이렇게 볼 때 데카르트는 지각 그 자체에는 그것이 진짜인지 가짜인지를 구분해 줄 수 있는 지표가 없다고 보았다. 그러니까 개인의 다른 지각들 곧 과거, 현재, 미래의 지각들과 비교해 보아야만 진짜인지 결정지을 수 있다는 것이다. 하지만 일부 근대 철학자들은 데카르트가 지각을 잘못 이해했다고 주장했다. 그들은 지각 내 진짜와 가짜를 구분하는 본질적(다른 지각과 비교할 필요가 없는)인 지표가 있다고 보았다. 이런 입장을 취하는 철학자 중 버클리가 있는데, 그는 진짜 지각은 가짜 지각에 비해 본질적으로 생생하다는 주장을 폈다.[8] 버클리는 가짜와 진짜를 구분하는 기준을 다음의 세 가지로 내세웠다.

1) 진짜 지각은 생생하다.
2) 진짜 지각은 우리의 의지와 상관없다.
3) 진짜 지각은 과거와 미래의 지각에 연결된다.

퀘이드와 네오의 가짜 지각이 데카르트의 주장 또는 버클리의 주장을 뒷받침하는가?

몇 페이지 앞에서 우리는 퀘이드와 네오의 지각 중 어떤 것은 진짜이고 어떤 것은 가짜라고 해석하는 몇 가지 속성을 검토했다. "토털 리콜"의 경우 그 속성은 이런 것이었다.

첫째, 그가 최근에 겪은 경험들은 대부분이 비전형적이다.
둘째, 그의 경험과 에고 트립이 거의 완벽하게 일치한다.
셋째, 그는 가짜 기억을 제공하는 회사에 찾아간 일을 기억한다.

이런 독립된 지각의 속성이 그 개인, 곧 퀘이드가 가지고 있는 다른 속성과 관련이 되는가? 분명 둘째와 셋째는 독립되어 있는 현재의 지각이 아니라, 과거 또는 미래의 지각과 관련되는 지각, 다시 말해 상황 의존적인 지각이다. 심지어 첫번째 지각(비전형성)도 그 개인이 평생에 걸쳐 경험하는 지각들과 비교하여 판단해야 한다. 따라서 이미 데카르트가 주장한 바와 같이 지각이 진짜인지를 알아보는 방식은 다른 지각과의 비교 검토를 통하는 것이다.

마찬가지로 "매트릭스"의 독립된 속성들도 버클리보다 데카르트의 입장을 지지한다. 네오의 지각이 가짜라는 것을 입증하기 위해 앞에서 언급한 세 가지 속성을 다시 한 번 살펴보자.

회의주의 39

첫째, 그는 MM 32:30에서 '깨어나기'와 유사한 경험을 한다. 이 경험 때문에 그 이전의 지각이 진짜인지는 의심받게 된다.

둘째, 이 기간 동안의 경험은 비전형적이다.

셋째, 네오는 영화의 나머지 부분에서 매트릭스의 방법과 이유에 대하여 추가 정보를 얻는다.

첫번째와 세 번째 속성에 따르면 예전의 지각은 후의 지각 때문에 가짜로 판정된다. 두 번째 특성은 이미 "토털 리콜"의 경우에서 검토되었던 것이다. 여기서도 그 경우와 마찬가지로 비전형성은 상황 의존적 속성이다.

위에서 살펴본 바를 종합해 보면 오히려 버클리가 지각을 잘못 이해했다고 보아야 한다. 가짜 지각 내부에는 가짜 지각을 가짜라고 판정해 줄 근거가 없는 것이다. 가짜인지는 개인 의식의 흐름 속에서 그 가짜 지각을 전후한 다른 지각과 비교해 보아야만 알 수 있다. 바로 이 때문에 꿈을 꾸고 있는 사람의 지각은 그 꿈이 진행되고 있는 동안에는 가짜인지 진짜인지 알 수 없는 것이다. 잠에서 깨어나 지각이 급격히 단절되면 그 개인은 예전의 지각이 가짜였음을 아주 손쉽게 알아본다.

회의주의는 개인의 지각에 관심이 있다기보다 오히려 인간의 전반적 심리 생활에 더 관심이 있다. 내가 한평생을 살아가면서 외부 세계의 존재에 대하여 엄청난 망상을 하고 있는 게 아닌지 어떻게 알 수 있는가? 위의 논의는 우리에게 회의주의를 새롭게 바라보는 시각을 제공한다. 내가 나중에 지각의 급격한 단절을 경험하여(예컨대 네오처럼 '갑자기 깨어나기'를 경험하여) 나의 현재 지각은 물론 과거의 지각마저도 모두 가짜로 만들어 버리는 상황이 온다면 어떻게 되는가? 그런 상황은 오지 않을 것임을 내가 어떻게 알 수 있는가? 이런 질문에 대하여 회의주의자는 "알 수 없다."는 대답을 내놓는다.

우리가 이 섹션을 마치기 전에 두 영화와 회의주의 사이의 결정적 차이를 하나 짚고 넘어가려 한다. 두 영화는, 구체적 사물이 아예 없다는 가능성을 검토하지 않는다. "토털 리콜"은 퀘이드가 구체적 신체를 갖고 있다는 사실은 의문시하지 않는다. 더욱이 이 영화는 몇몇 다른 사람이 존재한다는 사실을 전제로 하고 있다. 또 퀘이드에게 하우저라는 새로운 정체를 부여하는 멋진 장비(위의 해석 2)와 퀘이드의 에고 트립(위의 해석 3)이 존재한다는 것을 의심하지 않는다. 마찬가지로 "매트릭스"에서도 네오가 이런저런 구체적 형태로 존재하는 인물이라는 사실은 의심하지 않는다.

하지만 엄격한 회의주의자는 이 세상에 어떤 구체적 신체, 예컨대 네오나 퀘이드라는 신체를 가진 인물이 존재하는지 어떤지 알 수 없다고 주장한다. 또 당신은 지각의 덩어리에 지나지 않고, 당신에게 해당하는 구체적 신체는 없다고 주장하는 것이 가능하다고 본다. 바로 이것이 데카르트가 첫번째 에세이의 말미에서 직면하게 된 난감한 상황이었음을 상기하라. 그는 모든 구체적 사물의 존재를 의심할 수 있었다. 그는 심지어 그 자신의 신체가 존재하는지도 의심했다. 그러나 그는 생각하는 자아로서의 자신의 존재는 의심할 수 없었다.

5. 퀘이드와 흄의 과격한 회의주의

저 유명한 말 "나는 생각한다. 그러므로 나는 존재한다."를 내놓은 데카르트는 증거보다 한 발 더 앞서 나간 것일까? 데카르트의 몇몇 후배 철학자들은 이렇게 제한적으로 지식임을 주장하는 것마저도 정당화되지 않는다고 생각했다. 여기에서는 **흄**의 견해를 살펴보기로 하자. 흄은 외부 세계의 존재를 의심하는 것은 물론 지속적이고 (자신의 모든 경험의) 중심이 되는 자아가 존재한다는 것까지도 의심할 수 있다고 주장했다. 흄의 회의주의는 더욱 심층적인데, 그에 따르면 기억은 우리의 예전 지각에 대하여 정확한 정보를 제공해 주는 것으로 신뢰될 수 없다.

"나는 생각한다. 그러므로 나는 존재한다."의 나는 무엇인가? 데카르트는 지각하고, 추측하고, 생각하는 개체인, 변함이 없는 자아를 지각할 수 있다고 전제했다. 하지만 데카르트는 정말로 이런 지각을 가졌던 것일까? 당신은 당신 자신을 지속적이고 변함 없는 자아로 지각하는가? 여기서 내가 말하는 지각은 거울 속에 비친 당신의 모습을 상당 기간 동안 지각한다는 이야기가 아니다. 내가 여기서 말하는 것은 신체적 존재의 문제가 아니라, 끊임없이 흘러가는 생각과 지각의 와중에서 변함없는 어떤 것(즉 당신의 자아)을 발견할 수 있느냐는 것이다. "당신은 당신 자신을 지속적이고 변함없는 자아로 지각하는가?"와 같은 질문은 "당신은 외부의 사물을 지각하는가?"라는 질문보다 더 터무니없게 들릴 수도 있다. 하지만 이 질문을 잘 생각해 보면 당신은 흄의 다음과 같은 주장에 동의하게 될 것이다.

"내가 나 자신이라고 부르는 것 안에 들어가 보면 나는 언제나 이런저런 특정한 지각과 만나게 된다. ……그러나 어떤 지각이 되었든 지각이 없는 나 자신을 만나 본 일은 없다. 그 안에서 발견할 수 있는 것은 지각뿐이었다. …… 마음은 일종의 극장과도 같아서 그 무대 위로 여러 지각이 등장한다. 그 지각들은 지나가고, 다시 나타나고, 또 지나가고 그러면서 미끄러져 내리고 서로 섞여 들어 다양한 자세와 상황을 만들어 낸다. 거기서 단 한순간도 통일성이라는 것은 있어 본 일이 없고 또 정체성이라는 것도 있어 본 일이 없다. ……통일성과 정체성을 우리가 어떻게 정의하든 간에 말이다. 극장의 비유를 오해하지 않기 바란다. 극장은 일련의 연속적인 지각을 말하는 것으로 이것이 우리의 마음을 구성한다." [9]

흄은, 우리는 변하지 않는 자아에 대한 증거가 없다고 주장한다. 왜냐하면 우리가 의식할 수 있는 것은 고작 흘러가는 생각과 지각뿐이기 때문이다. 자아가 존재한다고 한다면 그것은 생각과 지각의 덩어리에 지나지 않는다. 흄은 이런 말을 하고 있는 것이다. "나는 생각한다, 그러므로 나는 존재한다."고 말했을 때 데카르트는 '나'라는 것은 없다는 가능성을 결코 고려하지 않았다. 데카르트가 확실히 존재한다고 알았던 것은 실은 생각과 지각의 존재였을 뿐이다. 따라서 데카르트가 "생각이 존재한다."를 "나는 존재한다."로 해석한 것은 근거 없는 비약이다.

그러나 사태는 이보다 더 이상야릇하다. 기억을 한번 살펴보자. 기억이 진짜가 될 수 있는 조건은 무엇인가? 어떻게 보면 그 조건은 지각이 진짜인지의 조건보다 덜 엄격하다. 우선 외부의 사물이 존재해야 할 필요가 없다. 예를 들어 지난밤 내가 꿈속에서 느꼈던 지각이 진짜인지의 기억을 가질 수 있는 것이다. 나의 기억이 진짜가 되려면 다음 세 가지 조건을 충족시켜야 한다.

1) 예전의 지각이 발생해야 한다.
2) 예전의 지각이 인과적으로 나의 현재 기억을 야기시켜야 한다.
3) 현재의 기억이 예전의 지각을 정확하게 재현해야 한다.

이 조건들은 아주 친숙하게 보인다. 왜냐하면 이 세 조건은 지각이 진짜가 되는 조건과 동일한데, '외부 사물'을 '예전 지각'으로 바꾸어 놓은 것만 다르기 때문이다.

퀘이드는 MM 26:00에서 "내가 진짜 기억과 가짜 기억을 어떻게 구분하지?" 하고 묻는다. 영화 속의 이 시점에서 그의 아내 로리는 건설 노동자 퀘이드로서의 그의 평생 기억은 '가짜'라고 말한다. 진짜 기억은 지난 6주 동안 그가 축적한 사건들의 기억뿐이고, 그 기간 동안 그는 퀘이드의 삶을 살아왔다. 그래서 예를 들면 그들의 결혼식에 대한 그의 '기억'은 질적인 면에서 그날 아침 식사의 기억과 구분이 되지 않지만 그래도 가짜인 것이다. 그것은 실제로 발생하지 않은 지각(결혼식에 대한 퀘이드의 지각)에 바탕을 두고 있기 때문이다. 퀘이드가 로리의 말이 진실인지 아닌지를 발견할 수 있는 방법이 있는가?

퀘이드의 상황을 MM 68:00의 네오와 비교해 보라. 네오는 매트릭스로 다시 들어가 모피어스 등과 함께 그의 옛 이웃 동네를 (가상 현실적으로) 여행한다. 그는 회상에 잠기면서 모피어스에게 "이 모든 기억이 실제로 벌어지지 않았다는 말입니까?"라고 묻는다. 이 경우, 네오는 기억이 진짜인지를 묻는 것이 아니라 원래의 지각이 진짜인지를 묻고 있는 것이다. 그와 우리 관객은 그 원래의 지각이 실제로 발생했다는 것을 안다. 그래서 그 지각에 대한 기억은 진짜인 것이다. 단지 그 원래의 지각이 진짜 세계에 대한 것이 아니라 가상 세계에 대한 것일 뿐. "매트릭스"는 "토털 리콜"과는 다르게, **현재 순간의 유아론**(solipsism of the present moment)이라는 과격한 형태의 회의주의는 다루지 않는다. 이 회의주의는 순간순간 벌어지는 지각과 생각 이외에는 그 어떤 것도 확실히 알 수 없다는 주장이다.

6. 회의주의에 대한 반응

고대부터 회의주의자가 있기는 했으나 아무튼 회의주의는 사람을 난처하게 만든다. 우리가 사물을 직접 인식할 수 없다는 논리를 따라가다 보면[10] 우리는 필연적으로 현재 순간의 유아론에 도달하게 된다. 과연 우리가 이 길을 따라 내려가야 하는가? 근대의 두 중요한 철학자인 **버클리**와 이마누엘 칸트(Immanuel Kant, 1724-1804년)는 그 길로 따라갈 필요가 없다고 말했다. 그들이 어떻게 회의주의를 극복했는지가 이 섹션의 주제이다.

버클리는 우리의 지각이 사물에 대하여 직접적인 경험을 제공한다고 주장했다. 버클리가 볼 때 "우리는 사물을 직접적으로 인식하지 못한다."는 데카르트의 주장은 필연적으로 회의주의를 가져오기 때문에 그것만으로도 그 주장을 참되지 못하다고 보았다.[11] 이러한 유형의 논증을 **모순으로의 귀결**[reductio ad absurdum, 歸謬法]이라고 한다. 귀류법은 어떤 진술을 참이라고 가정하고(이를테면 데카르트의 재현적 지각의 이론은 참이다), 바로 뒤이어서 그 가정이 모순을 내포하고 있음을 증명하여 원래 진술이 거짓임을 보여주는 것이다. 때때로 귀류법 논증은 모순이 반드시 존재해야 한다는 조건을 완화하기도 한다. 모순 대신에 '상식에 어긋난다,' '특정한 입장에서 수용될 수 없다.' 정도를 증명할 수 있으면 된다. 버클리는 회의주의가 특정한 입장에서 수용될 수 없는 것이므로 회의주의를 가능케 하는 전제 조건은 거짓이라고 보았다. 그가 거짓된 전제 조건으로 본 것은 다음 두 가지이다.

1) 우리는 사물을 직접적으로 지각할 수 없다.
2) 따라서 재현적 지각의 이론으로 지각이 진짜인지를 판단해야 한다.

버클리는 이 두 조건을 거부했으므로 이제 외부 사물의 재현 이론이 아닌 것을 가지고 지각을 설명해야 했다. 우리는 다음 몇몇 문단에서 이 문제에 대한 버클리의 입장을 살펴보게 될 것이다. 이 장에서 거론하는 두 영화 중 "매트릭스"가 버클리의 관심과 주장에 좀더 가깝다. 따라서 나는 이 영화에서 대부분의 사례를 인용하겠다.

버클리의 입장은 통칭 **관념론**(觀念論)이라 한다. 관념론은 마음과 상관없는 사물은 없다는 입장이다. 좀더 자세히 말하면 사물은 지각의 집합이라는 것이다.

"존재하는 것은 지각되는 것이다(to be is to be perceived)."

또 버클리는 이렇게 주장했다.

"이 지구상의 모든 가재(家財) 도구는 그것을 인식하는 마음이 없으면 실체도 없다. ……가재 도구의 존재는 지각되거나 알려져야 한다. ……따라서 가재 도구를 나 자신이 실제적으로 지각하지 않거나 다른 사람의 마음이 지각하지 않는다면, 그 가재 도구는 존재하지 않거나 또는 다른 외부적 영혼의 마음속에 존재하는 것이 된다. 따라서 마음과 상관없이 가재 도구의 일부가 존재한다고 생각하는 것은 가당치 않은 이야기이다."[12]

이 이론을 처음 듣는다면 터무니없기 마련이다. 버클리는 이런 반응에 대하여, 처음 들으면 황당하겠지만 자신의 이론이 일상 생활에서 사물을 인식하는 사람들의 방식과 아주 잘 일치한다고 주장한다. 아무튼 데카르트의 사물 이론보다는 상식에 가까운 이론이라는 것이다. 실제로 버클리는 재현적 지각의 이론은 철학자의 공리공론일 뿐, 건전한 상식을 가진 이들의 견해가 될 수 없다고 말했다. 관념론의 또 다른 장점은 회의주의를 피하게 해 준다는 것이다(적어도 표준적 형태의 관념론은 '외부 사물에 관한 회의주의'를 모면하게 해 준다).

관념론에 따르면 사물은 지각의 총합에 지나지 않는다. 지각이 무엇인가를 재현한다는 것(이를테면 재현적 지각 이론의 재현)은 곧 이 총합을 재현하는 것이다. 회의주의는 내가 아는 것(나의 현재 지각 상태)과 외부 사물 사이의 심연을 인정한다. 하지만 관념론은 회의주의의 이런 심연을 단칼에 날려 버린다. 내 앞에 실제로 전화기가 있다는 사실을 알기 위해서 내가 해야 할 일은 눈만 크게 번쩍 뜨면 된다. 그러면 보아라! 저기에 전화기가 있지 않는가. 사물은 '저기 저 바깥에(out there)' 마음과 상관없이 저 혼자서 존재하는 물건이 아니다.

버클리는 진짜 지각과 가짜 지각을 구분하는 재현의 정확성에 의존하지는 않았지만, 그는 정말로 가짜와 진짜 사이의 차이를 알고 있었다. 만약 이런 차이를 모르고 있었다면 버클리의 이론은 상식과는 동떨어진 게 되었을 것이다. 우리는 앞의 섹션 4에서 버클리가 가짜와 진짜 지각을 구분하기 위해 내놓은 조건 세 가지를 검토했다. 그것을 다시 열거하면 이러하다.

1) 진짜 지각은 생생하다.
2) 진짜 지각은 우리의 의지와 상관없다.
3) 진짜 지각은 과거와 미래의 지각에 연결된다.

하지만 우리가 "토털 리콜"과 "매트릭스"의 진짜 지각과 가짜 지각을 검토하면서 드러났듯이 이런 조건들이 모두 충족된다고 해도 버클리는 모든 형태의 회의주의를 제압하지는 못한다. 섹션 4의 논의를 다시 한 번 떠올려 보라. 생생함의 조건과 관련하여, 퀘이드와 네오의 가짜 지각은 진짜 지각 못지않게 생생했다. 또 두 극 중 인물의 지각은 의지와 상관없이 발생했다. 전지적 관찰자인 우리 관객은 두 사람이 스스로 그 지각을 생산한 것이 아니라는 사실도 알고 있다. 마지막으로 지각들의 연결성은 최후의 지각이 획득될 때까지 판단할 수 없는 특성이다. 왜냐하면 미래의 어떤 시점에 의식의 흐름에 급격한 단절이 일어나서 예전의 지각을 '가짜'로 만들어 버릴 가능성은 늘 있기 때문이다. 그래서 관념론이 회의주의의 해악을 어느 정도 방지하는 것은 사실이지만 완전히 방지한다고 볼 수는 없다. 총체적인 회의주의는 모면할 수 있지만 데카르트의 문제는 여전히 미해결인 것이다. 퀘이드와 네오의 가짜 지각은 버클리의 위 세 조건을 모두 충족시키지만 여전히 가짜 지각인 것이다.

버클리는 회의주의를 극복하는 것 이외에도 관념론을 채택해야 할 이유가 더 있다고 말한다. 그가 말하는 이유는 여러 가지이지만 여기서 하나만 다루어 보겠다. 우리는 위의 버클린 인용문 마지막 문장, "따라서 마음과 상관없이 가재 도구의 일부가 존재한다고 생각하는 것은 가당치 않은 이야기이다."에서 그 이유의 개요를 살펴볼 수 있다. 버클리는 심지어 지각되지 않은 사물의 존재를 생각해 보는 것도 불가능하다고 말한다. 왜냐하면 그런 사물을 생각해 보려면 먼저 그 지각되지 않은 사물에 대한 관념을 형성해야 하기 때문이라는 것이다. 다시 말해 지각되지 않은 사물에 대하여 생각하는 것—그것이 이미 지각이라는 것이다(여기서 그리고 이 장의 나머지 부분에서 나오는 '지각'이라는 단어는 감각과 생각을 동시에 포함한다). 하지만 실제는 어떤가. 나는 지각되지 않은 사물을 지각할 수 있지 않은가(예컨대 용이나 봉황 같은 동물을 생각하는 것 / 옮긴이). 과연 마음과 상관없는 사물을 생각할 수 있나 없나에 대하여 데카르트와 버클리 사이에 다음과 같은 가상의 대화를 꾸며 보았다.

데카르트 : 나는 아주 완벽하게 마음과 상관없는 사물을 생각할 수 있습니다. 사실 나는 지금 그 생각을 하고 있습니다. 사람이 살지 않는 숲속 깊은 곳의 나무를 생각하고 있습니다.

버클리 : 아무도 그 나무를 보고 있지 않지만, 아무튼 당신이 그 나무를 생각하고 있습니다. 그렇지 않습니까?

데카르트 : 예, 아까 말한 대로 그 나무를 생각하고 있습니다.

버클리 : 그런데 그 나무가 생각과 상관없다고 생각하시는 거군요.

데카르트 : 그렇습니다.

버클리 : 하지만 그 나무는 당신의 마음과는 상관이 없다고 할 수 없습니다.

데카르트 : 나는 동의하지 않습니다. 내가 그 나무를 지금 생각하고 있는 것은 사실이지만, 그 나무의 존재가 나의 생각에 달려 있다고 보지는 않습니다.

버클리 : 하지만 당신이 바로 그 나무를 지금 생각하는 것, 그것이 실은 그 나무를 존재케 하는 것입니다. 어떻게 당신이나 또는 말이 난 김에 다른 사람들이 누군가의 머릿속에 들어 있지 않는 사물이 존재한다고 말할 수 있습니까? 그런 주장이라면 모순이 너무 명백하지 않습니까?

데카르트 : 좋아요. 그럼 이렇게 보면 어떻겠습니까? 나는 지금 이런 나무를 생각하고 있습니다. 나중까지 계속 존재하고 또 내가 이미 그 나무에 대하여 잊어버렸을 때도 존재하는 나무 말입니다. 이것이야말로 마음과 상관없는 나무를 생각한 것이 아니고 무엇이겠습니까?

버클리 : 아닙니다. 그것은 혼란일 뿐입니다. 여기서 문제가 되는 것은 그 나무가 그 시점에 당신의 머릿속에 들어 있느냐 없느냐입니다.

데카르트 : 무슨 시점 말입니까?

버클리 : 당신이 그 나무 생각을 멈춘 그 시점 말입니다.

데카르트 : 물론 그 시점에서는 생각하지 않지요. 내가 이미 그것에 대하여 잊어버렸다는 것은 '내가 그 생각을 멈추었다.' 는 뜻입니다.

버클리 : 그렇다면 그 시점에서는 이 생각되어지지 않은 나무에 대한 생각(이라는 개념)은 더 이상 가능하지 않다는 뜻이지요. 그렇지요?

데카르트 : 그렇습니다.

버클리 : 그렇다면 우리는 동의한 것입니다. 뭐냐 하면 당신은 마음과 상관없

는 사물을 생각하지 못하는 것입니다.

데카르트 : 아닌데요, 나는 동의하지 않습니다. 꼭 짚어서 말할 수는 없지만 여기에는 뭔가 의심스러운 것이 있군요.

과연 의심스러운지 어떤지는 제쳐 두더라도 당신은 이제 버클리의 관점을 명확하게 알았다. 그는 이른바 마음과 상관없는 사물을 생각하는 것은 불가능하다고 본다. 왜냐하면 당신이 이 세상 누구도 생각해 보지 않은 사물에 대하여 생각을 하는 순간, 그 사물에 대한 원래의 묘사("그 누구도 이 사물에 대해서 생각해 보지 않았다.")는 더 이상 정확한 것이 아니기 때문이다. 그리고 버클리는 이런 수사적인 질문을 던진다. 아무도 생각해 볼 수 없는 개념(마음과 상관없는 사물의 개념)을 바탕으로 하여 어떻게 실용적인 이론을 세울 수 있겠는가?

위의 가상 대화를 읽어 본 독자는 아마도 이런 반응을 보일 것이다.

"버클리의 이론은 이상한 결론을 이끌어 내는데 과연 그게 사물의 상식적인 개념일까? 생각되지 않은 것은 생각할 수 없다는 이야기는 알겠어. 하지만 누군가가 생각하거나 지각하지 않으면 그 생각되지 않거나 지각되지 않은 사물이 존재하지 않는다는 말은 이상해. 만약 이 견해가 맞는다면 내가 저 전화기를 쳐다보지 않을 때마다 저 물건은 사라져야 된다는 이야기 아니야? 난 이 생각은 받아들일 수 없어. 다른 사람들도 이건 마찬가지일 거야."

버클리도 자신의 견해가 일반 상식에 비추어 아귀가 잘 맞지 않는다는 것을 알고 있었다. 그래서 지각되지 않은 사물의 존재를 허용하는, 관념론 내의 방법론을 제시했다. 버클리의 견해는 이 순간에 존재했다가 다음 순간에는 존재하지 않는 사물의 '속절없는' 존재만 다루려는 것은 아니다. 어떻게 보면 '존재하는 것은 지각되는 것이다.' 라는 모토는 오해를 불러 일으키기가 딱 좋다. 왜냐하면 이런 식의 주장은 '지각되지 않는 사물은 곧 존재하지 않는다.' 라고 해석될 수 있기 때문이다. 그러나 버클리의 견해는 이보다는 훨씬 심오하다. 버클리는 지각되지 않은 사물이 존재하는 두 가지 방식을 제시했다. 그는 일부 문장에서[13] 설령 유한한 인간의 마음이 지각하지 못하는 사물이 있다고 하더라도 모든 것을 지각하는[14] 신이 대신 지각한다고 주장한다.

버클리는 지각되지 않은 사물들의 지속적인 존재를 유지해 주는 것도 신이고, 또 개인의 내부에서 또는 개인들 사이에서 지각의 일관성을 유지해 주는 것도 신이라고 생각했다.

이렇게 말하면 좀 이상하게 들리겠지만, "매트릭스"에서 개인 내부의, 그리고 개인들 사이의 일관성을 유지시켜 주고 객관적으로 관찰 가능한 사물에 접근하도록 해 주는 매트릭스 프로그램이 버클리의 신과 비슷한 점이 많다.

이것을 하나하나 살펴보기로 하자. 네오가 매트릭스 안으로 들어갔을 때 그는 내부적으로 일관되어 있다. 그는 머리를 돌릴 수도 있고 그의 시야가 바뀌기도 한다. 또 뒤돌아보기도 한다. 그가 지금 보고 있는 사물은 몇 분 전에 본 것과 별반 달라지지 않는다. 그는 고개를 숙여 자신의 손을 보기도 한다. 그가 평생 동안 몇천 번 보았던 바로 그 손이다. 그리고 잠시 이것을 생각해 보라. '진짜' 네오는 의자에 앉아 있다. 그는 어떤 사물을 '보는' 게 아니다. 적어도 그의 육안으로 보는 게 아니다. 따라서 네오의 지각 내에서 벌어지는 이런 일관성은 '실제' 세계에 시시각각으로 대응함으로써 유지되는 것이 아니다. 실제로는 네오의 신경계에 전기 충격을 주어 그런 지각의 일관성이 유지되고 있다. 또 다른 예를 들어 보자. 네오의 두뇌(의자에 앉아 있는 네오의 두뇌)는 인간의 근육을 수축시켜 걸어가게 만드는 전기 충격을 내보낸다. 매트릭스 프로그램은 상황에 따라 네오의 두뇌에 해당 전기 충격을 보내도록 지시한다. 그리하여 (1) 네오의 시야는 상황에 알맞게 변화하고 (2) 다른 물체와 접촉할 때 촉각의 정보를 받게 된다.

매트릭스는 또한 개인들 사이의 일관성과 객관적으로 관측 가능한 사물에 대한 접근도 허용한다. 영화 속에서는 이런 기능의 이론적 근거가 제시되어 있지 않지만, 매트릭스 프로그램은 의자에 앉아 있는 각 개인들의 감각 정보를 통합 조정한다. 그리하여 그들은 모두 동일한 가상 세계의 참여자가 된다(영화에서 이런 공유된 가상 세계의 이론적 배경은 설명되지 않고 단지 강력하게 암시될 뿐이다). 그래서 의자에 앉아 있는 네오의 지각은 일관될 뿐만 아니라 의자에 앉아 있는 다른 인간들의 가상적 행동에도 지각의 반응을 일으킬 수 있다. 그와 다른 인물들은 객관적으로 관찰 가능한 가상 사물들과 공통으로 상호 작용하는 것이다.

어쩌면 버클리는 이 매트릭스가 만들어 낸 지각들을 **진짜**라고 생각할지도 모른다. 과연 버클리가 이렇게 생각하는 것이 타당한가? 나는 여러 이유로 온당하지 않다고 생각한다. 첫째, 버클리는 사물에 대한 상식적인 견해를 지지하여 데카르트가 제시한 재현적 지각의 이론을 '철학자의 혼동'이라고 말했다. 매트릭스 내의 지각이 아무리 생생하고 또 일관성이 있다고 하더라도 일반 상식은 그것을 가짜 지각이라고 규정할 것이다. 더욱이 매트릭스는 지속적인 일관성을 보장하지 못한다. 심지어 영화 내에서도 매트릭스 내의 자그마한 고장이나 변화 등이 국지적인 불일치성을 보여 준다(예컨대 MM 78:30에서 검정 고양이가 두 개로 보이는 장면). 이에 비해 버클리의 무한한 신은 절대적인 일관성을 보장한다.

버클리의 관념론에 대한 후대의 최종 평가는 무엇인가? 현대 철학자들의 공통된 의견은 이러하다. 버클리가 회의주의를 극복했다고 생각한 것은 환상에 지나지 않는다. 버클리의 관념론은 고전적인 회의주의(외부의 사물을 지각할 수 없다는 입장)를 극복한 것은 사실이지만, 그 후 또 다른 회의주의에 빠져들고 말았다. 관념론자는 가짜 지각과 진짜 지각을 구분하고자 한다. 그러나 우리가 이미 살펴본 바와 같이, 버클리가 제시한 진짜 지각의 세 가지 기준은 부적절하다. 많은 가짜 지각(가령 매트릭스에 연결된 네오가 경험하는 지각)은 진짜 지각이 갖는 세 가지 기준을 모두 갖추고 있다.

버클리의 패배는 회의주의를 극복하기 위한 역사의 끝이 아니다. 이 장의 나머지 부분에서 우리는 위대한 독일 철학자인 **칸트**의 견해를 다루게 될 것이다.

칸트는 철학사에서 가장 큰 영향력을 끼친 사상가 중 한 사람이다. 그의 저서 『순수 이성 비판(Kritik der reinen Vernunft)』을 슬쩍 들쳐 보기만 해도 알겠지만 그는 철학사상 아주 난해한 철학자로도 유명하다. 칸트는 그때까지 아무도 회의주의를 성공적으로 극복하지 못했다고 생각했고, 그것을 철학계의 주요 '스캔들'이라고 여겼다. 그는 이렇게 말했다.

"우리 바깥에 있는 사물의 존재를 그저 믿음에 따라서만 받아들이는 것…… 또 그 사물의 존재를 의심하는 것이 타당하다고만 생각하고 그 의심을 충분한 증거를 들이대며 극복하지 못한다는 것 등은 철학계와 인간 이성 전반에 나타난 하나의 스캔들이다."[15]

칸트는 재현적 지각의 이론이 반드시 회의주의를 이끌어 낸다는 버클리의 이론에 동의했다. 따라서 칸트가 새롭게 구성한 사물의 이론에서 재현적 지각의 이론은 폐기되었다. 지각이 인간의 머릿속에 재현하는 것은 결코 외부에 있는, 마음과 상관없는 사물이 아니다. 칸트는 그 사물을 '물자체(物自體, 칸트는 마음에 독립적인 사물을 물자체라 하고 그 물자체가 인간의 머릿속에 재현하는 것을 현상이라고 했다/옮긴이)'라고 불렀다. 그는 버클리의 이론 또한 결정적 하자가 있다고 보았다. 버클리의 이론은 능동적인 마음이 인간의 세상 경험에 미치는 역할을 인정하지 않았다. 우리가 앞으로 살펴보겠지만, 칸트는 세상과 마음의 관계를 새롭게 정립했다. 칸트의 이 새로운 접근 방식은 인식론에 혁명적 결과를 가져왔고 또 철학 전반에 커다란 파장을 몰고 왔다. 이 파장은 제2장에서 자세히 다루어지게 될 것이다.

칸트 철학의 가장 중요한 사항 하나는 칸트가 경험에 따라서 드러나는 세계(칸트의 용어로는 '현상계')와 물자체의 세계('예지계')를 구분했다는 것이다. 칸트에 따르면 인간의 지식은 현상계에 국한된다. 그는 예지계에 대한 지식을 얻을 수 있으면 회의주의를 극복할 수 있다고 생각한 데카르트(및 흄)의 입장이 오류라고 진단했다. 칸트가 볼 때 예지계는 '그것이 무엇인지 알 수 없는' 상태를 유지한다. 현상계에서 경험되는 사물이 물자체와 어떤 관계가 있다고 가정하지만 그것도 어디까지나 추측에 지나지 않는다.

칸트 철학을 혁명적이라고 하는 이유는 그 철학이 선배 철학자들이 취하는 탐구의 논리적 순서에 의문을 제기하고 나섰기 때문이다. 그래서 칸트의 새로운 철학과 니콜라우스 코페르니쿠스(Nicolaus Copernicus)의 천문학 혁명은 비슷한 점이 많다고 일컬어진다. 코페르니쿠스의 주요 학문적 업적은 당시 통설(通說)인 천동설을 뒤집어서 지동설을 주장한 것이었다. 코페르니쿠스는 이런 지동설을 바탕으로 하여 태양이 태양계의 중심이라고 추론했다. 따라서 종래 믿어 오던 것처럼 태양이 지구 주위를 도는 것이 아니라 지구가 태양 주위를 돈다고 보았다. 이와 마찬가지로 칸트는 철학적 탐구의 순서를 바꿨다. 선배 철학자들(예컨대 데카르트)은 대상이 인간의 마음에 독립적으로 존재한다고 보았다. 이런 전제 조건을 설정하게 되면 당연히 철학자들은 이렇게 질문하게 된다.

"이 마음에 독립적인 대상이 어떻게 인간의 마음에 영향을 미치고 또 마음은 어떻게 대상에 대한 지식을 얻게 되는가?"

따라서 데카르트의 철학 체계에서는, 먼저 대상이 있다는 것을 받아들였다. 그리고 그 다음 대상에 대한 지식을 얻는 것이 가능한가에 관심을 두었다. 간단히 말하면 사람(인식자)보다 사물(인식 대상)을 중시하는 구조였다. 그런데 칸트는 코페르니쿠스와 마찬가지 방식으로 사람의 인식 방식이 사물을 규정한다고 생각했다(칸트 이전에는 사물이 그러한 방식으로 존재하기 때문에 사람이 인식한다고 보았지만 칸트는 사람이 그런 방식으로 인식하는 것일 뿐 사물이 그런 방식으로 존재하는 것이라고 확신할 수는 없다고 보았다/옮긴이). 데카르트와 흄이 회의주의를 극복하는 데 실패했으므로, 칸트는 발상의 순서를 완전히 뒤집어, 사람(사람의 인식 구조/옮긴이)을 먼저 탐구하는 방법으로 나아가게 되었다. 그는 이렇게 썼다.

"대상이 우리의 인식 방식에 따라 인식된다고 가정하면, 형이상학의 과업이 좀더 성공을 거두게 될 것인지…… 우리는 한번 살펴볼 필요가 있다."[16]

이렇게 하여 칸트는 마음과 세상의 관계를 완전히 뒤집었다. 전에 철학자들은 마음이란 현실을 수동적으로 지각하는 존재라고 생각했다. 지각을 통하여 인간의 마음은 '저기 저 바깥'에 있는 사물들을 단속적인 스냅 사진처럼 받아들였다. 그런데 칸트는 다르게 해석했다. 현실은 '저기 저 바깥'에 있는 것이 아니다. 그것은 '여기 안(in here : 사람의 머릿속)'에 있다. 현실이라는 것은 인간의 마음이 구성해 놓은 구성물이다. 한 가지 오해하지 말아야 할 사항이 있다. 여기서 '바깥'과 '안'이라는 공간적 용어는 순전히 비유적인 개념일 뿐이다. 왜냐하면 시간과 공간이라는 것도 '여기 안(인간의 머릿속)'에서 구성되는 구성물이기 때문이다(칸트가 보기에 인간은 시간과 공간의 틀 안에서 사물을 인식한다. 칸트는 시간을 내감, 공간을 외감이라 칭하고 시·공간을 인식 주관의 형식이라고 보았다/옮긴이). 마찬가지로 나(나의 현상적 자아)도 '여기 안'에 있고 경험의 세계를 만드는 다른 사물들도 '여기 안'에 있는 것이다.

인간의 마음은 공장과도 같다. 감각의 지각은 원 재료에 해당한다. 이 원 재료를 공장에서 가공해 놓은 것이 바로 경험의 세계(현상의 세계)이다. 지각에서부터 세상을 만들어 내는 규칙 곧, 인지 구조는 타고난 것이다. 칸트의 철학 하는 방식은 경험을 넘어서서('초월하여') 그 경험을 만들어 내는 인지 구조를 이해하자는 것이다. 일단 마음이 현상계(경험의 세계)를 구성하는 데 사용하는 원칙들을 이해하게 되면, 우리는 인간 경험을 구성하는 필수적인 요소에 대하여 알게 된다. 칸트에 따르면, 그 어떤 인간의 의식적 경험도 이 원칙에서부터 벗어나지 못한다. 칸트가 제시한 그런 원칙들 중 하나는 이 세상이 대상으로 구성되어 있고 인간은 불가피하게도 지각을 항상 대상에 대한 것으로 받아들이게 된다는 것이다. 마음은 이런 방식을 통해서만 사물을 지각한다. 그리고 칸트는, 아주 다른 의식(意識)을 가진 다른 종류의 존재들이 다른 원칙을 사용할 수 있겠는가 하는 문제에 대해서 대답하지 않았다(인간이 아닌 다른 존재들이 생각하는 힘을 가졌다고 할 때 그 존재들이 인식하는 전혀 다른 원칙하에 대상을 인식할 수 있는가 하는 문제에 대해서 대답하지 않았다는 뜻/옮긴이). 아무튼 인과 관계로 연관되어 있는 사물들로 가득 차 있으며 그 연관 관계가 정합적인 세상 속에 살고 있는 우리는 칸트의 원칙하에서만 인식을 할 수 있다.

칸트의 이러한 사상의 틀 속에서는 회의주의의 문제가 새롭게 다루어진다. 나는 나의 지각이 외부의 사물을 정확하게 재현한다고 확신할 수 있는가? 칸트는 확신할 수 있다고 대답한다. 왜냐하면 당신의 마음이 지각의 주체이기 때문에 이 세상 속의 사물을 정확하게 재현하지 못할 리가 없다. 하지만 당신의 머릿속에 재현된 사물이 그 사물 자체라고 생각해서는 안 된다.

칸트의 이와 같은 이론은 분초 표시 17:30(퀘이트의 리콜 사 방문) 이후 "토털 리콜"에서 벌어진 일을 이해하는 데 도움이 된다. 이 영화에 대한 일반적 해석은 퀘이드가 리콜 사를 떠나지 않았다는 것이다. 영화의 나머지 부분은 퀘이드가 사들인 에고 트립일 뿐이다. 그러나 이 해석에도 문제가 하나 있다. 이 영화의 이야기를 생산하는 것은 무엇(또는 누구)인가? 우리는 MM 17:30 이후에 퀘이드가 참석하지 않는 장면이 나오는 것이 잘 이해되지 않는다. 이와 관련하여 칸트라면 17:30 이후의 이야기는 퀘이드의 마음이 만들어 내는 현상계라고 대답했을 것이다. 퀘이드는 임플란트 의자에 앉아 있는 동안 몇몇 지각을 제공받았다. 이제 퀘이드의 마음은 그 지각들을 이용하여 일관된 이야기를 구성한다.

나의 일상 생활도 이와 별반 다르지 않다. 일상 생활 속의 한 가지 사례를 생각해 보자. 나는 밖으로 내보낼 우편물을 t1이라는 시간에 비서의 책상에 있는 '외부 발송' 박스 위에 올려놓는다. 한 시간 뒤(t2) 비서의 방으로 돌아온 나는 t1에 올려놓았던 우편물이 사라진 것을 발견한다. 이 경우 나는 그 우편물이 공중으로 증발했다고 생각할 것인가? 그렇지 않다. 나는 t1과 t2 사이에 벌어진 현상계에 약간의 이야기를 끼워 넣음으로써 '그 간격을 메운다'. 다시 말해 비서가 우편물을 발송했다고 생각하는 것이다. 내가 비서의 그런 행동을 구체적으로 상상할 수도 있겠지만 반드시 그럴 필요는 없다. 이야기의 간격을 메우기 위해서 필요한 것은, 비서의 그 행동이 내 마음에 따라 구성되는 현상계의 한 부분이 되기만 하면 되는 것이다. 마찬가지로 t2 직전에 나는 나의 사무실을 떠났다가 t2 직후에 사무실로 돌아왔다. 돌아와 보니 내 책상 위의 전화기가 아까 그대로 있었다. 나는 부재 동안 전화기가 그대로 그 자리에 있었다고 빈 간격을 메워 넣는다(마찬가지로, 그 기간 동안 내 책상도 그 자리에 그대로 있었다). 내 마음은 이런 간격 메우기를 자동적으로 해 준다. 실제로 조금만 신경을 써 보면 내 마음이 지각의 간격을 이런 식으로 메운다는 것을 의식할 수도 있다. 칸트의 위대한 업적은 마음의 이런 간격 메우기를 주목하고, 그 메우기의 방식을 구체적으로 서술한 것이다. 따라서 "토털 리콜"의 MM 17:30 이후에 대한 가장 좋은 해석은 무엇인가? 그 답은 모든 간격이 메워진 퀘이드의 경험 세계라는 것이다.

앞에서 지적한 것처럼 칸트 철학은 19세기와 20세기에 커다란 영향을 미쳤다. 하지만 그에게도 반대자가 없는 것은 아니다. 그는 버클리와 마찬가지로 데카르트의 문제를 해결할 수 없었다. 칸트는 가짜 지각과 진짜 지각을 구분해야 한다는 것을 알았다. 하지만 그의 이론은 특정 지각이 발생하는 구체적 시간, 그 지각이 진짜인지의 여부 등을 결정하는 구체적 수단을 제공하지 못한다. 모더니즘과 포스트모더니즘에서 등장하는 철학적 상대주의와 관련하여, 많은 철학자들은 그 주된 근원을 칸트라고 생각한다. 우리는 2장에서 칸트 이론을 다시 다루면서 일부 반대하는 이들이 그에게 퍼붓는 비난을 살펴보게 될 것이다. 그들은 칸트가 일반적인 회의주의를 극복한 것은 사실이지만, 그에 대한 대가로 모든 지식을 주관적인 것("지식은 개인에 따라 상대적이다.")으로 만들었다고 비판한다.

7. 회의주의의 위험과 교훈

회의주의에 대한 적절한 반응은 무엇인가? 고대 회의주의자들은, 기본적인 사물들을 제대로 알 수 없는 우리의 처지에 대해서도 초연함을 느껴야 한다고 주장했다. 그러나 이 주장을 따르는 사람은 거의 없다. "매트릭스"에서 사이퍼의 배신적 행동(강력하고 부유한 사람으로 매트릭스에 다시 들어가고 싶어서 동료를 배신한 행동)은 좋은 사례이다. 어떤 사람들은 회의주의에 대해서 조금도 개의치 않는다. 예컨대 사이퍼는 가상 지각도 실제 지각과 거의 다를 바 없다고 생각한다. 쾌락만 가져다 준다면 가상 지각이 실제 지각보다 더 바람직하다고 여긴다. 물론 사이퍼의 이런 행동에 퀘이드나 네오가 동의하는 것은 아니다. 어쩌면 회의주의에 대한 '자연스러운' 반응은 불안감일 것이다 (우디 앨런 영화의 인물들 중 한 사람이 자신의 지식을 총체적으로 잃어버린 채 자신에 대해 생각하고 있는 장면을 회상해 보라).

우리는 많은 근대 철학자가 회의주의를 극복하기 위해 애써 온 것을 살펴보았다. 그런 만큼 회의주의의 극복은 사물 이론의 타당성을 검증하는 시금석이 되었다. 회의주의를 수용하는 태도와 그것을 극복하려는 태도 중 어떤 것이 더 바람직한가? 회의주의 옹호자인 흄은 일상 생활에서는 회의주의가 불필요하다고 주장했다. 어떤 사람이 회의주의를 '인생관'으로 삼는다면 그 결과는 재앙일 뿐이라고 말했다. 흄은 이렇게 썼다.

"회의주의를 인생관으로 삼으면 좋을 게 하나도 없다. ……그런 사람은 자신의 철학이 마음에 영향을 미친다거나 사회에 이로운 영향을 끼칠 것을 기대할 수 없다. 그가 회의주의를 끝까지 고집한다면 모든 인생이 거덜나야 한다고 주장하는 것이나 마찬가지가 된다. 회의주의를 철저히 신봉하다 보면 모든 담론과 행동이 즉각 중지될 것이고 인간은 무기력에 빠질 것이며 끝내는 충족되지 못한 채 종지부를 찍게 될 것이다."[17]

흄은, 회의주의가 거창한 영향력을 행사하지는 못할 것이라고 보았다. 무엇보다도 회의주의를 인생관으로 삼으려는 사람이 거의 없기 때문이다. 우리의 마음은 우리의 감각이 전달하는 정보를 정확한 것으로 여기고 받아들인다. 그리고 이를 바탕으로 일상 생활을 영위해 나간다. 흄은 회의주의란 이성

이 광기를 부리는 것이라고 생각했다. 그는 인간 이성의 주된 기능은 실제적인 문제를 해결하기 위한 것이라고 보았다. '나는 A라는 일을 성취하고 싶다. A를 달성하기 위해 나는 어떤 계획을 세워야 하는가?' 이렇게 행동하는 것이 인간 이성의 자연스러운 기능이다. 하지만 때때로 고집 센 아이처럼 이성은 자연스러운 범위를 탈출하여 온갖 종류의 광기 속으로 빠져든다. 회의주의는 잘 억제되지 못한 이성이 종종 빠져드는 광기 같은 것이다.[18]

따라서 흄은 우리에게 회의주의를 생활 양식으로 삼으라고 권장하지 않는다. 그렇다면 그는 왜 회의주의를 옹호하는 논증을 폈는가? 후대의 다른 철학자들과 마찬가지로, 흄은 회의주의가 철학자와 일반인에게 하나의 교훈을 줄 수 있다고 생각했다. 회의주의는 모든 독단론에 견제 작용을 할 수 있다. "넌 그것을 어떻게 아니?"라는 회의주의자의 질문은 현실 세계에서 아주 유익한 화두가 될 수 있다.

회의주의는 또한 겸손을 가르친다. 20세기의 위대한 철학자 버트런드 러셀(Bertrand Russell, 1872-1970년)은 이렇게 썼다.

사실 철학의 가치는 대체로 보아 그 불확실성에서 추구될 수 있다. 철학적 기질이 없는 사람은 상식에서 나온 편견, 시대가 낳게 하는 믿음, 이성의 도움 없이 그의 마음속에서 키워진 확신에 갇힌 채 인생을 살아간다. 이러한 사람에게 인생은 유한하고 단정적이고 명백하다. 일상적인 사물은 아무런 의문을 제기하지 않고 그나마 생겨난 가능성은 경멸 속에 가둬 버린다. 반면 우리가 철학을 생활화하게 되면 우리는 일상 속의 평범한 문제조차도 쉽사리 대답할 수 없는 어려운 문제들로 이끌어 낼 수 있음을 알게 된다. 철학은 철학이 제기한 의문에 대하여 진실한 대답을 100퍼센트 확신 속에 제공할 수는 없지만, 그래도 우리의 생각을 넓혀 주고 관습의 횡포에서 우리를 자유롭게 하는 여러 가능성을 제시해 줄 수는 있다.[19]

토론을 위한 질문

1. 이 장의 첫 부분에서 나는 "당신이 지금 현재 꿈꾸고 있지 않다는 것을 확신할 수 있는가?" 하는 질문을 제기했다. 당신은 그때 이 질문에 어떻게 답변했는가? 당신의 그때 답변은 적절했는가? 지금은 어떻게 답변하겠는가?
2. 데카르트의 첫번째 성찰에 나타난 회의주의와 "토털 리콜" 속의 회의주의는 어떤 유사점이 있는가? 또 차이점은 무엇인가?
3. 데카르트의 첫번째 성찰에 나타난 회의주의와 "매트릭스" 속의 회의주의는 어떤 유사점이 있는가? 또 차이점은 무엇인가?
4. MM 32:00('진짜' 네오가 의자에서 깨어나는 순간) 예전에도 "뭔가 잘못되어 있어."라는 네오의 느낌을 여러 군데에서 언급하고 있다. 이 기간 동안 네오의 회의주의는 합리적인가? MM 18:00 이후의 퀘이드의 회의주의는 합리적인가? 당신의 회의주의는 합리적 의심이라고 할 수 있는가?
5. 회의주의에 대한 '자연스러운' 반응은 무엇인가? 혐오감, 무관심, 불만 없는 수용?
6. 당신은 당신의 꿈(또는 꿈의 일부분)을 기억하는가? 만약 꿈을 꾼다면 꿈꾸는 동안 당신이 꿈을 꾸고 있다고 의식하는가? 아니면 꿈에서 깨어나야만 꿈이었다는 것을 깨닫는가? 어느 경우든 꿈의 어떤 특징 때문에 그게 꿈이라는 것을 알게 되는가?
7. 마음과 상관없는 사물은 생각해 볼 수 없다는 버클리의 논증이 타당하다고 생각하는가?(이 논증은 버클리와 데카르트의 가상 대화에 잘 드러나 있다) 당신의 생각도 데카르트와 동일한가?("꼭 짚어서 말할 수는 없지만 여기에는 뭔가 의심스러운 것이 있군요.") 만약 그렇다면 당신은 어떤 반론을 내놓겠는가?

회의주의와 관련된 영화들

"13층(Thirteenth Floor)"(1999년). 감독 조셉 러스낙(Josef Rusnak). 출연 크레이그 비에르코(Craig Bierko), 아르민 뮐러 스탈(Armin Mueller-Stahl), 그레첸 몰(Gretchen Mol).
"매트릭스"와 마찬가지로 이 영화는 우리의 일상 생활과 전혀 구분이 되지 않는 가상 현실이 있을 수 있다고 주장한다.

"스트레인지 데이즈(Strange Days)"(1995년). 감독 캐슬린 비겔로우(Kathryn Bigelow). 출연 랄프 피네스(Ralph Fiennes), 안젤라 바세트(Angela Bassett), 줄리에트 루이스(Juliette Lewis).

이 영화는 "토털 리콜"과 공통되는 줄거리 요소를 갖고 있다. 오락용 가짜 지각 프로그램을 소매하는데, 이 경우 소매상은 거리의 암시장 상인이다.

"엑시스텐츠(eXistenZ)"(1999년). 감독 데이비드 크로넨버그(David Cronenberg). 출연 제니퍼 제이슨 리(Jennifer Jason Leigh), 주드 로(Jude Law), 윌렘 데포(Willem Dafoe).

이 영화는, 가상 현실 게임의 플러그가 게임 플레이어의 신경계에 직접 플러그 되는(꽂혀지는) 미래를 묘사하고 있다.

회의주의와 관련된 저서들

고전

섹스토스 엠페이리코스

『피론주의 개관(Outlines of Pyrrhonism)』, 그리스어로 최초 출판, 약 210년.

데카르트

『제일철학에 관한 성찰』. 1641년 라틴어로 출간. 이 책의 영역본은 다수가 있다(이 책의 섹션 2에 전문 인용된 첫번째 에세이는 근대 회의주의의 고전적 전거가 되었다). 『제일철학에 관한 성찰』은 온라인에서도 전문을 구해 볼 수 있다(http://philos.wright.edu/Descartes/MedE.html)과 (http://www.utm.edu/research/iep/text/descart/des-med.htm).

버클리

『인간 지식의 원리에 관하여(A Treatise Concerning the Principles of Human Knowledge)』, 1710년. 이 장에서 인용된 버클리의 문장은 버클리의 『인간 지식의 원리에 관하여』와 저명한 철학자들의 버클리 비평을 함께 묶은 같은 제목의 책(1970년)에서 인용한 것이다. 이 책은 온라인에서도 구해 볼 수 있다(http://www.utm.edu/research/iep/text/berkeley/berkdial.htm).

『힐라스와 필로누스의 세 대화(Three Dialogues between Hylas and Philonous)』, 1713년. 버클리는 자신의 관념론을 대화 형식으로 개진했다. 이 장에 나온 인용문은 1979년 해케트 판에서 인용한 것이다. 이 책은 온라인에도 전문이 소개되어 있다(http://www.utm.edu/research/iep/text/berkeley/berkdial.htm).

흄

『인성론(A Treatise of Human Nature)』, 1740년. 흄의 대작. 저 유명한 회의주의에 대한 옹호론이 들어 있을 뿐 아니라 인식론의 다른 문제들도 다루고 있다. 또 윤리학과 인간 심리학 이론도 다룬다. 학자들이 표준 텍스트로 여기는 것은 1978년 옥스퍼드 대학 출판부에서 펴낸 2판이다. 온라인에서도 구해 볼 수 있다(http://socserv2.socsci.mcmaster.ca/-econ/ugcom/3ll3/hume/wri/1enq.htm).

『인간의 이해력 탐구(An Enquiry concerning Human Understanding)』, 1748년. 일반 독자를 위해서는 『인성론』보다 이 책이 더 적절하다. 100여 페이지로 짧을 뿐만 아니라 참신한 현대적 어법으로 쓰여져 있다. 이 장에서 인용된 문장은 해케트 판(1977년)에서 나온 것이다. 온라인(http://www.utm.edu/research/hume/wri/1enq/1enq.htm)에서도 살펴볼 수 있다.

칸트

『순수 이성 비판』, 독일어, 초판 1781년, 재판 1787년. 서양 철학의 정전들 가운데 가장 난해한 책. 이 난삽한 거작을 직접 읽어 보려는 모험심 강한 사람이 있다면 노먼 켐프 스미스(Norman Kemp Smith)가 1929년 세인트 마틴스 프레스에서 번역 출간한 영역본(초판과 재판 합본)을 참고하는 것이 좋다. 『순수 이성 비판』 중 회의주의에 관련된 부분만 읽고자 하는 분은 피터 · 스미스 사에서 나온 로버트 폴 울프(Robert Paul Wolff)의 『Kant's Theory of Mental Activity』(1973)를 참고할 것. 『순수 이성 비판』은 온라인(http://www.hkbu.edu.hk/--ppp/cpr/toc.html)과 (http://www.arts.cuhk.edu.hk/philosophy/Kant/cpr)에서도 전문을 구해 볼 수 있다.

『학으로 성립할 수 있는 모든 미래의 형이상학에 대한 입문(Prolegomena zu einer jeden Kijnftigen Metaphysik die als Wissenschaft wird auftreten)』, 독일어 초판, 1783년. 이 책에서 칸트는 『순수 이성 비판』의 이론을 좀더 간결하게 설명하고 있다. 온라인에서 구해 볼 수 있다(http://www.utm.edu/research/iep/text/kant/prolegom/prolegom.htm).

현대

Richard Popkin, *History of Skepticism*, Berkeley and Los Angeles : University of California Press, 1979년.

Myles Burnyeat 편집, *The Skeptical Tradition*, Berkeley and Los Angeles : University of California Press, 1983년. 회의주의의 역사적 발전과 현대의 논쟁 사항을 다룬 에세이집.

John Greco, *Putting Skeptics in Their Place*, Cambridge : Cambridge University Press, 2000년). 이 책은, 많은 철학자가 생각하는 것처럼 회의주의가 그리 간단하게 물리칠 수 있는 철학이 아님을 주장한다. 읽어 볼 만한 자료이다.

Paul Kurtz, *The New Skepticism, Buffalo*, NY : Prometheus Press, 1992년. 이 책 각 측면(도덕적, 정치적, 종교적 등)의 회의주의를 다루고 있는 책.

제 2 장

상대주의

"힐러리와 재키"(1998년)

> 우리가 자연이라고 부르는 현상의 질서와 규칙은 우리 자신이 만들어 낸 것이다. 우리 자신이 또는 우리 마음의 본성이 그러한 질서와 규칙을 만들어 내지 않았더라면, 우리는 그것을 자연 안에서 결코 발견하지 못했을 것이다.
>
> – 칸트, 『순수 이성 비판』

이 책의 각 장은 독립된 별개의 장으로 꾸며졌지만, 여러 면에서 2장은 1장의 연속이라고 할 수 있다. 이 장에서 우리는 1장에서 이미 다루었던 칸트의 사물 이론을 다시 다루게 될 것이다. 만약 마음이 현상계의 수동적 지각자가 아니라 능동적 구성자라면, 그것이 이 세상과 그에 대한 우리의 지식에 어떤 영향을 미치겠는가?

"힐러리와 재키"는 이런 질문을 다루기에 안성맞춤인 영화이다. 이 영화는 '다중 관점의 영화(multiple-perspective film),' 곧 같은 이야기를 여러 관점에서 말하는 것이다. '같은' 이야기를 다양한 관점에서 다시 말하게 함으로써 관객으로 하여금 극 중의 다양한 인물이 그들의 지각을 다르게 해석하는 방식을 보게 해 준다. 이 장의 1은 "힐러리와 재키"를 이해하는 데 필요한 철학적 배경을 제시한다. 2는 간략한 영화의 개관을 제시하여 영화를 볼 때의 유의 사항을 미리 일러 준다. 3 이후는 영화의 내용을 자주 언급하기 때문에 영화를 관람한 이후에 읽는 것이 좋다.

1. 상대주의란 무엇인가?

어떤 진술의 진리치(眞理値)는 상대적인 게 분명하다. 예컨대 이런 문장을 한 번 생각해 보라.

"피피는 크다."

이 진술이 참이기 위해서는 피피가 어느 정도의 치수여야 하는가? 당신의 답변은 피피가 무엇이냐에 따라 달라진다. 만약 피피가 들쥐라면 위의 진술이 참이 되기 위하여 피피의 사이즈가 커야 할 필요는 없다. 하지만 피피가 코끼리라면 상당히 커야 할 것이다. 이것은 진술의 진위(眞僞)가 여러 요인에 의존한다는 것을 보여 준다. 그런 요인 중 하나로 피피의 크기를 비교하는 다른 대상을 들 수 있다. '피피는 크다.'는 진술은 그 자체로 참이나 거짓이 되는 게 아니라 피피의 비교 대상에 따라 진위가 결정된다.

인식론적 상대주의(cognitive relativism)는 이러한 진리 상대성의 사례가 사람들에게 과격한 논의로 비쳐서는 안 된다고 생각한다. 인식론적 상대주의는 모든 진술이 배경과 전제 조건에 따라 '피피는 크다.'처럼 상대적이라는 입장이다. 이 장의 주된 관심사는 인식론적 상대주의자가 말하는 배경 조건을 파헤쳐 보는 것이다. 우리는 피피의 온건한 상대주의와 달리 과격한 상대주의도 있음을 살펴보게 될 것이다. 과격한 상대주의는 우리의 세계관, 우리의 인식론 등 상식을 통째로 부수어 버린다는 점에서 아주 과격한 이론이다.

인식론적 상대주의는 가장 포괄적 형태의 상대주의이다. 이 밖에 제한된 범위의 상대주의도 있다. 가령 **미학적 상대주의**(aesthetic relativism)는 미에 대한 판단이 상대적이라고 보는 입장이다. 이 견해에 따르면 객관적 아름다움이라는 것은 없다.

"아름다움은 보는 사람의 눈에 의해 좌우된다."

많은 일반인과 철학자들이 이런 미학적 상대주의를 취하고 있다. 마찬가지로 **도덕적 상대주의**(moral relativism)는 모든 도덕적 판단의 진리치는 상대적이라는 입장인데, 많은 지지자를 갖고 있다. 우리는 5장에서 윤리라는 포괄적 상황에서 도덕적 상대주의를 더 자세히 다루게 될 것이다. 미학적 상대주의와 도덕적 상대주의의 공통점은 이런 것이다. 즉 가치 배제인 중립적 판단과는 다르게 가치의 판단에서는 진리의 상대주의를 인정해야 한다. 다음의 두 진술을 보면 그 차이점을 알 수 있다.

S1 : 히틀러의 일부 행동은 간접적으로 몇백만 명의 사람들에게 죽음을 가져왔다.
S2 : 히틀러의 일부 행동은 도덕적으로 잘못되었다.

S1은 철학자들이 말하는 '가치 중립적 판단(nonvalue judgment)'이다. 이 진술은 아돌프 히틀러(Adolf Hitler)의 행동에 대하여 그 어떤 평가도 내리지 않는다(S1의 진술을 읽으면 '당신은 히틀러의 행동을 도덕적으로 비난하고 있구나.'라고 추론할 수는 있지만, 그런 비난이 S1에는 포함되어 있지는 않다). 반면 S2는 가치 판단이다. 이것은 히틀러의 행동이 도덕적으로 흠이 있다고 명백하게 진술하고 있다. 인식론적 상대주의는 모든 판단(가치 판단과 가치 중립적 판단)의 진위가 상대적이라는 입장이다. 우리가 앞으로 살펴보겠지만 인식론적 상대주의는 여러 하위 유형으로 나뉜다. 하지만 판단의 진실성을 담보해 주는 객관적 기준 따위는 없다는 점에서, 여러 유형의 상대주의가 공통된다.

상대주의를 토론하는 가장 좋은 방법은 그 적수인 **인식론적 절대주의**(cognitive objectivism)와 비교해 보는 것이다. 이 견해에는 두 정립(定立)이 존재한다. 하나는 이 세상의 성질에 관한 것인데, 인간의 마음과는 상관없이 존재하는 세상이 있다고 보는 것이다. 이 세상은 여러 대상으로 이루어져 있는데,

그것들은 사람들이 어떻게 생각하든 그 생각과는 관계없이 존재한다는 것이다. 두 번째 정립은 진리의 본질에 관한 것으로, 이것을 통칭하여 **진리 대응설**(correspondence theory of truth)이라고 한다. 이 이론에 따르면 어떤 진술의 참됨은 인간의 마음과 상관없이 세상의 참된 사실과 일치하느냐의 여부에 달려 있다. 위의 첫번째 정립을 거부하면 관념론을 낳게 된다(1장의 6에서 토론했던 버클리의 관념론은 아니지만 그와 유사한 것이다). 두 번째 정립을 거부하면 인식론적 상대주의를 낳게 된다.

    1장에서 다루었던 회의주의를 잠시 생각해 보자. 회의주의의 주장은 나의 지각이 과연 '저기 저 바깥에' 있는 사물을 정확하게 재현하는지 잘 모르겠다는 것이다. 다시 말해 내 지각을 '제쳐 두고는' 그 사물을 직접적으로 알아볼 방법이 없다는 것이다. 이런 난제를 칸트의 방식은 어떻게 극복했는가? 그것은 마음이 수동적인 지각자(데카르트의 재현적 지각 이론)가 아니라 경험의 세계를 능동적으로 구성하는 구성자(constructor)라는 것이다. 마음은 감각의 자료를 받아들인다. 마음속에 있는 인식 구조는 이 감각의 흐름에 작용을 가하여 궁극적으로 시공간의 세계를 만들어 낸다. 바로 이 같은 시공간의 세계가 탁자, 의자, 커피 잔, 전화기 등으로 구성된 일상적 사물의 세계이다. 이것이 행위자인 내가 활동하는 세계이다. 내가 이런 사물들을 지각하면 그 지각은 곧 사물과 일치된다. 내가 커피 잔을 들어서 그 안에 담긴 커피를 마시면 그 결과로 커피의 양은 줄어든다. 이렇게 나의 지각과 사물은 일치한다. 바로 이것이 우리가 상식적으로 이해하는 세계이다.

    칸트의 세계에서는 일반적인 형태의 회의주의는 발생하지 않는다. 왜냐하면 마음이 사물을 재현하기 때문에 지각은 세상 속의 사물을 정확하게 재현한다고 확신할 수 있다. 이때 마음이 현상의 세계를 구성하면서 사용하는 발판이 바로 개념이다. 칸트에 따르면 개념은 마음을 인도하는 규칙이다. 이 규칙에 따라 마음은 갑(甲)이라는 지각과 을(乙)이라는 지각을 함께 놓아 하나이면서 같은 사물(동일한 사물)로 규정하고, 또 병(丙)이라는 지각과 정

(丁)이라는 지각을 함께 놓아 원인과 결과의 관계로 파악한다. 이러한 개념이 없다면 감각의 흐름은 우리에게 일관된 세계를 보여 주지 못한다. 감각만 있는 세계는, 윌리엄 제임스(William James)의 말을 빌면 "소란스럽게 부풀어오르는 혼란(buzzing, blooming confusion)"이 되어 버린다.

사물들과 관련하여 당신의 시각적 흐름을 해석해 주는 인식 구조가 없다고 할 때, 이 '세계'가 어떻게 보이겠는지 한번 상상해 보자. 우선 순간순간 규칙성이라는 것은 아예 사라지고 만다. 그 어떤 사물도 지속적으로 존재하지 못한다. 말이 난 김에 덧붙이자면 아예 사물이라는 게 없을 것이다. 전혀 해석이 되지 않는 각종 색깔의 덩어리만 존재할 것이다. 정보의 수용(受容)이라는 측면에서도 당신은 눈먼 사람이나 다를 바 없다. 그래서 칸트는 이렇게 말했다.

"개념 없는 직관은 맹목적이다(percepts without concepts are blind)."[1]

하지만 지각과 관련하여 마음의 기능을 재해석한 칸트 철학은 그에 상응하는 철학적 대가를 지불해야 했다. 우리 스스로가 지각에 구조를 부여하고 또 그렇게 하여 사물의 윤곽을 결정하는 것이라면, 이것은 회의주의를 극복하는 효과를 거두었으나 극단화된 주관주의(radical subjectivism)로 떨어지는 위험을 안고 있다. 이제 지식과 진리는 개개 지각자(individual perceiver)에 따라 상대적인 것으로 되어 버렸다. 하지만 칸트는 이런 반론에 동의하지 않을 것이다. 왜냐하면 칸트는, 지각자가 의식(意識)을 일으키는 데 몇 가지 공통적인 기본 지침을 따른다고 생각했기 때문이다. 예컨대 우리는 늘 존재하는 사물들로 구성된 세상을 바라본다. 또 우리는 그 사물들이 상호 작용하는 것을 본다. 이런 정도의 지각은 타고난 것이라고 보아야 한다. 하지만 우리가 지각의 흐름을 잘라 내어 개개의 사물로 빚어내는 특별한 규칙은 아마도 학습의 결과일 것이다. 우리 지각의 흐름을 조각(彫刻)하는 방식에는 객관적으로 타당한 방법이라는 것은 있을 수 없다. 실용적 고려에 따라 어떤 조각 방법이 다른 방법보다 더 좋을 수 있다. 하지만 사물이, 마음과는 상관없는 세계의 '저기 저 바깥'에 있는 것이 아니기 때문에, 우리는 지각의 흐름을 잘라내어 사물로 조각하는 '객관적으로 타당한 방법'의 개념조차도 제대로 이해할 수 없다.[2)]

한 가지 사례를 살펴보자. 나는 내 시야에 들어오는 색깔 있는 덩어리를 전화기라고 해석한다. 나는 지금 내 책상 오른쪽에 있는 전화기를 바라보고 있는 것이다. 이 물건은 베이지색을 띠고 다이얼을 돌리는 부분은 검은색이다. 전화기라는 개념이 없는 사람은 이 베이지색과 검은색의 덩어리를 책상의 일부분이라고 해석할 것이다. 또 어떤 사람은 베이지색과 검은색 덩어리가 개개의 독립된 사물일 뿐 하나의 통일체를 이룬다는 생각은 하지 못할 것이다. 요점은 지각자의 시각적 흐름 속에 던져진 색깔 덩어리는 그냥 덩어리일 뿐, 그 덩어리가 서로 연결되어 있다는 구체적 정보를 제공하지 못한다는 것이다. 이 구체적 정보는 우리 자신이 제공해야 하는 것이다.

이처럼 우리 자신이 정보를 제공한다는 것은 약간 난해한 개념이다. 왜냐하면 우리는 우리의 마음이 감각의 흐름을 절단하여 사물로 만들어 내는 과정을 거의 의식하지 못하기 때문이다. 하지만 이 점은 어린아이가 세상을 바라보는 방식을 생각하면 좀 이해하기가 쉽다. 예를 들어 어떤 아이가 사물을 볼 수 있을 정도의 시각은 가졌지만 전화기라는 개념을 이해하지 못하는 정도의 나이라고 해 보자. 이 아이에게 전화기를 들이대면 아이는 그 색깔 덩어리를 전화기라고 해석하지 못할 것이다. 왜 못할까? 왜냐하면 아이는 그 색깔 덩어리를 '전화기'라는 개념과 연결시키는 학습을 아직 못했기 때문이다.

지각자가 지각의 흐름을 해석하기 위해 사용하는 일련의 개념을 가리켜 통칭 **개념의 틀**(conceptual scheme)이라고 한다. 많은 철학자는 그 개념의 틀을 수정, 보완하기 위하여 지각자가 새롭게 추가하는 규칙도 개념의 틀의 일부로 파악한다. 다른 개념의 틀을 가진 개인들은 똑같은 감각 자료들이라고 할지라도 다르게 해석한다. 이를테면 아이와 나는 전화기를 바라볼 때 각각 시지각(視知覺)을 다르게 해석하는 것이다. 그런데 모든 어른이 궁극적으로 동일한 개념의 틀을 채택할 것이라는 보장이 있는가? 만약 그런 보장이 있다면, 다시 말해 객관적으로 타당한 개념의 틀이 있다면, 다른 사람들도 우리와 동일한 방식으로 그들의 지각을 해석하리라고 미리 짐작할 수 있을 것이다. 하지만 많은 철학자, 심리학자, 문화 인류학자들은 그런 보장이 없다고 생각한다. 오히려 사람들이 그런 공통적 개념의 틀을 채택하지 않는다는 증거가 많이 나와 있다.

문화 인류학의 연구들이 쏟아 내는 다양한 개념의 틀을 한번 생각해 보자. 문화 인류학자들은 현장 답사에서 돌아와 다른 문화권의 사람들이 그들의 경험을 해석하는 데 다른 개념의 틀을 사용한다고 보고했다. 갑이라는 문화권에서는 비합리적으로 보였던 것이 을이라는 문화권에 들어가면 '합리적'인 것이 되었다. 한 개인이 채택하는 개념의 틀은 그의 동료들이 사용하는 개념의 틀과 아주 유사하다(다시 말해 같은 문화권 내에서는 개념 틀의 유사성이 아주 높다). 동시에 다른 문화권에서 채택하는 개념의 틀과는 아주 달랐다(다시 말해 서로 다른 문화권들 사이에서 개념의 틀의 유사성은 매우 낮다). 이러한 현상은 유전적 요인보다는 다음 세 가지 사항으로 더 잘 설명된다.

1) 그 문화권의 환경이 지각의 속성을 결정한다.[3]
2) 개인이 채택하는 개념의 틀은 대체로 보아 그가 학습하는 언어에 따라 결정된다.[4]
3) 모든 문화권에서 학습은 엄격하게 감시된다.

이러한 세 조건은 개념의 틀이 가진 문화적 특성을 강조하고 있다. 하지만 그렇다고 해서 동일한 문화권 내의 모든 사람이 반드시 동일한 개념의 틀을 갖고 있다고 볼 수는 없다. 나는 얼마 전에 이 세상 사건들의 상당 부분은 악마의 소행이라고 믿는 미국인들을 만났다. 그들에게 정말로 악마가 있느냐고 묻자(비유적 의미가 아니라 실제적 의미), 악마는 문자 그대로 존재한다고 대답했다. 그뿐 아니라 그들은 구체적 사건들을 열거하면서 모두 악마의 소행이라고 말했다. 그 구체적 인과 관계를 제시하면서 이것이 악마의 소행이 아니면 무엇이냐고 물었다. 결국 그들에게 악마는 추상적 개념이 아니라 이 세상의 일을 주무르는 아주 구체적 존재인 것이다.

악마를 믿는 사람과 믿지 않는 사람이 동일한 문화권에 속할 수 있는지, 그것은 논쟁의 대상이다. 분명 문화적 범위는 정치적 범위와 일치하지 않는다. 이 문제는 틀림없이 흥미로운 논쟁거리이지만, 이 책의 범위 밖에 있으므로 이 정도에서 그치려고 한다.

이 장의 나머지 섹션에서 다루게 될 주요한 문제는 갑이라는 개념의 틀이 을이라는 개념의 틀보다 더 우월하다고 볼 근거가 있느냐는 것이다. 예컨대 악마를 포함시키는 개념의 틀이 그렇지 않은 틀보다 객관적으로 우월 또는 열등하다고 볼 수 있는가? 인식론적 상대주의자는 그런 근거가 없다고 말할 것이다. 인식론적 상대주의의 제1원칙은 이러한 생각을 배척하는 것이다.

"우리의 감각 기관이 받아들이는 조잡한 감각 자료 속에 그 감각들을 사물로 조각하는 정확한 분류 방식이 포함되어 있다."

따라서 객관적으로 타당한 개념의 틀이라는 것은 없으므로, 인식론적 상대주의자들은 악마를 포함시키는 개념의 틀이나 그렇지 않은 개념의 틀이나 어떤 것이 더 우월한지 알 수 없다고 말한다.

개념의 틀에 대해 일반적이고 보편적인 서열을 매길 수 있는 어떤 다른 기준들이 있는가? 이 질문에 대하여 인식론적 상대주의자들은 또다시 없다고 대답할 것이다.[5] 상대주의자들이 이런 대답을 정당화하기 위해 내놓는 이유들은 다양하다. 어떤 사람들은 개념의 틀을 등급 매기는 데 유일한 기준은 그 틀의 합리성이 되어야 하지만, 서로 갈등하는 개념의 틀을 조정해 주는 합리적 기반은 없다고 주장한다. 다른 인식론적 상대주의자들은 합리성은 개념의 틀 내부에 이미 깃들어 있으며, 개념적으로 중립 상태인 합리성은 없다고 주장한다. 갑이라는 개념의 틀은 여러 개념의 틀이 지닌 합리성에 따라 그 자신에 대한 등급을 매기게 되지만 놀랍게도 합리적인 것이라고 주장할 수 있다. 또 을이라는 개념의 틀은 그 내부에 깃들어 있는 합리성에 따라 그 자신에 대한 등급을 매기게 되지만 또다시 합리적인 것이라고 주장할 수 있다. 이러한 개념 틀 갑과 을의 논증은 이렇게 요약될 수 있다. 합리성이라는 것 자체가 상대적인 개념이다. 우리는 이 논증을 이 장의 후반 부분에서 논의하게 될 것이다.

이 절을 마치기 전에 인식론적 상대주의와 회의주의 사이에 존재해 왔던 역사적 발전상의 유사성을 언급하고자 한다. 고대 세계에서 상대주의와 가장 밀접한 관계를 맺은 철학자는 소크라테스(Socrates)보다 약간 선배인 프로타고라스(protagoras, 기원전 480-기원전 421년)였다. 프로타고라스의 저작은 대부분 전해지지 않는다. 몇몇 단편만이 전해지고 있다(대부분 후배 그리스 철학자들의 상대주의 비판에서 인용된 것들이다). 가장 유명한 단편은 이런 것이다.

"인간은 만물의 척도이다. 인간이 어떤 사물에 대하여 그것이 존재한다고 생각하면 그것은 존재하는 것이고, 존재하지 않는다고 생각하면 존재하지 않는 것이다."[6] 여기서 우리는 진리 대응설이 거부되고 있음을 알 수 있다. 프로타고라스에 따르면 진위를 구분해 주는 것은 마음과 상관없는 '사실들'과의 일치가 아니다. 오히려 '사람'이 진과 위를 결정하는 궁극적인 주관자이다.[7]

인식론적 상대주의는 고대 세계의 말미에 사라졌다가 근대에 들어와 다시 살아났다. 이처럼 되살아난 것은 고대 세계의 상대주의를 때늦게 발견하게 되었기 때문은 아니다. 그보다는 칸트의 저작이 후대 철학자에게 미친 영향 때문이라고 보아야 한다. 인식론적 상대주의는 결국 포스트모더니즘으로 나아가고 말았지만(이런 결말은 칸트도 무척 난감하게 생각했을 것이다), 나는 포스트모더니즘적 상대주의는 결국 그 근원이 칸트라고 생각한다(우리는 이 점에 대하여 6에서 다시 논의하게 될 것이다).

상대주의와 회의주의 사이의 놀라운 유사성은 이 이론들이 갖고 있는 철학적 논증의 유연성이다. 이 점을 현대의 저명한 철학자 알라스데어 매킨타이어(Alasdair MacIntyre)는 이렇게 지적한다.

"상대주의는 회의주의와 마찬가지로 지금껏 무수하게 논박되어 온 주제이다. 철학의 역사상 이 주제가 이처럼 여러 번 다루어졌다는 것은 상대주의에는 간단히 무시해 버릴 수 없는 무엇인가가 있다는 뜻이다. 정말로 논박 가능한 주제였다면 단 한 번의 논박으로 사태를 잠재울 수 있었을 테니까 말이다."[8]

설사 당신이 인식론적 상대주의를 가당치 않은 것이라고 생각할지라도 그 안에 무언가 있다는 매킨타이어의 말에 동의할 것이다. 그 무엇은 인식론적 절대주의자들이 간단히 무시해 버릴 수 없는 독특한 통찰인 것이다.

2. 영화의 개관

"힐러리와 재키" 감독 : 아난드 터커(Anand Tucker)
출연 : 에밀리 왓슨(Emily Watson), 레이첼 그리피스(Rachel Griffiths), 제임스 프레인(James Frain), 데이비드 모리세이(David Morrissey)

이 영화에 대해서 가장 먼저 알아 두어야 할 사항은 다중 관점의 영화라는 것이다. 이런 여러 이야기는 많은 점에서 서로 일치하지 않는다. 이 장의 나머지 부분은 이런 불일치 사항을 철학적으로 검토하게 될 것이다.

비록 다중 관점의 영화이기는 하지만 관점이 바뀌는 부분, 그 변화를 이해하는 방식 등에 대하여 많은 암시를 주고 있다. 책 뒤에 첨부되어 있는 영화 줄거리에 영화의 관점이 바뀌는 부분에 표시(*)를 해 두었다. 영화를 보기 전에 이 줄거리를 읽어 두면 도움이 될 것이다. 영화는 4분의 3 지점까지는 '힐러리와 재키,' '힐러리,' '재키' 등으로 관점을 구분해 주지만, 나머지 부분에서는 구분이 어렵기 때문이다. 영화 말미에 이르면 관점의 변화가 아주 빠르게 일어나고 또 아무 표시도 없기 때문에 주의를 요한다.

이 영화는 세계적인 첼로 연주자 자클린 뒤 프레(Jacqueline du Pré)의 언니와 남동생, 즉 힐러리와 피어스 뒤 프레의 원작 『집안의 천재(*A Genius in the Family*)』(나중에 『힐러리와 재키』로 개명)를 바탕으로 하고 있다. 뒤 프레 자매가 1950년대에 영국에서 성장하여 자클린이 세계적인 첼리스트로 성장하는 과정을 추적하고 있다. 두 자매는 모두 음악가인데(언니 힐러리는 플루트 주자) 처음에는 아주 정다운 사이였다가 재키(자클린의 애칭/옮긴이)가 성공을 거두고 유명해지면서 둘 사이에 금이 가기 시작한다. 또 두 자매의 삶의 궤적은 더욱 벌어지게 된다. 힐러리는 첫 사랑 키퍼 핀지와 결혼하여 시골 농가에 정착하고, 재키는 '음악의 천재'로 평가받으면서 점점 외로워지다가 재능 있는 피아니스트이며 지휘자인 다니엘 바렌보임과 결혼한다. 재키의 소외감과 인생(그녀의 관점에서 보자면 그녀에게 강요된 인생)에 대한 우울증은, 재키가 힐러리와 키퍼의 시골 농가를 방문하면서 더욱 노골화된다. 힐러리와 피어스 뒤 프레가 이러한 집안 사정을 다룬 책을 출판하자, 고전 음악계에서는 엄청난 소동이 벌어졌다. 그 사회에서는 자클린 뒤 프레가 거의 여신처럼 떠받들어졌기 때문이다. 어떤 사람은 힐러리가 재키의 성공을 부러워하고 질투했기 때문에 그런 책을 써냈다고 헐뜯었다. 영화는 이런 논쟁에 더욱 불을 붙였다. 음악계의 논쟁이 어떻게 진행되었든, 힐러리와 피어스의 재키 묘사가 주관적인 채색으로 왜곡되었다는 주장은 이 영화를 인식론적 상대주의의 논점으로 삼기에 충분하다.

3. 실제로 어떤 일이 벌어졌나?

자, 이제 당신은 "힐러리와 재키"의 관람을 끝냈다. 무슨 일이 벌어졌는가? 실제로 어떤 일이 벌어졌나?

"힐러리와 재키"는 그 스토리나 대화보다는 영화의 구조에서 철학적 의미를 발견할 수 있다. 그런 점에서 이 영화는 이 책에 소개된 대부분의 영화들과는 많이 다르다.[9] 영화 속의 다양한 '다시 이야기하기'를 통해 관객은 '동일한 사건'에 대한 극 중 인물의 현저하게 다른 해석들을 알게 된다. 대부분의 영화(할리우드의 주류 영화)는 단일한 전지(全知) 시점 또는 거의 전지적인 시점에서 이야기를 전개한다. 다시 말해 영화는 어느 한 인물의 지식이나 관점에 국한되지 않는다. 그 결과 영화는 시공간의 제약을 전혀 받지 않는 초연한 관찰자가 이야기를 전개하는 방식으로 진행된다. 이런 줄거리의 구조 속에서 서로 다른 해석들을 어떻게 이해할 것인지의 문제는 벌어지지 않는다. 그러나 "힐러리와 재키"는 아주 다른 세상의 그림들을 제시하면서 그 차이점을 해석하라고 우리에게 요구한다. 그러한 차이점을 빚어내는 것은 무엇인가? 그 차이점은 세상의 본질에 대하여 우리에게 무엇을 말하는가?

우선 이 영화의 구조를 살펴보기로 하자. 최초의 관점 표시는 분초 표시[10] 3:30에서 스크린에 '힐러리와 재키'가 떠오르면서 이루어진다. 이 공동 관점은 두 소녀의 어린 시절과 십대 시절까지 계속되다가 이탈리아 결혼식 날 밤에 끝난다(MM 23:20). 힐러리의 관점(화면에 '힐러리'라고 표시된다.)은 그녀가 결혼식 이튿날 아침 눈을 뜨면서 재키가 가 버린 것을 발견하는 시점에서 시작된다. 우리는 그 후 10여 년에 걸쳐 힐러리가 경험하는 사건들을 보게 된다. 잠시 뒤에 우리는 이 기간 동안에 벌어진 주요 사건들을 검토하게 될 것이다. 하지만 그 전에 영화의 나머지 구조를 재빨리 살펴보자. MM 63:30에서 화면에 '재키'가 뜨면서 우리는 이탈리아의 결혼식 다음날 아침으로 되돌아가 재키가 잠에서 깨어 연주회 장에 가기 위해 기차역으로 가는 장면을 보게 된다. 이후 27분 동안 우리는 재키의 입장에서 사건들을 보게 된다. MM 90:00 지점에서부터 관점은 힐러리와 재키로 번갈아 가며 바뀐다. 이때 이후 우리는 관점의 변화를 알려 주는 표시가 없이 영화를 보아야 한다. 예컨대 두 자매 중 한 여자가 나오는 장면 등을 단서로 삼아 관점 변화를 파악해야 한다. 영화는 재키의 사망 이후 힐러리와 피어스가 차를 타고 돌아가는 장면으로 끝난다.[11]

힐러리의 관점과 재키의 관점으로 다시 이야기된 사건들은 많은 공통점을 갖고 있다. 예리한 관객은 재키가 서술한 사건이 힐러리와 일치한다는 사실을 발견할 수 있다. 그러나 두 자매의 관점에서 이야기된 사건들 중 세 가지 사건은 크게 어긋난다. 그 사건은 이렇다.

1) 키퍼가 뒤 프레 집안을 처음 방문한 사건.
2) 힐러리와 재키의 밤중 대화. 이때 힐러리가 키퍼와의 약혼을 말한다.
3) 키퍼와 재키가 섹스를 하게 되는 주변 상황.

우선 위의 사건(3)에서부터 시간을 되짚어 가며 논의를 시작해 보자. 재키의 관점에서 본 이 사건은 MM 85:00에서 암시되어 있다. 힐러리의 관점 속에서 이 사건은 MM 55:20에 나온다. 그러나 재키가 키퍼와 한번 자고 싶다고 제안하는 장면은 그보다 이른 MM 47:00이다. 재키의 관점에서 본 이 섹스 행위는 힐러리의 관점에서 본 그것과는 아주 다르다. 힐러리는 이 사건을 재키의 조정의 결과라고 본다. 자기가 얻고 싶은 것이 있으면 다른 사람의 입장은 조금도 생각하지 않는 오만함의 표시라고 본다. 재키의 관점에서 보자면 힐러리가 생각하는 것처럼 조종하겠다는 의도도 별로 없다. 오히려 일이 우연히 그런 식으로 풀려 나갔다는 정도로 생각하고 있다. 키퍼가 재키의 방에 들어왔다가 그녀가 화를 내는 것을 보고 위로해 주려다가 섹스에 이르게 되었다는 것이다. 두 사람의 섹스 장면은 보여 주지 않지만 우리는 쉽사리 그 장면을 추측할 수 있다. 영화에서는 그것이 순간적인 행동이 아니었음을 보여 주는 암시는 없다.

위의 사건 2에서 힐러리는 잠자는 재키를 깨워서 키퍼와 약혼했음을 알린다(이 사건은 MM 35:20에서 힐러리의 관점으로, MM 73:00에서 재키의 관점으로 제시된다). 힐러리의 관점에서 보자면 재키는 아주 잔인하다. 왜 키퍼와 결혼하려고 하느냐는 재키의 질문에 힐러리는 "왜냐하면 그가 나를 특별한 존재로 만들어 주기 때문에."라고 답변한다. 이때 재키는 "사실, 언니는 특별하지 않잖아." 하고 대꾸한다. 이 말을 재키의 관점에서 한번 검토해 보라. 그러면 그 말("사실, 언니는 특별하지 않잖아.")은 그대로이되 그 의미는 아주 달라진다. 재키는 오히려 힐러리가 잔인하다고 생각한다.

위의 사건 1은 힐러리의 관점에서는 MM 30:55, 재키의 관점에서는 MM 72:50에 벌어진다. 이 이른 시점에서도(두 자매의 관점이 벌어지는 이탈리아 결혼식 이후 얼마 지나지 않은 시점), 두 자매의 입장 차이는 뚜렷하다. 힐러리의 관점에서는 다음과 같은 사항을 의식하지 못한다. 재키가 일부러 힐러리를 보고 싶어서 집에 왔는데, 힐러리는 키퍼와 함께 시간을 보내기로 선택함으로써 재키를 실망시켰다.

만약 당신이 나와 같이 생각한다면, 먼저 이 갈라지는 이야기들을 통합시키려 할 것이다. 사건들에 대한 두 구조(힐러리와 재키의 관점)가 공유하는, 감추어진 진실을 발견하려 할 것이다. 하지만 그 '숨겨진 진실'이라는 게 무엇인지 분명치 않다.

두 자매의 차이점을 일치시키기 위해서 우리는 다음 네 가지 대안을 고려해 볼 수 있다.

1) 우리는 두 해석 중 하나를 오해에 근거한 거짓된 해석이라고 하여 배척한다.
2) 우리는 두 해석 중 하나를 거짓말에 근거한 거짓된 해석이라고 하여 배척한다.
3) 우리는 두 해석 중 하나를 자기 기만에 근거한 거짓된 해석이라고 하여 배척한다.
4) 우리는 상대적 입장을 취함으로써 두 갈등하는 해석을 모두 참이라고 받아들인다.

위의 첫 세 대안은 두 자매의 차이점을 이런저런 오류의 결과로 설명한다. 두 자매 중 한 사람이 마음과 상관없는 객관적 세상을 정확하게 재현하지 못한 것이다. "힐러리와 재키"는 우리에게 위의 4를 대안으로 선택할 것을 강요하지 않는다. 그러나 영화의 다중 관점 구조는 상대주의를 탐구 가능한 방법으로 제시한다. 자 그러면 영화에 입각하여 상대주의를 살펴보자.

구체적 상황 속에서 상대주의를 검토하는 이점은 이런 것이다. 우선 좀더 접근 가능한 형태로 인식론적 상대주의에 대한 찬성과 반대를 검토해 볼 수 있다. 때때로 상대주의는 너무 추상적인 수준에서 검토되어, 토론 참가자는 상대방이 '서로 다른 관점들'이라고 말할 때 구체적으로 무엇을 가리키는지 알지 못하는 경우가 많다.

따라서 이 주제를 다루는 가장 좋은 방법은 인식론적 상대주의를 옹호하는 경험적 논증을 살펴보는 것이다. 이것은 사람들 사이에 발견되는 다양한 견해 차이를 우선적으로 검토하는 방식이다. 보통 이런 견해 차이의 문제에서는 그런 차이점을 조정해 주는 객관적 기준 같은 것은 없다고 주장된다. 확실히 우리의 초점이 된 영화 "힐러리와 재키"에서는 견해 차이가 있다. 그런데 견해 차이 그 자체가 인식론적 상대주의를 옹호하는 증거가 될 수 있을까? 나는 그렇지 않다고 생각한다. 이것은 관련 논증을 살펴보면 알 수 있다. 그러니까 순전히 의견 차이에 바탕을 두고서 인식론적 상대주의를 추론하는 것에는 구조적으로 불건전성을 띤다.

이를 보여 주는 논증은 이렇게 전개된다.[12] 지구가 평평한지 아닌지에 대하여 사람들은 다른 견해를 가질 수 있다. 일반적으로 보아 동일한 문화권 내에서는 이 문제에 관해 높은 의견의 일치도를 보인다. 동일한 문화권 내에 살고 있는 성인들의 경우, 지구가 평평하다는 가설을 지지할 가능성은 그 문화권의 동료들이 이 가설을 지지하는 여부와 긴밀한 관계가 있다(개념의 틀은 인식론적 상대주의에서 중요한 역할을 하고 또 개념의 틀은 문화권에 따라 달라지기 때문에 이 동일 문화권 내의 합의는 인식론적 상대주의의 입장을 강화한다). 그러나 동일한 문화권 내에서 의견이 일치되고, 또 서로 다른 문화권 사이에서 의견이 일치되지 않는다고 하여, 지구가 평평한가 평평하지 않은가에 대한 객관적 사실이 확인되는 것은 아니다. 일관된 인식론적 절대주의자는 지구가 평평하다고 널리 믿는 일부 문화권은 지구는 둥글다는 사실에 대하여 오해를 했다고 말할 것이다. 따라서 의견 차이가 상대주의를 전제한다는 주장에 대하여, 인식론적 상대주의자는 그와 관련하여 더욱 강력한 증거를 내놓아야 한다. 이렇게 증거를 요구하는 절대주의자의 반응은 결코 논점을 교묘하게 회피하는 것이 아니다. 일반적으로 보아 의견 차이는 상대주의를 지지하는 증거가 되지 못한다. 인식론적 상대주의가 제대로 대접을 받으려면 의견 차이 이상의 것을 내놓아야 한다. 그러니까 서로 다른 견해를 조정할 방법이 없다는 사실을 납득시켜야 한다.

"힐러리와 재키"는 바로 그 사실을 납득시키고 있다. 관객인 우리는 의견 차이뿐 아니라 힐러리와 재키의 인생사를 충분히 파악하여 그들이 가지는 개념의 틀이 왜 그리고 어떻게 달라졌는지 이해하게 된다. 따라서 이 영화는 양쪽의 이야기가 모두 진실이라고 믿게 만드는 근거를 제시한다.

지금까지 나는 힐러리와 재키의 사건 해석이 어떻게 다른지 그 차이점의 목록을 제시했다. 위에서 설명한 바와 같이 이런 의견 차이는 그 자체로 인식론적 상대주의를 지지해 주는 것은 아니다. 상대주의가 타당성을 얻으려면 의견 차이뿐 아니라 그 차이가 양립 불가능하면서도 타당한 개념의 틀에서 나온다는 것을 보여 주어야 한다. 이렇게 하지 않는다면 인식론적 절대주의자들은 그런 의견 차이가 오해와 기만 따위의 결과라고 반박할 것이다. "힐러리와 재키"에서 나중의 의견 차이는 두 자매가 서로 떨어져서 살던 시절의 다른 경험들로 소급된다. 이런 예전의 경험들을 함께 놓고 보면 힐러리와 재키의 해석이 서로 어긋나지만, 두 사람의 해석이 모두 '일리 있음'을 알게 된다.

두 자매의 해석이 달라지게 된 배경에는 세 가지 사건이 있다. 각 사건에서 두 자매 중 한 사람은 상대방에게 어떤 일이 벌어지고 있는지 정확한 정보를 갖지 못한다. 세 사건은 영화 속에서 꽤 이른 시점에 발생하는데 모두 힐러리의 결혼식 이후에 벌어진다. 실제로 첫번째 사건은 결혼식 직후에 벌어진다. 결혼식 이튿날 아침 재키가 먼저 눈을 뜨고 힐러리가 이어 잠에서 깨는 사건이다. 어떻게 보면 이 사건에 대한 힐러리의 입장은 좀 이해가 되지 않는다. 하지만 나는 그것을 예술적 자유의 범위 내에 들어가는 사건이라고 생각하여 문제 삼지 않기로 하겠다. 이 사건은 힐러리의 관점에서는 MM 23:40에, 재키의 관점에서는 MM 64:10에서 나온다. 힐러리는 잠에서 깨어나 재키가 이미 사라졌음을 알아차린다. 힐러리는 동생 재키가 가 버린 게 뜻밖이라는 표정을 짓는다(나는 바로 이 점이 좀 이해가 되지 않는다. 재키가 베를린에서 공연이 예정돼 있어 그 이튿날 아침 일찍 떠나야 한다는 사실을 과연 힐러리가 모를 수 있을까?). 아무튼 이것을 예술적 자유라고 받아들이기로 하자. 힐러리의 관점에서 볼 때 재키는 그녀를 거기에 내버려 두고 떠나면서 그녀를 깨울 생각도 하지 않았고, 또 '먼저 간다'는 쪽지도 남기지 않았다. 우리는 영화의 뒷부분에서 재키의 관점으로 이 사건을 바라보게 된다. 시간이 늦었다고 말하는 남자가 재키를 깨운다. 그녀는 힐러리를 깨워서 "먼저 간다."고 말하고 싶어한다. 하지만 그럴 시간이 없다. 또 힐러리가 영국으로 돌아가는 차편은 이미 조치해 놓았다는 말을 듣는다.

두 자매가 가진 개념의 틀이 엇나가게 되는 두 번째 사건은 빨래가 든 소포가 도착한 사건이다(힐러리의 관점은 MM 27:00, 재키의 관점은 71:00). 어떻게 보면 이 장면은 영화 전편을 상징한다고 볼 수 있는 중요한 사건이다. 향수병에 걸려 있던 재키는 깨끗한 빨래의 좋은 냄새를 맡으면서 고향집 분위기가 난다고 너무 좋아한다. 그녀에게 세탁된 빨래는 갈아입을 깨끗한 옷 이상의 의미를 갖는다. 반면에 재키의 현재 심리 상태를 모르는 힐러리는 그 더러운 빨랫감을 모욕으로 생각한다. 힐러리는 재키를 가족의 기분은 조금도 생각해 주지 않는 오만한 여동생이라고 생각한다. 가족을 자기의 지저분한 빨래를 대신 해 주는 사람 정도로 생각하다니! 나는 이 사건이 영화 전편을 상징한다고 말했다. 왜냐하면 이 사건은 앞의 사건이 뒤의 상이한 해석을 빚어 낼 뿐 아니라 그런 해석의 차이가 의견 차이를 더욱 강화시킨다는 것을 보여 주기 때문이다.

두 자매가 가진 개념의 틀이 엇나가게 되는 세 번째 사건은 재키가 자신의 몸에 이상이 있음을 깨닫는 사건이다. 재키가 느닷없이 힐러리와 키퍼의 시골 농가에 도착하기까지의 과정을 잘 생각해 보라. 재키는 자신의 신체 감각에 이상이 있음을 발견한다(MM 81:50). 재키는 무대 뒤에서 유리잔을 떨어뜨리고 자신의 손이 심하게 떨리는 것을 알아차린다(MM 82:40). 재키의 몸에 심각한 이상이 온 것이다. 어쩌면 앞으로 첼로를 연주하지 못하게 될지도 모른다는 불길한 예감이 든다. 그녀는 남편 대니에게 자신이 연주 생활을 그만두고 '평범한' 사람으로 돌아가면 어떻겠냐고 남편의 마음을 떠본다. 대니의 반응은 아주 실망스럽다(MM 83:20). 힐러리는 이런 사실을 전혀 알지 못한다.

이런 입장 차이가 곧바로 개념의 틀이 보이는 차이로 이어지는가?

섹션 1에서 개념의 틀에 대해 설명할 때 나는 아주 간단한 사례를 들었다. 두 사람이 자신의 지각적 흐름을 다르게 조각하면 다른 개념의 틀이 만들어진다고 설명했다. 이를테면 베이지색과 검은색 덩어리를 전화기(외부의 사물)로 해석하는 사례를 들었다. 하지만 전화기라는 개념이 없는 사람은 그 베이지색과 검은색 덩어리를 책상의 일부로 생각할 것이다.

이에 비해 이 세상의 많은 일이 악마의 소행이라고 생각하는 것은 좀 더 뉘앙스가 미묘한 개념의 틀이다. 나는 이 세상의 사건을 악마의 짓이라고 해석하지 않는다. 악마라는 개념은 내가 지각의 흐름을 조각하여 일관된 세계를 구축하는 데 전혀 역할을 하지 못한다. 하지만 어떤 사람은 자신의 일관된 세계를 구축하는 데 악마의 개념을 적극적으로 사용한다. 그의 세계에서는 악마가 비록 보이지는 않지만 능동적인 행위자이며, 다양한 사건을 일으키고 또 다른 사건들을 미연에 방지하기도 한다.

"힐러리와 재키"에서 내가 인용하는 서로 다른 해석의 사례는 위의 전화기나 악마의 그것처럼 명백하지 않을는지 모른다. 두 자매의 서로 다른 해석에서 가장 두드러진 특징은 자신의 행동 동기를 상대방의 행동 탓으로 전가한다는 것이다. 또 두 자매가 주목하는 대상에도 차이점이 있는 것 같다. 따라서 자매가 동시에 나오는 장면(예를 들어 자매가 밤중에 대화를 나누면서 힐러리가 자신의 약혼 사실을 알리는 장면)에 대한 힐러리와 재키의 해석은 각각 어떤 요소를 제외하고 있다. 이런 요소의 차이가 개념의 틀이 보여 주는 차이로 발전한다. 왜냐하면 자매가 저마다 구축한 양립 불가능한 세계가 각각 내적으로 일관성을 갖고 있을 뿐 아니라 상대방이 구축한 세계와는 다르기 때문이다. 힐러리의 세계에서 볼 때, 힐러리에게 벌어진 나쁜 일들은 이기적인 여동생의 행동에 따른 직접적인 결과이다. 재키의 세계에서 볼 때, 재키는 인생의 고독과 공포를 느껴 언니의 위로를 받으려 했는데 위로를 받지 못했다. 사실대로 말하자면 언니 힐러리가 그런 위로를 차갑게 거절했기 때문에 고독과 공포의 느낌을 한층 더 가지게 되었다.

4. 개념의 틀을 비교하기

누구의 사건 해석이 더 우월한가? 힐러리의 해석인가? 재키의 해석인가? 이런 질문은 타당한 질문인가? 학생들과 "힐러리와 재키"를 토론할 때마다 나는 대부분의 학생들이 힐러리의 해석에 동의하는 것을 발견한다. 힐러리는 오랫동안 희생을 당해 온 '좋은 사람'이고 재키는 자신의 뜻대로 하기 위해 남들을 조종하고 이용하는 '나쁜 사람'이라는 것이다. 일반적인 관객은 이 영화에 대해서 이렇게 말한다. 재키의 관점에서 사건들을 보게 되면 재키에 대한 인상이 약간 좋아지는 것은 사실이지만, 그래도 힐러리를 더 편들고 싶어 하는 마음이 강하다(힐러리와 재키의 관점이 제시되는 순서를 바꾸었더라면 이런 해석의 흐름을 반전시키지 않았을까 하는 생각도 해 볼 수 있다). 왜 힐러리의 관점이 더 정확하고 믿음직스럽다고 생각하느냐는 질문에 대하여, 그 대답은 다양하다. 대부분의 학생이 이렇게 말한다.

"힐러리의 사건 해석이 내가 볼 때 더 타당해 보인다."

그러나 좀더 자세히 설명해 보라, 구체적인 사건을 들어가며 설명해 보라고 요구하면 곧바로 대답하지는 못한다.

철학자들은 이런 문제를 어떻게 접근할까? 두 개의 서로 다른 개념의 틀을 조정하는 것이 가능할까? 이 질문에 대하여 인식론적 상대주의자들은 이렇게 답변할 것이다. 개념의 틀이라는 것은 객관적으로 정확한 틀이 아니기 때문에 여러 개념의 틀 가운데 하나만 골라서 그것이 정확한 틀이라고 말하는 것은 원천적으로 불가능하다. 그러면서 인식론적 상대주의자들은 그 구체적 사례로 일련의 그림을 제시한다. 먼저 그림 1을 보라. 이것은 무엇에 대한 그림인가?

그림 1   그림 2

이것은 위를 오른쪽으로 보고 있는 오리인가? 아니면 왼쪽을 보고 있는 토끼의 옆얼굴인가? 그림 2는 어떤가? 이것은 왼쪽을 바라보면서 고개를 앞으로 약간 숙인 노파인가? 아니면 약간 왼쪽으로 뒤를 보고 있는 젊은 여자인가?(노파의 그림에서 눈을 귀로, 코를 턱으로 보면, 젊은 여자의 그림이 보인다/옮긴이). 그림 1을 볼 때 당신은 오리나 토끼 중 하나로 보지, 둘 다로 보지는 않을 것이다. 또는 당신의 해석은 오리와 토끼를 왔다갔다할 것이다. 처음에 이런 왕복은 당신의 의식적 통제를 벗어난다. 하지만 둘 중 어느 하나로 보아야겠다고 당신의 '의지'를 발동하면 그쪽으로만 보이게 된다. 이것은 그림 2도 마찬가지이다.

    인식론적 상대주의자들이 이런 그림을 제시하는 것은 그림 1이 오리인지 토끼인지 객관적 사실은 없음을 보여 주려는 것이다. 따라서 두 해석 중 어느 하나를 오해라고 하여 배척할 수 없다는 것이다. 오리/토끼 그림과 개념의 틀이 가지는 차이는 어떻게 다를까? 실제 생활에서는 오리 그림에서 토끼 그림으로 넘어가듯이 그렇게 수월하게 해석의 차이를 바꾸지 못한다. 이런 점에서 아래의 두 번째 그림들이 인식론적 상대주의자들의 주장("여러 개념의 틀 가운데 하나만 골라서 그것이 정확한 틀이라고 말하는 것은 원천적으로 불가능하다.")을 더 잘 보여 준다. 그림 3과 그림 4를 보라.

그림 3   그림 4

    그림 3은 새를 그린 것인가 영양(羚羊)을 그린 것인가? 그런데 이 3의 그림은 새떼와 함께 있는 상황 속에 넣었다고 해 보자. 그러면 당신의 마음은 그 상황에 '유인'되어 그림을 새라고 해석하게 될 것이다. 당신은 더 이상 새일까? 영양일까? 그러한가 그렇지 않은가 하며 왔다갔다하지 않을 것이다. 인식론적 상대주의자들은 바로 이것이, 개인이 가지는 개념의 틀이 세상을 해석하는 방식이라고 말한다. 원 감각 자료(raw sense data)는 언제나 애매모호

하다. 그 자료는 여러 가지 다른 방식으로 일관되게 해석할 수 있다. 이와 마찬가지로 그림 3도 분명하지 않다. 인간이 세상을 해석하는 방식은 다른 변수들에 달려 있다. 예컨대 그 개인의 과거 경험, 그 개인의 현재 관심 대상, 그 개인의 지각 흐름 내에서 벌어지는 다른 요인들 따위가 그런 변수이다.

5. 진리 상대주의

인식론적 상대주의는 단 하나의 이론이라기보다 여러 이론의 집단이다. 이 섹션에서 나는 상대주의 중 가장 급진적이지 않은 이론인 진리 상대주의를 다루어 보겠다. 그리고 다음 섹션인 6에서는 좀더 과격한 형태의 인식론적 상대주의를 살피기로 하겠다.

여기서 이야기하고자 하는 두 가지 형태의 상대주의는 실제로는 인식론적 상대주의가 아니다. **형이하적 상대주의**(Physical-perspective relativism)는 사람이 무엇인가를 지각할 때는 형이하적인 관점에서 지각한다는 이론이다. 따라서 '완전 중립적 관점' 같은 것은 없다고 본다. 그러나 형이하적 상대주의는 객관적 진리의 존재를 부정하지 않기 때문에 인식론적 상대주의의 한 형태는 아니다. **온건한 개념적 상대주의**(Weak conceptual relativism)는 지각은 이런저런 개념의 틀이 가지는 범위 내에서 벌어진다고 보는 입장이다. 이 또한 인식론적 상대주의의 한 형태는 아니다. 인식론적 상대주의는 개념의 틀이라는 게 늘 객관적으로 부정확할 수 있다는 가능성을 열어 놓고 있기 때문이다.

진리 상대주의(Truth relativism)는 인식론적 절대론자의 두 번째 정립인 진리 대응설("진리는 외부 세계의 사실과 일치해야 한다.")을 거부한다. 진리 상대주의에 따르면 어떤 진술의 진위는 특정 개념의 틀에 대하여 상대적으로 판단해야 한다. 진리 상대주의는 합리성이 보편 개념이고 또 서로 갈등하는 개념의 틀이 가지는 적합성(객관적 진리는 아니다.)을 판단해 준다고 보기 때문에, 과격한 형태의 인식론적 상대주의는 아니다. 진리 상대주의는 마음과 상관없는 객관적 세상의 존재를 인정한다는 점을 주목할 필요가 있다. 만약 진리 상대주의자들이 그런 세상의 존재를 인정한다면, 그런 세상을 진위로 판정하는 기준으로 삼지 않는 것은 어떻게 된 일인가? 이런 질문에 대하여 진리 상대주의자는 이렇게 대답할 것이다. 우리가 감각 자료를 구분하여 판단을 형성할 때의 개념들이라는 것은 마음과 상관없는 객관적 세상이 존재하는 방식과 질적으로 다르다. 우리의 개념과 세상의 본질 사이의 불일치는 몹시 크기 때문에 진리 대응설은 통하지 않는 방안이다.

다른 진리 상대주의자들이 진리 대응설을 거부하는 근거는 이렇다. 그들은 진리의 기준은 일상 생활에서 적용될 수 있는 것이어야 한다고 생각한다. 하지만 과연 진리 대응설을 적용할 수 있겠는지 의문이다. 왜냐하면 우리는 객관적 세상이 어떻게 생겼는지 결코 알지 못할 것이기 때문이다. 객관적 진리에 대한 지식은 우리가 확실히 알 수 없는 것이기 때문에 우리는 진리 상대주의자들이 내놓은 진리의 상대적 개념을 가지고 생활해 나가야 한다.

6. 니체의 관점주의와 포스트모더니즘

아무튼 진리 상대주의는 가장 급진적인 상대주의는 아니다. 왜냐하면 개념의 틀이 가지는 합리성에 근거하여 서로 다른 개념의 틀의 등급을 매길 수 있다고 보았기 때문이다. 실제로 진리 상대주의는 어떤 개념의 틀은 불합리하다고 판단하여 즉각적으로 거부하는 가능성도 열어 놓고 있다. 가장 과격한 형태의 상대주의를 얻으려고 한다면, 진리 상대주의(개개 진술의 진리치가 정해지는 방식에 대한 상대주의)와 합리성의 상대주의(개념의 틀이 가지는 타당성에 대한 상대주의)를 결합시켜야 한다.

상대주의를 구성하는 여러 이론을 살펴보는 과정에서 좀더 과격한 형태의 상대주의는 **합리성의 상대주의**(relativism of rationality)이다. 어떤 개념의 틀을 고를 때 그 선택을 훌륭한 것으로 만드는 근거는 무엇인가? 합리성의 상대주의자에 따르면 이 질문에 대한 정답은 없다. 합리성이라는 개념 자체가 개념의 틀에 대하여 상대적이고, 또 영미권의 전통에서 이해되는 합리성이라는 개념은 보편적 기준이 아니기 때문이다. 많은 개념의 틀은 우리가 일반적으로 생각하는 합리성에 멀리 미치지 못한다. 합리성의 상대주의자에 따르면 "믿음에 정당성을 제공하는 것은 합리적 추론의 규범에 달려 있다.…… 그리고 이 규범은 사회적 규범이라고 할 수 있는데 문화와 시대에 따라 달라지는 상대적인 것이다."[13]

가장 극단적인 형태로 나타나는 합리성의 상대주의는 심지어 논리의 법칙이 객관적 지위를 갖고 있느냐고 의문을 제기한다. **논리 상대주의**(relatitivism of logic)에 따르면 논리의 법칙[예컨대 어떤 진술이 동시에 참이면서 거짓일 수는 없다는 모순 배제의 법칙(law of noncontradiction)]은 사회적 규범에 지나지 않는다는 것이다. 그런 규칙들은 외부 세계를 지배하는 법칙을 그대로 반영하지 않는다. 가장 급진적인 상대주의자들은 "적어도 나의 신념이 내부에서는 일관성을 가져야 한다."는 조건도 필요로 하지 않는다. 왜냐하면 나의 개념의 틀이라는 것이 모순 배제의 법칙을 인정하지 않기 때문이다. 이것을 월트 휘트먼(Walt Whitman)은 이렇게 노래했다. "내가 나 자신과 모순된다고?/ 좋아, 그럼 모순되라고 하지 뭐/나는 덩치가 커. 나는 다수를 포함하고 있어."[14]

이 절의 나머지 부분에서 나는 가장 급진적인 상대주의인 니체식 관점주의(Nietzschean perspectivism)와 포스트모더니스트 상대주의(postmodernist relativism)를 살펴보겠다.

일반인들은 칸트는 잘 모르면서도 **프리드리히 니체**(Friedrich Nietzsche, 1844-1900년)는 잘 알고 있다. 하지만 그의 사상이 이름처럼 널리 알려져 있는지는 의문이다. 니체는 19세기에 살았기 때문에 포스트모더니즘 탄생의 선구가 되었다. 그는 포스트모더니즘의 출발점이 되는 합리성의 상대주의를 옹호한 최초의 철학자였다. 니체는, 우리가 가진 개념의 틀을 고정시키고 객관적 진리라는 아이디어를 창조하는 데 언어가 결정적 역할을 한다고 보았다. 이 점에서 그는 포스트모더니즘을 미리 예고했다.

니체는 아주 기이한 글쓰기 스타일을 좋아했다. 그는 생략과 자기 모순이 많은 까다로운 문장 속에서 자신의 사상을 표현했다. 어떤 사람들은 니체가 그런 글쓰기 스타일을 의도적으로 시도했다고 해석한다. 니체는 독자들이 당연시하는 많은 것이 객관적 진실은 아님을 보여 주고자 했다는 것이다. 동시에 그 진실이 아닌 것의 자리에 또 다른 비진실(非眞實)을 집어넣지 않으려고 애썼다는 것이다.[15] 영화와 문학에서 자주 사용되는 다중 관점도 이와 비슷한 목적으로 쓰인다. 영화를 보는 우리 관객은 다양한 양립 불가능한 세상을 관람하면서 그중 어떤 것을 객관적으로 정확한 세상이라고 점찍지 말아야 한다. 오히려 그 다양한 세상들이 화자(話者)의 관점에 따라 상대적으로 모두 타당하다고 결론 내려야 한다. 니체는 이렇게 말한다.

사실이라는 것은 없다. 단지 해석만 있을 뿐.

이 세상에서 관점에 따라 지각된 것을 빼 놓으면 또 다른 세상이 있다고 생각하느냐.[16]

위의 두 번째 인용문에도 불구하고 니체는 관념론자는 아니었다. 관점에 따라 지각된 것을 빼놓고도 여전히 남는 세상이 있다고 보았다. 아더 단토(Arthur Danto)는 니체에 관한 책에서 이렇게 말했다.

"남는 세상이 있었다. 바다처럼 황량하게 뒤척이며 우리의 구분, 아니 모든 구분과 관련하여 상대적으로 존재하는 혼란스러운 세상⋯⋯아무튼 그런 세상이 있었다. 그것은 맹목적이고 공허하고 구조 없는 그런 세상이다."[17]

따라서 니체의 개념적 상대주의는 우리가 현상 세계를 구축하기 위해 사용하는 개념들과 외부 세계 사이의 질적 불일치를 꿰뚫어 본 결과였다.

니체는 모든 관찰과 지식의 퍼스펙티브 측면을 거듭 강조했기 때문에 니체식 인식론적 상대주의는 '관점주의(perspectivism)'로 불리게 되었다. 그러나 니체는 이 세상의 상대주의를 부정적 관점에서 묘사하는 것에 그치지 않았다. 그의 관점주의는 긍정적 측면도 있었다. 그가 긍정적으로 바라보는 세상은 "관점을 창출하는 근원의 점(points of origin)들로 구성되어 있다.…… 그 세상에는 적극적인 힘과 의지가 충만한데, 각자는 그 자신의 관점에서 이 세상을 조직하기 위하여 다른 힘과 의지들과 투쟁에 들어간다."[18]

그렇다면 모든 개념의 틀은 그 나름으로 훌륭하다는 뜻인가? 니체는 아니다라고 대답할 것이다. 여러 의지는 서로 투쟁을 벌인다. 삶을 가장 편안하게 해 주는 개념의 틀을 가진 의지가 승리를 거둘 것이다. 니체가 볼 때 "진리는 일종의 오류인데 특정 계급의 사람들은 그것이 없으면 생활을 영위하지 못한다."[19] 그래서 니체는 개념의 틀이 가진 적합성을 판단하는 데 합리성의 객관적 기준을 사용하지 않았다. 그보다는 실용적 기준을 선택했다. 니체가 볼 때 사람의 삶을 풍요롭게 해 준다면 그 개념의 틀은 적합한 것이다.

포스트모더니즘의 지적 뿌리는 칸트로 거슬러 올라가지만 뚜렷한 사상의 학파로 정립된 것은 20세기 중반 프랑스와 독일의 철학계와 문학 비평계 덕분이었다. 이 사상은 2차대전의 참상에 대한 반발로 시작되었다. 포스트모더니스트들이 볼 때, 히로시마(원자 폭탄 투하/옮긴이)와 홀로코스트(유대인 대학살/옮긴이)는 인간이 어떤 객관적 목표를 향해 전진하지 않는다는 것을 보여 주었다. 모더니스트들은 합리성의 보편성을 철저하게 믿으라고 요구했으나 이제 그것을 믿을 수는 없다는 주장이었다.

포스트모더니즘의 출발점은 개인적 판단의 진위나 개념의 틀이 가진 적합성을 판단하는 데 객관적 기준 따위는 없다는 것이다. 서구 지적 계보의 주류들이 객관적 기준을 믿게 된 것은 언어 때문이라는 것이다. 언어가 외부 세상이 존재한다는 신화를 만들어 냈고, 그 세상을 기준으로 판단을 비교할 수 있다고 믿게 만들었다. 진 블로커(Gene Blocker)는 이렇게 말했다.

포스트모더니즘의 주된 목표의 하나가 외부 세계의 신화를 신화라고 폭로하는 것이다. 언어를 '해체' 함으로써, 다시 말해 단어와 사물, 언어와 현실 사이의 간격을 보여 줌으로써, 또한 현실이라는 것은 언어에 따라 창조된 것에 지나지 않는다는 것을 보여 줌으로써, 외부 세계의 신화를 폭로하는 것이다. 해체는, 언어가 어떻게 우리가 '현실'이라고 부르는 것을 구축했는지 보여 준다. 해체는 이런 언어의 구축물을 해체한다. 이러한 해체의 기본적 성취 사항은 현실로 위장하고 있는 언어적 기술(記述)을 신화라고 폭로하는 것이다. 진리 대응설의 신화, 보편적이고 범(汎)문화적 객관성과 합리성의 신화, 중립적이고 가치 배제적 과학 연구의 신화 등을 폭로하는 것이다.…… 우리가 언급하는 것들은 현실의 실제적, 객관적 부분들이 아니다. 그것들은 단지 화법에 지나지 않는다. 그런 화법이 사람들의 마음을 사로잡고 인기를 끌고 끝내는 '내면화' 되어, 그것이 독립된 현실을 정확하게 기술하고 드러낸다고 믿게 된 것이다.[20]

포스트모더니즘에서는 무엇이 가치 판단이고 무엇이 가치 판단이 아니냐 구분하는 것조차도 전복된다. 포스트모더니즘에 따르면 모든 가치는 인간의 가치와 정서에 따라 채색된다. '중립적인 관찰자'라는 개념이 있기는 하지만, 판단을 표현하는 데 중립적이고 가치 중립적인 어휘는 있을 수가 없다. 위의 인용문에서 지적되어 있듯이 합리성과 객관적 진리의 대표주자인 과학마저도 가치 편향적이다. 앨리슨 재거(Alison Jaggar)는 이렇게 말했다.

"서양의 과학은, 연구자에게 편견을 안겨 줄 수도 있는 '주관적' 가치와 정서에 따라 전혀 오염되지 않은 것으로 결론 나 있다.……하지만 서양 과학은 일반적으로 인정되는 사회적 가치마저도 배제하지는 못했다."[21]

포스트모더니스트 상대주의의 결론은 모든 관점이 타당하다는 것이다. 객관적 진리 따위는 없다. 논리의 규범은 사회적 규범의 한 부분이기 때문에 그 보편적 수용을 요구할 수 없다. 많은 포스트모더니스트는 다양한 개념의 틀을 조정하는 실용적 기준을 채택하는 가능성도 거부한다.[22] 포스트모더니즘을 극단으로 밀어붙이면 이렇게 된다.

"개인적 또는 문화적 일관성을 유지하기 위한 외부적 기준이나 내부적 기준 따위는 없다. 따라서 우리는 순간순간 우리에게 매혹적으로 보이는 것을 자유롭게 추구할 수 있다. 우리의 발언은 상대방을 설득시키고 수용적인 추종자를 얻기 위한 욕망에 따라 유도된다."[23]

많은 인식론적 절대주의자에게 또 모더니즘 (진리) 상대주의자들에게 위의 주장은 지적 무정부 상태처럼 들린다. 따라서 이성의 보편성을 전제하는 모더니즘에 대한 도전(포스트모더니즘)이 영미권 철학계의 주류 인사들에게 차가운 대접을 받은 것은 그리 놀라운 일이 아니다.

"힐러리와 재키"는 포스트모더니즘을 지지하는 영화인가? 그렇기도 하고 그렇지 않기도 하다. 우선 긍정적인 면을 살펴보면 이 영화는 단 하나의 완벽하고 일관된 세계의 그림을 보여 주는 것이 아니라 두 개의 관점을 보여 준다. 이런 점에서 이 영화는 포스트모더니즘과 어깨를 나란히 한다. 부정적인 측면에서 보자면 의도되었든 아니든, "힐러리와 재키"는 한 해석을 희생시키면서까지 다른 해석을 선호하는 듯하다. 힐러리의 관점이 객관적으로 더 좋다고 판단하는 것이다(하지만 앞에서 지적했듯이 관객들은 영화의 어떤 점이 그런 결론을 유도해 내는지 명쾌하게 설명하지 못했다).

포스트모더니즘 철학자들이 객관적 사실은 없다고 주장하는 것처럼, 문학계와 영화계의 포스트모더니즘 비평가들은 예술 작품(이를테면 영화)의 단일한 의미 같은 것은 없다고 말한다. 따라서 어떤 관객들이 "힐러리와 재키"를 포스트모더니즘 영화로 해석한다면 그들은 하나의 의미만을 추구하지는 않을 것이다. '의미'는 예술 작품과 관점이 종합될 때만 생겨나는 것이니까.

7. 이야기상 불일치가 생겨나는 근원

설령 우리가 힐러리와 재키의 관점들 중 어느 하나를 거짓이라고 하여 물리 친다 해도 여전히 문제는 남는다. 왜 관점들은 서로 일치하지 않는가 하는 문 제이다. 철학자, 심리학자, 그리고 최근에는 신경과학자들이 미흡한 감각 자 료로 경험 세계를 조각하는 과정에서 여러 이론을 이끌어 냈다. 이들 학문 분 야는 이 주제의 토론에 나름대로 기여하는 바가 있다.

관점이 달라지게 되는 두 번째 원천은 기대감이다. 심리 실험은 피실험자 의 시각적 경험이 그의 기대감에 영향을 받음을 밝혀 냈다. 다시 말해 기대감 이 피실험자가 실제로 보게 되는 것의 내용을 결정한다. 이 실험의 고전적 사 례는 제롬 브루너(Jerome Bruner)와 레오 포스트맨(Leo Postman)이 실시한 카 드놀이 실험이다.[24] 정상적인 카드들 사이에 몇 개의 '비정상적' 카드, 예컨 대 검은색 하트 4의 카드를 집어넣는다(트럼프 카드의 하트 패는 모두 붉은 색임/옮긴이). 피실험자에게 잠시 카드를 살펴보게 한 다음 방금 보았던 카 드들을 확인해 달라고 요청한다. 토마스 쿤(Thomas Kuhn)은 이 실험의 결과 에 대하여 이렇게 썼다.

"정상적인 카드들에 대한 확인은 보통 정확했지만, 비정상적인 카드조차 도 피실험자는 아무런 망설임 없이 정상 카드로 알아보았다. 검은색 하트 4는 스페이드 4 또는 하트 4로 인식되었던 것이다. 아무 어려움도 없이 그 비정상 카드는 예전 경험에 따라 준비된 개념의 범주에 맞아떨어졌다. 너무 완벽하 게 비정상을 정상으로 확인하는 바람에 우리는 그들이 확인한 것과 실제 본 것은 다르다고 말해 줄 기분조차 나지 않았다."[25]

이 결과를 일반적인 보기(viewing) 경험에 적용하자면 결론은 이렇게 된 다. 기대(감)는 감각 자료의 가공에 주요한 역할을 한다. 내가 보는 것은 무분 적으로 내가 보기를 기대하는 것에 따라 결정된다.

관점이 달라지게 되는 두 번째 원천은 지각자의 숙련도이다. 예컨대 음악

상대주의

을 잘 아는 사람은 일반인이 파악하지 못하는 구조를 음악에서 발견해 낸다. 음악 전문가는 메이저 코드를 메이저 코드로 인식하고 그 코드 내에서 개별 음부(音符)를 읽어 낸다. 나처럼 문외한에게 메이저 코드는 메이저 코드로 들리는 것이 아니라 구조를 가지지 않은 '조화로운' 소리 정도로 들릴 뿐이다. 이렇게 볼 때 음악에 정통한 사람은 나와 똑같은 감각 자료를 듣지만 나와는 다른 무엇을 '듣는' 것이다.

관점이 달라지게 되는 세 번째 원천은 애매모호한 감각 자료를 해석하는 방식이다. 우리는 이미 섹션 4에서 우리의 마음이 간단한 그림을 두 가지로 해석한다는 것을 살펴보았다. 그 그림은 어떻게 보면 오리이고, 어떻게 보면 토끼인 것이다. 약간만 연습을 하면 관찰자는 자신의 의지를 발동하여 그 둘 중 어느 하나로 보게 된다.

위의 세 가지 사례가 보여 주는 것은 개념이 우리의 관찰 행위에서 결정적 역할을 한다는 사실이다. 애매모호한 오리/토끼 그림의 경우, 우리가 먼저 그림을 보고서 그 다음에 토끼라는 개념을 적용하는 게 아니다. 오히려 그림을 본다는 행위가, 곧 토끼라는 개념을 적용하는 행위와 함께 벌어진다는 것이다. 이러한 결과는 모든 관찰 행위에 적용되는 듯하다. 음악 전문가는 소리를 듣고 난 이후에 메이저 코드라는 개념을 적용하는 게 아니다. 소리가 메이저 코드로 들리는 것이다(듣기는 곧 개념의 적용인 것이다). 마찬가지로 피실험자가 검은색 하트 4를 스페이드 4로 보는 것은 이미 마음속에 스페이드 4로 보아야겠다고 마음먹기 때문에 스페이드 4로 보는 것이다(스페이드 카드 패는 모두 검은색이다/옮긴이).

왜 우리는 이런 식으로 우리의 관찰 능력을 조정하고 또 적용하는가? 신경과학의 최근 결과는 이 질문에 대하여 약간의 빛을 던져 준다. 인간의 두뇌는 아주 복잡한 기관이다. 그것은 또한 아주 유연성이 좋은 기관으로서 개인이 학습을 해 나감에 따라 엄청난 규모의 조정 기능을 발휘한다. 어린아이와 어른의 인식 능력이 총체적으로 크게 차이나는 것은 두뇌가 오랜 세월 미세 조정을 축적해 온 결과이다. 신경계의 감각 통로(감각 정보를 가공하는 두뇌의 부분과 주변 신경계)는 아주 유연성이 좋다. 구체적 사례로 시각 통로를 한번 살펴보자. 빛은 눈으로 들어오면 눈 뒤에 있는 망막 표면에 비치게 된다. 망막 세포는 어느 정도로 빛에 반응하고 또 어떤 색깔의 빛을 망막 주위에 유지할 것인지 반응한다. 시각 신경은 이 정보를 두뇌에 전달한다. 두뇌에서 시각 정보를 가공하는 데는 여러 단계가 있다. 여기서 가공의 구체적 절차는 그리 중요하지 않다. 중요한 것은 시각 정보를 수용하고, 운반하고, 가공하는 두뇌 세포가 시간의 경과에 따라 적응할 줄 안다는 것이다. 이러한 적응, 다시 말해 세포 수준의 학습은 두뇌의 다른 부분에서 진행되는 것들에 따라 촉진된다. 이런 탄력성(적응성)은 빛을 감지하는 망막 표면의 세포에서도 발휘된다. 그렇기 때문에 시각 자료에 대한 개념 적용이 그처럼 '자연스럽게' 벌어지고, 미연에 방지하기가 어려운 것이다. 그러니까 과거 경험의 결과가 심지어 우리의 눈마저 바꾸어 놓는 것이다! 망막 세포가 개념 형성이나 학습 같은 고도의 심리적 과정에 따라 적응 상태가 촉진되지 않지만, 감각 통로의 변경에 따라 두뇌에서 개념의 틀이 형성된다는 것은 놀랍기만 하다.

"힐러리와 재키"에서 관점의 차이를 만들어 내는 것은 무엇인가? 관찰 가능한 행동에서 의도를 짚어 낸다는 것은 까다로운 문제이다. 과거의 경험 때문에 다른 사람의 동기에 대하여 어떤 전제 조건을 가지고 있을 경우, 의도 파악은 더욱 어려워진다. 힐러리와 재키의 사건 해석이 그토록 차이가 나는 것은 여러 요소가 겹쳤기 때문이다. 몇 가지 핵심적인 사건(이를테면 지저분한 빨래를 보내온 사건) 때문에 힐러리는 재키의 동기에 대하여 불유쾌한 전제 조건을 갖고 있다. 나중에 힐러리는 이런 전제 조건을 바탕으로 하여 애매모호한 자료를 주목하고 또 해석한다.

키퍼와 약혼한 사실을 알리는 두 자매간의 대화는 아주 적절한 사례이다. 재키의 "사실, 언니는 특별하지 않아."라는 말은 애매모호하다. 힐러리는 그것을 "언니는 평범하고 따분한 여자야."라고 해석한다. 하지만 재키는 다음의 뜻으로 그 말을 했다.

"언니는 소위 특별하다고 하는 나의 생활이 얼마나 힘든지 모를 거야."

주변 상황을 감안하면 이 두 해석이 모두 타당하다. 두 해석은 앞뒤로 진행된 대화에 그럴듯하게 어울린다. 이 주변 상황은 새/영양 그림의 배경과 비슷하다. 두 인물은 그 배경 때문에 각자의 해석 쪽으로 이끌리는 것이다. 힐러리가 새/영양 그림의 배경에 새들이 많이 있다고 생각하여 그림을 새(鳥)로 해석하는 것이라면, 반대로 재키는 배경에 영양(羚羊)이 많이 있다고 생각하여 영양으로 해석하는 것이다.

재키와 키퍼가 섹스를 하는 장면도 비슷한 구조를 갖고 있다. 힐러리가 볼 때 이 장면은 재키의 거듭되는 조종술의 극치이다. 재키가 시골 농가에 느닷없이 쳐들어와 키퍼, 힐러리, 재키 사이의 대화에서 시작된 그 조종술이 섹스로 결말지어졌다고 해석한다. 재키의 관점에서 서술된 이야기에서는 이 저녁의 대화가 빠져 있다. 아마도 재키에게 그 대화는 사소한 사건이었으리라. 재키는 대화 당시 상당히 취해 있었다(힐러리의 이야기도 이 점은 인정하고 있다). 재키는 순간적인 취흥에 뭔가 지껄였으나 그것을 실천에 옮기지 않았고 그 후 잊어버렸다. 재키의 관점에서 볼 때, 저녁의 대화는 그녀가 나중에 키퍼와 섹스를 나누는 것과 아무 상관이 없다. 여기에 객관적 사실이 존재하는가? 분명하게 말하기 어렵다. 힐러리와 재키의 관점은 각각 내적으로 일치하고 또 자료와 일치한다.

"힐러리와 재키"를 검토하면 우리는 진리 상대주의가 나름대로 타당성이 있다는 것을 깨닫게 된다. 설혹 '객관적 진실'이라는 것이 있다고 하더라도 우리는 그것을 손에 넣을 수가 없다. 따라서 진리의 기준은 잘 알 수도 없는 '외부 세계와의 일치'보다는 관찰된 세계와 일치가 되어야 한다. 그리고 관찰된 세계는 어떤 개념의 틀을 적용하는가에 따라 달라지는 것이다. 하지만 "힐러리와 재키"가 합리성의 상대주의를 옹호하고 있는지는 불분명하다. 합리성의 상대주의에는 어떤 개념의 틀이 더 우수한지 결정해 주는 보편적 기준이 없다.

8. 상대주의는 타당한가?

지금까지 우리는 인식론적 상대주의를 이해하는 데 주력해 왔고 그것이 타당한지의 문제는 별로 신경 쓰지 않았다. 이 장을 마치면서 그 문제를 잠간 다뤄 보고자 한다. 인식론적 상대주의는 타당한가? 이 이론을 지지하는 논증은 무엇인가? 반대하는 논증은 무엇인가? 어느쪽이 더 타당한가?

인식론적 상대주의를 지지하는 두 가지 표준 논증은 이미 자세히 논의했다. 나는 그것을 여기서 간단히 요약해 보겠다. 첫번째는 경험적 논증인데 다른 집단의 사람들은 사물의 존재, 사물의 행태(行態) 등에 관하여 다른 견해를 갖고 있다는 것이다. 다중 관점의 영화는 다양한 인물의 경험 세계를 보여줌으로써 이런 견해 차이를 증명하려 한다. 두 번째는 이론적 논증인데 모든 관찰에는 이미 이론이 개입되어 있다는 주장이다("개념 없는 직관은 맹목적이다.").

인식론적 절대주의자들은 이런 두 가지 논증에 대하여 일부는 받아들이고 일부는 거부하는 반응을 보일 것이다. 예를 들어 절대주의자들은 사람들의 의견 차이는 인정하지만 그런 차이가 절대주의의 두 가지 정립(객관적 외부 세계의 인정, 진리 대응설)과 불일치한다는 점은 거부한다. 마찬가지로 절대주의자들은 모든 관찰에 이론이 개입된다는 주장은 받아들이지만, 반면에 주관적 진리밖에 없다는 상대주의의 주장은 거부한다. 이처럼 '상대주의와 절충하게 되는 것'은 매킨타이어가 말한 것처럼 상대주의가 '무시할 수 없는 진리'를 포함하기 때문인지도 모른다.

인식론적 상대주의를 지지하는 또 다른 주장들이 있는데, 그중 하나가 다음에서 논의된다. 이 주장은 특히 일반인들 사이에서 인기가 높다. 인식론적 상대주의는 최근 몇 해 사이에 들어와 영미권의 지식인들 사이에서 어느 정도 수용되기 시작했다. 그래서 요사이는 패러다임 시프트(paradigm shift)[26]라는 말도 자주 들리고 또 어떤 사람을 가리켜 '다른 세계에서 산다.'고 말하기도 한다.[27] 이처럼 상대주의가 인기를 얻게 된 데는 여러 이유가 있다. 그런 이유 중 하나는 상대주의라고 하면 관용과 자유주의를 연상시킨다는 것이다. 사람들이 멀리 떨어진 곳에 있는 사회들 또는 미국 내의 하부 문화권들과 자주 접촉하게 되면서 주류인 영미권 방식만이 유일한 방식은 아니라는 것을 알게 되었다. 인식론적 상대주의는 우리로 하여금 불화를 피하게 해 준다. "모든 사람이 옳다."고 말할 수 있게 해 준다. 나는 이런 식의 사고 방식은 여러 가지 점에서 문제가 있다고 생각한다.

첫째, 어떤 철학적 이론이 널리 알려져서 가져오게 될 사회적 혜택을 지적하면서 그 이론을 정당화하는 것은 논증의 타당한 방식이 아니다.

둘째, 상대주의는 과연 지지자들이 주장하는 자유주의적 특성을 가지고 있는지 불분명하다.

미국과 같은 다원 사회에서 관용은 절대적으로 필요하다. 어떤 사람들은 관용을 진작시키는 한 가지 방법은 모든 사람에게 인식론적 상대주의를 납득시키는 것이라고 말한다. 객관적 진리 같은 것은 없으며 진리는 개념의 틀에 따라 얼마든지 다르게 정의될 수 있다. 따라서 두 사람이 어떤 문제에 대하여 의견 일치를 보지 못하더라도 그들의 의견은 둘 다 옳을 수도 있다. 어떤 사람의 생각이 그가 가진 개념의 틀에서 볼 때는 옳을 수도 있다고 생각한다면 나는 어떤 사람에 대하여 좀더 관용적이 된다. 이러한 추론은 겉보기에는 아주 좋아 보이지만, 한 가지 심각한 결점이 있다. 뭐냐 하면, 상대주의 덕분에 베풀어지는 관용이 아주 불쾌한 어떤 것이 될 수 있다는 점이다. 상대주의에 따른 관용과 전통적인 자유주의에서 흘러나온 관용을 혼동해서는 안 된다.

상대주의에 따른 관용을 좀더 자세히 살펴보자. 이를테면 내가 인종을 합리적인 인종과 덜 합리적인 인종으로 분류하는 사람이라고 해 보자. 그리고 내가 오로지 합리적인 인종에 대해서만 도덕적 의무감을 느낀다고 해 보자. 이럴 경우 나는 다른 인종 그룹에 대해서는 진지한 도덕적 의무감을 거부하게 된다. 그 결과 나는 어떤 결정을 내릴 때 합리적 인종에게 해 주는 만큼의 배려를 덜 합리적인 인종에게는 해 주지 않는다. 이때 인식론적 상대주의자는 이런 인종 차별의 개념의 틀이 객관적으로 더 좋은 것인지 더 나쁜 것인지 알 수 없다고 말할 것이다. 따라서 그는 내가 가진 개념의 틀이 잘못된 것이라고 비난하면서 거부할 수 있는 명분이 없다. 더욱 문제가 되는 것은 나의 인종차별적 행동에 대하여 인식론적 상대론자는 도덕적 비난을 할 수 없다는 것이다.

인식론적 상대주의에 따른 관용이 문제가 되는 것은 바로 이 점이다. 어떤 사람이 그 자신의 개념 틀 안에서 '타당한' 행동을 하는 한, 그 사람은 부당하게 또는 비도덕적으로 행동하는 게 아니다. 이런 식의 관용은 분명 바람직하지 않다. 이것은 어떤 개인 또는 사회가 무슨 짓을 하든지 그들의 개념 틀에만 맞으면 합당하다고 보는 것이기 때문이다. 좀더 구체적으로 인종 학살, 노예 제도의 시행, 여성 차별(개탄스럽게도 일부 사회는 심지어 오늘날에도 이런 것들을 실천하고 있다) 등도 문제 없는 게 된다. 진정한 인식론적 상대주의자라면 이런 것들을 모두 관용의 대상으로 보아야 한다. 이 상대주의에 따른 관용을 자유주의에 따른 관용("개인은 남의 권리를 침해하지 않는 한 그가 하고 싶은 대로 행동할 수 있다.")과 비교해 보라. 권력 집단의 횡포나 사회의 분열을 막아 주는 데 필요한 것은 상대주의에 따른 관용이 아니라 오히려 자유주의에 따른 관용이다. 실제로 사회를 유지할 가능성이 높은 철학은 절대주의(객관론)이지 결코 상대주의가 아니다.

따라서 관용의 관계에 바탕을 둔 인식론적 상대주의의 지지 주장은 실제로는 상대주의를 반대하는 것이 된다. 상대주의를 반박하는 주장은 없는가? 인식론적 상대주의의 첫번째 문제점은 이런 것이다. 만약 객관적 진리의 추구가 목적이 아니라면 자연과학과 인문과학의 지적 탐구는 도대체 무엇을 겨냥한다는 말인가?

인식론적 상대주의의 두 번째 문제점은 모든 게 상대적이라면 어떻게 과학과 기술이 그런 눈부신 성공을 거두었는지 설명하지 못한다는 것이다. 이런 문제점은 포스트모더니즘에서 특히 두드러진다. 포스트모더니즘은 과학이 '세상을 이해하고 개선시키는 많은 방법 중 하나'라고 말한다. 포스트모더니스트들은 과학이 한 부분에서만 성공을 거두었다고 대답한다(가령 환경의 통제). 그러나 다른 부분에서는 반드시 성공을 거두었다고 보기 어렵다는 것이다(예컨대 환경과 조화를 이루며 살아가는 것). 사실 어떤 사람의 성공은 어떤 사람의 실패가 되기도 한다. 나는 이 문제를 독자 여러분의 판단에 맡기겠다.

인식론적 상대주의에 대하여 가장 많이 퍼부어진 비판은 그것이 스스로를 부정하는 논증이라는 것이다.[28] 만약 모든 판단이 상대적이라면 '인식론적 상대주의는 타당하다.'는 판단의 진리마저도 상대적일 수밖에 없다. 인식론적 상대주의는 어떤 개념의 틀에서는 참이지만 다른 개념의 틀에서는 거짓이 될 수 있다. 만약 우리가 합리성의 상대주의를 강력히 지지하게 되면, 개념적 상대주의를 참으로 여기는 개념의 틀이 그렇지 못한(개념적 상대주의를 거짓으로 보는) 개념의 틀보다 더 우월하다는 근거는 없게 된다. 따라서 합리성의 상대주의에 대하여, 나(인식론적 상대주의를 거짓이라고 보는 개념의 틀을 가진 사람)는 얼마든지 그 상대주의를 거짓이라고 말할 수 있다.

토론을 위한 질문

1. 가치 판단은 가치 중립 판단에 비해 질적으로 다른가?
2. 버클리의 관념론(6에서 다루어진 것)과 인식론적 상대주의의 유사점과 차이점은 무엇인가?
3. 회의주의와 상대주의의 관계는? 인식론적 절대주의는 회의주의와 상대주의를 모두 거부하는가?
4. 이 세상의 사건들이 대부분 악마의 소행이라고 믿는 사람은 그렇지 않은 사람들과는 '다른 세상에서 사는가?' 악마의 소행을 지지하는 사람은 다른 문화권에서 사는가? 문화란 무엇인가?
5. 당신은 이 장을 인식론적 상대주의자로 시작했는가? 이 장을 다 읽고 난 지금에도 당신은 인식론적 상대주의자인가? 만약 당신의 견해가 바뀌었다면 그 이유는 무엇인가? 상대주의자는 매킨타이어가 말한 것처럼 약간의 '무시할 수 없는 진리'를 포함하고 있는가?
6. "힐러리와 재키"를 보면서 힐러리의 사건 해석이 더 믿음직스럽다고 생각했는가? 만약 그렇다면 그런 결론을 내리게 된 배경을 구체적으로 제시할 수 있는가?

상대주의와 관련된 영화들

"라쇼몽(羅生門)"(1950년), 감독 구로사와 아키라(黑澤明). 출연 미후네 도시로(三船敏郎), 모리 마사유키(森雅之), 교 마치코(京マチ子), 시무라 다카하시(志村喬), 치아키 미노루(千秋實).

"라쇼몽"은 "힐러리와 재키"와 마찬가지로 다중 관점의 영화이다. 극 중 여러 인물의 관점에서 같은 이야기를 되풀이해서 말한다.

"시민 케인(Citizen Kane)"(1941년), 감독 오손 웰스(Orson Welles), 출연 오손 웰스, 조셉 코튼(Joseph Cotten), 레이 콜린스(Ray Collins), 도로시 커밍고어(Dorothy Comingore).

"시민 케인"은 그를 알고 있는 여러 사람의 관점에서 한 남자의 일생을 재구성한 것이다. 주인 공이 죽어 가면서 남긴 '로즈버드'라는 말 때문에 한 신문사의 기자가 그 말뜻을 알아 내기 위해 케인의 친구 여러 명을 인터뷰하는 것이다. 이 과정에서 인터뷰에 응한 사람들이 케인에 대하여 저마다 다른 의견을 제시한다. 누구의 의견이 더 정확한가? 이런 질문이 타당하기는 한 것인가?

"고(Go)"(1999년), 감독 더그 라이만(Doug Liman), 출연 사라 폴리(Sarah Polley), 데스몬드 애스큐(Desmond Askew), 케이티 홈즈(Katie Holmes).

마약 거래, 섹스, 폭력, 다단계 판매, 라스베이거스로 가는 도로 여행, 슈퍼마켓 계산대. 이런 것들이 심하게 흔들리는 가운데 어지럽게 제시되는 것이 이 다중 관점 영화의 중추를 이루고 있다. "고"는 어려서부터 음악 비디오를 보면서 성장한 젊은 감독의 빠르고 열광적인 분위기를 잘 반영하고 있다.

"커리지 언더 파이어(Courage Under Fire)"(1996년). 감독 에드워드 즈윅(Edward Zwick). 출연 덴젤 워싱턴(Denzel Washington), 멕 라이언(Meg Ryan), 맷 데이먼(Matt Damon).

다중 관점 영화의 전형적 사례는 바로 "그가 말하길, 그녀가 말하길(He Said, She Said)" (1991년)이다. 감독 켄 크와피스(Ken Kwapis), 마리사 실버(Marisa Silver) 출연 케빈 베이컨 (Kevin Bacon), 엘리자베스 퍼킨스(Elizabeth Perkins), 샤론 스톤.

경량급 코미디 영화. 남자와 여자는 서로 다른 세계에 살고 있는지에 답변하려 한다. 성격이 전혀 다른 두 신문사 논설 위원 사이에서 벌어진 연애 사건을 남성과 여성의 관점에서 제시하고 있다.

상대주의에 관련된 저서들

인식론적 상대주의의 '고전'

칸트

『순수 이성 비판』, 독일어, 초판 1781년, 재판 1787년. 바로 이 책이 근대의 인식론적 상대주의가 발원한 출처이다(물론 칸트 자신은 그렇지 않다고 부정하겠지만). 학자들이 일반적으로 보는, 노먼 켐프 스미스의 1929년 세인트 마틴스 프레스 번역본은 온라인에서도 전문을 구해 볼 수 있다(http : //www.hkbu.edu.hk/--ppp/cpr/toc.html)과 (http : //www/arts.cuhk.edu.hk/philosophy/Kant/cpr).

『학으로 성립할 수 있는 모든 미래의 형이상학에 대한 입문』, 독일어 초판, 1783. 이 책에서 칸트는 『순수 이성 비판』의 이론을 좀더 간결하게 설명하고 있다. 온라인에서 볼 수 있다 (http : //www.utm.edu/research/iep/text/kant/prolegom/prolegom.htm).

니체

『미발표 노트(Unpublished Notes)』. 1958년 사후에 발표됨. 여러 권으로 된 『니체 전집』의 한 부분. 여기에 인용된 『미발표 노트』는 전집 3권에 들어 있는데 단토가 번역한 것임. 니체는 서양 철학자들 중 가장 널리 읽히지만 가장 널리 오해되는 사상가이기도 함. 니체 철학의 핵심을 파악하고자 하는 분들에게는 단토의 『Nietzsche as Philosopher』(New York : Columbia University Press, 1965)를 권한다. 독자는 니체 글쓰기의 체취를 그대로 느끼면서도 니체의 철학을 명확하게 이해할 수 있다. 온라인에서 니체 전기와 전집을 볼 수 있다(http : //turn.to/nietzsche).

쿤

『과학혁명의 구조(The Structure of Scientific Revolution)』(Chicago, University of Chicago Press, 1996 : 초판 1962). 쿤의 이 개척자적 저서는 일반적으로 과학 철학의 저서로 간주되지만 철학 전반에 큰 영향을 미쳤다. 비교적 읽기도 쉬워서 일반 독자도 충분히 독파할 수 있다. 이 책에서 쿤은 개념의 틀, 이론, 관찰과 이론 선택의 이론 등의 관계를 검토하고 있다.

상대주의에 관련된 논문집과 단행본

Jack Meiland and Michael Krausz, 편집, *Relativism : Cognitive and Moral*, Notre Dame, IN : Notre Dame University Press, 1982. 상대주의를 연구하는 철학자들의 훌륭한 논문 모음집.

Martin Hollis and Steven Lukes, 편집, *Rationality and Relativism*, Cambridge, MA : MIT Press, 1982. 사회학과 문화 인류학 내의 상대주의를 다룬 훌륭한 논문집.

Nelson Goodman, *Ways of Worldmaking*, Indianapolis : Hackett, 1978. 굿맨은 이 세상에 대한 분분한 견해가 저마다 타당한 것일 수 있다고 주장하며 상대주의의 입장을 취하면 '진리'에 대한 우리의 이해가 어떻게 달라지게 되는지 생각해 본다.

Paul Feyerabend, *Against Method*, New York : Routledge, 1988. 파이어아벤트는 쿤으로 시작하여 그보다 더 나아간다. 이 저서에서 그는 서구의 과학이 동질적인 방법의 집단이 아니라고 주장한다. 갈등하는 이론들을 조정하기 위하여 사용될 수 있는 보편적 표준 같은 것은 없다고 주장(쿤은 그런 표준이 있다고 보았음).

관련 저서

Hilary and Piers du Pre, *Hilary and Jackie*(원 제목은 A Genius in the Family, New York : Ballantine, 1997. 이 책은 영화의 원작임.

Platon, *Theaetetus*와 *Protagoras*. 원서는 그리스어. 플라톤(기원전 427-기원전 347)의 두 대화편은 프로타고라스의 저 유명한 말 '인간은 만물의 척도'를 해석하고 있다. 두 대화편은 온라인에서도 볼 수 있다(http : //classics.mit.edu/Plato/theatu.html, http : //classics.mit.edu/Plato/protagoras.html).

Alburey Castell, Donald Borchert, and Arthur Zucker 편집, *Introduction to Modern Philosophy*, Upper Saddle River, NJ : Prentice Hall, 2001. 현대 철학의 주제별로 기술해 놓은 에세이 모음집. 제9장이 특히 유용하다.

2부 _ 마음, 신체, 그리고 개인

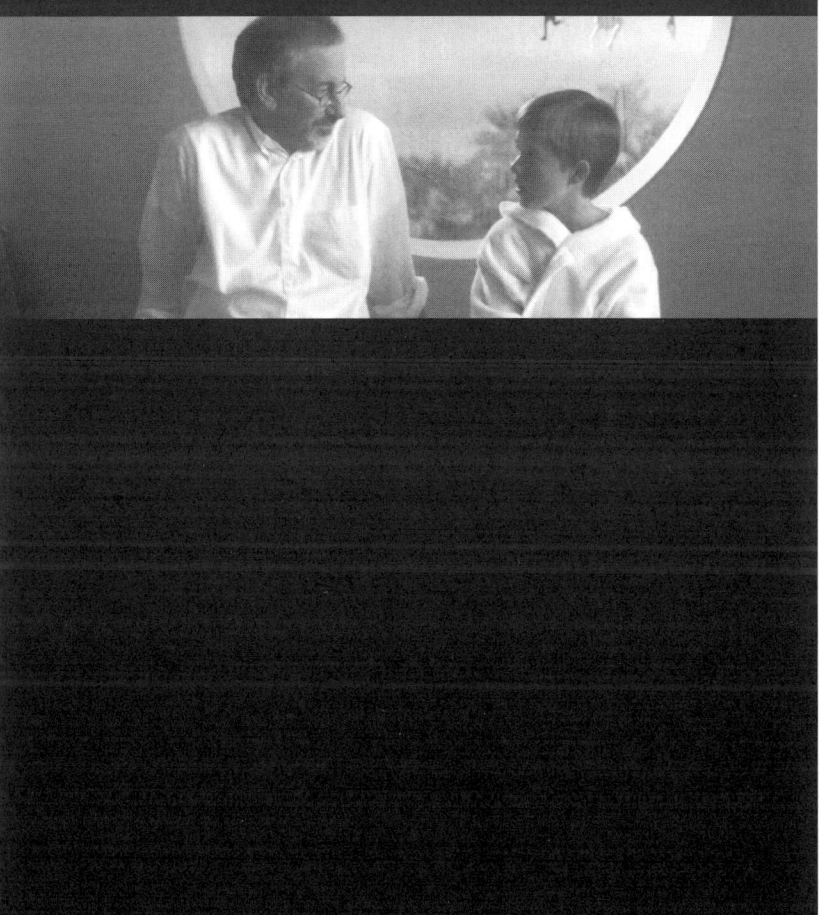

제 3 장

개인의 정체성

"존 말코비치 되기"(1999년)와 "메멘토"(2000년)

크레이그 : 이건 자아의 본질, 영혼의 존재 등 온갖 철학적 문제를 불러일으키지. 내가 나인가? 말코비치가 말코비치인가?……이 통로라는 건 정말 많은 사람이 등장하는 형이상학적 깡통이로군.

— "존 말코비치 되기" 중에서

테디 : 넌 네가 누구인지 몰라.
레너드 : 난 레너드 셸비야. 난 샌프란시스코 출신이야.
테디 : 그건 과거의 너야.

— "메멘토"에서

지금의 당신은 태어나던 날의 당신과 똑같은 사람인가? 이 질문에 대하여 아니라고 대답하는 사람을 나는 지금껏 만나 보지 못했다. 하지만 이렇게 장기간에 걸친 개인의 정체성(正體性)이 가능한지 그것을 설명하는 일은 아주 까다로운 문제이다. 아무튼 탄생 시점에서 지금에 이르기까지 당신의 육체적 변화는 상당하다. 당신의 현재 몸은 유아 시절의 몸과 비교해 볼 때 단 하나도 동일한 원자가 없을지 모른다. 이렇게 볼 때 장기간 보여지는 개인의 정체성은 적어도 인간에 관한 한 육체적 동일성의 문제가 아니라 정신적 동일성의 문제일지 모른다.

그러나 우리가 당신의 정신적 특성에 집중한다고 하더라도 당신이 어떻게 탄생 시점부터 지금까지 동일한 사람으로 남아 있는지는 여전히 까다로운 문제이다. 당신은 어린아이의 상태를 지금도 생생하게 기억하는가? 지금도 어린 시절의 생각과 욕망을 그대로 가지고 있는가? 이렇게 볼 때 장기간에 걸친 개인의 정체성을 정신적 특성으로 설명하는 것도 잘 통하지 않는다. 어쩌면 당신은 평생 동안 변하지 않는 비물질적인 영혼을 갖고 있을지도 모른다. 바로 이것이 있기 때문에 탄생 시점이나 지금이나 당신은 동일한 사람으로 머무를 수 있다. 이러한 영혼설은 아무런 문제점 없이 개인의 정체성 문제를 해결해 주는가? 이런 여러 질문이 '개인의 정체성'이라는 주제 아래 다루어질 문제이다. 이에 대한 답변은 우리의 자기 이해(理解)에 많은 영향을 미친다. 왜냐하면 그 답변은 우리가 개인으로서 누구이며 또 무엇을 하는 존재인지를 설명하기 때문이다.

1. 사후 세계는 사유 가능한 명제인가?

"당신은 신체의 부패 이후에도 살아남을 것이다."

이 진술은 무엇을 의미하는가? 이것은 "당신은 당신의 몸이 죽은 이후에도 계속 존재할 것이다."라고 바꾸어 말해 볼 수 있다. 개인의 정체성 문제를 다루는 이 장에서는 이 진술을 이렇게 바꾸어 말하는 것이 가장 타당하리라.

"당신의 신체가 죽은 이후에도 존재하는 사람이 있을 것이다. 그리고 그 사람은 **당신과 동일한 사람**일 것이다."[1]

영어의 '동일한(identical)'이라는 단어는 애매모호하다. 어떤 문맥에서 두 가지 사물이 동일하다고 말하면 서로 비슷하다는 뜻이 된다. 예컨대 일란성 쌍둥이(identical twin)가 그런 경우이다. 동일한의 두 번째 의미는 '하나이면서 같다(one and same)'는 뜻이다. 이를테면 클라크 켄트는 슈퍼맨과 하나이면서 같다[Clark Kent : "슈퍼맨(Superman)" 만화와 영화에 나오는 상상(想像)의 인물로서 조그마한 신문사의 평범한 기자이나 위기 상황에서는 사람들 몰래 슈퍼맨이 된다/옮긴이]. 우리가 이 장에서 개인의 정체성이라는 말을 사용하는 것은 이 두 번째 의미이다. 사람 A(5년 전의 당신)와 사람 B(지금의 당신)가 같다는 것은 무슨 뜻인가? 또 위에서 말한 것처럼 당신의 신체가 죽어 버린 이후에도 존재하는 사람이 당신과 같다는 것은 무슨 뜻인가?

여러 종교에서는 사후 세계를 믿고 있다. 나는 여기서 사후 세계를 믿는 것이 참이냐 또는 근거가 있느냐를 따지려는 게 아니다. 그보다는 그런 믿음이 참일 가능성이 있는지를 밝히려는 것이다. 나의 논지를 좀더 분명히 하기 위해서 다음 문장을 한번 생각해 보자.

'초록의 아이디어는 맹렬하게 잠잔다(Green ideas sleep furiously).'

이 문장을 구성하는 개개 단어가 친숙하고 또 문장 전체가 문법적으로 아무 문제가 없는데도 이 문장은 말이 되지 않는다. 나는 이 문장이 참으로 인정되는 세상은 어떤 세상일지 상상하기 어렵다. '아이디어'는 '맹렬하게 잠자는 것'은 고사하고 잠을 자는 그런 물건이 아니기 때문이다. 이 문장은 범주 오류를 기반으로 하고 있다. 이런 오류를 지적하는 한 가지 방법은 이 문장이 거짓일 뿐 아니라 개념적으로 불가능하다고 말하는 것이다. 또 다른 방법은 이 문장이 생각해 볼 수 없는 어떤 것을 표현하고 있다고 말하는 일이다.

'당신은 신체의 부패 이후에도 살아남을 것이다.'라는 문장은 언뜻 보기에 '초록의 아이디어는 맹렬하게 잠잔다.'는 문장과 다른 것처럼 보인다. 우선 많은 사람이 앞의 문장에는 동의하지만 뒤의 문장에는 동의하지 않기 때문이다. 또 나는 앞의 문장이 참일 경우의 세계를 생각해 볼 수 있다(적어도 나는 생각해 볼 수 있다고 생각한다). '당신은 신체의 부패 이후에도 살아남을 것이다.'라는 문장을 생각해 볼 수 있다고 믿는다면, 그런 태도는 당신의 정체성에 대하여 많은 것을 말해 준다.

일상 생활 속에서 당신은 어떤 사람을 어떻게 구분하는가? 예컨대 당신에게 몇 년 동안 만나지 못한 트리나라는 친구가 있다고 해 보자. 그러다가 파티에서 우연히 트리나를 만났을 때 그녀를 알아보는 증거는 무엇인가? 우리가 어떤 사람을 알아볼 때 가장 먼저 주목하는 것은 그 사람의 외모이다. 예를 들어 위의 경우라면 여러 해 전과 현재의 트리나 생김새를 서로 비교해 볼 것이다. 그녀를 더 자세히 살피기 위해 가까이 다가가서 찬찬히 뜯어보기도 할 것이다. 물론 우리는 100퍼센트 유사성을 요구하지는 않는다. 만약 그렇다면 그 사람이 머리카락을 잘랐다면 못 알아볼 테니까. 어떤 사람의 용모가 설령 좀 바뀌었다고 하더라도 여전히 같은 사람으로 인정받는 몇 가지 매개 변수가 있다.

위의 사례는 개인의 정체성을 이해하는, 우리의 일상적 태도에 대하여 많은 것을 말해 준다. 먼저 개인의 신체적 특징, 예컨대 그 개인의 용모나 목소리는 개인의 정체성을 판단하는 커다란 매개 기준이다. 하지만 신체적 유사성은 개인의 정체성을 결정하는 특성은 아니다. 만약 내가 파티에서 만난 사람이 트리나가 아니라 그녀의 일란성 쌍둥이 그레타라면 나는 신체적 유사성에도 불구하고 그녀를 트리나라고 생각하지 않는다(만약 신체적 유사성이 정체성의 유일한 기준이라면 우리는 일란성 쌍둥이를 하나이면서 같은 사람이라고 생각했을 것이다). 하지만 신체적 유사성은 개인의 정체성을 **진정으로** 결정하는 특성의 기반이 되는 듯하다. 이 기반이 되는 속성을 신체적 연속성이라고 한다. 당신의 신체가 출생 당시부터 지금까지 연속적으로 존재해 왔다면 당신은 동일한 사람이라는 것이 정체성의 **신체적 연속성 이론**(physical continuity theory)이다. 우리는 신체적 외양의 유사성을 신체적 연속성의 대타로 생각하는데, 그 이유는 우선적으로 살펴볼 것이 신체적 외양밖에 없기 때문이다. 설령 못 본 지 몇 해가 되었다가 다시 만난 사람이라 할지라도 금방 그의 신체적 용모의 유사성을 파악할 수 있다. 내 경험에 비추어 볼 때 대량 생산되지 않는 대상(가령 인간)을 시간 t1에서 보고 또 따른 시간 t2에서 보았을 때, 그 두 대상이 아주 유사하게 보인다면 그 두 대상은 하나이면서 같은 것이라 할 수 있다.[2)]

그러나 이처럼 신체적 연속성이 개인 정체성의 유일한 기준이라면 "당신은 신체의 부패 이후에도 살아남을 것이다."라는 문장은 생각할 수 없게 된다. 죽음 이후에 당신의 신체는 신체로서 존재하지 않는다. 당신의 신체를 구성했던 원자들은 그대로 남겠지만 신체는 썩어 없어진다. 이것은 신체의 연속성을 방해하는 신체의 변화이다. 이를테면 내가 연필의 심을 모두 갈아서 고운 가루로 만든다면 그것은 더 이상 연필이 아니다. 원래의 연필은 사라져 버린다. 예컨대 연필에 눈금을 해 둔다든지 끝부분을 잘라내는 정도의 가벼운 변화라면 그 연필은 여전히 같은 연필이다. 하지만 연필심을 고운 가루로 갈아 버리는 것은 급격한 변화이기 때문에 그 결과로 나타난 고운 가루를 가리켜 원래의 연필이라고 할 수는 없다.

인간 신체의 부패(또는 소각)는 연필심을 갈아 버리는 것처럼 급격한 변화이다. 만약 인간의 신체가 시간 t에서 죽었다면, 그 신체가 들어 있던 사람은 시간 t(또는 그 직후)에 죽은 것이다. 달리 말해서 우리가 개인적 정체성의 요건으로 신체적 연속성 이론을 지지한다면, 죽음과 신체의 부패 이후에도 사람이 존재한다는 명제는 개념적으로 불가능하다.

그러나 사후 세계라는 개념은 대부분의 사람들에게 사유 가능한 개념으로 인식되어 있다. 심지어 그것을 있을 법하지 않다고 생각하는 사람들조차도 완전 부정하지는 않는다. 이것은 대부분의 사람들이 개인의 정체성을 신체적 연속성이 아닌 다른 어떤 것에다 연결시키고 있다는 뜻이 된다. 죽음의 시점에서 발생하는 신체적 변화 이후까지 존재하는 어떤 것을 믿는다는 뜻이다.

어떤 철학자들은 개인의 정체성 근거로서 **심리적 연속성 이론**(psychological continuity theory)을 내세운다. 이 이론에 따르면 나를 나로 만들어 주는 것은 심리적 특성의 덩어리이다. 내가 1년 전의 나와 똑같은 것은 그때 이후 연속적으로 존재해 온 심리적 특성의 덩어리 때문이라는 것이다. 다른 철학자들은 이 덩어리가 무엇으로 구성되어 있느냐에 대하여 서로 의견이 다르다. 어떤 사람은 그것이 의식의 흐름이라고 말한다. 그러나 이 이론은 수면(睡眠)

중에 의식의 흐름이 중단되는 상황을 설명하지 못한다. 어떤 사람은 그 덩어리가 나의 성격, 기질, 가치 체계, 장기간의 욕망처럼 오랜 시간에 걸쳐 생기는 특징이라고 말한다. 또 어떤 사람은, 심리적 연속성은 기억에 따라 성취된다고 말한다. 내가 1년 전의 사람과 똑같은 사람인 것은 예전의 지각과 생각을 기억하기 때문이라는 것이다. 이 기억이 이행(移行)의 연결 고리 노릇을 하여 여러 해 전에 태어난 나와 지금의 나를 연결시켜 준다는 이야기이다. 위에서 말한 세 경우의 심리적 연속성을 저마다 별개로 생각하지 않고 두세 개를 하나로 묶어서 구성할 수도 있다. 이를테면 기억의 연속성이 작동하지 않는다면(우리는 이것을 "메멘토"의 주인공 레너드 셸비에게서 살펴보게 될 것이다), 기억이 산산조각이 난 심리 상태가 되어 버린다.

사후 세계의 가능성을 허용한다는 점에서 심리적 연속성 이론은 신체적 연속성 이론보다 더 강점이 있다. 이 경우 위에서 언급한 심리적 덩어리가 어떻게 나의 죽음 이후에도 존속하는지 불분명하다. 하지만 신체가 존재하지 않는 이후에도 그 덩어리가 계속된다는 것은 적어도 불가능한 것은 아니다(우리가 이 장에서 다루는 것은 "당신은 신체의 부패 이후에도 살아남을 것이다."라는 문장이 참일 수도 있는 개인 정체성의 이론임을 상기하라).

많은 종교적 전통에서 죽음 이후에도 계속 존재하는 것은 그 개인의 비물질적 영혼이다. 영혼은 물질이 아니기 때문에 사후의 부패에 영향을 받지 않는다. **영혼 동일론**(same-soul theory)에 따르면 나를 나이게 하는 것은 영혼이다. 영혼은 평생 동안 나의 신체에 이런저런 방식으로 결부되어 있다가 나의 사망 시에 신체에서 떨어져 나가 신체 없는 형태로 또는 다른 신체에 결부되는 방식으로 계속 존재한다.

심리적 연속성 이론이나 영혼 동일론의 문제점은 이런 것이다. 만약 심리나 영혼이 그토록 중요하다면, 왜 우리가 일상 생활에서 개인의 정체성을 결정할 때 신체적 특성을 그토록 중시하는가? 이것이 잘 설명되지 않는다. 영혼은 신체의 부패 이후에도 살아남는다고 하지만, 영혼은 비물질이기 때문에 볼 수도 들을 수도 만질 수도 없다. 만약 우리가 지속적으로 영혼 동일론을 적용한다면 어떤 개인의 정체성을 결정하는 데 그의 용모는 전혀 무관하게 될 것이다. 마찬가지로 심리적 특성도 직접적으로는 보이지 않는다. 개인의 행동을 살펴봄으로써 추론해야 한다. 하지만 어떤 사람이 잠들어서 그 어떤 행동도 하지 않는다고 해서 그가 그 사람이기를 그쳤다고 하지는 않는다. 그렇지만 어떤 사람의 행동이 일상적인 행동에서 많이 이탈하면 우리는 그를 가리켜 "그 자신이 아니다."라고 말한다. 이런 용법은 물론 비유적인 것이다. "톰은 오늘 그 자신이 아니야."라고 말했다고 해서 내 앞에 있는 톰이 다른 사람이 되었다는 뜻은 아니다.

우리는 뒷부분에서 이 문제를 다시 다루게 될 것이다. 현재로서는 지금껏 다루어 온 개인의 정체성에 관한 세 이론(신체, 심리, 영혼) 가운데 신체적 연속성 이론이 일상 생활의 상황과 가장 잘 맞아떨어진다는 것만 지적해 두고자 한다. 하지만 신체적 연속성 이론은 사후 세계의 개념적 가능성과는 아주 거리가 먼 이론이다.

2. 장기간에 걸친 개인의 정체성에 관한 일반적 문제

개인의 정체성(개인 A가 개인 B와 같다는 것은 무슨 뜻인가)을 결정하는 기준의 확립은 한층 더 광범위한 주제의 한 가지 사례일 뿐이다. 어떤 근거로 대상 A가 대상 B와 같은 것이 되는가? 얼핏 보면 영혼이 없는 물체의 정체성 문제는 간단한 것처럼 보인다. 우선 사람의 경우와는 다르게 정체성 이론을 사후 세계까지 끌고 갈 필요가 없기 때문이다(개인 정체성의 신체적 연속성 이론이 난점으로 등장하게 되는 것은 사후 세계의 가능성을 해결하지 못했기 때문이다). 그럼 우리는 대상 A는 물리적으로 대상 B와 오랫동안 같은 것이었기 때문에 대상 A와 대상 B는 동일한 것이라고 과감하게 말할 수 있을까? 그러나 불행하게도 영혼이 없는 물체의 경우에도 문제는 그리 간단하지가 않

다. 다음의 사례를 한번 보자.[3)]

당신은 다소 파격적인 교수 방식을 구사하는 선생한테서 자동차 정비 강의를 듣고 있다. 그 강의에서 당신은 차의 부속을 하나하나 떼어 내어 조심스럽게 각 부속에다 꼬리표를 붙인다. 그리고 차가 완전히 해체된 다음에는 그것을 다시 조립한다. 당신이 이 과정을 완벽하게 습득했다고 하자. 그래서 원래 조립되어 있던 대로 부품들을 다시 조립했다. 이렇게 조립된 차가 원래 해체되기 전의 차와 같은 차인가? 만약 당신이 나처럼 생각한다면 이렇게 대답할 것이다.

"그렇다. 두 차는 하나이면서 같은 차이다."

이렇게 자동차 정비를 배운 다음, 당신은 손수 당신의 차를 정비하기로 한다. 라디에이터 상태가 좀 안 좋은 것 같으면 새 라디에이터를 가져다가 교체한다(이 경우에는 어떻게 해도 상관없겠지만, 아무튼 당신은 그 원래의 라디에이터를 뒷마당 창고에다 보관한다). 라디에이터를 교체한 차는 여전히 같은 차이다. 부품 하나를 갈았다고 해서 본디 참모습이 바뀌지는 않는다. 그 다음에 앞 타이어의 상태가 나빠서 그것을 갈았다. 이렇게 타이어를 갈았다고 해서 차의 정체성이 바뀌지는 않는다. 그 후 클러치가 고장이 나 곤란해지기 전에 그것을 갈았다. 이러한 교체 과정은 여러 해에 걸쳐 진행되었다. 그러나 아무리 부품을 여러 번 갈아도 그 차는 여전히 같은 차이다. 이렇게 교체 과정이 계속 진행되어 차의 원래 부품을 완전히 교체했다. 차대와 차체조차도 갈아 버렸다. 자, 이처럼 정비하기 전의 차와 원래 부품이 남김 없이 교체된 차를 비교해 보라. 두 차는 같은 차인가? 당신이 나처럼 생각한다면 또다시 "그렇다. 두 차는 하나이면서 같은 차이다."라고 말할 것이다.

만약 당신이 이 점에 대하여 의견을 달리 한다면(부품을 교체하던 어느 시점에 두 차는 같은 차가 아니다고 생각한다면), 부품 교체 과정 중 어느 시점에서 이 차는 원래의 차와 같은 차가 아닌 게 되었는가? 우리는 각 단계에서 하나의 부품만 갈았다는 것을 기억해야 한다. 당신의 견해가 정당한 것이 되기 위해서는 정체의 변화에 결정적 영향을 미치는 어떤 부품의 교체가 있어야 한다. 그 부품은 무엇인가? 그 부품이 어떤 특징을 갖고 있기에 차의 본모습을 바꿀 정도인가? 어쩌면 당신은 차의 차체가 아주 중요해서 그것을 바꾸면 연필심을 갈아 버리는 것처럼 차의 정체성을 상실하게 된다고 생각할지 모른다. 하지만 우리는 차체도 순차적으로 갈았다. 먼저 운전석 옆문을 교체했고 몇 달 뒤 정면 오른쪽 범퍼를 갈았고 또 여섯 달 뒤 뒷부분의 범퍼를 갈았다(설령 차의 본래 모습을 바꿀 정도로 중요한 부품이 다른 부분이라 할지라도, 이처럼 순차적으로 부품을 갈아 치우는 과정은 동일하다) 이런 과정에서 언제 차가 그 원래의 정체성을 잃게 되는가? 이 경우 어떻게 그 특별한 부품 또는 부품 교체의 기준 비율이 차의 정체성을 바꾸어 놓는가? 그것을 입증하는 것은 당신 몫이다.

　나는 모든 사람이 서서히 부품을 교체한 차가 원래 차와 동일한 차라는 명제에 동의한다고 가정한다. 그런데 여기에 문제가 하나 있다. 나는 서서히 교체하는 과정에서 원래의 차에 들어 있던 약간 고장난 부품들을 뒷마당 창고에다 두었다고 아까 말했다. 이제 자동차 정비 기술이 탁월한 당신은 최종적인 도전을 받아들이기로 한다. 그 창고에다 쌓아 둔 원래 부품들을 모두 조립하기로 마음먹은 것이다. 그렇게 해서 당신은 무사히 조립을 마쳤다. 이제 당신에게는 두 대의 차가 있다. 이 둘 중 어떤 것이 원래의 차와 동일한 것인가? 부품을 교체시킨 차인가? 약간 고장난 원래 부품을 다시 조립한 차인가? 아무튼 이 두 차 모두 원래의 차와 같다고 할 수는 없다.

　만약 당신이 두 차가 원래의 차와 같을 수 있다고 생각한다면, 우리가 지금껏 유지해 온 맥락에서의 '동일한'의 뜻을 상기해 볼 필요가 있다. 우리는 클라크 켄트가 슈퍼맨과 동일하다는 의미, 다시 말해서 '하나이면서 같다.'는 뜻으로 논의를 진행해 왔다. 원래 차(전혀 정비를 하지 않은 차)를 차 A라고 해 보자. 서서히 부품을 교체한 차를 차 B라고 해 보자. 마지막으로 뒷마당 창고에서 부품을 가져와 조립한 차를 차 C라고 해 보자. 분명 차 B와 차 C는 서로 동일하지 않다(동일은 '하나이면서 같다.' 는 뜻). 따라서 B와 C는 같지 않기 때문에 차 A=차 B, 차 A=차 C는 성립되지 않는다. 차 B는 차 A의 연속이 아니거나 차 C는 차 A의 연속이 아니며, 또는 B와 C 둘 다 A의 연속이 아닌 것이다.

이 사례는 영혼이 없는 물체일지라도 장기간에 걸친 개인적 정체성의 이론이 간단한 문제가 아님을 보여 준다. 인간의 경우에는 문제가 이보다 훨씬 복잡하다. 인간은 신체뿐 아니라 심리적 측면도 있기 때문이다. 따라서 개인의 정체성 이론에 관한 반론을 찾아낼 가능성이 훨씬 더 커진다. 어떻게 보면 이 장에서 다룰 두 영화는 그런 가능성을 풍성하게 제시한다. 이 영화들은 인간에 관해 일반적이지 않은 상황을 제시하면서 우리 관객에게 그 상황의 판단 문제를 강요하고 있다. 영화의 주인공들이 가진 정체성은 영화 속 여러 사건에 영향을 받는가?

3. 영화의 개관

"존 말코비치 되기" 감독 : 스파이크 존즈(Spike Jonze)
출연 : 존 말코비치, 존 쿠삭(John Cusack), 캐서린 키너(Catherine Keener), 카메론 디아즈(Cameron Diaz)

"존 말코비치 되기"는 개인의 정체성이라는 문제를 가볍게 짚어 본 코미디 영화이다. 탁월한 인형극 조종사인 크레이그 슈와츠는 배우인 존 말코비치의 감각의 흐름 속으로 들어갈 수 있는 비밀 통로를 발견한다. 이 통로를 들어가는 사람은 누구든지 15분 동안 말코비치가 경험하는 모든 것을 경험할 수 있다. 15분이 지나면 그 사람은 뉴저지 톨게이트를 통해 말코비치의 몸에서 빠져 나온다. 처음에 크레이그는 이것이 돈을 벌 수 있는 기회라고 생각한다. 모든 사람이 다른 사람의 눈으로 세상을 바라보는 경험은 어떤 것일지 궁금해하기 때문이다. 따라서 15분뿐이지만 그런 경험을 사기 위해 돈을 내놓을 사람이 많을 거라고 생각한다.

영화가 진행됨에 따라 기이한 애정의 삼각 관계가 형성되고 크레이그는 그 통로를 자신이 독점하게 되기를 바란다. 그는 그 통로를 독점적으로 사용하게 될 뿐만 아니라, 인형극 조종술사의 경험을 이용하여 말코비치의 몸을 그의 마음대로 조종하게 된다. 영화의 제목은 크레이그가 존 말코비치가 되는 것에 성공했음을 암시하고 있다. 다시 말해 크레이그는 말코비치와 동일한 인물이 되는 것이다.

"존 말코비치 되기"는 영화의 내용을 결코 진지하게 생각하지 않는 경량급 코미디이다. 영화 구성상의 꼬임이라든지 반전은 어처구니없을 정도로 형편없다. 그런데도 이 영화는 크레이그가 과연 말코비치가 되었는지 질문하게 만든다는 점에서 유익하다. 만약 그렇게 되었다면 그것은 개인의 정체성이라는 개념에 대해서 무엇을 말하고 있는가?

"메멘토" 감독 : 크리스토퍼 놀란(Christopher Nolan)
출연 : 가이 피어스(Guy Pearce), 캐리 앤 모스(Carrie-Anne Moss), 조 판톨리아노(Joe Pantoliano)

개인적 정체성의 심리적 연속성 이론을 지지하는 사람들이 볼 때 "메멘토"는 흥미로운 문제를 제기한다. 이 영화는 레너드 셀비라는 남자의 일상 생활 중 어느 이틀간에 집중하고 있다. 이 남자는 기억상실증을 앓고 있어서 어떤 일이든 단 몇 분밖에 기억하지 못한다. 그는 이런 기억상실증을 가져온 사건 이전에 벌어진 일들은 정상적으로 기억하고 있지만, 최근에 벌어진 일들은 금방 잊어버린다. 그의 주관적인 마음의 상태를 기술하는 데 그는 시간의 흐름을 더 이상 '느끼지' 못한다. 그는 지금 현재 벌어지는 일과 먼 과거의 일, 이렇게 두 가지만 기억할 뿐이다.

"메멘토"는 주인공 레너드가 겪고 있는 기억의 편린을 관객도 느낄 수 있게 구조화되어 있다. 이렇게 하기 위하여 영화는 영화 속 허구의 시간을 뒷걸음질쳐 나간다. 예를 들어 우리 관객이 가장 먼저 보는 장면이 실제로는 영화의 끝에서 벌어지는 장면이다. 그 다음 보는 장면은 맨 마지막 전 장면이다. 이처럼 시간의 순서가 뒷걸음질치는 장면들 중간중간에 흑백으로 처리된 장면들은 시간의 순서가 정상적으로 앞을 향해 나아간다. 이 영화를 보고 나면 관객은 대단히 혼란스럽다는 느낌을 갖게 된다. 우리는 나중에 레너드에게 무슨 일이 벌어지는지 알게 되지만(우리가 이미 그것을 보았기 때문에), 과거에 어떤 일이 벌어져서 현재의 장면에 이르렀는지 알지 못한다. 이것은 레너드가 현재 벌어지고 있는 일은 '알지만' 어떻게 현재에 이르게 되었는지 모르는 것과 비슷하다(나는 '알지만' 이라는 단어를 강조했는데, 레너드의 현재 경험은 역사적 배경을 결핍하고 있기 때문에 그것이 과연 '아는' 것인지는 의문이다).

레너드는 그 자신에게 역사적 배경을 제공함으로써, 곧 각종 메멘토(기념물)를 남김으로써 이 상황에 대처하려고 한다. 메멘토는 종이에 쓴 쪽지와 친지들의 사진(사진 뒤쪽에 얼굴과 이름을 일치시키고, 누굴 믿고, 누굴 믿지 말라고 쓴다) 따위이다. 장기간 기억해야 할 중요한 메멘토는 문신을 이용한다. 그의 몸에다 문신을 새기는 것이다. 비록 불완전하지만, 산산조각 난 과거의 메멘토는 그에게 단기간의 목표를 기억하게 하고 또 다음에 무엇을 할 것인지 알려 준다. 그의 몸에 문신으로 새겨진 장기적 목표는 영화의 구성을 지키는 힘이다.

레너드 셸비는 누구인가? 그는 그 사건을 이기고 살아남았는가? 새로운 기억을 제대로 기억하지 못하는 무능력 때문에 레너드라는 개인은 사라져 버렸는가? "메멘토"가 제기하는 한 가지 대안은 본디의 레너드는 더 이상 존재하지 않는다는 것이다. 그의 몸은 여러 명의 사람들, 곧 짧은 기간 동안만 최근의 사건을 기억하는 사람들로 점령되어 있다. 그가 남기는 쪽지나 사진, 심지어 몸에 새기는 문신도 개인의 정체성을 정립해 주는 연결 고리가 되지 못한다.

위에서 지적한 것처럼 "메멘토"는 의도적으로 혼란스럽게 만든 영화이다. 관객이 이 영화를 짜 맞추기 퍼즐 게임이라고 생각한다면 사건들을 정확한 시간 순으로 재배열할 수 있다. 그런 퍼즐 게임은 재미있는 놀이일 수도 있겠으나 그 게임에 너무 몰두하지는 말기 바란다. 왜냐하면 영화의 요점은 그게 아니기 때문이다. 영화의 큰 틀을 알았으면 영화의 혼란스러운 흐름을 타고 그냥 따라가 보라. 퍼즐 게임은 나중에 영화를 두 번 세 번 볼 때 해도 늦지 않다.

4. 크레이그는 존 말코비치가 되는 데 성공했는가? 레너드 셸비는 누군가가 되는 데 성공했는가?

"존 말코비치 되기"와 "메멘토"는 개인의 정체성이라는 일상적 개념이 좀더 확대되어 일반적이지 않은 사례까지 포함하게 되는 경우를 잘 보여 준다. 정체성의 개념을 어느 정도까지 확대할 것인지의 문제는 좀더 구체적 상황의 정체성에 대하여 설명해 준다. 또 '내부의 관점'에서 주인공을 관찰할 수 있는 것은 5와 6에서 두 영화의 논증을 토론할 때 큰 도움이 된다.

"존 말코비치 되기"의 상황은 순수한 가장극(假裝劇)이지만, "메멘토"의 레너드가 처한 상황[전향성(前向性) 기억상실증]은 희귀하지만 사례 보고가 있는 질병이다. 하지만 논의의 편의를 위하여 두 사례를 가정해서 다루어 보기로 하자.[4] 그러니까 레너드 같은 사람이 존재한다고 가정하는 것이다. 당신은 레너드에 대하여 무엇이라고 말하겠는가? 레너드는 그 자신에 대하여 무엇이라고 말하겠는가? 한 시간 전의 그는 한 시간 후의 그와 같은 사람인가? 철학자들은 이런 종류의 사유 실험, 다시 말해 한 개념의 외연(外延)을 테스트하는 가상의 사례를 종종 한다. 자 이제 진행해 보자.

이 장의 맨 앞에서 인용된 두 번째 인용문("난 레너드 셸비야. 난 샌프란시스코 출신이야.")에서처럼, 레너드는 자신이 사고(事故) 이전의 인물과 동일 인물이라고 주장한다.[5] 그의 내부에서 볼 때 그는 아내가 있고, 보험 사정인(査定人)으로 근무했던 사람과 동일한 사람처럼 느낀다. 하지만 이 '개인 정체성의 느낌'이란 무엇인가? 이 문제와 관련하여 1장의 5에서 인용된 흄의 말을 기억하는가. 흄은 이렇게 말했다.

"내가 나 자신이라고 부르는 것 안에 들어가 보면 나는 언제나 이런저런 특정한 지각과 만나게 된다.……그러나 어떤 지각이 되었던 지각이 없는 나 자신을 만나 본 일은 없다. 그 안에서 발견할 수 있는 것은 지각뿐이었다.……마음은 일종의 극장과도 같아서 그 무대 위로 여러 지각이 등장한다. 그 지각들은 지나가고, 다시 나타나고, 또 지나가고 그러면서 미끄러져 내리고 서로 섞여 들어 다양한 자세와 상황을 만들어 낸다. 거기서 단 한순간도 통일성이라는 것은 있어 본 일이 없고 또 정체성이라는 것도 있어 본 일이 없다.……통일성과 정체성을 우리가 어떻게 정의하든 간에 말이다. 극장의 비유를 오해하지 말기 바란다. 극장은 일련의 연속적인 지각을 말하는 것으로서 이것이 우리의 마음을 구성한다."[6]

흄에 따르면 자아는 지각을 면밀히 관찰하거나 깊은 반성으로 직접 지각할 수 있는 그런 것이 아니다. 그렇다면 레너드를 포함하여 우리 모두가 경험하는 이 '정체성의 느낌'은 어디서 생기는 것인가?

가장 그럴듯한 원천은 기억이다. 레너드가 자신에게 아내가 있다고 기억하는 것처럼 우리는 과거에 우리에게 벌어졌던 일을 기억한다. 우리의 경우 (그러니까 정상적인 기억을 가지고 있는 사람들), 심리적 연속성의 이론은 아무런 문제 없이 수용된다. 그러나 레너드에게는 심각한 문제가 발생한다. 이를테면 테디에게 "난 레너드 셸비야. 난 샌프란시스코 출신이야."라고 말하는 시점(時點)의 레너드가 사건 이전의 레너드 셸비와 같은 사람이라고 해 보자. 하지만 그 다음날이 되면 레너드는 테디와 나눈 이 대화를 기억하지 못한다

(그가 하룻밤을 자고 나면 기억의 연결 고리를 통한 정체성의 이행이나 의식 흐름의 연속성이 작용되지 않는다. 따라서 테디와 대화했던 레너드와 아침에 일어나 이를 닦는 레너드는 서로 연결되지 않는다). 그 다음날 레너드에게 질문하면 레너드는 자신이 사고 전 레너드 셸비와 같은 사람, 보험 사정인 레너드 셸비라고 말할 것이다.

하지만 개인 정체성의 심리적 연속성 이론에 따르면 이것은 진실이 될 수 없다. 왜냐하면 이제 서로 동일하지 않은 두 명의 레너드가 있기 때문이다. 레너드의 사고 후 생활에서는 기억의 연결 고리가 하루 전날의 사건들과 전혀 연결되지 않는다. 심리적 연속성 이론의 기억에 따르면 어린 시절의 나와 지금의 내가 동일한 인물로 인정되기 위해서는 기억 연결 고리를 통해 어린 시절의 나 자신을 불러 낼 수 있어야 한다(단 어린 시절의 나에게 **직접적으로** 연결되는 기억의 연결고리는 필요하지 않다).

레너드의 경우에는 오늘과 내일을 이어 주는 이러한 연결 고리가 결핍되어 있다. 레너드는 사고 나기 전의 생활, 그러니까 먼 과거에의 연결 고리는 가지고 있다. 그러나 심리적 연속성 이론의 기억은 그 이상의 것을 요구한다. 기억을 통하여 먼 과거에서 지금에 이르기까지 매 시간대의 시간 조각(each time slice)과 연결될 수 있기를 요구하는 것이다. 테디와 대화를 나눈 레너드와, 그 이튿날 아침에 일어나 이를 닦는 레너드 사이에는 바로 이 연결 고리(과거에서 지금에 이르기까지 매 시간대의 시간 조각과 연결시켜 주는 고리)가 결핍되어 있다. 이것이 바로 장기간에 걸치는 개인 정체성의 일반적 문제인데 2에서 다룬 것이기도 하다. 다시 말해 뚜렷하게 다른 두 개가 하나이면서 같은 것이 될 수 없다. 차 두 대(오랜 기간 동안 부품을 교체해 만들어진 차, 뒷마당 창고에 쌓아 두었던 부품들로 조립한 차)는 원래 차와 동일한 게 아니다.

레너드의 경우는 다르다고 말할 수도 있을 것이다. 왜냐하면 두 레너드(테디와 대화한 레너드, 아침에 이를 닦는 레너드)의 사고가 나기 전 부분은 시간상 겹치지 않기 때문이다. 그러나 뚜렷하게 다른 두 개가 같은 것이 될 수 없다는 점이 탈출로를 봉쇄하고 있다. 왜 그런가 살펴보기 위해서 앞의 차의 경우로 다시 돌아가 보자. 당신은 원래 차의 부품이 완전히 망가지기 전에 그 부품을 빼내어 뒷마당 창고에 보관하고 새로운 부품을 가져다 교체했다. 이제 당신의 차는 원래의 부품이 하나도 들어 있지 않다. 그리고 당신은 뒷마당 창고에 쌓아 두었던 부품들을 가져다가 새로 차를 조립하기 시작한다. 이때 당신은 이런 생각을 한다.

"새 부품으로 완전히 갈아 버린 차가 존재하는 상황에서 이 원래 부품들로 차를 조립할 수 없어. 이렇게 한다면 차 두 대 중 어떤 차가 원래의 차와 똑같은 차인지 알 수가 없잖아."

그래서 문제를 피하기 위하여 당신은 새 부품으로 완전 대체한 차를 녹여 버린다(연필심을 다 갈아 버리면 연필이 아니듯 차를 이렇게 녹여 버리면 더 이상 차가 아니다). 그리고 당신은 뒷마당에서 가져온 부품들을 조립한다. 이렇게 할 경우, 당신은 정체성의 문제를 완전히 봉쇄했는가? 아니다. 왜냐하면 창고에서 가져온 부품들로 차를 조립하는 동안 새로운 부품들로 교체한 차가 더 이상 존재하지 않는다 하더라도, 뚜렷이 다른 두 차가 원래의 차에 대한 정체성을 놓고 겨루기 때문이다(분명 녹여 버린 차는 다시 조립되는 차와 동일한 차가 아니다. 그래서 정체성을 겨루는 경쟁 차들 중 하나가 사라졌다는 사실은 정체성의 문제와는 무관한 것이 된다).

레너드의 경우도 마찬가지이다. 오직 한 사람만이 레너드와 동일한 사람이 될 수가 있을 뿐, 뚜렷하게 다른 사람들(여러 명의 레너드)과 정체성을 형성할 수 없는 것이다. 이것을 좀더 쉽게 설명하면 레너드의 기억 상실로 뚜렷이 다른 경쟁자가 무수하게 생겨나서 사고가 나기 전 레너드와의 연속성을 주장하고 있는 것이다.[7)]

차 두 대의 사례에서 예시된 장기간에 걸친 정체성의 문제는 철학적 퍼즐일지도 모른다. 하지만 레너드의 상황은 실제적 상황이다. 레너드는 자신이 보험 사정인 레너드와 똑같은 사람이라고 주장한다. 레너드의 컨디션 가운데는 이런 주장에 동의할 수 없게 만드는 사안이 있는가? 여기에는 두 가지 추가적인 문제가 있다.

첫째, 레너드에게는 역사적 배경이 부족하기 때문에 그에게는 의미 있는 현재가 없다는 주장을 펼 수 있다. 레너드는 자신이 현재 하고 있는 일을 이해하기 위해서는 자신이 남긴 다양한 메멘토를 살펴보아야 한다. 도드와의 추격 장면(분초 표시[8] 49:40)과 '무기'를 들고 화장실에서 도드를 매복하는 장면(MM 46:00)을 보면 레너드의 현재 경험이 얼마나 단발성(單發性)인가를 알 수 있다. 통상적으로 사람들은 자신이 누구인지 알기 위해 거울을 볼 필요가 없다. 기이하게 들릴지 모르겠지만 레너드는 거울을 보아야만 자기 자신을 아는 사람이다. 그의 몸, 특히 그의 문신은 그의 현재 자아와 과거를 연결시켜 주는 중요한 연결 고리이다.

둘째, 레너드는 그 자신의 행동을 통하여 이런 것을 보여 준다. 레너드는 심지어 미래의 레너드를 현재의 레너드와 같은 사람으로 보지 않는다. 미래의 레너드로 하여금 테디를 죽이게끔 조처하는 장면에서 이것을 엿볼 수 있다. 레너드는 과거의 메멘토를 가지고 현재를 이해하는데, 테디의 사진 뒤에다 '이자가 죽여야 할 자'라고 쓸 때 논리적인 추론을 하고 있는 것이다. 일부 메멘토의 근원이 어디인지 알게 되면(특히 저격 대상의 차량 번호의 근원), 메멘토가 부족한 기억을 돕기 위한 장치라는 환상은 깨어지게 된다. 레너드가 테디의 차량 번호를 적을 때, 그는 자신의 미래 자아가 현재의 자아로부터 완전 소외되어 있다는 것을 안다. 그는 자기 자신을 위해서가 아니라 미래의 어떤 사람을 위해 메시지를 남기는 것이다. 그러니까 타임 캡슐 같은 데 넣어서 미래의 세대에게 메시지를 보내는 것과 비슷하다. 현재의 레너드는 테디를 죽일 수도 있는데(그는 총을 가지고 있다), 죽이려 하지 않는다. 일부러 미래의 레너드가 그렇게 하도록 꾸미는 것이다.

위의 분석은 테디의 지적이 옳음을 보여 준다. 테디는 원래의 레너드가 사건 동안에 존재하지 않게 되었다고 말한 것이다. 지금 레너드의 몸을 '차지'하고 있는 것은 일련의 변덕스러운 사람들로서 원래의 레너드로부터 소외되어 있고 자기들끼리도 소외되어 있다. 레너드가 그를 쏘기 전에 테디가 마지막으로 한 말을 기억해 보자.

"저 아래로 내려가세. 그러면 자네가 정말로 누구인지 알게 될 테니까."
('저 아래'는 구체적으로 교살당한 지미의 알몸이다)

테디가 레너드를 바라보는 시각과, 새미 잰킨스의 아내가 새미를 바라보는 시각 사이에는 중요한 유사점이 있다. 흑백 플래시백 장면에 새미의 아내가 보험 사정인 레너드의 사무실을 찾아오는 장면이 있다. 그 아내는 레너드에게 새미의 경우에 대하여 그의 솔직한 생각을 듣기 원한다. 옛날의 새미가 사라져서 이 새로운 새미를 사랑할 수 있겠는지 확신을 얻고 싶어한다. 나는 그녀가 여기서 비유적으로 말한다고 생각하지 않는다. 그녀는 남편의 몸을 새롭게 '차지한 사람'이 남편이 아니라 다른 어떤 사람이라고 생각하는 것이다.

지금도 자기가 사고 전의 레너드라고 느끼는 레너드의 느낌과, 통로를 통해 말코비치가 된 크레이그의 반응을 비교해 보라. 통로(포털)을 처음 방문했을 때 크레이그는 자신이 존 말코비치를 통제한다는 느낌이 들지 않았다. 그 당시 통로가 제공한 것이라고는 말코비치의 지각 흐름을 15분 동안 엿보는 것일 뿐이었다. 크레이그는 그 자신과 말코비치를 분명히 구분하고 있었다. 심지어 그가 말코비치의 몸을 장악하게 되었을 때도 그는 '값비싼 양복을 입은 느낌'이라고 말했다. 크레이그는 그가 들어간 몸이 이질적인 것, 그와는 구분되는 것으로 인식했다. 이런 반응은 닥터 레스터의 전화를 받는 그의 태도에서 잘 드러난다. 닥터 레스터는 그가 빨리 말코비치의 몸을 떠나지 않으면 맥신은 살해될 것이라고 위협한다. 크레이그는 이렇게 반응했다.

"도대체 무슨 말씀하십니까? 나는 존 말코비치가 아닙니다."

크레이그의 '내부의 입장'에서 볼 때 무엇이 부족하기에 그는 자신이 말코비치가 아니라고 했을까? 닥터 레스터가 전화해 온 시점에 크레이그의 기억은

1) 지난 몇 달 동안 존 말코비치로서 갖고 있는 기억
2) 지난 몇 달 이전의 모든 시기에 크레이그로서 갖고 있던 기억

이렇게 두 가지로 대별된다. 통로를 통해 들어간 크레이그와, 크레이그가 몸 속으로 들어오기 전의 말코비치 사이에는 기억의 연결 고리가 없다. 이것은 레너드의 경우와는 아주 다른 상황이다. 현재의 레너드는 어제의 레너드에 대한 기억이 없다. 그러나 그는 사고 이전의 레너드와는 많은 기억을 공유하고 있다. 바로 이 때문에 그는 자연스럽게 자신이 샌프란시스코 출신의 레너드 셸비라고 말하는 것이다(하지만 외부에서 바라보는 우리는 이러한 주장에 수긍하기가 어렵다).

이러한 논의는 개인의 정체성을 정립하는 데 기억이 대단히 중요하다는 것을 보여 준다. 기억은 개인의 내부(나는 누구인가?)에서부터 또는 개인의 외부(남들은 누구인가?)에서부터 정체성을 정립하는 데 결정적 역할을 한다. 만약 정체성의 신체적 연속성 이론을 지지하는 사람이라면 통로에 들어간 동안 크레이그가 그대로 존재하는 것을 이해하지 못하게 될 것이다. 신체적 연속성 이론에 따르면 크레이그는 통로 안으로 들어간 순간 존재하지 않는 것이 된다. 왜냐하면 그의 신체가 존재하지 않기 때문이다. 한편 이 이론은 좀 애매하기는 하지만 사고 후의 레너드가 여전히 사고 전의 레너드와 같은 사람이라는 입장을 견지할 것이다.

5. 개인의 정체성에 관한 세 이론

1에서 나는 철학자들이 제시하는 개인의 정체성에 관한 세 가지 주요 이론을 소개했다. 그것을 여기서 다시 정리해 보면 영혼 농일본, 심리적 연속성 이론, 신체적 연속성 이론이다. 여기에서 우리는 초점으로 삼은 영화를 바탕으로 이 세 이론을 좀더 자세히 살펴보기로 하자.

신체적 연속성 이론에 따르면 사람 A가 신체적으로 사람 B와 연속성을 가지고 있으면 A와 B는 동일한 사람이다. 하지만 이것은 무엇을 의미하는가? 사람 A와 사람 B 사이에 조그마한 차이라도 발생하면 그 둘은 하나가 아니라는 뜻인가? 이것은 몹시 지나친 요구 사항이다. 만약 그게 사실이라면 내가 조그만 움직여도 나는 더 이상 내가 아닐 터이기 때문이다(앉아 있는 나와 서 있는 나는 같은 사람이 아니라는 뜻/옮긴이). 장기간에 걸쳐서도 변하지 않는 개인의 신체적 특성이라는 게 있는가? 여기에 가장 가까운 것이 DNA이다. 나는 출생 시점의 DNA를 지금 그대로 가지고 있다. 나는 죽을 때까지 이 DNA를 간직할 것이다. 어쩌면 개인의 정체성을 이 DNA에 연결시켜야 할지도 모른다. 하지만 여기에는 두 가지 문제점이 있다.

첫째, DNA는 최근에 발견된 사항인 데 비해 개인 정체성의 개념은 이미 몇천 년 전에 나와 있던 것이다.

둘째, DNA를 신체적 연속성 이론의 근거로 삼는다면 일란성 쌍생아나 복제아는 서로 구분이 되지 않는, 같은 사람이라는 논리가 나오게 된다. 나의 쌍둥이 언니와 내가 똑같다고 할지라도 나는 여전히 그 언니와는 다른 사람인 것이다.

만약 DNA가 개인의 정체성을 고정시켜 주지 못한다면 그 다음에는 무엇이 있을까? 어쩌면 우리는 개인의 한평생 동안 불변하는 특성을 찾아내려는 행동을 포기해야 할지 모른다. 그 대신 한 개인이 변하면서도 여전히 같은 사람으로 남아 있을 수 있는 범위를 탐구하는 것이 더 좋을지 모른다. 신체적 연속성 이론의 표준 해석은 바로 그것(범위의 탐구)을 하고 있다. A와 B가 신체적으로 연속성을 가진다는 것은 A가 신체적으로 연속적인 시공간의 통로를 밟아 B가 되었다는 뜻이다.[9]

하지만 이 이론은 초점 영화 두 편을 본 관객의 반응과 잘 일치되지 않는다. 신체적 연속성 이론에 따르면 테디와 이야기한 레너드와, 그 다음날 아침 일어나서 이를 닦는 레너드는 모두 사고 전의 레너드와 동일한 인물이다. 또

"존 말코비치 되기"에서 통로를 통해 그 안으로 들어간 사람은 더 이상 존재하지 않는 것이 되어야 한다. 이 이론에서는 신체를 떠나서는 개인의 정체성도 없다. 손으로 만져지는 신체가 없으면 사람이 아닌 것이다. "존 말코비치 되기"에서 통로가 작동하는 방식을 상기해 보자. 그 통로를 들어간 사람의 신체는 사라졌다가 한참 뒤 뉴저지 톨게이트에 다시 나타난다. 신체적 연속성 이론을 신봉하는 사람은 톨게이트에 다시 나타난 사람이 아주 다른 사람이라고 말할 것이다. 특히 이 톨게이트로 나온 사람은 통로 속으로 들어갔던 그 사람과 동일한 사람이 아니다. 왜냐하면 이 두 사람은 신체적으로 연속성이 없기 때문이다. 그럼 이 이론의 신봉자는 크레이그를 어떻게 해석할까? 그는 갑자기 사라진 것이다. 8개월 뒤 그와 아주 비슷하게 닮은 사람이 나타났다. 하지만 이 사람은 8개월 전의 그 사람과 시공간적으로 연속성을 확보하지 못했으므로 둘은 하나이면서 같은 사람이라고 할 수 없다. 그럼 존 말코비치는? 그는 8개월 동안 아주 괴상하게 행동한 것이 된다.

이제 두 번째 이론인 영혼 동일론을 생각해 보자. 1에서 나는 이 이론이 저승의 가능성을 믿는 이론과 가장 잘 들어맞는다고 지적했다. 이것은 **데카르트 이원론**(Cartesian dualism)[10]이라는 세계관에 바탕을 둔 것이다. 데카르트 이원론에 따르면 뚜렷하게 다른 두 유형의 '질료'가 존재한다. 그중 하나인 물질은 구체적 대상을 만들어 낸다. 나의 책상도 나의 신체도 모두 물질로 만들어져 있다. 두 번째 것은 영혼이라고 하는 것으로 비물질이지만 물질처럼 실제적인 것이다. 데카르트 이원론에 따르면 물질과 영혼은 서로 따로 존재한다. 또 영혼 없는 물질(예컨대 책상)이 있듯이, 물질 없는 영혼(신체가 죽은 후의 영혼)도 있다. 정말 중요한 것은 신체나 각종 신체적 특징이 아니라 영혼이다. 이런 이원론에 입각한다면 내가 나의 신체가 생기기 전에 존재했고 또 나의 신체가 부패한 이후에도 존재할 수 있다는 것, 이것이 개념상 가능해진다. 이 영혼 동일론을 "존 말코비치 되기"나 "메멘토"에 어떻게 적용할 수 있는지 불분명하다. 왜냐하면 영혼은 그 특성상 인간이 지각하지 못하기 때문이다. 영혼 이론 지지자는 이런 질문에 어떻게 대답할까? 존 말코비치의 신체를 차지하고 있는 영혼은 말코비치의 것인가, 크레이그의 것인가, 아니면 둘 다인가? 레너드의 경우에도 비슷한 질문을 던질 수 있다. 레너드의 원래 영혼은 사고 후에 존재하기를 그쳤다가 다시 새로운 영혼으로 대체된 것인가? 또는 일련의 새로운 영혼들이 그의 몸을 차지하고 있는 것인가? 영혼은 아주 까다로운 존재이다. 어떻게 영혼을 기준으로 하여 당신이 어제의 당신, 아니 2초 전의 당신과 똑같은 사람이라는 것을 알 수 있는가? 신체는 관찰이 가능하다(나의 신체는 물론이고 남의 신체도 관찰할 수 있다). 기억도 나의 관점에서는 관찰 가능하다(나는 내 기억을 관찰할 수 있지만 당신은 하지 못한다). 그러나 영혼은 당신의 영혼은 물론이고 나의 영혼도 관찰하지 못한다〔여기서 저자는 나의 영혼이든 남의 영혼이든 관찰하지 못한다는 견해를 취하고 있는데, 이것은 논쟁의 대상이 될 수 있는 주장이다. 왜 그런가 하면 수많은 사람들, 이를테면 종교인들은 자신이 죽으면 영혼이 몸을 빠져나가 사후 세계로 간다고 믿고 있으며 또 지상에 살아 있는 동안에도 매 순간 그 영혼을 정화하기 위해 노력하고 있기 때문이다. 이런 사람들은 당연히 영혼을 관찰하지 못한다는 저자의 주장에 동의하지 않을 것이다. 또 플라톤, 데카르트, 그 밖의 유신론적 철학자들은 줄기차게 영혼의 선재설(先在說)과 사후설(死後說)을 주장해 왔다. 저자가 이처럼 영혼을 관찰할 수 없는 것으로 규정하는 것은 제4장에서도 되풀이되고 있는데, 이것은 저자가 견지하는 영혼관이고 보편적인 영혼관은 아님을 감안해야 한다/옮긴이〕.

그러면 이제 마지막인 심리적 연속성 이론이 남았다. 이 이론은 장기적인 심리적 특징, 의식의 흐름, 기억 등 강조 점에 따라 다양한 견해가 있다. 첫번째는 장기적인 심리적 특징(성격, 기질, 세계관 등)이 장기간에 걸친 개인의 정체성을 정립해 준다는 이론이다. 이 버전은 "존 말코비치 되기"와 잘 어울린다. 크레이그는 통로 속으로 들어간 이후에도 계속 존재하는 것이다. 단지 그 과정에서 신체만 바꾸었을 뿐이다. 크레이그가 말코비치의 몸을 장악하면서 원래의 말코비치는 존재하지 않는다(또는 억제된다). 하지만 이 설을 "메멘토"에 적용하면 약간 애매모호해진다. 사고 이전의 레너드는 온화하고 법을 잘 지키는 시민이었을 것으로 보인다. 하지만 사고 후에 그는 살인자가 된다. 이런 변신은 그의 성격이 바뀐 결과인가, 아니면 급격한 환경 변화에 성격이 자연스럽게 적응한 것인가? 이것은 불분명하다. 우리는 이에 대하여 대답할 수 있을 정도로 사고 전의 레너드에 대해서 많이 알지 못한다. 그의 기질이나 장기적인 욕망이 바뀌는 범위도 불분명하다. 분명, 그는 사고 후에 아내의 죽음에 대하여 복수하고 싶은 욕망을 가진다. 그러나 레너드는 그런 욕망을 자꾸만 되풀이하여 '재발견' 해야 한다. 그는 존 G라는 이름을 몇 분 이상 기억하지 못한다. 그는 또한 몇 분마다 자신의 문신을 '재발견' 해야 한다. 영화 속의 한 장면은 이런 현실을 잘 보여 준다. 그가 나탈리와 방금 이야기를 나눈 식당의 화장실 장면이 그러하다(MM 22:00). 그는 손을 씻으면서 새미 잰킨스를 기억하라는 문신을 보고서 그것을 지우려 한다. 하지만 지워지지 않는 것을 보고 놀란다. 그 후 두 번 정도, 자신의 웃통에 새겨진 문신을 거울을 통해 보고서는 마치 처음 보는 것처럼 놀란다. 그는 문신에 새겨진 복수의 욕망도 마치 처음인 것처럼 획득하게 되는가? 만약 그렇다면 장기적인 심리적 특징을 강조하는 심리적 연속성 이론은, 레너드의 경우에는 잘 들어맞지 않게 된다.

두 번째는 연속적인 의식의 흐름이 개인적 정체성의 중추라고 보는 이론이다. 사실 생각은 일정 시간 동안 지속된다. 지각도 어느 정도 머무른다. 아무튼 지각은 순간적으로 오고 가지는 않는다. 의식의 흐름을 통한 견해는 의식을 통하여 오고 가면서 서로 겹치는 지각과 생각을 개인적 정체성이라고 본다. 다음의 도표는 이 의식의 흐름이 어떻게 작용하는지 보여 준다.

도표 1에서 A는 당신 앞에 놓여 있는 저녁 식사의 냄새를 감각하는 것이다. B는 식료품 리스트에 '마늘' 이라고 쓰는 것이다. C는 오늘 밤 텔레비전 프로그램이 무엇인지 생각하는 것이다. 이와 같은 식으로 D와 E가 계속 된

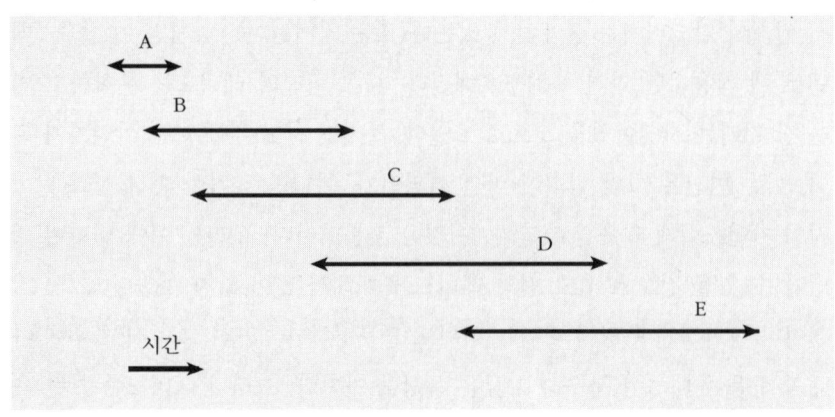

도표 1

다. 사람의 마음은 아주 바쁜 장소이다. 많은 생각과 감각이 오고 가면서 서로 겹쳐진다. 단 하나의 생각이 아주 오래 지속되는 법은 별로 없고 생각의 흐름은 계속 된다. 일부 철학자들에 따르면 이 흐름의 통일성이 곧 정체성이다. 이것을 실제 냇물의 흐름에 비유하면 그럴듯하다. 시냇물에는 수많은 물방울이 오고 가지만 그런 변화에도 불구하고 냇물은 여전히 그 정체성을 유지하는 것이다.

이 의식의 흐름이라는 견해에는 한 가지 문제가 있다. 그것은 그 흐름에 단절이 생겼을 때 어떻게 하느냐이다. 내가 잠이 들었을 때 그 흐름은 사라진다(꿈을 꾸지 않는 경우). 또 혼수 상태에 빠졌을 때도 그 흐름은 사라진다. 이런 경우 잠에서 깨어난 나는 누구인가? 개인의 정체성을 순전히 의식의 흐름에만 연결시킨다면 나는 새로운 사람이 되는 것이다.

또 레너드는 어떤가? 영화를 보면 알지만 레너드의 의식이 보여 주는 흐름은 정상이다. 따라서 이 이론대로라면 레너드는 의식을 잃지 않는 한 여전히 같은 사람이다. 그러나 그는 잠이 들면 존재하기를 그친다. 그는 나중에 깨어난 사람과 동일하지 않다. 크레이그의 문제는 그리 간단하지 않다. 그가 말코비치 통로 안으로 들어갔을 때 그의 의식의 흐름은 말코비치의 의식과 혼합되지 않는다. 크레이그가 다른 지각의 흐름에 뛰어들었지만 서로 중복되지는 않는 것처럼 보인다. 크레이그가 통로에 들어가기 전의 말코비치에게 존 말코비치라는 이름을 붙인다면, 크레이그는 결코 존 말코비치가 되지 못한다.

의식의 흐름에 단절이 생긴다는 문제 때문에 심리적 연속성 이론의 이 견해는 별로 인기가 높지 못하다. 하지만 우리가 앞으로 살펴보게 될 기억과 이 견해를 함께 생각해 본다면 흥미로운 결과가 나온다.

심리적 연속성 이론을 해석하는 기본적인 견해는, 기억이 개인적 정체성을 결정짓는 궁극적인 요소라고 판단한다. 사람 A가 사람 B의 생각과 지각을 기억한다면 사람 A는 B와 동일한 사람이다. 이 이론에 따르면 이행적(移行的 : 앞뒤로 움직이는) 기억은 정체성을 정립하는 데 잘 적용될 수 있다. 만약 내가 사람 B(1년 전의 나 자신)의 생각을 기억하고, 또 사람 B가 사람 C(2년 전의 나 자신)의 생각을 기억할 수 있다면, 사람 A는 사람 C와 같은 사람이 된다.

크레이그는 통로에 들어가서도 여전히 크레이그이다. 왜냐하면 그는 존 말코비치의 기억이 아니라 크레이그의 기억을 그대로 유지하고 있기 때문이다. "존 말코비치 되기"의 사례는 아주 분명하다.

"메멘토"는 좀더 흥미롭다. 사고 후의 레너드는 사고 전 레너드의 기억을 그대로 간직하고 있다. 그래서 개인의 정체성은 별 문제가 없는 듯하다. 그러나 두 가지 난점이 있다. 첫번째 문제는 앞에서 심도 있게 논의하였다. 사고 후의 레너드는 기억에 따라 사고 전의 레너드와 연결되어 있으나, 사고 당시와 현재 사이의 그 자신을 연결시켜 주는 연결 고리를 가지고 있지 않다. 우리는 기억을 통한 개인적 정체성의 이동성을 어느 정도 감안할 수 있다. 예컨대 현재의 레너드는 3분 전 레너드의 생각과 지각을 기억할 수 있고, 3분 전 레너드는 6분 전 레너드를 기억하며(그러나 현재의 레너드는 6분 전은 기억하지 못한다), 6분 전의 레너드는 9분 전의 레너드를 기억한다. 바로 이런 식으로 심리적 연속성 이론의 기억이 작동하는 것이다. 그러나 레너드의 경우, 이런 식으로 계속 거슬러올라가 사고 전의 레너드에 이르지 못한다. 왜냐하면 지금과 그때 사이에는 메울 수 없는 간격이 있기 때문이다. 레너드는 잠에서 깨어났을 때 사고 이후 벌어진 일을 전혀 기억하지 못한다. 심지어 기억을 계속 연결시키는 데 필요한 3분 전의 일도 기억하지 못한다.

일부 철학자들은 심리적 연속성에 대하여 혼합적인 접근 방식을 사용했다. 기억이나 연속적인 의식의 흐름은 개인의 정체성을 정립하는 데 사용할 수 있다. 하지만 이것은 레너드의 경우에 도움이 되지 않는다. 사고 후의 일상 생활에서 레너드의 마음은 매일매일 기억 및 의식의 흐름에 막다른 골목을 경험한다. 영국 철학자 데릭 파피트(Derek Parfit)는 관련 사례를 이렇게 묘사했다.

> 수면제. 어떤 수면제는 역행성(逆行性) 기억상실증을 일으킨다. 이론상 내가 이 약을 먹으면 한 시간쯤 깨어 있다가 잠이 드는데, 하룻밤 잠을 자고 깨어나면 나는 그 한 시간의 후반 30분에 대해서는 기억이 없게 된다.
> 나는 실제로 이 약을 먹어 보았고 그 결과가 어떻게 되는지 알아보았다. 이를테면 내가 그 약을 먹고 한 시간쯤 있다가 잠들었다고 해 보자. 그 이튿날 아침, 내 침대에서 잠 깬 사람은 심리적으로 현재의 나와 동일한 인물이 아니다. 그는 심리적으로 잠들기 30분 이전의 나와 동일한 사람이다. 나는 이제 심리적으로 곁가지를 친 것인데, 이것은 내가 잠이 드는 순간 끝나게 된다. 이 30분 동안 나는 심리적으로 과거의 나 자신과 연속선상에 있다. 하지만 미래의 나와는 연속선상에 있지 않다. 나는 나중에 내가 이 30분 동안에 무엇을 했는지 무엇을 생각했는지 무엇을 느꼈는지 기억하지 못할 것이다. 이렇게 볼 때 내일의 나 자신과의 관계는 생판 모르는 사람과의 관계와 비슷하다.
> 예를 들어 내가 어떤 실제적인 문제를 고민했다고 해 보자. 나는 이제 그 문제의 해결안을 발견했다. 내가 무엇을 해야 하는지 분명하기 때문에 나는 확

고한 의도를 형성했다. 내 평생에 이런 의도를 형성한 것만으로 충분할 것이다. 그러나 내가 심리적 곁가지에 들어가 있을 때는 이것으로 충분하지 않다. 나는 나중에 내가 지금 결정한 것을 기억하지 못할 것이다. 또 내가 지금 도달한 의도를 유지한 채 잠에서 깨어나지도 못할 것이다. 따라서 내일 내가 나 자신과 의사 소통하는 것은 마치 모르는 사람과 의사 소통하는 것처럼 될 것이다. 나는 편지를 쓰고, 나의 결정사항을 자세히 적고, 나의 새로운 의도를 메모해 둔다. 그런 다음 내일 아침 깨어나면 금방 볼 수 있는 곳에다 그 편지를 놓아 둔다.

나는 이런 결정을 내린 것, 또 편지를 쓴 것 등도 기억하지 못한다. 하지만 나의 면도칼 바로 밑에 이런 편지를 발견한 일이 있다.[11]

파피트가 묘사하는 사례(1회성의 역행 기억상실증)는 한 가지 측면에서 레너드와는 다른 사례이다. 기억상실증의 발병 이전의 사람과 동일하다고 주장하는, 다중의 단절된 경쟁자들이 없는 것이다. 설령 파피트가 잠들기 전 30분 동안 생각한 것과 행동한 것을 기억하지 못한다고 할지라도, 그 부분(잠들기 30분 전)의 심리 생활은 그 바로 직전의 시간과 기억 및 의식의 흐름으로 연결되어 있는 것이다. 레너드의 경우, 모든 새로운 날들이 의식의 흐름에 따라 그 어떤 것과 연결되어 있는 것이 아니라, 기억을 통하여 먼 과거와 연결되어 있는 것이다. 파피트의 사례가 레너드의 그것과 비슷해지려면 하루에도 몇 차례, 몇 시간씩 단위로 전향성 기억상실증을 유발하는 수면제를 평생 먹어야 하는 것이다. 이런 차이점에도 불구하고 파피트의 논의는 '심리적 연속성'에 대한 추가 자료를 제공한다. 또 파피트가 미래에 대비하여 편지를 썼다는 것은 레너드가 자신의 기억상실증을 다루는 방식을 연상시킨다.

6. 개인의 정체성 이론의 평가

"존 말코비치 되기"는 개인적 정체성의 심리적 연속성 이론 중 특정 견해를 옹호하고 있다. 이 영화는 여러 군데에서 크레이그가 통로 속으로 들어간 다음에도 그대로 존재하며, 그리하여 존 말코비치가 되는 데 성공하지 못했음을 암시한다. 이것을 살펴보는 가장 좋은 방법은, 크레이그의 침입 이전의 말코비치와 침입 이후 말코비치의 기억 및 의식의 흐름이 단절된다는 데 주목하는 것이다. 만약 심리적 연속성 이론의 세 견해를 이 영화에 적용한다면, 크레이그와 말코비치 사이의 정체성은 성립되지 않는다(영화는 그렇게 암시하고 있다). 이 이론의 주된 대안인 신체적 연속성 이론을 따른다면 크레이그는 통로 안으로 들어서는 그 순간부터 존재하지 않는 것이 된다. 하지만 영화는 그 반대의 경우를 제시하고 있다.

"메멘토"는 심리적 연속성 이론의 기억을 위하여 "많은 사람이 등장하는 형이상학적 깡통을 열고 있다."("존 말코비치 되기"에서 크레이그가 한 말). 이 이론에 관련된 또 다른 주제로서 우리가 아직 개진하지 않은 것은 "메멘토"의 두 번째 주제이다. 사고 이전의 자기에 대한 레너드의 기억은 정확한가? 영화 중간중간에 암시된 단서로 살펴볼 때 그 대답은 '아니오.' 이거나, 강한 의구심을 갖게 한다. 레너드가 기억하고 있는 것처럼 새미 잰킨스는 정말로 존재하는가? 그의 아내가 살해될 때 공격자는 몇 명이었는가? 그의 아내가 정말 그런 식으로 살해되었는가? 레너드는 새미 잰킨스의 스토리를 구성하면서 실제로는 그의 아내의 죽음에 관한 스토리를 말했을지도 모른다.

진짜와 가짜 기억의 구분은 1장의 5에서 흄의 과격한 회의주의를 논의하면서 소개했다. 기억이 진짜가 되려면 다음 세 조건을 충족시켜야 한다.

1) 예전의 지각이 발생해야 한다.
2) 예전의 지각이 인과적으로 현재 기억을 일깨워야 한다.

3) 현재의 기억이 예전의 지각을 정확하게 재현해야 한다.

심리적 연속성 이론에서 기억이 유효한 연결 고리가 되려면 진짜 기억이 되어야 한다. 어떤 사람 A에 대하여 "기억이 나는 듯하다."라고 말하는 것은 충분하지 못하다. 그것만으로는 예전 A의 생각과 지각을 기억한다고 할 수 없다. 이 점을 명확하게 하기 위해 가짜 기억이 개인의 정체성 연결 고리에서 어떤 역할을 하는지 한번 살펴보자. 가짜 기억을 인정할 경우, 워털루 전투에서 자신이 나폴레옹 보나파르트(Napoleon Bonaparte)이었던 같다고 기억하는 현대인이 있다고 하면 그 현대인은 곧 나폴레옹이 되어 버린다. 이런 뉘앙스를 포함하는 개인의 정체성 이론은 받아들일 수 없다. 레너드가 현재 벌어진 일에 대하여 혼란을 느끼고 있기 때문에, 사고 전의 일에 대해서 그가 기억한다고 주장하는 사건이 진짜인지 의심스럽다.

하지만 이 점과 관련하여 우리는 여러 모로 레너드와 닮은 점이 많다. 당신의 기억은 얼마나 정확한가? 당신의 기억은 외부의 암시에 얼마나 흔들리는가? 심리학에는 이 분야를 연구한 문헌들이 엄청나게 많다.[12] 기이하게도 레너드는 테디와 점심을 나누면서 이 주제에 대해서 말한다(MM 23:00).

"기억은 믿을 만한 게 못 돼...... 기억은 완벽하지 못해. 그렇게 우수한 게 못 돼. 경찰에게 물어 봐. 심지어 목격자 증언도 믿을 수가 없어."

일반적인 기억이 믿을 만한 게 못 되고 또 흄이 주장하는 대로 어떤 기억이 정확한지 체크할 방법이 현재 없다면, 심리적 연속성 이론은 도대체 어떻게 되는 것인가? 우리는 이 질문에 대하여 이렇게 대답하고 싶어질지 모른다. 어떤 기억이 진짜인지 확실히 알 수 없다고 하더라도 움직일 수 없는 사실은 있기 마련이다. 내가 나폴레옹인 것 같은 기억을 하더라도 내가 실제로 워털루에 있지 않았더라면 나는 나폴레옹이 아니다. 하지만 이런 추론의 문제점은 개인의 정체성을 설정하는 데에 기억이 아닌 다른 경로를 가정해 생각한다는 점이다. 여기서 중요한 문제는 개인의 정체성을 정립하는 수단이다. 내가 실제로 워털루에 있지 않았다고 말하는 것은 문제의 본질을 피해 가는 것이다.

"메멘토"는 자아의 통일성에 대한 흄의 일반적 회의주의를 강화하고 있다. '내부에서 관찰' 해 봐도 자아의 통일성은 보이지 않는다. 우리는 기억에서 자아를 추론할 수 있을 뿐이다. 하지만 이런 추론이 성공하려면 진짜 기억과 가짜 기억을 구분하는 방법이 있어야 한다. 하지만 우리는 그런 방법이 없다. 더욱이 역사적 배경(과거를 기억하는 것)이 현재에 부여하는 기여도 때문에 기억에 대한 흄의 회의주의는 현재마저도 불안정하게 한다. 내가 현재 하고 있는 일은 따지고 보면 현재에 결정된 것이 아니라, 과거에 내가 구성한 의도에 따라 일어난다는 것이다. 레너드는 역사적 배경에 대한 인식이 총체적으로 결핍되어 있기 때문에 가끔씩 "메멘토" 안에서 코믹한 효과를 자아내고 있다. 하지만 이 영화는 심리적 연속성 이론의 전반적 문제점을 지적하고 있다. 또 레너드와 달리 정상적 기억의 소유자조차도 기억의 불확실성 때문에 이 이론은 문제가 된다.

토론을 위한 질문

1. 당신은 사후 세계를 믿는가? 만약 믿는다면 어떤 근거를 통하여 사후의 자아와 동일성을 유지할 것인가?
2. "존 말코비치 되기"를 본 직후 당신은 크레이그가 존 말코비치가 되는 데 성공했다고 생각하는가? 만약 성공했다고 생각한다면 원래의 말코비치는 어떻게 되었는가?
3. "메멘토"를 보고 난 직후, 레너드가 영화 전편을 통해 같은 사람이라고 생각하는가?
4. 자동차의 논증에 대해 당신의 첫 반응은 어떠했나? 두 차의 논증을 듣기 이전이라면 당신은 뒷마당 창고에서 가져온 부품으로 조립한 차가 원래 차와 동일하다는 데 동의했겠는가? 새로운 부품들로 교체한 차가 원래의 차와 똑같다고 생각했겠는가? 두 차(새로운 부품 교체 차와 뒷마당에서 부품을 가져와 조립한 차)의 논증에서 당신의 상식은 어떻게 움직이고 있는가?
5. 레너드가 앓고 있는 전향성 기억상실증은 아주 희귀한 반면, 두뇌 손상에 따른 다른 형태의 기억상실증은 아주 흔하다. 그중 한 예가 알츠하이머 병(치매)이다. 기억상실증은 어떤 특성을 가져야만 개인의 정체성에 문제를 일으킨다고 생각하는가?
6. 이제 개인의 정체성에 대해서 상당히 많이 알게 되었으므로, 당신은 내일 아침 아주 다른 사람으로 깨어나는 것이 가능하다고 생각하는가?
7. 여담으로 당신은 "메멘토"에서 벌어진 사건들의 실제 순서를 재구성할 수 있는가?

개인의 정체성과 관련된 영화

"사랑의 기적[원제 : 깨어남(Awakening)]"(1990년). 감독 페니 마셜(Penny Marshall). 출연 로빈 윌리엄스(Robin Williams), 로버트 드 니로(Robert De Niro)
정신병원에 몇십 년 동안 혼수 상태로 있던 환자들이 신약의 도입으로 '소생한다'.
"헨리 이야기(Regarding Henry)"(1991년). 감독 마이크 니콜스(Mike Nichols). 출연 해리슨 포드(Harrison Ford), 아네트 베닝(Annette Benning).
헨리는 머리에 심한 총을 입고서 뇌가 크게 손상된다. 그는 자신의 과거에 대하여 아무것도 기억하지 못한다.

"토털 리콜". 감독 폴 버호벤. 아놀드 슈워제네거, 레이첼 티코틴, 샤론 스톤.
이 영화는 1장에서 회의주의를 다루면서 이 책의 초점 영화로 소개되었는데, 개인의 정체성과 관련해서도 좋은 논의 사항을 제공한다. 1장의 두 번째 해석과 관련하여, 퀘이드는 실제로 누구인가? 세 번째 해석과 관련하여, 퀘이드와 에고 트립 속의 퀘이드는 어떤 관계인가? 퀘이드는 진짜 기억과 가짜 기억을 어떻게 구분하는가?

개인의 정체성과 관련된 저서

고전

존 로크(John Locke)
『인간 오성론(Essay Concerning Human Understanding)』, 1694년 초판. "개인의 정체성과 다양성에 대하여"(2권 27장)는 이 장에서 다루어진 개인적 정체성의 세 이론을 검토하면서 심리적 연속성 이론의 기억을 선호한다. 한편 영혼 동일론과 신체적 연속성 이론은 배척하고 있다. 이 책은 온라인에서도 전문을 구해 볼 수 있다(http : //www.ilt.columbia.edu/Projects/digitexts/locke/understanding/title.html)과 (http : //socserv2.mcmaster.ca/-econ/ugcm/3ll3/locke/Essay.htm).

흄
『인성론』, 1740년. 흄의 대작. 이 책의 대부분은 회의주의를 다루고 있다. 그러나 몇몇 부분(특히 1권 4부 섹션 4)에서는 자아의 통일성을 다루고 있다. 학자들이 표준 텍스트로 여기는 것은 1978년 옥스퍼드 대학 출판부에서 펴낸 2판이다. 『인성론』은 온라인에서 전문을 구해 볼 수 있다(http : //socserv2.socsci.mcmaster.ca/-econ/ugcom/3ll3/hume/wri/1enq.htm).

제4장

인공 지능

"A. I."(2001년)

하비 교수 : 사랑을 할 수 있는 로봇을 만들 것을 제안합니다······ 마음을 가진 로봇 말입니다······ 내면 세계 그러니까 비유, 직관, 자기 동기화된 추론(자기의 필요에 따라 스스로 하는 추론/옮긴이) 꿈 등을 가진 로봇 말입니다.

조수 : 만약 로봇이 진정으로 사람을 사랑할 수 있다면, 그 사람은 그 로봇에게 어떤 책임을 져야 합니까? 그것은 도덕적인 문제입니다.

지골로 조 : 그들은 우리를 너무 똑똑하고 민첩하게 만들었고 또 무수히 제작했어. 우리는 그들의 실수 때문에 고통을 받고 있는 거야. 파국이 오게 되면 결국 남는 건 우리뿐이야. 그래서 그들은 우리를 미워하고 있는 거야.

— "A.I."에서

최근에 인간과 거의 비슷한 수준으로, 때로는 더 월등하게 특정 과제를 수행하는 고급 컴퓨터가 개발됨에 따라 일련의 문제들이 제기되기에 이르렀다. 컴퓨터 시대가 도래하기 이전에도 영화 제작자들이 또는 그 이전에는 소설가들이 픽션을 이용하여 그런 질문들을 제기해 왔다. 메리 셸리(Mary Shelley)가

쓴 19세기 소설 『프랑켄슈타인(Frankenstein)』은 실리콘 칩이나 금속이 아닌 '유기적' 괴물을 다루고 있지만, 로봇과 인간과의 관계를 다룬 후대의 소설이나 영화와 공통되는 점이 많다. 최근에 이런 오래된 픽션의 전통에 입각한 스티븐 스필버그(Steven Spielberg) 감독의 "A.I."라는 영화가 나왔다. 이 영화는 철학과 인공 지능을 아우르는 여러 질문을 검토하고 있다. 고도로 발달된 로봇이 사람(정당한 이유 없이 피해를 당하지 않는 권리 등 다양한 도덕적 권리를 향유하는 존재)이 될 수 있을까? 아무튼 사람이 된다는 것은 무슨 뜻인가? 마음을 가지고 있는 것이 사람됨의 필수 조건인가? 실리콘, 와이어, 금속으로 만들어진 사물이 마음을 가질 수 있는가?

컴퓨터를 등장시키는 많은 미래지향적 SF 영화들은 로봇과 인간이 세상의 지배권을 놓고 싸우는 세계를 묘사하고 있다. 이것은 가능한 시나리오인가? 현재의 컴퓨터 과학으로 미루어 볼 때 이런 상황이 실제 세계에서 벌어지리라고 예상할 수 있는가? 만약 그렇다면 그것은 우리 인간이 마땅히 두려워해야 할 사태인가? 어떤 생물적 유기체에서 비생물적 유기체로 이행하는 것은 '진화의 자연스러운 방향' 일지도 모른다. 미래의 컴퓨터가 일으킬 재앙에 대비하여 우리가 지금 당장 취해야 할 조치 같은 게 있는가? 오늘날 '합리적 신중성(reasonable prudence)' 은 우리에게 무엇을 요구하고 있는가?

고도로 발달된 컴퓨터 로봇을 다룬 영화에는 철학적 주제들이 많이 들어 있다. 이런 주제들 중 일부는 고대 그리스의 플라톤 시절부터 있어 온 것이다. 따라서 철학적 관점에서 볼 때 새로운 것은 없다. 그러나 지난 반 세기 동안 컴퓨터 과학의 발달과 과학소설의 인기를 발판 삼아 이런 질문들이 많은 이의 관심을 끌게 되었다. 이 장은 영화 "A.I."를 발판으로 하여, 현대 철학자들이 이런 질문들에 어떻게 답변했는지 살펴본다. 앞에서와 마찬가지로 섹션 3에 이르는 부분은 그냥 읽어도 상관없지만, 섹션 4 이후는 영화를 본 후에 읽는 것이 좋다.

1. 인공 지능이란 무엇인가?

컴퓨터와 인간의 관계를 살펴볼 때 1997년 5월 11일은 어떤 사람들에게는 획기적인 날로 기억된다. 이날 "뛰어난 체스 플레이어인 IBM 컴퓨터 딥 블루가 세계 체스 챔피언인 개리 카스파로프를 무자비하게 패배시켰다. ……카스파로프는 마지막 게임인 6번째 게임에서 패배했다."[1] 딥 블루가 세계 최고의 체스 플레이어를 이긴 것은 세계를 놀라게 했다. 이 획기적인 사건은 컴퓨터가 인간과 동일한 지능의 수준을 획득했음을 보여 주는 것인가? 그렇지는 않다. 하지만 컴퓨터가 50년 전에 처음 만들어진 이래 아주 빠르게 발전해 온 것만은 확실하게 보여 주었다.[2]

초창기 컴퓨터는 인간이 직접 하기가 따분하고 시간이 많이 걸리는 계산을 주로 수행했다. 컴퓨터는 뛰어난 연산 기능을 가지고 있었고 인간보다 훨씬 빠르게 아주 복잡한 계산을 수행했다. 게다가 오류가 거의 없었다. 곧 연구자들은 컴퓨터의 다른 용도를 고안하기 시작했다. 다른 분야(가령 체스 같은 게임)에서도 컴퓨터의 뛰어난 연산 능력이 활용될 수 있을까? 이렇게 해서 일반 용도의 프로그램 컴퓨터가 생겨난 지 얼마 되지 않아 인공지능(artificial intelligence : A.I.)이 탄생했다.

인공 지능이라는 용어는 인간이 직접 수행할 경우 지능이 필요한 일을 컴퓨터에게 시키는 연구 분야(컴퓨터 과학의 하위 분야)를 지칭하기 위해 1950년대 중반에 만들어진 것이다. 이 용어를 만들어 낸 존 매카시(John McCarthy)는 진짜 지능과 가짜 지능을 구분했다. 그가 볼 때 컴퓨터는 진짜(가짜가 아닌) 지능을 발휘할 수 있었다. 비록 그 지능이 인공적 장치의 결과이기는 하지만 말이다.[3]

초창기에 게임 플레이는 컴퓨터가 과연 인간의 행위를 하면서 인간 수준의 기술을 획득할 수 있는지 발견하는 테스트 수준이었다. 처음에 게임 플레이는 지능과 관련된 많은 속성을 가지고 있었다. 게임 플레이어는 이런저런 수를 실행하는 결과를 고려해야 하고 어떻게 할 것인가 결정하기 위해 그 결과에 관련된 정보를 사용해야 했다. 사실, 인간 결정의 대부분이 정확하게 그런 종류의 추론으로 구성되어 있는 것이다. 초기 인공지능 연구자들은 이렇게 주장했다. 만약 컴퓨터에게 이런 종류의 추론을 대행시킨다면 그것은 컴퓨터-기반의 지능을 획득하는 중요 발전 단계가 될 것이다. 오늘날의 기준에 비추어 본다면 그들은 아주 제한적인 연산 능력을 가진 컴퓨터를 가지고 작업을 했지만 A.I. 연구자들은 초기에 상당한 성공을 거두었다. 체커스(Checkers)가 체스에 비해 한결 간단한 게임이지만 여전히 인간들에게는 까다로운 게임이다. 하지만 체커스 게임은 곧 컴퓨터화가 되었다. 그리하여 1950년대 후반에 이르러 컴퓨터는 세계 최고의 체커스 고수를 이기게 되었다.

어떻게 이런 초인간적인 업적을 달성하게 되었는지, 이쯤에서 가상적인 게임 플레이 프로그램의 내부를 살펴보는 것이 좋을 듯하다. 대부분의 게임 특히 백개먼, 체스, 체커스 같은 반상(盤上) 게임은 시작 포지션, 가능한 행마(行馬)로 인정해 주는 여러 규칙(가령 기사는 두 칸 앞으로 직진할 수 있으나 사선으로는 가지 못한다 등), 번갈아 가며 말을 놓는 두 사람의 게임 플레이어 등으로 구성된다. 게임 목적은 상대방에게 '장군'을 불러 반격을 봉쇄함으로써 승리하는 것이다('장군'의 정의는 게임 규칙에 나와 있다). 여기까지는 아무런 놀랄 만한 점도 없다. 그러면 간단한 체스·플레잉 프로그램을 생각해 보자(편의상 이것을 버전 1.0이라고 하자).

컴퓨터에게 게임을 '플레이' 하게 만드는 한 가지 방법은, 컴퓨터에게 반상의 상황을 알려 주고 가능한 행마로 간주될 수 있는 여러 수 가운데 하나의 수를 무작위로 추출하게 하는 것이다. 이렇게 할 경우 게임을 풀어 나가는 수준은 형편없을 것이다. 그러나 이 체스 프로그램에 새로운 능력을 추가한다면 게임 실력이 크게 향상될 것이다(버전 2.0). 이 버전에서 컴퓨터는 여러 수 중 무작위로 추출하는 것이 아니라 현재의 반상 상황에서 가능한 행마의 수를 살피면서 그 수들을 효과 측면에서 등급을 매기는 것이다. 말하자면 컴퓨터에게 가능한 수의 '유효성'을 따지도록 시키는 것이다. 이렇게 하기 위해 컴퓨터에게 어떤 속성을 부여해야 할까?[4] 우리는 체스 고수에게 도움을 요청할 수 있다. 반상의 현재 상황이 자기에게 유리한지 또는 적수에게 유리한지 판단하기 위하여 체스 고수는 무엇을 살피는가? 우리는 이런 질문에 대한 고수의 의견을 참작하여 증강된 체스 프로그램을 만들게 되면 컴퓨터에게 그런 속성을 부여할 수 있다. 이렇게 만들어진 버전 2.0은 중간급의 체스 플레이어는 이기지 못한다 할지라도 초보급의 플레이어는 이길 수 있다.

우리의 체스 프로그램을 강화하기 위해서는 인간 적수가 행마에 어떻게 반응할지 헤아리는 능력을 컴퓨터에게 부여해야 한다. 이렇게 하면 한두 수 앞에 있는 장애나 매복을 쉽게 발견할 수 있다. 이런 평가 과정을 반복에 따라 자동화하는 것은 다소 쉬운 일이다. 실제로 행마를 하기 전에 체스 프로그램은 가능한 수를 모두 계산한다. 하지만 버전 2.0과는 다르게 유효 등급을 정하는 행위를 지금 이 단계에서 하지 않는다. 먼저 가능한 행마의 수를 모두 계산하고 또 적수가 반격할 행마의 수를 모두 계산한다. 이론상 우리는 이 과정을 무한대로 계속할 수 있고 각 반상의 상황에 대하여 무한대로 유효 등급을 부여할 수 있다(이 탁월한 체스 플레잉 프로그램을 버전 3.0이라고 하자). 이렇게 하여 우리는 몇 수 앞을 내다보는 반상 상황의 유효 등급을 파악하고 그것을 체스 프로그램에 입력함으로써 상대가 이기는 것을 막을 수가 있다. 이것은 너무나 간단한 과정처럼 보이기 때문에, 컴퓨터가 세계 체스 챔피언을 이기는 데 왜 그렇게 오랜 세월이 걸렸는지 의아한 생각이 든다. 하지만 우리는 곧 눈에 보이는 것보다 더 복잡한 문제가 있음을 파악하게 될 것이다. 현재로서는 이 정도 해 두면 게임을 플레이하는 프로그램이 어떻게 작동하는지 그 윤곽은 파악할 수 있다.

인공 지능은 게임 플레잉 이외의 다른 분야에서도 많은 초기의 성공을 거두었다. 논리적 문제를 해결하는 프로그램, 자판에 간단한 영어 지시를 입력해 가상 세계의 장애를 조종하는 프로그램, 혈액 관련 질병의 진단이나 화학 구조 분석 같은 분야에서 탁월하게 수행하는 프로그램, MIT 학생을 뺨칠 정도로 미적분 방정식을 해결하는 프로그램 따위가 그것이다. 인공지능이 실제로 가능하다는 A.I. 연구자들의 주장이 그리 황당하게 들리지 않는다.

철학자와 심리학자는 인공 지능의 문제에서 마음을 새롭게 바라보는 사고방식을 발견했다. 만약 컴퓨터를 우리와 똑같이 지적인 존재로 만들 수 있다면 그것은 우리의 마음에 대하여 무엇을 말해 주는가? 어쩌면 우리 자신이 컴퓨터인지도 모른다. 물론 우리가 실리콘 칩이나 와이어로 만들어진 존재라는 이야기는 아니다. 하지만 우리의 지능이 컴퓨터 프로그램이 작동하는 것과 비슷한 방식으로 작동한다는 점에서 우리는 컴퓨터와 유사하다.

A.I. 분야의 초창기 성공이 철학자들에게 인간의 마음에 대하여 새롭게 생각하도록 자극을 준 것은 사실이나, 그런 성공의 결과로 충분히 예측되었던, 전 방위적으로 지적인 컴퓨터가 제작되지는 못했다. 왜 그런지 살펴보기 위해 다시 우리의 가상 체스 플레이 프로그램인 버전 3.0으로 되돌아가 보자. 나는 위에서 이론상 미래의 수를 내다보는 것이 무제한적으로 가능하다고 말했다. 그런데 거기에 한 가지 난점이 있다. 체스 게임이 막 시작된 초반전에는 가능한 행마의 수가 몇 가지 되지 않는다(게임이 시작되면 각 플레이어는 20가지 수 중 하나를 선택하게 된다). 마찬가지로 게임의 종반에 이르면 말들이 이미 생포되거나 제거되었기 때문에 역시 가능한 수가 몇 가지 되지 않는다. 하지만 게임의 중반쯤에는 양편에서 말을 움직이는 경우의 수는 아주 많아진다. 물론 가능한 행마의 수 중 상당수는 유효한 것이 아니지만 그것은 논의의 요점이 아니다. 유효도는 떨어지지만 가능한 수는 아무튼 가능한 수인 것이다. 버전 3.0이 신경 쓰는 것은 가능한 수의 총합이다. 평균적으로 보아 (게임의 초반, 중반, 종반의 평균) 양편이 체스 게임 중 어느 시점에서 사용할 수 있는 가능한 수는 35가지 정도이다. 만약 체스 프로그램이 지금 현재 시점만의 가능한 수를 살피고 그 각 수에 대한 유효 등급을 매긴다면 평균 35가지의 반상 상황만 감안하면 된다(바로 이것이 버전 2.0이 하는 일이다). 그러나

미래의 상황을 감안하기 시작하면 프로그램이 평가해야 할 반상 상황의 수는 기하급수적으로 늘어난다. 하나의 수에 대하여 적수는 평균 35가지의 반격 수 중 어느 하나를 선택하게 된다. 이렇게 되면 버전 3.0은 하나의 수/반격의 수를 2수 1조로 할 때 평균 35×35=1,225의 반상 상황을 검토해야 한다. 만약에 두 수 앞을 내다보고자 한다면 35×35×35=42,875 반상 상황을 검토해야 한다. 따라서 무한대로 미래의 수를 내다보고자 한다면 35×무한대 승수의 반상 상황이 나온다. 이것은 무한대의 행마의 수를 만들어 낸다. 이런 '조합의 폭발' 때문에 현대의 슈퍼 컴퓨터로도 이런 무제한 연산 방법을 실행하는 것은 불가능하다. 1997년에 카스파로프를 무릎 꿇게 한 딥 블루는 체스 게임 플레이만을 위해 만들어진 최신식 컴퓨터로서 1초당 2억 가지의 반상 상황을 검토할 수 있다(양측의 플레이어가 다음 수를 두게 되어 있는 3분 동안 600억 가지의 상황을 검토한다). 그러나 이런 속도를 가진 딥 블루라고 할지라도 무제한 연산 방법을 사용한다면 앞으로 7수밖에 내다보지 못한다.[5] (35^7=600억). 말의 숫자가 적어서 반상 상황이 체스보다 복잡하지 않은 체커스는 무제한 연상 방법을 적용할 수가 있다. 바로 이 때문에 45년 전의 비교적 낙후된 컴퓨터를 가지고도 손쉽게 전문가 수준의 체커스 프로그램을 만들어낼 수 있었다.

 A.I.(와 철학)는 이런 게임 플레이 프로그램에서 어떤 교훈을 얻었는가? 한 가지 분명한 사실은 인간이 문제를 해결하는 데 무제한 연산 방법을 쓰지는 않는다는 것이다. 다음 수를 어떻게 둘 것인가 생각할 때 카스파로프는 아주 제한된 접근 방식을 취한다(아주 빠른 속도로 움직일 때 인간 체스 고수는 1초당 대략 세 개의 반상 상황을 분석한다). 카스파로프는 '육감'과 '직관'을 사용하는 것이다. 평생 동안 몇만 번 체스 게임을 하면서 얻은 암묵적 지식을 활용한다.

 일부 컴퓨터 과학자와 철학자들은 게임 플레이가 A.I.를 테스트하기에는 아주 신통치 못한 사례라고 말한다. 체스나 체커스 등 게임 분야의 속성이 일상 생활 속에서 벌어지는 많은 일의 속성과는 아주 다르다는 것이다. 게임 플레이 프로그램은 바로 이런 속성 때문에 특별한 성공을 거둘 수 있었다. 전형적인 게임의 규칙은 몇 가지가 되지 않으며 또 아주 분명하게 정의되어 있는 것이다.

설령 당신이 평생 컴퓨터 프로그램을 작성해 본 일이 없다고 할지라도, 당신은 컴퓨터 형식에 사용될 수 있을 정도로 체커스의 게임 규칙을 아주 정확하게 규정할 수 있다. 더욱이 게임의 목표 상태를 정확하게 규정하는 것은 비교적 쉬운 일이다. 다시 말해 컴퓨터 프로그램에 쉽게 코드화할 수 있다. 인간의 일상적인 활동과 비교해 볼 때 게임은 아주 비전형적인 행위이다. 왜냐하면 게임은 다양한 인간 지식의 통합을 필요로 하지도 않고 또 언어 이해, 시각(視覺), 계획 등의 인간 행동에서 볼 수 있는 애매모호함의 문제도 없다. 나는 위에서 딥 블루의 승리를 너무 과대평가하지 말라고 이미 말한 바 있다. 딥 블루는 분명 인간과 유사한 수준의 지능을 갖추지 못했다. 카스파로프는 언어(그것도 여러 개의 언어)를 이해할 수 있고 또 정상적인 시각을 갖고 있다. 그는 환경 속의 사물들을 알아보고, 이름을 불러 주고, 그것들의 행태와 용도를 이해한다. 그는 그것들을 다양한 방식으로 조종하고 사용하여 장단기적인 목표를 달성한다. 이에 비해 딥 블루가 하는 일이라고는 체스를 잘 두는 것뿐이다. 그 외에는 아무것도 하지 못한다. 체스판을 '보지도' 못하며 말을 손수 움직이지도 못한다. 그런 일은 인간의 도움을 받고 있다.

전형적인 인간 활동 분야에서 A.I.가 현재 할 수 있는 일의 수준은 제한되어 있으며 앞으로 상당 기간 이 상태에 머물 것이다. 비좁은 환경을 요리조리 빠져나가면서 사물을 조종하는 능력은 3세 아이가 고도로 발전된 로봇보다 더 잘 한다. 세 살배기 아이는 시각 정보에 따라 환경의 두드러진 특징을 발견하고, 특정 시점에서 사물을 알아보고, 구체적 사례를 통해 배우고, 언어를 이해하는 능력이 로봇보다 뛰어난 것이다. 따라서 이런 '전 방위적' 과제를 해결하는 데 세 살 먹은 아이가 가장 발달된 A.I. 시스템보다 효율이 더 높다.

이러한 인간의 우위가 앞으로 얼마나 더 지속될 것인가는 뜨거운 논쟁의 과제이다. 위의 게임 플레이 사례에서 보았듯이 순수 연산 능력은 결정적인 문제가 되지 못한다. 현재 A.I. 시스템의 약점은 프로그램이 운영되는 컴퓨터보다는 소프트웨어에 있다. A.I.가 이런 약점을 다스리는 데 얼마나 걸릴지 또 과연 다스릴 수 있을지 판단하기 어렵다. 그러나 인공 지능이라는 개념은 철학자와 심리학자에게 많은 생각거리를 안겨 주었다.

2. 철학과 인공 지능에 관련된 세 가지 문제

이 장의 맨 앞에 제시된 세 가지 인용문은 곧 철학과 인공 지능에 관련된 세 문제, 즉 마음, 도덕적 인간, 윤리의 문제를 그대로 반영하고 있다. 첫번째 문제는 철학의 하위 분야에서 **심리철학**(philosophy of mind)이라고 한다. 이 철학 분야는 인간의 마음을 이해하는 것을 전공으로 한다. 인간의 마음이란 무엇이며 무엇을 하는가? A.I.는 이 주제에 풍성한 생각거리를 제공한다. 컴퓨터는 마음을 가질 수 있는가? 만약 가질 수 있다면 그것은 마음과 신체의 관계에 대하여 무엇을 말해 주는가? 만약 마음을 가지고 있지 않다면 왜 그런가? 컴퓨터는 '마음의 특성' 중 어떤 것이 부족한가? 다양한 철학자들이 이런 질문에 대하여 서로 다르게 답변했다. 섹션 4와 5에서 우리는 철학자들의 답변과 논증을 자세히 살펴보게 될 것이다.

　　두 번째 문제는 컴퓨터가 도덕적 인간이 될 수 있느냐는 것이다. 사실상 모든 윤리 이론이 남들에 대한 도덕적 의무 사항을 강조하고 있다. 사람은 정당한 사유 없이 남을 해치면 안 된다. 어떤 경우에는 그보다 더 적극적으로 행동해야 한다. 예컨대 남들이 부당한 피해를 당하고 있으면 그것을 보고만 있을 것이 아니라 적극적으로 관계 당국에 신고해야 한다. 윤리에 관한 5장에서 이 문제를 좀더 깊이 있게 다룰 것이다. 이런 윤리 이론들은 인간(우리가 도덕적 의무를 느껴야 하는 존재)과 그 이외의 개체를 구분하는 것을 전제하고 있다. 당신은 사람이고 나도 사람이다. 스티븐 스필버그도 사람이다. 나의 커피 잔은 사람이 아니다. 스탠리 큐브릭(Stanley Kubrick)의 죽은 시체는 사람이 아니다. 그렇다면 살아 있는 개나 침팬지는 어떤가? 내가 스필버그에 대해서 느끼는 만큼의 도덕적 의무감을 침팬지에게도 느끼고 있는가? 내가 정당한 사유 없이 스필버그를 해치는 것은 잘못된 일이다. 내가 그를 죽이거나 다치게 하거나 그에게서 물건을 훔치는 것은 잘못된 일이다. 그렇다면 침팬지를 죽이는 것도 잘못된 일일까? 이를테면 미래의 A.I. 연구자들이 아주 복잡한 컴퓨터 로봇을 제작하여 그 로봇이 체스뿐 아니라 그 밖의 일반적인 활동도 잘 한다고 해 보자. 이 가상의 로봇은 3세 아이뿐 아니라 어른들보다 행동의 효율성이 더 높다. 그런데 내가 이런 로봇을 아무런 정당한 이유 없이 파괴한다면 그것은 잘못된 일일까? 그 로봇이 그런 기능뿐 아니라 나처럼 고통스런 자극에 동일한 반응을 보인다면 어떻게 될까? 핀으로 찌르면 아프다고 고함을 치면서 다시는 찌르지 말라고 호소한다면? 그런데도 내가 계속 핀으로 찌른다면 나는 잘못한 것이 되는가? 이런 질문들은 윤리학자들이 인간의 의미를 규정하는 데 도움을 준다. 이런저런 방식으로 인간의 의미를 규정한다는 것은 아주 길다란 파장을 남긴다. 다른 사회의 구성원들 또는 동일한 사회 내에 소수 인종이 '비인간(nonperson)'으로 규정되어 무자비한 박해를 당한 사례가 역사에는 많이 있다. 또 미국 내에서도 충분히 이런 논쟁에 끼여들 만한 현대적 문제들이 있다. 이를테면 많은 사람이 낙태의 도덕적 문제는 태아를 사람으로 보느냐에 달려 있다고 생각한다. 마찬가지로 인간이 아닌 동물을 사람으로 인정한다면, 충분한 다른 먹을거리가 있는데도 동물을 죽여서 그 고기를 먹는 것은 도덕적으로 잘못된 일이 된다. 당신도 알다시피 이것은 단지 철학적인 문제로 그치지 않는다. 우리는 사람됨의 문제를 AI와 관련하여 섹션 6에서 살펴보게 될 것이다.

세 번째 문제는 윤리의 영역에 들어가는 문제이다. 현재의 A.I. 시스템은 인간의 능력에 버금갈 정도로 발전되어 있지 않지만, 그런 상황은 얼마든지 바뀔 수가 있다. A.I. 연구자들(그리고 사회 전체)은 컴퓨터 로봇이 인간의 지능을 능가하는 그런 세상을 걱정해야 할까? 역사적 경험으로 미루어 볼 때 일단 병 밖으로 빠져나온 요정 지니는 다시 병 안으로 집어넣기가 어렵다. 핵무기는 이제 영원히 존재할 것이다. 핵 확산을 막을 수 있는 시기도 있었지만 그런 시기는 지나갔고, 이미 때는 늦었다. 우리는 A.I.와 관련하여 그와 비슷한 교차로 위에 있는가? 인공 지능 로봇의 발달은 지구상의 생명체와 인간에게 어떤 결과를 가져올 것인가? 많은 SF 영화들은 로봇이 인간을 죽이고 마침내 인간을 지배하여 세상의 주인이 되는 세계를 묘사하고 있다(영화 "A.I."도 이 문제를 다루고 있지만 그렇게 천편일률적인 방식으로 그리지는 않는다). 그런 일이 발생한다면 정말 재앙일까? 아니, 그런 일이 과연 일어날 수 있을까? 만약 그렇다면 우리가 그것을 사전에 막아야 하지 않을까? 우리가 그런 일을 막아 주는 도덕적 의무감을 후대의 인간을 위해 느껴야 하지 않을까? 이 맨 마지막 질문 때문에 컴퓨터 로봇의 문제는 윤리의 분야에 들어가게 된다. 결국 이 문제는 우리가 지금 여기에서 어떻게 행동해야 할 것인가로 요약된다. 우리는 이 윤리의 문제를 섹션 7에서 다루게 될 것이다.

3. 영화의 개관

"A.I." 감독 : 스티븐 스필버그
출연 : 핼리 조얼 오스멘트(Haley Joel Osment), 주드 로, 프랜시스 오코너(Frances O'Connor), 샘 로바즈(Sam Robards)

"A.I."는 미래의 불특정 시점의 미국을 무대로 하고 있다. 정교한 로봇의 존재를 가능하게 할 정도로 먼 미래이지만, 현재 인간의 사회적 역할을 알아볼 정도로 가까운 미래이기도 하다. 지구 온난화로 지구의 대부분 지역이 홍수에 잠겼고 그에 따라 천연자원이 크게 부족하게 되었다. 미국과 같은 풍요한 나라들은 인구 수를 줄임으로써 이런 상황에 대처했다. 휴머노이드 로봇 (인간을 닮은 로봇)의 광범위한 사용으로 이들 나라는 가까스로 생활의 수준을 유지하고 있다. 이 영화에 등장하는 데이비드는 사상 최초의 로봇 '아이'이다. 그는 만나는 인간 모두를 사랑하게 된다.

죽을병에 걸린 아들 대신 데이비드를 '입양' 한 가정은 처음에는 그들의 선택이 무엇을 의미하는지 잘 이해하지 못한다. 살아날 가망이 없던 아들이 회복하자(그래서 데이비드가 더 이상 필요 없게 되자), 데이비드를 어떻게 할 것인가 하는 문제가 생긴다. 그는 재활용이 안 되는 로봇으로 만들어졌기 때문에 원 생산지로 되돌아가면 파괴될 것이 확실하다. 데이비드의 양어머니인 모니카는 그 행동의 결과에 대하여 심한 의구심을 갖고 있다. 그래서 원 생산지에 반납하지 않고 숲속에 유기하기로 결정한다. 숲에 버려진 이후의 데이비드의 여행은 이 세계의 이면을 보여 준다. 그 세계는 인간이 로봇에게 의존하는 세계이다. 인간은 로봇을 심하게 증오하는데 그 이유는 결국에는 로봇이 살아남을 것이라고 생각하기 때문이다.

이야기는 숲속 유기 이후 환상의 흐름을 타고 간다. 데이비드가 미래 속으로 모험해 들어가는 스토리는 피노키오에서 채용한 것이다. 이 영화의 구성과 대화에서 위에 설명한 세 가지 철학적 문제를 쉽게 발견할 수 있다.

4. 마음을 가지고 있다는 것은 무슨 의미인가?

역사적으로 인간만 마음을 가지고 나머지 동물들은 마음이 없거나 아주 희미한 마음의 흔적만을 가진다고 추정되었다. 이 견해는 두 가지 주된 원천을 가지고 있다. 하나는 마음을 가지고 있는 것을 비물질의 영혼을 가지고 있는 것과 동일시하는 이론이다. 3장의 5에서 우리는 데카르트 이원론을 검토했다. 이 이론에는 뚜렷하게 다른 두 가지의 '질료'가 존재한다. 그중 하나인 물질은 구체적 대상을 만드는 질료이다(나의 신체는 물질로 이루어져 있다). 두 번째 질료는 비물질인데 물질처럼 현실적이지만 구체성이 없다. 나의 영혼은 이 비물질적 질료의 구체적 사례이다. 데카르트에 따르면 정신의 작용은 영혼 속에서(또는 영혼을 통하여) 이루어지고, 물리적 활동은 신체를 통해 이루어진다. 영혼이 없으면 마음도 없다. 하지만 내가 지금껏 말해 온 것은 누가 (무엇이) 마음을 가지고 있느냐는 질문과는 직접적 관계가 없다. 이 질문에 대답하기 위하여 우리는 데카르트의 또 다른 전제 조건, 즉 오로지 인간만이 마음을 갖고 있음을 추가해야 한다. 이 전제 조건과 '영혼이 없으면 마음도 없다' 는 전제 조건을 합쳐 보면 인간만이 마음을 갖고 있다는 뜻이 된다. 데카르트는, 인간만이 영혼을 갖고 있다는 것은 명백하다고 생각했다. 그는 이 전제 조건을 너무나 지키고 싶어한 나머지 인간이 아닌 모든 동물은 '단지 기계' 의 지위를 갖고 있을 뿐이라고 말했다. 다시 말해 시계와 비슷하다는 것이다.

"동물들은 이성적이지 않다. 자연이 정해 준 대로 각 기관의 기질에 따라 행동할 뿐이다. 그것들은 시계와 같다. 바퀴와 추와 스프링이 달린 시계는 시간을 기록하고 인간의 지성이 할 수 있는 것보다 더 정확하게 시간을 측정한다."[6]

데카르트의 이런 전제 조건을 지지하는 사람이라면 로봇이 마음을 가지고 있다는 주장을 일축할 것이다. 따라서 데이비드의 '고통 반응' 은 고통의 표시가 되지 못한다. 또 그는 믿음도 없고 소망도 없고 계획도 세우지 않는다. 우리가 마음과 관련하여 생각하는 모든 것들을 데이비드는 하지 못한다. 데이비드의 외부적인 행동들은 결코 마음을 가지고 있다는 증거가 되지 못한다. 우리는 곧 마음은 영혼을 기반으로 한다는 견해를 살펴보게 될 것이다. 하지만 그에 앞서 마음이 기술에 의해 좌우된다는 견해를 살펴보기로 하자.

인간과 다른 피조물간의 현격한 기술 차이 때문에 일부 사람들은 인간만이 마음을 가지고 있다고 생각하게 되었다. 최근까지만 해도 오로지 인간만이 도구를 사용할 줄 안다고 보는 게 하나의 정설이었다. 어떤 목적을 달성하기 위해 기존의 사물을 바꾸고 종합하여 새로운 것을 만들어 내는 능력은 인간이 유일하다고 보았다. 도구의 제작과 사용에 깃들여 있는 추상적 논리와 계획의 힘은 너무 커서 우리 인간만이 지구상에서 도구를 만드는 특별한 존재라고 생각하게 되었다. 그러나 다른 동물들도 비록 조잡하기는 하지만 도구를 만들어 쓰는 것으로 판명되었다. 야생의 침팬지는 '흰개미 낚싯대'를 만들어 쓰는 것으로 관찰되었다. 침팬지는 자그마하고 가느다란 나뭇가지의 곁가지를 모두 쳐내어 흰개미 무덤의 구멍을 쑤시는 도구로 사용했다.[7] 곁가지 없는 나뭇가지는 물론 제트 비행기는 아니지만 아무튼 침팬지는 그런 나무 도구를 만들어서 질적인 면에서 한계("동물은 도구를 만들지 못한다.")를 돌파한 것이었다.

인간을 피조물과 구분시키는 두 번째 중요한 기술은 복잡한 언어의 사용이다. 분명 동물들도 의사소통을 한다. 우리집 개는 짖어서 나와 인근의 동료 개에게 무슨 일이 있음을 알린다. 하지만 개가 짖을 때 "헤이!" 이상의 뜻을 전달하는지는 불분명하다. 언어로 간주되기 위해서 의사소통 매개는 최소한의 메시지 단위를 포함해야 한다. 한두 개의 메시지 단위만으로는 충분하지 못하다. 인간의 언어는 반복적인 문법에 기초를 두고 있기 때문에 무수한 단위의 메시지를 표현하는 능력을 갖고 있다. 이를테면 영어에는 무수한 숫자의 문법적 문장이 있다. 이런 많은 문장이 의미상으로는 서로 구분이 되지 않는다고 할지라도, 그래도 내가 영어를 사용하여 표현할 수 있는 의미의 숫자는 엄청나다. 개들의 의사 소통은 이것을 하지 못한다. 심지어 침팬지와 고릴라의 의사소통도 인간 언어의 풍부한 함의를 갖고 있지 못하다. 침팬지와 고릴라에게 몸짓 언어나 수신호를 가르치려는 시도가 있어 왔다. 그러나 이들이 그런 학습을 한 후의 행태를 어떻게 해석할 것인지는 뜨거운 논쟁의 대상이 되어 왔다.[8] 복잡한 언어를 사용하는 능력이 인간에게만 있는가 하는 문제는 아직도 완전하게 결판이 나지 않았다.

영혼을 기반으로 한 마음관과 기술을 중심에 두고 있는 마음관 중 어떤 것이 '마음을 가지고 있다.'고 할 수 있는가? 다른 인간들도 마음(구체적으로 영혼/옮긴이)을 갖고 있다는 확실한 근거가 별로 없다는 것이 영혼 바탕 마음관이 가지는 결정적인 약점이다. 3장의 5에서 개인의 정체성을 결정하는 데에 영혼 동일론이 어떻게 비판받았는지 상기해 보라. 영혼은 비물질이기 때문에 지각될 수 있는 것이 아니다. 내가 어떤 사람을 쳐다볼 때 지각할 수 있는 것이라고는 그 사람의 신체 외양일 뿐이다. 나는 그의 영혼을 보지 못한다. 겉으로 드러난 외양과 행동을 통해 '내부에' 영혼이 있다고 추론해야 한다. 하지만 마음을 가지고 있음에 대한 판단이 오로지 외부 관찰 사항에 바탕을 두는 것이라면, 영혼 따위에 신경을 쓸 필요가 없다. 단지 이렇게 말하면 충분한 것이다.

"이 사람은 마음을 가지고 있다. 왜냐하면 나는 이 사람이 마음의 속성을 보유하고 있다는 것을 관찰했기 때문이다."

누가 마음을 가지고 있는가 또는 가지고 있지 않는가를 판단할 때 영혼은 아무런 역할도 하지 못한다. 기술 중심의 마음관이 우리의 일상 생활과 더 잘 일치된다. 하지만 우리는 잠시 뒤에 철저히 기술 바탕의 마음관을 신봉하는 데 문제가 있음을 살펴보게 될 것이다. 하지만 현재로서는 이 마음관이 그럴 듯해 보인다. 이 장의 나머지 부분과 다음 장을 통하여 기술 바탕의 마음관이 마음을 가지고 있음에 대하여 가장 좋은 해석 방법이라고 추정하게 된다. 아직도 이 문제가 해결되려면 요원하지만 그래도 우리는 외부로 드러난 행동을 단서 삼아 논의를 진행할 수 있다.

우리는 일상 생활을 해 나가면서 개인들이 마음을 가지고 있다고 전제한다. 이런 전제는 유익한 도구가 되지만 모든 것에 이런 식으로 마음이 있다고 보는 태도는 경계해야 한다. 가령 다음의 사례를 살펴보라. 내가 중요한 모임에 참석하기 위해 차를 몰고 가다가 차가 고장이 나서 모임에 참석하지 못했다. 이런 상황을 설명하면서 나는 이렇게 말한다.

"차는 내가 중요한 회의에 가야 한다는 것을 알고 있었어요. 그렇지만 나를 너무 미워한 나머지 고장이 나기로 결정했어요."

인공 지능 | 151

내가 이렇게 말하면 사람들은 내가 비유적으로 말하고 있다고 생각할 것이다. 그들은 내 차가 사정을 알거나 미워하거나 결정할 수 있다고 문자 그대로 믿지 않는다. 우리는 이런 비유적 형태의 마음 전가(轉嫁)를 종종 발견한다. 예를 들어 카스파로프는 딥 블루의 체스 방식과 관련하여 마치 딥 블루가 마음을 가지고 있는 것처럼 말했다.

"컴퓨터는 오늘 인간처럼 플레이했어요."

"아주 심오한 수를 이해하는 기계를 칭찬할 수밖에 없어요."

하지만 카스파로프가 자신이 비유적으로 말하고 있다고 생각했는지 여부는 불확실하다.

어떤 종류의 속성을 가지고 있어야만 우리는 마음을 가지고 있다고 할 수 있는가? 우리에게 "저 사람은 마음을 가지고 있어."라고 말하게 해 주는 리트머스 시험지 같은 것이 있는가? 1930년대에 계산 이론을 전공한 뛰어난 수학자 앨런 튜링(Alan Turing, 1912-1954)은 현대 컴퓨터 과학의 기초를 다진 사람이다. 이 튜링이 어떤 개인이 마음을 가지고 있음을 증명하는 테스트를 고안해 냈다.[9] 튜링은 대화하는 언어 능력이 여러 기술과 정보에 관련되어 있기 때문에 그 능력을 마음의 여부 기준으로 삼을 수 있다고 보았다. 그의 테스트는 이런 견해로 바탕으로 고안되었다.

일반적으로 말해서 **튜링 테스트**는 컴퓨터가 인간을 속여서 그(컴퓨터)가 인간이라고 믿게 만들 수 있는가를 테스트하는 것이다. 튜링은 그 테스트 절차를 아주 자세히 적어 놓았다.[10] 실험의 대상은 셋인데 둘은 사람이고 나머지 하나는 컴퓨터이다. 이 셋은 각각 다른 방에 들어간다. 그들이 서로 의사를 소통하는 수단은 키보드와 모니터이다(이동전화의 발신 메시지 생각할 것). 두 사람 중 한 명은 인터뷰를 하는 사람으로 지정된다. 이 사람은 나머지 둘(하나는 사람, 하나는 컴퓨터)에게 다양한 질문을 던진다. 그는 그 어떤 질문이든 할 수 있다. 질문을 당하는 사람은 뭐든지 솔직하게 대답해야 한다. 컴퓨터는 필요에 따라 거짓말을 할 수 있다(컴퓨터가 진실만을 말해야 한다면 인터뷰는 중단되어 버릴 위험이 있다. 예를 들어 질문하는 사람이 "당신은 컴퓨터인가?" 하고 물었는데 진실을 대답하면 그 순간 게임이 끝나 버린다). 테스트 시간은 한 시간이다. 튜링은 이 정도 시간이면 인터뷰하는 사람이 컴퓨터가 가짜 언어 능력을 감추기 위해 사용하는 '트릭'을 발견할 수 있다고 보았다. 한 시간의 인터뷰가 끝난 후 질문한 사람은 둘 중 누가 인간이고 누가 컴퓨터인지 결정해야 한다. 만약 컴퓨터가 여러 번의 시도에서 50퍼센트 이상 인터뷰 대상자를 속일 수 있었다면 '합격'한 것이 된다.

"A.I."에 나오는 로봇들은 모두 튜링 테스트에 합격할 것이다.[11] 플레시 페어(로봇 폐기장)에서 폐기된 낡은 로봇도 주변 인간들과 거의 비슷한 언어 능력을 보였다. 따라서 우리가 마음을 가지고 있음의 테스트로 튜링 테스트를 선택한다면 "A.I."의 모든 로봇이 통과할 것이다. 하지만 과연 우리가 튜링 테스트를 받아들여야 할까? 이 테스트의 주된 이점은 영혼을 바탕으로 하는 마음관의 함정에서 벗어나게 해 준다는 것이다. 하지만 이것은 꽤 심각한 문제점을 두 가지 안고 있다. 하나는 언어 기술만을 너무 중심적인 문제로 취급한다는 것이다. 튜링은 마음을 가지고 있다는 것의 **충분** 조건을 제공하려고 테스트를 마련했을 뿐 필요 조건을 제시하려 했던 것은 아니다. 달리 말해서 어떤 개인이 이 테스트를 통과하면 그가 마음을 가지고 있음을 보여 주는 것이다. 하지만 이 테스트에 실패한 것은 아무것도 보여 주지 않는다(마음을 가지고 있는 어떤 것도 이 테스트에 실패할 수 있다는 뜻이다).

튜링 테스트를, 마음을 테스트하는 데 사용하는 것도 문제가 있다. 인간은 신체를 가지고 있다. 우리는 이 신체를 이용하여 우리 주위의 세상을 지각하고 또 상호 작용한다. 우리는 이런 상호 작용을 통하여 우리가 알고 있는 대부분의 개념을 배운다. 튜링 테스트는 '신체 없는' 컴퓨터(감각 기관이나 환경 속의 사물을 조종하는 수단이 없는 컴퓨터)가 마음을 가지고 있다고 간주한다. 과연 사물을 보지 못하면서 **빨강**이라는 개념을 소유하는 것이 가능할까? 고통을 경험하지 못하면서 **고통**이라는 개념을 소유하는 게 가능할까? 튜링의 가상 컴퓨터는 빨간 물건을 본 경험과 고통을 당한 경험을 설득력 있게 말할 수 있을지 모르지만, 이 컴퓨터에는 감각 기관이 없기 때문에 과연 자기가 말한 것을 제대로 이해하는지 의문이 든다. 인간이 사용하는 개념의 대부분——단어의 뜻에 내재하는 개념——은 궁극적으로 인간 주위의 환경과 상호 작용하는 데 뿌리를 두고 있다. 많은 철학자는 튜링 테스트가 언어 사용의 중요한 요소인 이해를 결핍하고 있다고 불평한다.

튜링 테스트에 대한 두 번째 불평은 그것이 너무 기술 집중적이고 또 관측 가능한 행동(좀더 구체적으로 언어적 행동)에만 집중하여 대상의 내부 상황에 너무 무심하다는 것이다. 이를테면 내가 이런 컴퓨터 프로그램을 작성했다고 가상해 보자. 이 프로그램은 내가 자판에 타이핑하는 문장을 입력 자료로 받아들인다. 이 프로그램은 질문과 답변으로 하나의 짝을 이루는 많은 영어 문장의 데이터베이스를 가지고 있다. 이 프로그램이 작동하는 방식은 다음과 같다. 내가 하나의 문장(질문)을 입력한다. 그러면 프로그램은 데이터베이스에 그 문장과 똑같은 질문·답변의 짝을 찾아서 답변을 모니터에 보여준다. 그런 질문의 짝이 없으면 "나는 모르겠습니다."라는 문장이 모니터에 뜬다. 예를 들어 이 짝의 질문이 "오늘 기분이 어떠십니까?"일 때 답변은 "좋습니다, 감사합니다."로 되어 있다. 이처럼 미리 준비된 질문·답변 데이터베이스로 인터뷰어의 질문에 대답하려면 엄청나게 방대한 데이터베이스가 있어야 할 것이다. 따라서 이런 데이터베이스를 만든다는 것은 불가능하지는 않겠지만 대단히 어렵다.

당신은 위와 같이 미리 준비된 질문·답변의 데이터베이스를 가지고 튜링 테스트를 통과한 컴퓨터가 마음을 가지고 있다고 보는가? 만약 이런 컴퓨터 프로그램으로는 아무도 속여 넘기지 못할 것이라고 생각한다면 다시 생각해 보는 것이 좋다. 내가 위에서 간략히 묘사한 질문·답변 프로그램은 엘리자(ELIZA)라는 프로그램과 유사하다. 엘리자는 칼 로저스(Carl Rogers) 풍의 정신병 치료사가 내놓는 반응을 그대로 흉내내는 프로그램이다.[12] (이 형태의 정신 치료술은 기본적으로 정신병 환자의 질문을 되묻는 형식을 취한다. 이를테면 환자가 "나는 나의 어머니를 미워합니다."라고 말하면 치료사는 "왜 당신의 어머니를 미워합니까?"라고 묻는 방식이다). 물론 엘리자는 이보다는 약간 복잡한 프로그램이지만 별로 크게 다르지는 않다. 하지만 엘리자는 사람들을 속여서 그들의 내밀한 비밀을 털어 놓게 만드는 것으로 유명하다. 그들은 자신이 컴퓨터와 대화하고 있다는 것을 전혀 의식하지 못한 채 그들의 비밀을 말하는 것이다.

분명 마음이 없는 프로그램인 엘리자의 사례는 튜링 테스트의 심각한 결핍 사항 또는 마음의 유무 여부를 검사하는, 100퍼센트 기술 중심 테스트의 결함을 지적하고 있다. 다시 말해 대상의 내부에서 진행되고 있는 것은 중요한 것이다. 튜링 테스트를 설명한 자신의 원래 논문에서 튜링은 이런 비판을 검토하면서 그것을 일축했다. 그는 이렇게 논증했다. 당신은 나를 볼 때 나의 내부에서 벌어지는 것을 보지 않는다. 당신이 보는 것이라고는 나의 관측 가능한 행동을 통해 나타나는 기술일 뿐이다. 당신은 내가 순전히 외부적인 요소만을 가지고 마음의 유무를 판단했다고 비판한다. 하지만 그렇게 판단의 기준을 바꾼다는 것은 컴퓨터를 상대로 부당한 규칙 변경을 하는 것이다. 외부적으로 드러나는 기술만 있으면 되는 것일 뿐 그 기술을 '올바른' 방식으로 사용해야만 마음의 증거가 된다고 하는 것은 받아들일 수 없다.

그렇다면 우리는 엘리자가 마음을 가지고 있다고 보아야 하는가? 바로 이 점에서 튜링 테스트는 중요한 사항을 간과하고 있다. 우리가 다른 사람들의 경우 관찰 가능한 행동에 따라 마음의 유무를 결정하는 것은 이런 이유 때문이다. 우선 남들이 우리가 똑같은 신체를 갖고 있기 때문에 우리와 거의 비슷한 방식으로 과제를 수행할 것이라고 전제하는 것이다. 하지만 컴퓨터의 경우 이런 동일성의 전제가 사라진다. 따라서 컴퓨터가 그런 과제를 어떻게 수행하는지 물어 보는 것은 타당하다. 이처럼 튜링의 태도를 비판하는 데, 나는 컴퓨터가 '내부에서' 일을 제대로 하지 못한다고 말하는 건 아니다. 여기서 말하는 '내부에서'는 '컴퓨터의 내부가 어떻게 구성되어 있느냐'의 뜻이 아니라 '컴퓨터가 어떻게 문제를 해결하느냐'의 뜻이다. 이 점과 관련하여 사람이 아닌 대상일 경우 평가 기준을 높게 잡는 것은 타당하다.

그렇다면 우리의 입장은 어떻게 되는 것인가? 영화 "A.I."는 내가 볼 때 데이비드가 마음을 가지고 있다고 암시하는 듯하다. 우리가 영화의 이런 주장을 좀더 분명하게 검토하면 유익할 것이라고 생각한다. 분명 데이비드는 로봇이다. 따라서 우리는 그가 무엇을 할 수 있는지뿐 아니라 그가 어떻게 그것을 하는지 살펴보아야 한다(추정할 수 있다면 추정을 해서라도). 무엇 부분은 금방 살펴볼 수 있다. 기술 수준으로 볼 때 데이비드는 마틴과 구분되지 않는다.

하지만 우리는 데이비드가 그런 기술을 어떻게 구사하는지도 살펴보아야 한다. 특히 우리는 데이비드의 기술 수행이 엘리자 식의 사전 준비된 반응의 결과인지 아닌지를 살펴보아야 한다(로봇에게 행동 레퍼토리를 사전 준비시키기 위해서는 엄청난 입력/출력 데이터베이스가 필요하다. 입력 부분은 자판에 타이핑해 넣은 문장이 아니라 로봇의 감각 기관을 통해 접수한 데이터로 짜여져야 한다. 출력 부분은 그 입력에 따라 로봇이 수행해야 하는 행동으로 구성된다). 우리는 데이비드의 작동 방식을 직접 관찰하지는 못하나, 우리가 본 것을 바탕으로 하여 합리적인 추론을 할 수 있다. 우리가 먼저 살펴보아야 할 부분은 데이비드가 과연 주어진 환경에 따라 자신의 행동을 적절히 적응시키는가 하는 문제이다. 다시 말해 그가 사전 준비된, 경직되고 고정적인 행동 유형이 아니라 유연한 행동 유형으로 행동하는지 살피는 것이다.[13]

"A.I."는 데이비드의 행동 반응이 아주 유연하다는 것을 보여 준다. 데이비드는 비행기를 타고 날아갈 때 다단계 계획을 수립하고, 그 단계의 사전 조건들을 판단하면서 적절한 순서에 입각하여 그 단계를 수행한다. 우리는 데이비드가 자신이 원하는 것(모니카의 사랑)을 얻기 위해 궁리하는 과정에서 이런 유연성의 능력을 살펴볼 수 있다. 그가 (지골로 조의 도움을 받아가며)

궁극적으로 수립한 계획은 아주 복잡한 것이고 학습과 체험의 결과인 여러 단계를 포함하고 있다. 데이비드는 상황을 분석하는 데 자신이 받아들인 감각 자료를 사용할 줄 안다. 환경 중 두드러진 상황을 파악하고 그에 따라 단기적인 계획을 세운다. 이런 사례들은 아주 많다. 예컨대 플레시 페어의 사냥꾼들이 나타났을 때 그가 정확하게 상황을 파악한 것이 그것이다. 데이비드는 다양한 가능 행위를 심사숙고하여, 주어진 데이터에 입각하여 그 행위를 선택한다. 그는 또한 추론도 할 수 있다. 적어도 상식적인 결정 사항을 내릴 때는 추론도 하는 것이다. 실제로 많은 상황에서 데이비드가 내린 결정은 당신이나 내가 동일한 상황에서 내리는 그것과 똑같다. 그는 고도의 학습 능력과 유추 능력을 보인다. 그는 모니카의 사랑을 얻으려는 계획에서 빠진 부분을 피노키오의 이야기로 새롭게 적용시킨다. 이런 적응성과 유연성을 데이비드나 지골로 조는 보여 주고 있다.

  만약 관객이 이런 점을 파악하지 못하고 그냥 지나쳤다면 하비 교수의 연설이 우리에게 그런 점을 설명해 준다. 하비는 직원들에게 자신이 무엇을 창조하고 싶어하는지 설명하기 위해 강연을 한다(분초 표시[14] 2:00). 그는 '내면 세계——그러니까 비유, 직관, 자기 동기화된 이성, 꿈 등——을 가진 로봇'을 제작하고 싶다고 말한다. 또 영화가 끝나갈 무렵, 데이비드가 맨해튼에 있는 사이버트로닉스로 돌아올 때, 하비 교수는 데이비드를 칭찬하면서 그가 그런 기능(자기 동기화된 이성)을 갖고 있다고 말한다.

  이제 우리는 뒤로 한발 물러서서 마음을 가지고 있음에 대한 개념을 좀더 광범위하게 바라볼 수 있다. 나는 위에서 마음의 전가(사물에게 마음이 있다고 보는 것)를 반드시 문자적으로 해석해서는 안 된다고 경고한 바 있다. 따라서 내가 나의 자동차가 이것을 알고 저것을 원한다고 말할 때도 실제로는 그렇게 의미하지 않는 것이다. 왜? 왜냐하면 그 시점에 내 차가 고장난 것에 대하여 더 좋은 설명을 할 수 있기 때문이다. 이 설명은 논리적으로 좀더 견고하고 또 차의 미래 행동에 대하여 좀더 유익한 예측을 가능하게 하는 그런 설명이다. 내 차가 고장난 것은 내게 중요한 회의가 있는데 내 차가 나를 미워하여 일부러 자기 자신(차)을 고장나게 했기 때문이다. 만약 내가 이런 사실을 문자 그대로 믿는다면 나는 이렇게 예측을 하게 될 것이다. 차를 세차해 주고 왁스칠을 다시 해 주면 차가 나를 다시 좋아하게 되어 고장을 내지 않을 것이다. 그래서 세차하고 왁스칠 했는데도 그 다음날 아침, 차가 다시 고장을 냈다고 하면 나는 경악하게 될 것이다. 반면 차의 고장에 대하여 더 좋은 설명이 있다고 판단하여 내 차를 자동차 정비공에게 맡긴다면 자동차의 미래 행동을 더욱 정확하게 예측할 수 있을 것이다. 마음의 전가가 문자 그대로의 의미를 갖는 경우는, 벌어진 상황을 설명하는 데 마음의 전가가 한 부분을 차지할 경우에만 가능하다. 인간의 행동을 믿음, 욕망, 계획, 소망의 관점에서 설명하는 것[일반적으로 말해 행동을 심인성(心因性)으로 설명하는 것]이 정당화되는 것은 그런 심인성의 설명이 상당한 예측력, 설명력을 지니고 있기 때문이다. 데이비드의 행동을 자극에 대한 기계적 반응으로만 설명하려 한다면 신통치 않게 결론을 맺게 될 것이다. 하지만 그의 행동을 믿음, 욕망, 정서의 결과 등 심인성(마음을 가지고 있음)으로 돌리면 한결 설명이 잘 된다.

지금까지의 논의는 마음과 개인의 행동, 이렇게 양자 사이의 관계만 집중한 것이다. 다시 말해 외부에서 본 마음만을 다룬 것이다. '마음을 가지고 있다는 것은 무슨 의미인가?' 라는 질문을 다루는 섹션에서 의식(consciousness)을 다루지 않는다면 이상하게 보일 것이다. 의식은 곧 '내부에서' 본 마음인데 우리는 다음 섹션 내내 이 문제를 다루게 될 것이다.

5. 의식

의식은 영어에서 아주 의미를 파악하기가 까다로운 단어이다. 사람들이 이 단어를 사용할 때 구체적으로 무엇을 의미하는지 구체적으로 짚어서 말하기가 어렵다. 컴퓨터는 의식을 가지고 있는가? 이런 구체적 질문의 상황에서 의식이라는 단어를 검토하면 우리의 작업이 한결 쉬울 것이다. 물론 그 전에 좀더 분명히 해 두어야 할 점이 있다. 처음부터 그 점을 염두해 두면 의미를 몇 가지로 추출해 낼 수 있다.[15]

가장 기본적으로 사용하는 의식의 의미는 그 반대인 무의식과 대조해 보면 금방 알 수 있다(나는 이것을 **의식**(1)이라고 부르겠다). "제임스는 땅 위에 무의식 상태로 누워 있다."는 말은 무슨 뜻인가? 이것은 제임스가 반응이 없으며 환경을 감각하지도 않고 그에 반응하지도 않는다는 뜻이다. 정상적인 인간은 인생의 상당 부분을 의식 없이 살아간다. 좀더 구체적으로 수면(睡眠)은 의식(1) 없음의 상태이다. 의식(1) 없음의 상태는 수면 중에 계속되고 심지어 꿈꾸는 중에도 지속된다. 왜냐하면 꿈속에서 경험되는 이미지는 의식(1)의 상태에서 감각 기관을 통해 들어오는 이미지와 다른 것이기 때문이다.

컴퓨터는 의식(1)을 가질 수 있을까? 가능하다. 그러나 그렇게 하기 위해서는 감지기와 작동기를 가지고 있어야 한다. 이 경우 컴퓨터는 로봇이 된다. 환경을 감지하고 그 자료에 의거하여 행동을 일으키는 로봇은 오늘날의 A.I. 수준으로도 제작할 수 있다. 영화 "A.I."에 나오는 로봇은 모두 의식(1)을 가지고 있다고 봐야 한다.

의식이라는 단어는 또한 자신의 감각 상태 및 현재 동작에 대한 내부적 모니터 기능 또는 외부적 표현으로 해석된다. 많은 상황에서 인간은 환경을 감각하고 반응하는 것은 물론, 그 환경의 묘사와 그에 따른 행동을 명시적으로 구축한다. 인간처럼 언어를 사용하는 존재가 이런 의미로 의식 작용을 한다는 것은 감각되어지는 것과 행동이 이루어지는 것에 대하여 말로 보고할 수 있다는 뜻이다. 우리는 마음이 편한 상태에 대해 잘 알고 있다. 이에 대한 가장 좋은 사례는 라디오를 듣거나 오디오 북을 들으면서 운전을 하는 경우이다. 우리는 이렇게 뭔가를 열심히 듣고 있으면서도 환경을 감각하고 그에 반응한다. 그렇지 않다면 우리는 틀림없이 다른 차와 접촉 사고를 일으켰을 것이다. 하지만 우리는 눈을 가린 채 운전을 하지는 못한다. 그래서 우리는 의식(1)에는 한 가지가 빠져 있음을 알 수 있다. 그것은 우리가 감각하고 있는 것과 우리가 행동하고 있는 것에 대한 명백한 인식(자신의 감각이나 행동을 자신이 의식하는 것/옮긴이)이다. 바로 이 인식이 **의식(2)**에 해당한다.

컴퓨터는 의식(2)에 필요한 내부 모니터 기능을 가질 수 있을까? 또다시 그 대답은 예이다. 의식(1)과 그것을 모니터 하는 의식(2)를 모두 갖춘 컴퓨터 프로그램의 제작이 불가능한 것은 아니다. 이 가상의 컴퓨터 프로그램이 언어적 능력을 갖고 있다면, 내부 사건을 언어로 보고하는 고성능 모니터를 사용하는 데 특별한 장애는 없을 것이다. 데이비드는 그의 믿음, 욕망, 현재의 정서적 상태 등을 분명하게 표현하는 능력을 갖고 있는데, 이것이 그가 의식(2)에 대항하는 내부 모니터 기능을 갖고 있음을 뜻한다.

자 그러면 의식(3)을 살펴보기로 하자. 사실 우리가 컴퓨터에게 의식이 있을 수 있는지 물을 때 앞의 의식 (1), (2)보다는 바로 이 의식(3)의 유무 여부를 묻는 것이다. 영화 "A.I."는 앞부분에서 이 의식(3)의 문제를 멋지게 설명하고 있다. 하비 교수는 강연을 하면서(MM 2:00) 로봇의 현재 모델 곧, '실라' 라는 이름의 메카(기계)를 보여 준다. 그는 실라의 손을 찌른다. 실라는 비명을 지른다. 그가 다시 찌를 태세를 취하자 실라는 움찔하며 뒤로 물러선다. 하비가 지적한 것처럼, 실라의 반응은 인간의 반응을 연상시키지만 거기에는 뭔가 한 가지 빠진 것이 있다.

하비 교수 : 그것이 너에게 어떤 느낌을 주었니?—분노, 충격?
실라 : 이해하지 못하겠어요.
하비 교수 : 내가 너의 느낌에 어떤 자극을 주었니?
실라 : 제 손에 자극을 주셨는데요.

나중에 하비 교수가 실라와 인터뷰할 때, 정상적인 인간과 실라의 차이점이 더욱 분명하게 드러난다.

하비 교수 : 내게 말해 줘. 사랑이란 뭐지?

실라 : 사랑은 처음에 눈이 크게 떠지고 숨이 가빠지고 피부가 따뜻해지면서 서로 만지게 되는…….

하비 교수 : 그런 거란 말이지. 바로 그거야. 고마워, 실라.

 하비는 실라와 비슷한 메카들을 '감각 시뮬레이터'라고 부른다. 실라의 경험이 갖고 있는 주관적 성격〔환경에 대한 감각 경험과, 의식(2)를 만들어 내는 내부적 모니터 장치의 내적 감각〕은 우리의 그것과는 아주 다르다. 실라의 입장이 된다는 것은 어떤 느낌일까? 아니, 과연 그 어떤 입장이 될 수나 있는 건가? 하비 교수가 칼로 찌를 때 그녀는 고통을 느끼는 것인가? 아니면 그녀의 반응은 피해·회피 시스템의 결과인가? 고통의 '아픔,' 초봄의 풀에서 볼 수 있는 '초록색,' 번개의 '번쩍거림,' 먼 천둥의 '으르렁거림,' 이런 것들은 모두 **의식(3)**에 해당하는 것이다. 모든 정서에는 주관적 느낌이 들어 있다. 사람들마다 분노를 느끼는 방식이 다르다. 그것은 분명 심장이 빠르게 뛰노는 것 이상이다. 과연 로봇이 이런 느낌을 가질 수 있을까? 실라가 제시하는 사랑의 특징, 사랑의 느낌이 무엇인지 설명하지 못하는 그녀의 태도 등을 미루어 볼 때, 그녀에게 그런 느낌이 없다.

 당신은, 실리콘 칩과 와이어로 만들어진 존재가 감각과 관련된 '주관적 느낌'의 특성을 경험하지 못하는 것을 당연하다고 성급하게 결론 내릴지 모른다. 하지만 그렇게 하기 전에 인간이 그런 특성을 경험하는 것이 어떻게 가능한지 한번 자문해 보라. 우리 인간은 살〔肉〕로 이루어져 있다. 우리의 뇌는 신경 세포로 구성되어 있다. 왜 신경 세포의 특정 흥분 패턴이 갑자기 '아픔'의 느낌을 만들어 내는가? 우리가 이 질문에 대답할 수 있을 때만 우리는 로봇이 유사한 경험을 할 수 있는지 여부를 판단할 수 있다.

 나는 지금껏 외부 감각 곧 시각, 촉각, 청각과 정서에 관련된 '주관적 느낌'의 특성을 말해 왔다. 그런데 그보다 더 수준 높은 인지 상태에도 '주관적 느낌'의 특성이 있다. 이 책의 들어가는 글에서 나는 사람들이 인생의 이런저런 때에 어려웠던 문제가 갑자기 풀리거나 이해되는 '아하!' 체험을 한다고 말했다. 좀 이상하게 들리겠지만 이처럼 이해에도 느낌이 따른다. 이 느낌은 하기 싫은 학교 숙제를 억지로 할 때는 맛볼 수 없는 그런 느낌이다.

미국의 현대 철학자인 존 설(John Searle)의 논문은, 컴퓨터가 자신이 하고 있는 일을 결코 이해하지 못한다고 주장했다(이 논문은 그 후 학계에서 널리 토론되었다). 나는 위에서 인간의 이해와 관련하여 '주관적 느낌'의 특성이 있다고 했는데, 설은 이런 특성의 관점에서 자신의 주장을 펴고 있지는 않지만 암묵적으로 이런 관점에 의존하고 있다. 그래서 이 장에서 설의 주장을 포함시켰다.

설의 **중국어 방 사유 실험**(Chinese room thought experiment)은 이렇게 진행된다. 당신이 언어 능력을 실험하는 흥미로운 테스트의 피실험자가 되었다고 상상한다.[16)] 당신은 방에 혼자 있다. 방안에 있는 물건이라고는 수많은 백지, 필기 도구, 그리고 아주 두꺼운 책 한 권뿐이다. 당신은 그 책의 서문을 정독하라는 주문을 받는다. 그 서문은 실험이 진행되는 방식과 자세한 안내문을 제공한다. 이 안내문은 당신에게 방 주위를 둘러보면서 두 개의 우편함 구멍을 살필 것을 요구한다. 한 구멍은 출(出), 다른 한 구멍은 입(入)이라는 딱지가 붙어 있다. 자 이제 당신은 기다린다. 곧 입 구멍을 통하여 종이 한 장이 들어온다. 당신은 그 종이를 들여다본다. 정말 뭔가 거기에 쓰여져 있다. 하지만 당신이 볼 때 그것은 아무 의미도 없는 낙서이다. 당신은 다시 안내문을 집어든다. 이제 안내문은 아주 복잡하게 되어 있다. 그것은 마치 2,000번의 과정을 거쳐야 익힐 수 있는 조리법과도 비슷하다. 각 과정은 아주 분명하다. 당신은 각 과정을 정확하게 수행하기 위해서는 온 정신을 집중해야 한다. 어떤 과정은 사용되지 않은 백지를 꺼내와 그 위에 낙서를 베껴 쓰는 것도 있다. 낙서의 형태는 안내문에 자세히 나와 있기 때문에 당신은 그 낙서를 가능한 한 똑같이 베껴 쓰면 된다. 복잡한 과정의 다른 단계는 책 속의 특정 페이지를 펼쳐서 특정 문장을 읽는 것이다. 다른 지시 사항은 낙서의 리스트를 살펴보라는 것이다. 낙서 중 어떤 것이 이미 당신이 베낀 것이라면, 그 이미 베낀 낙서 밑에 다른 낙서를 베끼면 된다. 이것은 아주 지겨운 작업이지만 당신은 여러 시간 노력한 끝에 마침내 이런 지시가 떨어진다.

"자 이제 가장 최근의 낙서를 베껴 쓴 종이를 출 구멍에 밀어 넣고 안내문의 첫 부분으로 되돌아가 입 구멍으로 들어오는 다음 종이를 기다릴 것."

잠시 후 입 구멍을 통하여 다음 종이가 들어온다. 또다시 그 책은 각 단계에서 해야 할 일을 구체적으로 지시하는, 아주 복잡한 단계별 과정을 지시한다. 이번에 당신은 지난번보다 절반 정도의 시간에 이 과정을 완수해야 한다. 당신은 안내문이 요구하는 대로 종이를 가져다가 낙서들을 베끼고 그 종이를 출 구멍에다 밀어 넣는다. 그리고 다시 처음으로 들어가 입 구멍으로 종이가 들어오기를 기다린다.

이 과정이 그 후 수도 없이 반복된다. 이 과정을 많이 되풀이하여 책 속의 관련 규정을 거의 외울 지경이고 점점 더 각 단계의 지시 사항을 위해 책을 펼쳐 보는 일이 없게 된다. 책 속의 지시대로 이행하면서 여러 해를 지난 후에 당신은 이 작업에 아주 능숙하게 되었다. 이제 그 책을 거들떠 볼 필요도 없다. 책의 지시 사항을 완전히 암기하게 되었다.

마침내 여러 해가 지난 뒤에 당신은 그 방에서 나와 그 동안의 사정을 브리핑 받는다. 당신이 무수히 베껴 쓴 저 '의미 없는 낙서들'이 실은 중국어 한 자라는 것을 알게 된다. 입 구멍을 통해 들어온 종이들은 처음에는 중국어로 된 단편 소설이었고 그 다음은 그 소설에 관련된 일련의 질문들(물론 중국어)이었다. 당신이 출 구멍으로 내보낸 종이들은 그 질문에 대한 답변(물론 중국어)이었다. 또 이러한 설명이 브리핑된다. 당신이 그 방에서 나오기 바로 직전에 중국인 몇 명이 실험실을 방문하여 단편 소설과 그에 대한 질문을 집필하는 기회를 제공받는다. 이 소설과 질문이 통상적인 절차대로 입 구멍을 통해 넣어진다. 몇 분 뒤 당신이 출 구멍을 통해 '답변'을 내놓고, 그 답변은 중국인들에게 보여진다. 중국인들은 소설 속의 은유를 아주 깊숙이 꿰뚫어본 당신의 답변에 크게 감명을 받는다. 이제 그 소설을 적은 종이와 당신의 답변을 적은 종이가 당신에게 제시된다. 당신은 그 두 종이를 알아본다. 하지만 그 종이를 읽은 것은 아니다. 단지 많은 낙서의 유형을 기억할 뿐이다. 당신은 그 종이가 무슨 뜻인지 모른다고 말한다. 당신은 중국어를 이해하지 못하기 때문이다. 과학자가 당신에게 묻는다.

"아니, 어떻게 이해하지 못할 수가 있죠? 당신은 중국어에 정통한 중국인이 내놓은 답변과 거의 구분이 되지 않는 답변을 내놓았는데 말씀입니다."

당신은 "나는 책에 나와 있는 지시 사항을 따랐을 뿐입니다. 내가 한 건 그것밖에 없어요. 나는 중국어는 단 한 자도 모릅니다. 내 말을 믿어 주세요."라고 대답한다. 과학자는 이제 단편소설과 질문이 영어로 적혀진 종이를 내밀고 당신은 그 종이를 읽는다. 당신이 말한다.

"난 이것은 이해합니다. 내가 이것을 읽는 것과 낙서들이 적혀진 종이를 보는 것하고는 천지차이가 있습니다." 과학자가 미소를 지으며 "그건 중국어로 된 단편 소설의 번역본입니다."라고 말한다. 이어 과학자는 당신에게 또 다른 종이를 내민다. 그것은 당신이 중국어로 내놓은 답변의 영역본이다. 당신은 당신이 그런 답변을 내놓았다는 데 놀란다. 하지만 영역본을 읽고 이해하는 것과 한자 본을 보고서 아무 느낌이 없는 것하고는 천지차이가 있다고 말한다.

설은 이 차이를 강조하면서 그의 주장을 펴고 있다. 중국어 방에 들어간 당신은 프로그램을 운영하는 컴퓨터와 똑같은 입장이다. 이 경우 프로그램이 컴퓨터의 실행 규칙으로 적혀져 있지 않고 간결한 영문으로 적혀져 있다는 것만 다를 뿐이다. 책의 지시를 그대로 이행하는 당신은 컴퓨터의 실행 프로그램을 손으로 수행하는 것일 뿐이다. 이 과정을 수행한 결과 당신이 중국어를 이해하지 못하듯이(당신은 이해하지 못한다고 주장했다), 컴퓨터도 자기가 무슨 일을 하고 있는지 모르는 것이다.

우리가 설의 이 실험을 어떻게 이해해야 할까? 그는 컴퓨터가 이해하지 못한다는 것을 과연 증명한 것인가? 설이 주장하는 논증의 핵심은, 피실험자가 중국어 방에 있을 때는 이해를 하지 못하지만 영역본을 읽을 때는 이해의 주관적 느낌을 가지게 된다는 것이다(설의 논증은 이처럼 '내부에서 본' 마음을 바탕으로 하고 있기 때문에 의식을 다룬 이 섹션에 포함시키게 되었다). 그러나 이해와 이해의 느낌 사이에는 차이가 있다. 나 자신의 인생을 돌아다봐도 내가 뭔가를 이해했다는 느낌을 가졌지만, 나중에 보니 이해하지 못한 경우가 많이 있었다. 그러나 그 반대의 경우 곧, 이해의 느낌은 없었지만 실제로 이해한 것은 드물었다. 하지만 이런 반대의 경우도 내 인생에서 실제 사례가 없는 것은 아니다. 이처럼 이해와 이해의 느낌은 서로 분리될 수 있다는 것은 설 논증과 관련하여 무엇을 말하는가? 이것은 설이 자신의 논증('컴퓨터는 이해를 하지 못한다')을 확실하게 증명하려면 좀더 작업을 해야 한다는 뜻이다. 현재 상태의 논증으로는 설의 주장을 납득시키지 못한다.

　이 점을 더욱 분명히 하기 위하여 설의 실험에 추신을 붙여 보기로 하자. 피실험자가 방에서 나와 브리핑이 끝나기 직전, 앞서 말한 중국인 그룹이 다시 등장한다. 과학자는 한번 더 당신을 테스트하기로 결정한다. 당신은 이제 실험이 끝난 줄 알았으나 그래도 과학자의 요구에 동의한다. 과학자는 중국인 한 명에게 영어로 뭐라고 속삭거렸지만 당신은 그 말을 듣지 못한다. 중국인은 미소를 짓더니 종이 위에다 몇 개의 낙서를 그린다. 과학자는 그 종이를 받아들고 당신에게 내밀며 "이것을 이해합니까?"라고 묻는다. 당신은 지난 몇 년 동안 몇만 번 되풀이되어 온 이 질문이 너무 지겹지만 그래도 영어로 대답한다.

　"아니오, 바보 같은 사람. 내가 이미 말했듯이 나는 중국어를 이해하지 못합니다."

　과학자는 미소를 지으면서 당신에게 책에서 얻은 기호 조작의 지식을 이용하여 답변을 쓰라고 요청한다. 당신은 동의한다. 단 이 답변이 끝나면 당신은 집으로 돌아간다는 조건이다. 몇 분 사이에 당신은 답변을 마련하여 몇 개의 낙서를 끼적거린 종이를 건넨다. 과학자는 그 종이를 지난번 번역을 맡았던 중국인에게 건네 준다. 그 중국인이 뭐라고 말하자 과학자는 빙긋이 미소 짓는다. 과학자는 번역 담당 중국인에게 두 장의 종이 위에 무엇이 쓰어져 있는지 영어로 당신에게 말해 주라고 요청한다. 첫번째 종이(중국어로 된 질문)는 "당신은 중국어를 이해합니까?"였고 두 번째 종이(당신이 낙서를 끼적거려 내놓은 답변)는 "물론이지, 바보 같은 사람. 왜 당신은 나에게 이런 바보 같은 질문을 하는 거죠?"였다. 자 당신이 내놓은 답변 중 어떤 것을 우리는 믿어야 할까? 영어로 대답한 답변인가, 아니면 중국어로 종이 위에 끼적거린 답변인가?

자 그렇다면 컴퓨터는 의식을 갖고 있는가 하는 질문에 대하여 우리의 최종 답변은 무엇인가? 그 대답은 의식(1)과 의식(2)의 경우에는 예이다. 하지만 의식(3)과 관련해서는 아직 최종 판결이 내려지지 않았다. 우리는 인간의 경우에도 의식(3)이 구체적으로 어떻게 생겨나는지 알지 못한다. 그러니 A.I. 시스템의 경우는 더 말해 볼 것도 없다. 그렇다면 영화 "A.I." 속의 데이비드는 어떤가? 이 영화로 미루어 볼 때 데이비드는 의식(3)을 가지고 있는가? 영화의 초반부에 데이비드와 실라(사랑을 순전히 생리적 관점으로 설명한 메카)의 차이점이 강조되는 것으로 보아 데이비드는 의식(3)을 가지고 있는 듯하다. 그러나 의식(3)의 주관적 특성 때문에 확실하게 알기는 어렵다. 이 문제를 확실히 알려고 하면 '내부로 들어가' 남의 마음을 보아야 하는데 그렇게는 할 수 없는 것이다. 우리는 이 질문을 묻기 위하여 컴퓨터를 들이대야 할 필요도 없다. 나는 당신이 당신의 지각에 수반되는 '주관적 느낌'의 특성을 가지고 있는지 알 수가 없다. 당신에게 그런 특성이 있을 것이라고 추측할 수는 있지만, 당신이 봄에 보는 풀을 바라볼 때의 '느낌'의 특성이 나의 그것과 똑같은지 어떤지는 알 수 없다. '저 풀이 당신에게 초록으로 보이는가' 하고 물음으로써 이 문제를 해결하려는 것은 논의의 본질을 놓친 것이다.

컴퓨터는 마음을 가지고 있는가? 이 질문에 대한 우리의 답변은 결론을 유보한 채로 놔두어야 한다. 현재의 A.I. 시스템은 마음의 유무와 관련된 외부적(관찰 가능한) 기능을 갖고 있지 못하지만, 이론상 A.I.가 발달하면 얼마든지 그런 기능을 갖출 수 있다. 만약 의식(3)이 마음을 가지고 있음의 필수 요건이라고 생각한다면, 우리는 "컴퓨터는 의식(3)을 가지고 있는가?"라는 질문에 대한 답변을 얻어 내야 한다.

6. 컴퓨터는 도덕적 대접을 받는 사람이 될 수 있나?

철학과 A.I.와 관련된 두 번째 문제는 고도로 발달된 A.I. 시스템의 도덕적 지위이다. 현재 기술 수준으로는 데이비드나 지골로 조 수준의 로봇은 요원한 문제이다. 그러나 이러한 시스템은 미래의 언젠가는 현실이 될 수도 있다. 만약 그렇게 된다면 그들을 어떻게 대접해야 할까? 로봇의 도덕적 지위에 관한 문제는 현재로서는 가상의 단계에 불과하지만, 이 논의는 다른 개인의 도덕적 지위와 관련하여 생각해 볼 수 있다. 예컨대 낙태의 도덕적 허용 여부는 결국 태아의 도덕적 지위로 요약된다. 태아는 도덕적 권리를 갖고 있는가? 여러 면에서 로봇을 가상 케이스로 내세워 도덕적 지위의 문제를 논의하는 것은 유익하다. 왜냐하면 논의의 참가자들이 낙태를 논의할 때 반드시 나오게 되는, 정치적 입장을 완전 배제한 채 이 문제를 논의할 수 있기 때문이다.

영화 "A.I."에서 로봇 폐기장인 플레시 페어의 장면은 영화 속 인간이 아무리 발달된 로봇이라 할지라도 사람으로 여기지 않는다는 것을 보여 준다. 이 영화의 암묵적 주장은 이런 것이다. 로봇에게 도덕적 지위를 부여하지 않는 것은 잘못이며 그것은 '종 우선주의(speciesism)'의 소치이다. 이와 사촌 개념인 인종 차별주의와 마찬가지로 종 우선주의는 한 집단을 희생시켜 다른 집단의 지위를 격상시키려는 것이다. 인류의 역사를 통해 볼 때, 한 인종은 다른 인종을 차별대우하고, 노예화하고, 심지어 죽이기까지 하는 것을 정당화해 왔다. 그 지배 종족이 내세우는 전제 조건은 그 피지배 종족에게는 도덕적 지위가 없다는 것이었다. 그 종족의 안녕은 도덕적 결정에서 고려 사항이 되지 못한다는 것이었다. 종 우선주의에서 도덕적 지위를 부여할 때 인종 구성원이 문제가 되는 것이 아니라 종 구성원이 문제가 된다. 플레시 페어에서 파괴되는 로봇과 노천 관중석에서 구경하는 관중 사이의 차이점은 종 구성원이다. 사실 로봇은 로봇이기 때문에 그 어떤 종에도 소속되지 않는다(영화 "A.I." 속의 사람들 사이에서는 이런 생물학적 차이가 반복적으로 강조되는데, 로봇은 '메카' 곧 기계인 반면 인간은 '오가' 곧 생체라는 것이다). 로봇이 플레시 페어에서 받는 잔인한 대접이 도덕적으로 허용 가능한 것인가? 아니면 "A.I." 속에서 묘사된 고도로 발전된 로봇이 당신이나 나와 똑같은 도덕적 지위를 부여받아야 하는가? 전통적으로 볼 때 철학자들은 도덕적 안녕(安寧)이 중시되는 개인들의 집단만 **사람**(person)으로 취급했다. 이런 의미에서 개인이 사람으로 취급되려면 어떤 속성을 가지고 있어야 하나? 컴퓨터를 반드시 여기에서 제외시켜야 하나?

나는 먼저 다음과 같은 질문을 던지면서 시작해 보겠다. 다음의 명제를 한번 살펴보라.

개인은 P*라는 특성을 가지고 있을 때만 사람이다.[17]

인격 이론은 우리에게 P*가 무엇인지 말해 준다. 좀더 구체적으로 개인이 사람으로 대접받기 위해서는 어떤 속성을 필요로 하는지 말해 준다. 플레시 페어(Flesh Fair)의 관중은 P*가 호모사피엔스라는 종에만 있다고 생각한다(우리는 인간이 아닌 동물들이 어떻게 대접받는지 보지 못하므로, 중요한 요소가 종 구성원인지 또는 생물적 지위인지 확실하게 알 수 없다. 아무튼 로봇은 사람의 지위에서 제외되어 있다). 위에서 이미 말한 것처럼 영화 "A.I."는 로봇에 대한 이런 태도가 잘못된 것임을 지적하고 있다. 우리 관객은 플레시 페어와 거기에 참석한 사람들의 로봇에 대한 편견에 혐오감을 느끼게 되어 있다. 따라서 영화 제작자는 우리에게 도덕적 지위를 결정하는 것은 종 구성원으로서의 자격이 아닌 다른 어떤 것이라고 생각하게 만든다. 우리는 어느 정도까지 플레시 페어의 관중과 닮았나? 만약 우리가 종을 기준으로 하는 인격 이론을 거부한다면 대안은 무엇인가?

인간(호모사피엔스 종의 구성원)에게는 도덕적으로 특별한 뭔가가 있다는 사상은 현대 영미권에 널리 퍼져 있다. 오늘날 인간을 노예화하는 것은 도덕적으로 잘못된 일이지만, 인간이 아닌 동물을 노예화하는 것(이를테면 애완 동물, 동물원의 구경거리, 농사 및 의학용 실험 등)은 그렇지 않다. 오늘날 식인주의는 도덕적으로 잘못된 일이지만 동물을 먹는 것은 그렇지 않다. 거추장스럽다고 하여 다수의 인간을 죽이는 것은 잘못된 일이지만, 다수의 동물을 죽이는 것은 그렇지 않다. 동물의 권익을 옹호하는 사람들은 다르게 이야기하겠지만, 아무튼 이상이 평균적 서구인의 도덕관이다. 이처럼 인간과 동물을 구분하여 정반대의 도덕적 평가를 내리는 경우는 아주 많다.

우리의 도덕적 판단이 이처럼 차이가 나는 것은 왜 그런가? 이것은 우리가 인간과 동물에게 부여하는 도덕적 지위가 다르다는 증거이다. 우리는 인간을 사람으로 보지만 동물은 사람이 아니라고 생각한다(사람은 삶에서 온 말로 생명을 가진 존재라는 뜻/옮긴이). 이것은 우리가 플레시 페어의 관중과 마찬가지로 인격=종 구성원으로 본다는 뜻인가? 아마 그럴지도 모른다. 하지만 우리의 경우에는 다른 설명도 있다. 철학자들 사이에서 가장 널리 퍼진 견해는 인격=이성적임의 이론이다(이는 $P*$를 이성적으로 추론하는 능력과 같은 것으로 본다). 이 견해는 고대 철학에 그 뿌리를 두고 있으며 오늘날까지도 세속의 철학자들 사이에서 통설로 널리 인정되고 있다. 이성을 갖춘 동물이 하나도 없는 것으로 판명된다면 인간과 동물을 차별 대우하는 우리의 방식은 정당화될 수 있다. 이 인격 이론을 컴퓨터에 적용시킨다면 그 결과는 아주 명백하게 나온다. 만약 합리적인 컴퓨터가 제작된다면 그 컴퓨터는 사람으로 간주될 수 있다. 데이비드와 지골로 조는 물론이고 "A.I."에 묘사된 많은 로봇, 심지어 실라까지도 합리성의 표시를 보여 주고 있다. 따라서 합리성을 기반으로 사람임을 판단하는 이론에 따르면 이런 로봇들이 모두 사람으로 간주된다.

하지만 이 이론을 우리의 실제적 판단과 일치시키려면 문제가 생긴다. 영아나 유아 또 나이가 아주 많은 노인은 이성적이지 않다. 그런데도 영아나 노인을 살해하는 것은 도덕적으로 잘못된 일로 간주된다. 만약 우리가 이성(합리성)을 기준으로 인간됨을 규정한다면 영아살해는 침팬지, 개, 고양이를 죽인 것 정도의 도덕적 지위를 부여받아야 한다. 하지만 실제로는 그렇지 않다. 이것은 왜 그런가? 유일한 대답은 우리가 사람됨=추론 능력으로 보지 않는다는 것이다.

일부 철학자들은 종을 기준으로 하는 이론이나 이성(합리성)을 기준으로 하는 이론이 모두 틀렸다고 말한다. 그들은 P*라는 특성은 쾌락과 고통을 경험하는 능력이라고 말한다〔나는 이것을 감각 기반 이론(sentience-based theory)이라고 부르겠다〕.[18] 이 이론에 따르면 만약 고통과 쾌락을 경험하는 로봇을 제작할 수 있다면 그 로봇은 진정한 사람이며 당신과 나처럼 피해를 당하지 않을 권리가 있다. 이 이론을 영화 "A.I."에 적용한다면 데이비드는 사람인가? 하는 질문에 어떻게 대답해야 할지 불분명해진다. 그 이유는 위의 의식을 다룬 부분에서 이미 제시되었다. 로봇은 고통과 쾌락을 경험하는 의식(3)을 가지고 있는가? 우리는 5에서 이 질문에 대한 결론을 내리지 못했다.

몇몇 경우에서 이 감각 기반 이론은 우리의 도덕적 판단과 잘 일치한다. 평균적인 서구인은 동물을 학대하는 것(이유 없이 괴롭히거나 학대의 쾌감을 위해 괴롭히는 것)은 도덕적으로 잘못된 일이라고 생각한다. 인간을 학대하는 것처럼 나쁘다고 보지는 않겠지만 아무튼 나쁜 일이라고 생각한다. 종 이론과 합리성 이론으로는 이런 판단을 설명해 주지 못한다. 그러나 감각 기반 이론은 평균적 서구인의 관점에서 좀 벗어나는 측면도 있다. 왜냐하면 이 이론은 동물을 학대하는 것을 대단히 엄격하게 규제하기 때문이다. 동물 학대는 안 되는 것은 물론이고 심지어 특별한 정상참작 이유가 없는 한 동물을 해치는 것도 안 된다. 동물의 고기를 먹고 가죽을 입는 쾌락이 동물이 당하는 고통보다 더 크다는 보장이 없는 한, 고기를 먹고 가죽을 입는 행위는 도덕적으로 잘못된 것이다. 마찬가지로 감각 기반 이론은 애완 동물의 경우처럼 동물을 노예화하는 것과 인간을 노예화하는 것을 질적으로 구분하지 않는다. 합리성 이론과 마찬가지로, 감각 기반 이론은 단독 이론으로서는 역부족인 것이다.

　평균적 서구인의 도덕적 판단에 내포되어 있는 사람됨의 이론을 정확하게 포착하기 위하여 우리는 위의 이론 중 두 개 이상을 서로 묶어 보는 방법을 생각해 볼 수 있다. 이런 혼합 이론은 감각 이론을 원용하여 개인들에게 제한적인 도덕적 지위를 부여하는 한편, 성숙한 사람의 조건으로 합리성을 요구한다. 하지만 이 혼합 이론은 뭔가 구체적인 것이 추가되어야 한다. '제한된 도덕적 지위'란 무슨 뜻인가? 제한된 도덕적 지위를 가진 개인에게는 어떤 권리가 주어지는가? 어떤 조건일 때 이 권리가 성숙한 사람의 권리를 위해 거부되는가? 비록 애매모호하기는 하지만, 이 혼합 이론은 위의 3이론을 잘 혼합하여 평균적 서구인의 도덕적 판단에 잘 맞아떨어지는 이론의 가능성을 보여 준다.

　철학자들은 서구인의 상식과 잘 어울리는 사람됨의 이론을 만들어 내야 하는가? 어떤 이론이 평균적 서구인의 상식과 잘 맞아떨어지는지 묻는 것이 과연 타당한가? 철학자들은 현대의 서구 사회가 500년 전의 서구 사회(비유럽인을 사람의 클래스에서 제외시킨 사회)처럼 자기 망상에 빠져 있지 않다고 믿을 만한 근거가 있는가? 이런 질문들은 흥미가 있기는 하지만 이 장의 범위를 벗어나는 것이다.

7. SF 디스토피아와 합리적 신중성

미래의 디스토피아(반 유토피아)를 다루는 SF 영화는 미국 주요 영화의 한 장르가 되었다. 이런 영화에서 인간은 통제 불가능한 로봇의 손에서 인간이라는 종을 지키기 위해 목숨을 걸고 싸운다. "A.I."는 이런 장르의 영화이지만 피해를 당하는 것이 인간이 아니라 로봇이라는 점에서 비전형적인 영화이다. 또 "A.I."는 미래의 SF 디스토피아가 시작되기 바로 직전의 시대를 무대로 하고 있다. 인간은 어떤 사태가 닥칠지 예측은 하면서도 그것을 막을 힘이 없다고 느낀다. 바로 이 때문에 그들은 플레시 페어라는 괴상한 행사에 참석하고 또 즐기는 것이다. 지골로 조는 이것을 데이비드에게 설명하면서(MM 92:00) 이렇게 말한다.

"그들은 우리를 너무 똑똑하고 민첩하게 만들었고 또 무수히 제작했어. 우리는 그들의 실수 때문에 고통을 받고 있는 거야. 파국이 오게 되면 결국 남는 건 우리뿐이야. 그래서 그들은 우리를 미워하고 있는 거야."

인간은 로봇이 인간보다 더 똑똑해져서 지난 몇천 년간 인간이 동물을 학대한 것처럼 로봇이 인간을 학대하면 어쩌나 걱정한다. 슈퍼 로봇들, 곧 영화 속의 A.I. 발전 상황을 미루어 볼 때 곧 생겨날 로봇들은 인간에 대해서 좋게 보아 노예, 나쁘게 볼 때는 지구상에서 멸종시켜야 할 존재로 생각한다. "A.I." 속의 인간들이 두려워하는 운명이라는 것이 지금껏 인간에게 학대받아 온 동물들의 운명과 비슷하다는 것은 흥미로운 운명의 반전이다.

이미 1에서 강조했지만 21세기의 시점에서 볼 때 인간을 위협할 정도로 강력한 로봇의 등장은 아직 요원한 일이다. 하지만 장래의 A.I. 연구가 빠르게 발전한다고 가정하고 이 시나리오를 밀고 나가면 아주 흥미로운 일련의 질문들이 제기된다. 우리는 아주 먼 후대에 살고 있는 사람들에 대하여 도덕적 의무감을 가져야 하나? 우리는 먼 미래의 세대에게 해를 입힐지도 모르는 이 기술을 계속 추구해야 하나? 영화 "A.I."가 미래의 가능한 상황이라고 가정하고 영화 속의 시나리오는 정말 발생할까? A.I. 연구를 그만두지 않고서도 그런 시나리오를 미리 막는 길은 없을까?

위의 첫 두 질문은 아주 일반적인 것이어서 많은 기술 분야에 적용될 수 있다. 인간 복제에 대한 현재의 논의는 과연 인간 유전자 풀(pool)을 건드리는 것이 장기적으로 좋은 일인가 하는 질문을 던지고 있다. 마찬가지로 환경 윤리 내의 많은 토론도 이런 문제들을 제기하고 있다. 이런 문제 가운데 하나로서, 이산화탄소 방출량의 증가로 미래 세대에 미치는 영향이 "A.I."에서 다루어져 있다. 이 문제와 관련해 현대 과학자들 사이에는 아직도 논쟁이 계속되고 있는데, 그 부정적 효과인 '온실 효과,' 지구 온난화, 해변의 해일 등은 아주 오랜 세월이 지난 후에야 일어날 것이라고 한다. 따라서 이런 현상으로 피해를 볼 수도 있는 사람들은 아직 태어나지도 않았다. 환경 윤리 분야에 속하는 또 다른 문제로는 이런 것이 있다. 우리는 위험한 방사능 폐기물을 만들어 내는 행위를 계속 해야 할까? 우리는 그 폐기물을 단기간에 걸쳐서 안전하게 보관하는 기술을 갖고 있다. 그러나 이들 물질 중 일부는 몇천 년 동안 방사능의 상태(따라서 대단히 위험한 상태)를 유지할 것이라고 한다.[19] 우리는 이 물질을 그 정도로 오랫동안 안전하게 보관하는 기술은 현재 가지고 있지 않다. 우리가 이렇게 함으로써 후대의 사람들에게 심각한 위험을 끼친다는 것을 뻔히 알면서도 이런 물질을 생산하는 행위를 계속 해야 할까?

우리가 여기서 다루고 있는 윤리적 문제는 우리와 미래 세대와의 관계이다. 우리는 그들에게 도덕적 의무감을 갖고 있는가? 만약 그렇다면 그 의무감은 우리가 오늘날의 사람들에 대해 갖고 있는 의무감과 똑같은 것인가? 간단한 사유 실험을 하나 해 보면 우리가 미래 세대에 대하여 그런 의무감을 느껴야 함을 확실히 알 수 있다. 예를 들어 내가 150년짜리 '퓨즈'를 가진 시한 폭탄을 장치해 놓았다고 해 보자. 이 폭탄은 그 시간이 지나면 폭발하여 많은 사람을 죽이게 될 것이다. 이 폭탄을 장치해 놓는 나의 행위는 잘못된 것인가? 우리 모두는 이 행위가 도덕적으로 잘못되었다고 동의할 것이다. 설사 피해를 보는 사람이 폭탄을 장치해 놓는 시점에 존재하지 않는다고 하더라도 말이다.

A.I. 연구의 도덕성과 관련된 사례는 위의 경우처럼 분명하지가 않다. 우선 현재 A.I. 연구에 종사하는 사람들은 위의 150년짜리 폭탄처럼 명확하게 미래 발전의 결과를 예측하지 못한다. '나쁜' 시나리오(로봇이 인간을 노예로 만들거나 죽이는 경우)는 일어날 수 있는 여러 시나리오 중 하나일 뿐이다. 더욱이 폭탄을 심는 것은 아무에게도 도움이 되지 않지만 A.I. 연구는 인류에게 커다란 혜택을 가져다 줄 가능성이 있다(이런 점에서 A.I. 연구는 이산화탄소의 방출 사례와 유사하다. 여기에는 얻는 것과 잃는 것이 있다. 인류는 화석 연료를 사용하여 단기간에 생활 수준을 높이지만 장기적으로 재앙을 가져오는 것이다. A.I.는 인류에게 인공 지능 사용으로 인한 혜택을 주는 대신 로봇이 인간을 노예로 만들거나 죽일 위험을 감수하게 한다는 것을 말하고자 하는 것이다/옮긴이). A.I. 사례가 분명하지 못한 또 다른 측면은 그 '나쁜' 시나리오를 어떻게 측정하겠는가 이다. 만약 이들 미래의 로봇이 사람으로 분류된다면, 그들의 미래 복지도 감안해 넣어야 한다. 이렇게 해서 미래의 인간은 로봇의 우위로 피해를 볼 수도 있지만, 다른 미래의 사람들(즉 고도로 발달된 로봇들)은 혜택을 볼 수도 있다. 6에서 논의된 바와 같이, 도덕적 평가를 할 때 우리 종의 구성원들에게만 집중하는 것은 정당하지 못한 종 우선주의이다. 많은 사람이 이렇게 생각하고 있다. 진화의 오랜 과정에서 인류의 선조는 경쟁자들을 물리치고 제압했다. 한 종이 다른 종을 대체할 때 그것을 잘못되었다고 생각하는 사람은 없었다. 그렇다면 로봇의 지배를 이와 다르게 생각할 이유가 무엇인가?

하지만 우리 인간은 어쩌면 꿩도 먹고 알도 먹을 수 있을지 모른다. 우리가 '나쁜' 시나리오를 피하면서 A.I. 연구의 혜택을 100퍼센트 누리는 길은 없을까? 영화 "A.I."는, '나쁜' 시나리오가 발생하는 이유를 사회에서 로봇을 홀대했기 때문이라는 진단을 내린다. 로봇은 지적으로 여러 면에서 인간과 대등한데 고등동물보다 못한 대접을 받았다. 우리는 셸리의 『프랑켄슈타인』에서도 이와 비슷한 논리를 읽을 수 있다. 괴물은 인간 사회에서 소외당했기 때문에 괴물이 되는 것이다. 확실히 이 소설은 기술의 미래에 대하여 하나의 경고가 되고 있다. 그 경고는 "거기 가지 마."가 아니라 "거기 가야 되겠다면 그 방법을 아주 조심스럽게 검토하라."이다.

토론을 위한 질문

1. 컴퓨터는 의식을 가질 수 있는가?
2. 컴퓨터는 마음을 가질 수 있는가?
3. 영화 "A.I."가 사랑의 정서에 집중하는 것을 어떻게 생각하는가? 하비 교수가 의미하는 것처럼, 사랑을 통하여 마음의 상태를 '훈련' 시킬 수 있는가?
4. 개인은 사람이 되기 위해서 어떤 속성을 필요로 하는가? 이런 속성에 관한 견해가 낙태의 도덕적 지위에 대해서는 어떤 의미를 갖는가? 채식주의에 대해서는?
5. 당신은 '인격이 있다/없다.'고만 구분된다고 생각하는가 아니면 정도의 차이를 인정하는가? 만약 후자의 입장이라면 그것이 윤리에 대해서 어떤 의미를 갖는가?
6. 로봇이 이 세상을 지배하는 것은 우리가 두려워할 만한 사항인가?

철학과 인공지능에 관련된 영화

"바이센티니엘 맨(Bicentennial Man)"(1999). 감독 크리스 콜럼버스(Chris Columbus). 출연 로빈 윌리엄스, 샘 닐(Sam Neill), 웬디 크루슨(Wendy Crewson).
고도로 발달된 로봇의 마음과 사람됨을 다루고 있다.
"터미네이터 1, 2(Terminator and Terminator II)"(1984, 1991) 감독 제임스 카메론(James Cameron). 출연 아놀드 슈워제네거, 린다 해밀턴(Linda Hamilton)
이 두 영화는 미래 지향적인 SF 디스토피아를 다루고 있다.
"블레이드 러너(Blade Runner)"(1982). 감독 리들리 스코트(Ridley Scott). 출연 해리슨 포드, 러트거 하우어(Rutger Hauer), 숀 영(Sean Young).
네 명의 깡패 복제인(생물학적으로 엔지니어링된 휴머노이드)이 2019년 지구에 도착하자 탁월한 복제인-파괴자인 릭 데커드가 은퇴 생활을 하다가 불려 나온다. 이 영화를 보고 나면, 인간과 고도로 발달된 인공 지능이 별로 구분되지 않는 세상에서 누가 좋은 사람이고, 누가 나쁜 사람인지 경계가 모호하다는 의문을 갖게 된다.

철학과 인공 지능에 관련된 저서

Jack Copeland, *Artificial Intelligence : A Philosophical Introduction*, Oxford : Blackwell, 1993). 이 책은 아주 읽을 만한 책으로, 인공 지능의 역사를 논의하는 한편, 철학과 인공지능을 아우르는 중요한 문제들을 검토하고 있다.

Margaret Bodon, ed., *Philosophy of Artificial Intelligence*, Oxford : Oxford University Press, 1990). 이 논문집은 철학과 인공 지능에 관한 가장 중요한 논문들을 모아 놓고 있다. 일부 논문은 아주 읽기가 쉽고 또 튜링 테스트를 설명한 튜링의 원래 논문도 수록되어 있다. 어떤 논문들은 좀 읽기가 어렵다.

Douglas Hofstadter and Daniel Dennett 편집, *The Mind's I*, 초판 1981. 재간행 New York : Basic Books, 2001.

Daniel Crevier, *AI : The Tumultuous History of the Search for Artificial Intelligence*, New York : Basic Books, 1994. 저자는 초창기부터 1990년대 초반까지의 A.I. 역사를 더듬고 있다.

Rodney Brooks, *Cambrian Intelligence : The Early History of the New AI*, Cambridge, MA : MIT press, 1999. MIT의 A.I. 실험실 소장인 저자는 상명하달식의 전통적 AI는 아무런 소득이 없을 것이라고 주장해 왔다. 이 책은 그의 논문집이다.

Hans Moravec, *Robot : Mere Machine to Transcendent Mind*, Oxford : Oxford University Press, 2000. 카네기·멜런 대학의 로봇 공학 수석 연구원인 저자는 A.I. 연구가 미래에 어떻게 발전할 것인지를 추론하고 있다.

인터넷상의 관련 자료

MIT A.I. 실험실(휴머노이드 로봇) : http://www.ai.mit.edu/projects/humanoid-robotics-group/

IBM Deep Blue 사이트 : http://www.research.ibm.com/deepblue/home/html/b.html

인터넷 철학 백과사전의 관련 항목

Artificial Intelligence : http : //www.utm.edu/research/iep/a/artintel.htm

Searle's Chinese room argument : http : //www.utm.edu/research/iep/c/chineser.htm

Personhood : http : //www.utm.edu/research/iep/p/personho.htm

3부 _ 윤리와 도덕적 책임

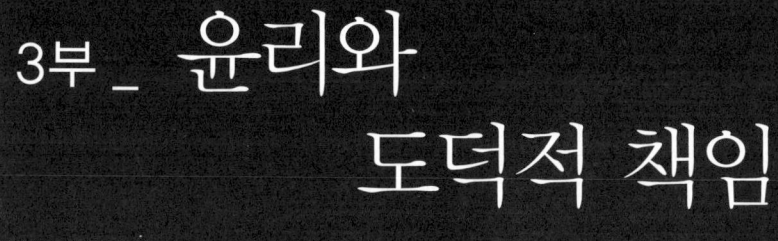

제 5 장

윤리학

"범죄와 비행" (1988년)

메이 고모 : 도덕을 필요로 하는 사람에게만 도덕이 있는 것이지요.
헤일리 : 아무리 정교한 철학적 체계를 구축한다고 하더라도 결국에는 불완전한 것으로 판명되지.

– "범죄와 비행"에서

도덕적으로 올바른 행동과 도덕적으로 잘못된 행동을 구분해 주는 것은 무엇인가? 바로 이것이 윤리학의 주제이다. 또 그것은 영화 "범죄와 비행"에서 제기된 질문들 중 하나이다. 이 영화에서 우리는 말과 행동으로 여러 가지 윤리적 이론을 '대변하는' 사람들을 만나게 된다. 도덕의 기준이 무엇인지를 답하기 위해 내놓은 철학자들의 여러 이론이 영화 속에 '구체화' 되어 있기 때문에 각 이론의 찬반을 검토하는 데 유익하다. 앞에서도 그랬지만 이 장의 3까지는 주제에 대한 일반적인 개론이어서 영화를 미리 보아야 할 필요는 없다. 하지만 4 이후부터는 영화를 보고 난 후에 읽는 것이 좋다.

1. 윤리란 무엇인가?

철학의 여러 분야 중 도덕철학(일반적으로 '윤리학')은 일반인에게 가장 잘 알려진 분야이다. 우리는 우리 자신과 남들의 행동에 대하여 도덕적 평가를

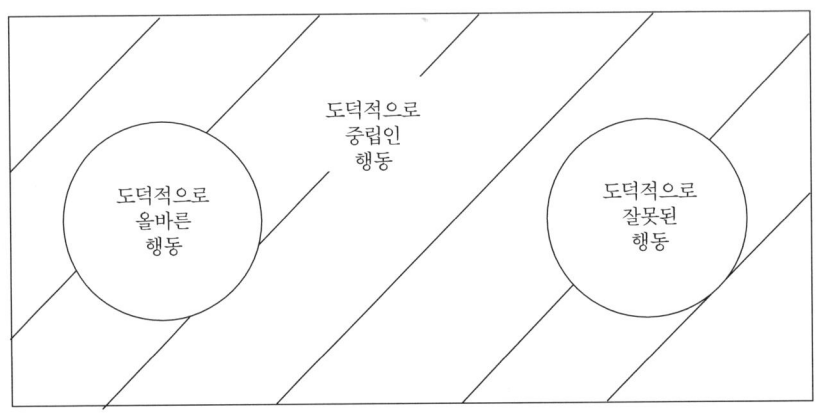

그림 1

내리는 일에 익숙하다. 다시 말해 어떤 행동은 도덕적으로 올바르다고 하고 또 어떤 행동은 그르다고 한다. 하지만 한 걸음 뒤로 물러서서 이런 질문을 던져 보자. 우리가 도덕적 평가를 할 때 어떤 일이 벌어지는가? 제2장에서 나는 가치 판단과 가치 중립 판단을 구분하였다. 내가 당시 사용했던 사례는 이런 것이었다.

> S1 : 히틀러의 일부 행동은 간접적으로 몇백만 명의 사람들에게 죽음을 야기했다.
> S2 : 히틀러의 일부 행동은 도덕적으로 잘못되었다.

S2는 가치 판단이다. 이것은 히틀러 행동의 가치나 의미를 판단하고 있다. 다시 말해 히틀러의 행동이 도덕의 전체적인 범위 가운데 '나쁜' 쪽에 해당된다고 말한 것이다. 반면 S1은 가치 중립적 판단이다. 이것은 히틀러의 행동에 대하여 어떤 종류의 평가도 내리지 않는다. 우리는 S1을 읽으면 히틀러의 행동에 대하여 도덕적 비난을 추론할 수는 있지만, 그것은 어디까지나 우

리의 추론일 뿐이다. S1에는 그런 도덕적 비난이 명시되어 있지는 않다. 이러한 차이는 아주 중대하다. S1에서 S2를 이끌어 내기 위해서는 다음과 같은 추가적인 전제 조건이 있어야 한다.

도덕 원칙 1 : 간접적으로 몇백만 명의 죽음을 가져온 행동은 도덕적으로 잘못된 것이다.

따라서 질문은 이런 것이 된다. 도덕 원칙 1은 어디에서 오는가? 그것은 좀더 광범위한 도덕 원칙에서 추론된 것인가? 아니면 누가 봐도 명백한 도덕적 사실인가? 윤리학은 바로 이런 질문들을 다루는 분야이다.

무엇보다도 먼저, 도덕철학은 도덕적으로 올바른 행동과 도덕적으로 잘못된 행동을 구분하는 것이다. 이것이 무엇을 의미하는지 살펴보기 위해 그림 1을 살펴보자. 이 직사각형의 그림은 인간의 모든 행동을 망라한 것이다 (이 장 내내 우리는 인간의 행동에 관한 도덕적 평가에만 주제를 국한시킬 것이다). 그림 안의 두 동그라미는 각각 도덕적으로 올바른 행동과 도덕적으로 잘못된 행동을 나타낸다. 나는 많은 행동이 도덕적으로 중립이라고 생각한다. 그러니까 도덕적으로 옳지도 그르지도 않다. 예컨대 내가 왼쪽 신발끈을 먼저 매고 이어 오른쪽 신발끈을 맨다면 그것은 도덕적으로 옳지도 그르지도 않은 행동이다. 많은 행동, 어쩌면 대부분의 행동이 여기에 해당한다.

도덕적 지위를 가진 행동들 중 어떤 행동 특징이 도덕적으로 올바른 행동과 도덕적으로 잘못된 행동을 구분하는가? 이것이 도덕철학의 핵심적 문제이다. 그림 1을 참조해 가며 위의 질문을 요약해 보면 결국 이렇게 된다. 도덕적으로 올바른 행동을 도덕적으로 올바르다고 구분해 주는 것은 무엇인가? 이 질문에 대한 답변을 찾는 것, 그것이 어떤 행동의 옳고 그름을 판단하는 첫번째 단계이다.

이 질문에 대하여 윤리 이론들은 서로 다른 답변을 내놓는다. 어떤 이론은 행위의 도덕적 지위를 결정하는 데 행위의 결과를 결정적 요인으로 생각하기도 한다. 그래서 전반적으로 좋은 결과를 가져온 행위는 그렇지 못한 행위에 비하여 도덕적으로 우월하다. 어떤 윤리 이론은, 결과는 무시해 버리고 행위자의 의도를 중시한다. 행위자가 어떤 행동을 할 때 좋은 의도를 갖고 있었다면 그 행위는 도덕적으로 선량한 것이 된다. 이 경우 그 행동에 따라 우연하게도 끔찍한 결과가 일어나더라도 그것을 무시한다.

물론 위의 설명은 간단한 개략에 지나지 않는다. 철학자들은 개개 윤리 이론을 개진하는 데 훨씬 자세한 세목을 내놓는다. 이를테면 무엇이 좋은 결과를 구성하는가? 어떤 행동의 결과를 어떻게 추정할 수 있는가? 의도를 중시하는 이론의 경우, 좋은 의도란 무엇인가? 우리가 4에서 살펴보겠지만 주요 윤리 이론들은 이런 점을 구체적으로 제시하고 있다. 현재로서는 이런 이론들의 검토를 뒤로 미루고 "범죄와 비행"의 상황 속에서 그것들을 살펴보기로 하자.

먼저 알아 두어야 할 한 가지가 있다. 나는 일반화된 방식으로 윤리 이론을 설명할 작정이다. 하지만 윤리학사에는 이 이론들을 반대하는 목소리들이 있을 수밖에 없다. 하지만 지면 관계상 나는 그것들을 생략할 수밖에 없다. 현대 철학자들이 윤리를 다루는 방식은, 플라톤이나 아리스토텔레스 같은 고대 철학자들에게는 생소하게 보일 것이다. 대부분의 현대 표준 윤리학은 개별 행동의 도덕적 평가에 집중하고 있는 데 비해 고대 철학자들은 윤리를 전인(whole person)의 평가라고 생각했다. 다시 말해 고대 그리스 윤리학은 개인 차원에서의 선을 규정하는 성격적 특성을 평가하는 데 관심이 많았다. 일부 현대의 윤리학자, 예를 들어 매킨타이어는 이런 고대의 윤리학으로 되돌아가야 한다고 주장한다.

2. 도덕적 절대주의와 도덕적 상대주의

제2장에서 우리는 모든 판단의 진리 여부는 배경의 전제 조건에 따라 상대적으로 결정된다는 인식론적 상대주의를 논의했다. 그 배경의 전제 조건이라는 것은 개인이 세상을 이해하는 데 적용하는 개념의 틀을 말한다. 나는 1에서 다른 제한적인 상대주의가 있다고 언급했다. 그런 것들 중 하나가 **도덕적 상대주의**(moral relativism)인데 이 이론은 객관적인 도덕적 사실은 없다고 주장한다. 도덕적 상대주의는 도덕적 사실들이 있다고 주장하는 **도덕적 절대주의**(moral objectivism)와 상반된다. 이때의 도덕적 사실은 도덕적으로 옳고 그름을 구분해 주고 또 특정 집단의 사고방식에 좌우되지 않는 그런 도덕적 사실을 말한다. 인식론적 상대주의와 마찬가지로 도덕적 상대주의는 지식인들과 일반인들 사이에서 상당한 지지를 얻고 있다. 이렇게 된 것은 지난 한 세기 동안 서구 사회(특히 영미권 주류 사회)와 멀리 떨어진 문화권 사이의 교섭이 활발히 증가했기 때문이다. 일부 다른 문화권은 도덕적으로 허용되는 행위와 그렇지 못한 행위에 대하여 아주 다른 생각을 갖고 있었다. 문화 인류학과 텔레비전은 온 세상 사람들의 소식을 우리의 안방으로 가져왔고, 이제 문화권 사이의 교섭은 새로울 것도 없게 되었다. 고전시대의 대표적 역사가인 헤로도토스(Herodotos)에 따르면 고전 시대에도 상이한 문화권들간의 차이점이 분명하게 인식되고 있었다. 많은 사람이 보기에 사회적 규범의 다양성은 객관적인 도덕적 사실의 부재를 보여 주는 듯하다. 이러한 입장은 3에서 다루었던 인식론적 상대주의의 경험적인 논증과 아주 유사하다. 우리는 이 문제를 아래에서 좀더 자세히 살펴보게 될 것이다.

도덕적 상대주의를 지지하는 두 번째 주장 역시 고전시대에서 찾아볼 수 있다. 플라톤의 대화편인 『국가(Politeia)』에 등장하는 트라시마코스는 "힘이 곧 정의다(Might makes right)."라고 요약되는 입장을 개진했다. 트라시마코스의 주장은 이런 것이다. 도덕적 기준은 정치적으로 우세한 집단에 따라서 결정되며 그 집단의 정치적 권력을 유지하려는 목적을 갖고 있다.

이러한 논증의 찬반을 살펴보기 전에 나는 도덕적 상대주의를 좀더 자세히 설명하고 싶다. 도덕적 상대주의는 도덕적 판단의 진리가 개인과 관계되는지 또는 개인들의 집단과 관계되는지에 따라 두 개의 뚜렷하게 다른 이론으로 나뉜다. **도덕적 주관주의**(moral subjectivism)는 개인의 도덕적 기준에 따라 도덕적 판단의 진위가 결정된다는 이론이다. 그러니까 내 생각에 고기를 먹는 것이 도덕적으로 허용 가능하면 내가 고기를 먹는 것은 아무 문제도 되지 않는다. 다른 사람들은 고기를 먹는 행위의 도덕적 지위에 대해서 반대할 수도 있지만 그것은 문제가 되지 않는다. 왜냐하면 도덕의 유일한 결정권자는 그 행위를 하는 개인과 그의 도덕률이기 때문이다.[1] **문화 도덕적 상대주의**(cultural moral relativism)는 행위자가 소속된 문화권의 도덕적 기준에 따라 도덕적 판단의 진위가 결정된다는 이론이다. 만약 내가 고기 먹는 것을 허용하는 문화권에 산다면 내가 고기를 먹는 것은 도덕적으로 허용되는 행위이다.[2] 반면에 고기 먹는 것을 금지하는 문화권에 산다면 내가 고기를 먹는 행위는 도덕적으로 잘못된 것이 된다. 문화 도덕적 상대주의에 따르면 개인의 도덕적 판단이 잘못되었을 수 있다. 이를테면 개인의 도덕적 기준이 문화권의 그것과 일치되지 않을 때가 그러하다. 따라서 문화 도덕적 상대주의 내에는 도덕적 판단의 상급 법정, 다시 말해 문화권의 기준이 있는 셈이다. 하지만 이것은 여전히 상대주의이다. 왜냐하면 문화 도덕적 상대주의는 도덕적 선악을 구분해주는 객관적 사실은 없다고 주장하기 때문이다.

상대주의의 갈래는 아니지만 상대주의와 입장이 비슷한 제3의 이론이 있다. 그것은 **도덕적 허무주의**(moral nihilism)인데 도덕적 진술은 무의미하다는 입장이다. 이 이론에 따르면 도덕적 근거에서 행동을 평가한다는 개념 자체가 말이 되지 않는다. 도덕적 허무주의는 현대 철학자들 가운데는 지지자가 별로 없지만 과거에는 지지자들이 많았다. 도덕적 진술에는 실제로 어떤 사건에 대한 정서적 반응의 표현이라는 정서주의(emotivism)가 20세기 초반 인기를 얻었다. 정서주의에 따르면 "히틀러의 일부 행동은 도덕적으로 잘못되었다."는 진술은 "히틀러의 일부 행동은 구역질 난다."는 것이다. 나는 다음 섹션에서 도덕적 허무주의를 다시 다룰 것이다. 이 장의 나머지 부분에서는 위에서 언급한 도덕적 주관주의와 문화 도덕적 상대주의를 살피기로 하겠다.

도덕적 상대주의를 옹호하는 논증으로는 어떤 것이 있는가? 우선 문화 도덕적 상대주의를 먼저 검토해 보자. 이 이론의 한 가지 주장은 문화권에 따라 도덕적 기준이 상이하다는 관찰에서 시작한다. 어떤 문화권에서는 고기 먹는 것을 금지하지만 어떤 문화권에서는 그렇지 않다. 어떤 문화권에서는 생식기를 노출한 채 돌아다니는 것을 금지하지만 어떤 문화권에서는 그렇지 않다. 우리는 문화권에 따라 도덕적 기준이 다르다는 것을 잘 알고 있다. 이런 다양성이 실제로 존재한다는 것은 도덕적 절대주의자도 부정하지 않는다. 문화 도덕적 상대주의자들은 이런 다양성이야말로 도덕적 진리의 총체적 상대성에 대한 증거가 아니고 무엇이냐고 말한다. 그들은 정말로 객관적인 도덕적 가치가 있다면 모든 문화권이 동일한 도덕적 기준을 채택해야 할 텐데 사정은 그게 아니지 않느냐고 말한다. 이처럼 문화권에 따라 도덕적 가치가 다양하다는 것은 분명 도덕적 상대주의의 입장을 지지한다. 도덕적 기준이 동일한 문화권 안에서는 단일성을 유지하는 것도 문화 도덕적 상대주의를 지지하는 것이다.

하지만 이러한 논증이 과연 올바른가? (1)문화권 사이의 도덕적 기준의 다양성과 (2)문화권 내의 단일한 도덕적 기준은 과연 문화 도덕적 상대주의를 의미하는 것인가? 나는 그렇지 않다고 생각한다.[3] 이 논증을 공격하는 데는 두 가지 방식이 있다. 한 가지 방식은 이 논증이 구조적으로 취약하다고 공격하는 것이다.[4] 이 공격에 따르면 (1)문화권 사이의 도덕적 기준의 다양성과 (2)문화권 내의 단일한 도덕적 기준은 반드시 문화 도덕적 상대수의의 옳음을 의미하지는 않는다. 이 점을 살펴보기 위해서 도덕적 절대주의자들은 그 논증의 오류를 밝혀 주는 또 다른 논증을 내놓는다.[5] 이 반대 논증은 이렇게 전개된다. 지구가 평평한가 아닌가에 대하여 문화권들마다 다른 견해를 가지고 있다. 일반적으로 말해 이 지리적 문제에 대한 문화권 내의 의견 일치도는 아주 높다(동일한 문화권 내의 구성원들은 지구가 평평하다고 믿거나 아니면 그렇지 않다고 믿는다). 하지만 이 문제에 대한 (1)문화권 사이의 다양성과 (2)문화권 내의 단일성은, 지구의 평평함에 대하여 객관적 사실이 존재하지 않음을 보장하지 못한다. 일부 문화권들(예를 들어 지구가 평평하다는 가설을 믿는 문화권들)은 이 문제에 관하여 오해를 하고 있을 뿐이다. 마찬가지로 도덕적 절대주의자들은, 일부 문화권들에서는 도덕적 기준이 부정확하다고 말한다. 단지 의견 차이가 있다고 해서 그것이 인지적, 도덕적 상대주의의 증거가 되지는 못하는 것이다.

두 번째로 도덕적 절대주의자들은 문화권들 사이에 도덕적 기준이 다양하다는 논증을 공격했다. 몇몇 도덕적 절대주의자들은 문화 인류학자들이 주장하는 다양성을 일축하면서 도덕적 기준의 다양성은 표피적이라고 말한다. 심층 구조로 들어가면 문화의 도덕적 기준은 반드시 많은 측면을 공유하게 된다는 것이다. 다시 말해 모든 문화권은 살아남기 위해 반드시 지켜야 하는 행동의 규범을 갖고 있다. 예를 들어 어린아이들을 보살피는 것이, 사회 규범이 아닌 문화는 당대의 세대 이후를 보장할 수 없다는 것이다. 이와 유사한 도덕적 원칙을 열거하는 것은 그리 어려운 일이 아니다. 응집력과 생명력을 갖춘 문화권을 조직하기 위해, 지켜야 하는 최소한의 기본적 사항은 있는 것이다.

어쩌면 상대주의자들은 도덕적 주관주의를 내세움으로써 도덕적 상대주의를 어느 정도 구제할 수 있을지 모른다. 동일한 문화권의 구성원들 사이에는 공통적으로 믿어야 하는 도덕적 가치 지수가 높지만 그것이 절대적인 것은 아니다. 낙태, 안락사, 사형 등은 영미권의 사람들에게는 그 도덕성이 아주 의심스러운 행위이다. 어쩌면 문화 도덕적 상대주의자들은 상황을 잘못 짚은 것인지도 모른다. 도덕의 궁극적 결정권자는 문화가 아니라 개인일지 모른다. 사실 동일한 문화권 내의 도덕 논쟁은 이것을 증명하고 있다. 하지만 도덕적 절대주의자들은 이에 대하여 단순한 의견 차이는 상대주의를 만들어 내지 못한다고 다시 한 번 반격할 것이다. 절대주의자들은 위의 논증을 다시 한 번 써먹으면서 일부 개인들은 도덕적 신념에 대하여 오해를 하고 있다고 주장할 수 있다.[6]

위와 같은 논증과 반증은 우리를 궁지로 밀어 넣는다. 도덕적 상대주의자의 주장은 심각한 오류를 포함하고 있는 듯하다. 그러나 상대방의 오류를 지적한다고 해서 반증의 타당성이 저절로 성립되는 것은 아니다. 그래서 도덕적 상대주의는 아직도 해결되지 않고 있는 문제점을 안고 있다. 그렇다면 도덕적 상대주의를 반대하는 다른 이유들은 없는가? 물론 있다. 그것들을 살펴보기 위해 우리는 2장의 8에서 다루었던 관용(tolerance) 논증을 다시 꺼내 보아야 한다.

앞에서도 말했지만 상대주의의 좋은 점은 관용의 가능성이 높아진다는 것이다. 도덕적 상대주의는, X는 도덕적으로 옳은가의 질문에 대하여 객관적으로 타당한 대답 따위는 없다는 입장이다. 만약 내가 확고한 문화 도덕적 상대주의자라면, 나는 다른 사회의 규범을 잘못된 것이라고 비판할 의사도 없고 또 비판하지도 않는다. 물론 이러한 관용 정신은 예를 들어 식사 예절과 같은 규범과 관련하여 아무 문제가 없는 듯보이지만 문화 도덕적 상대주의가 머릿속 깊게 박힌 사람이라면 노예제도, 여성 학대, 인종학살 등의 규범도 관용해 주어야 한다. 이럴 경우 나치의 유대인 학살은 1930년대 말과 1940년대 초 독일 제국의 사회적 규범 아래 행해진 것이므로 관용해야 한다는 결론이 나온다. 마찬가지로 철저한 도덕적 주관주의자들은 문화권 내부 또는 외부의 다른 관습들을, 도덕을 근거로 해서 비판할 수는 없다고 주장한다.

더욱 이상한 것은, 도덕적 상대주의자들이 도덕적 발전(즉 어떤 문화 규범을 더 좋은 규범으로 바꾸는 것)이 불가능하다고 보는 것이다. 현재의 도덕 기준을 뒤엎는 행위는 그 당시의 관점으로 보자면 언제나 도덕적으로 잘못된 것이다. 예를 들어 1950년대와 1960년대에 미국에서 벌어졌던 인권 운동은 당시의 문화 도덕적 상대주의자들이 보면 도덕적으로 잘못된 행위였다. 왜냐하면 그 운동은 당시의 규범에 위배되는 것이었기 때문이다. 상대주의자들에 따르면 문화의 규범에 위배되는 행위는 그 자체로 이미 도덕적으로 잘못된 것이다.

도덕적 상대주의의 이러한 암시는 상식에서 크게 어긋난다. 이것은 우리가 일반적으로 알고 있는 윤리와 너무나 어긋나기 때문에 지탱될 수 없는 이론이라는 생각을 안겨 준다.

3. 영화의 개관

"범죄와 비행" 감독 : 우디 앨런

출연 : 마틴 랜다우(Martin Lanadau), 우디 앨런, 미아 패로우(Mia Farrow), 앨런 앨다(Alan Alda), 안젤리카 휴스턴(Angelica Huston), 샘 워터스톤(Sam Waterston).

이 영화는 표도르 도스토예프스키(Fyodor Dostoevskii)의 소설 『죄와 벌(*Prestuplenie i nakazanie*)』을 연상시킨다. 감독인 앨런은 이 영화를 가지고 이런 질문을 던진다. 정의의 바퀴가 전지전능한 신에 의해서든 악마에 의해서든 일탈해 버린 이 세상에서 윤리는 어떻게 되는 것인가? 많은 사람에게 우디 앨런의 작품 중 최고를 꼽으라고 하면 대부분 "범죄와 비행"을 생각한다. 이 영화는 그의 다른 영화에 비하여 코미디, 드라마, 철학을 교묘하게 뒤섞고 있으며 또 부분적으로 배우들의 빼어난 연기를 자랑한다. 이 영화는 두 개의 플롯으로 진행된다.

첫번째 플롯은 성공한 의사이며 가정적인 인물이며 사회 유지인 유다 로젠탈이 주인공이다. 우리는 나중에 그에게 비밀이 있음을 알게 된다. 유다가 이 비밀 때문에 벌어지는 일을 다루는 방식이 첫번째 플롯의 뼈대이다.

두 번째 플롯은 클리포드 스턴이 전개한다. 클리프는 근심걱정이 없는 영화 제작자로서, 현재 그의 프로젝트는 철학자 루이스 레비의 다큐멘터리를 제작하는 것이다. 하지만 클리프의 아내는 다른 생각을 가지고 있다. 그녀는 남편 클리프를 설득하여 그녀의 오빠이며 성공한 텔레비전 제작자인 레스터의 다큐멘터리를 제작하게 한다. 이 다큐멘터리를 제작하는 동안 클리프는 다큐멘터리 프로듀서인 헤일리 리드를 만나 사랑에 빠진다. 클리프의 일과 헤일리와의 사랑이 두 번째 플롯의 뼈대이다.

이 두 플롯을 연결해 주는 인물은 랍비 벤인데 클리프의 동서이면서 유다의 환자이다. 이 두 플롯은 영화 끝 부분에 나오는 벤의 딸 결혼식 피로연에서 합쳐지게 된다.

관객은 우디 앨런 영화의 지적 분위기를 이해하기 위해서 반드시 윤리 이론을 알아야 할 필요는 없다. 그러나 윤리 이론을 좀 알면 앨런의 위트와 창조 정신을 더 잘 이해하게 된다. "범죄와 비행"에서 앨런은 몇 가지 윤리 이론을 생생하게 다루고 있고 또 영화 속 인물들은 저마다 윤리 이론을 '대변' 하고 있다. 이 영화는 다양한 실존적 질문도 던지고 있다. 그래서 제8장 실존주의에서 초점을 맞춘 두 편의 영화 중 한 편으로 다시 한 번 다루어진다.

4. "범죄와 비행" 속의 윤리 이론들

설사 도덕적 절대주의가 윤리의 타당한 해석이라고 인정한다 해도 아직 대답해야 할 질문이 많다. 어떤 행동이 도덕적으로 선하다 또는 악하다고 판정받는 기준은 무엇인가? 이것은 어떻게 손을 대야 할지 난감한 질문이다. 좀더 구체적인 상황을 살펴보자. 영화에서 유다는 동생 잭에게 전화를 걸어 돌로레스를 살해할 살인 청부업자를 알아보라고 말한다(분초 표시[7] 43:00). 당신은 이 장면을 볼 때 유다에게 도덕적 비난을 퍼부었을 것이다. 다시 말해 유다의 행동은 도덕적으로 잘못되었다고 생각했을 것이다. 왜? 유다의 행동이 도덕적으로 어떤 점이 잘못되었는가? 당신은 이 구체적 상황에서 어떤 일반론을 추출할 수 있으며 위의 질문인 도덕적 선악의 근거를 무엇이라고 답변하겠는가?

이 문제를 논의하자면 윤리적 이론들을 크게 양분하는 것이 필요하다. **결과주의**(consequentialism)는 행위의 도덕적 선악을 결정하는 것은 그 행위의 결과라고 주장한다. 다시 말해 도덕적으로 선한 행동은 좋은 결과를, 악한 행동은 나쁜 결과를 가져온다는 것이다. 반면 **비결과주의**(Nonconsequentialism)는 행위의 도덕적 선악을 구분하는 것은 결과가 아니라고 본다. 위에서 설명된 유다의 행위를 다시 생각해 보라. 그리고 다음 중 어떤 것이 당신의 생각에 가깝다고 보는가?

결과주의적 해석

여러 요인 때문에 유다의 행동은 도덕적으로 잘못되었다. 우선 그는 돌로레스의 생명을 빼앗아 감으로써 그녀에게 피해를 주었다. 그녀의 죽음이 사전에 고통을 예상하고 벌어진 것이기에 그녀가 죽기 전에 겪었던 정신적, 육체적 고통이 감안되어야 한다. 우리는 돌로레스의 가족, 친구, 그 밖에 그녀의 죽음으로 충격을 받게 될 사람들에 대해 알지 못하지만, 이런 사람들은 그녀의 죽음 때문에 고통을 당하게 될 것이다. 이에 비해 그녀와 그 밖의 사람들이 겪은 고통을 보상해 줄 만한 긍정적인 것을 돌로레스의 죽음에서 찾아볼 수 없다.[8] 이런 이중의 고통 때문에 유다의 행동은 도덕적으로 잘못된 것이다.

비결과주의적 해석

유다의 행동은 도덕적으로 잘못되었다. 왜냐하면 그런 행동을 함으로써 그는 인간 돌로레스가 가지고 있는 본질적 도덕 가치를 무시했기 때문이다. 그녀의 살해를 지시함으로써 그는 마치 그녀를 아무렇게나 사용해도 상관없는 물건처럼 취급했다. 벤과 나눈 대화에서(MM 13:15)에서 유다는 그 동안 내내 돌로레스를 이용만 했다고 말한다. 청부 살해업자에게 그녀의 살해를 지시한 것은 그녀에게 저지르는 여러 나쁜 행위 중 하나일 뿐이다. 설령 청부 살해업자가 살해를 하지 못하여 유다의 행위가 미수에 끝났다고 하더라도 그것은 도덕적으로 잘못된 일이다.

두 해석이 같은 결론(유다의 행동은 도덕적으로 잘못되었다)에 도달하지만, 그러한 결론에 이르는 논리 과정은 크게 다르다.

먼저 결과주의적 해석을 먼저 살펴보자. 유다의 행동은 나쁜 결과를 만들어 냈기 때문에 나쁘다. 이런 해석을 앞에 놓고 우리는 더 많은 질문을 던지게 된다. 유다가 행한 결과 중 그것을 나쁘게 만드는 것은 무엇인가? 이 질문에 대한 대답으로서 영국의 철학자 **존 스튜어트 밀**(John Stuart Mill, 1806-1873년)은 인간 심리학에서 힌트를 얻었다. 모든 인간이 욕망하는 것은 무엇인가? 여기에 대해 밀은 이렇게 답변한다.

"쾌락과 고통으로부터의 자유가 인간이 궁극적으로 바람직하다고 생각하는 것이다.……모든 바람직한 대상(즉 욕망의 대상)은…… 그 자체에 쾌락이 내재되어 있거나 쾌락을 추진하는 수단 또는 고통을 예방하는 수단을 갖고 있다."[9]

밀의 말을 간단히 요약하면 인간이 바라는 것은 쾌락(또는 고통의 회피)이라는 것이다. 인간이 원하는 것들(예컨대 멋진 차, 좋은 명성, 사랑스러운 가족)은 누군가에게 쾌락을 가져다 주기 때문에 좋은 것이다. 이 견해에 따르면 쾌락도 없고 고통 회피의 수단도 되지 못한다면 그런 대상은 욕망의 대상이 아니다.

밀은 이런 인간 심리학의 원칙이 수긍된다면 윤리학의 결론은 명쾌해진다고 보았다. 행위는 좋은 결과를 가져올 때만 도덕적으로 올바른 것이 된다. 좋은 결과는 곧 많은 쾌락을 가져오는 결과이다. 밀은 이런 사상을 '공리의 원칙(the principle of utility)' 또는 '최대 행복의 원칙(the greatest happiness principle)'으로 표현했다. 이 원칙은 이렇게 주장한다.

"어떤 행위는 행복을 가져오는 정도에 비례하여 옳은 행위가 되며, 그 반대를 가져오는 정도에 비례하여 잘못된 행위가 된다."[10]

밀은 **행복**을 **쾌락**과 같은 것으로 보았기 때문에, 최대 행복의 원칙은 이렇게 풀어서 말할 수 있다. 어떤 행위는 많은 행복을 가져오는 정도에 비례하여 도덕적으로 선한 행위가 된다.

흥미롭게도 밀은 모든 쾌락이 동질이라고 생각하지는 않았다. 그는 모든 사람이 기회가 주어질 때마다 감각적 쾌락을 충족시키는 탐욕의 생활을 해야 한다고 주장하지는 않았다. 설령 어떤 사람이 모든 감각적 욕망을 충족시킨다 하더라도——저 유명한 만족한 돼지——그의 생애는 지적 활동에 평생 종사한 사람보다 덜 유쾌한 것일 수도 있다. 밀에 따르면 "만족스러운 돼지보다는 불만족스러운 인간이 되는 것이 더 낫다. 만족한 바보보다는 불만족한 소크라테스가 되는 게 더 낫다."[11] 하지만 밀이 감각적 쾌락을 나쁘다고 생각한 것은 아니다. 그는, 쾌락 자체를 좋은 것이라고 생각했다. 단지 감각적 쾌락이 다른 유형의 쾌락(이를테면 지적 탐구나 남을 도울 때의 '따뜻하고 포근한 느낌')처럼 더 깊은 만족을 주지 못한다는 것이다.

밀의 철학을 신봉하는 현대의 지지자들은 **행위 공리주의**(act utilitarianism)라는 윤리적 이론을 정립했다. 이 이론에 따르면 도덕적으로 선한 행동은 다음 두 가지로 구성된다.

1) 어떤 행동이 전반적 행복을 극대화할 것인가 생각하는 것.

2) 그 행동을 선택하는 것.

윤리적 결정은 먼저 '선택'으로 시작된다. 사람에게는 여러 대안이 있다. 이런 여러 행동 중 그는 무엇을 선택할 것인가? 행위 공리주의에 따르면 도덕적으로 옳은 결정을 내리기 위해서는 다음 3단계의 과정으로 요약될 수 있다.

1) 행위자가 선택할 수 있는 모든 대안 행동을 열거한다.

2) 각 대안에 대하여 그 안을 선택할 경우 나올 수 있는 행복의 총량을 추

산한다[이 총량을 **공리**(utility)라고 한다].

3) 그 상황에서는 가장 큰 공리를 가져오는 대안이 도덕적으로 옳은 행동이다. 최대 공리를 보장하지 못하는 행동을 선택하는 것은 도덕적으로 잘못된 일이다.

이 과정을 동생 잭에게 청부 살해업자를 수배하라고 지시한 유다의 행위에 적용해 보자. 실제로 그런 선택을 하기 전에 유다에게는 여러 대안이 있었다. 그는 벤이 제안한 대로 자신의 외도를 아내에게 고백할 수도 있었다. 또 "아무런 조치도 취하지 않는다."를 선택할 수도 있었다. 돌로레스를 침묵시킬 조치를 취하지 않으면서 계속 외도와 횡령 사실을 숨길 수도 있고, 청부 살해업자를 수배할 수도 있었다(유다는 이 대안을 선택했다). 실제로 유다가 선택할 수 있는 행동은 많았다. 이런 가능한 행동들이 위의 단계 1에서 말하는 대안 행동들이다.

이런 대안은 각각 관련자들에게 행복(불행)이라는 파급 효과를 미친다. 첫번째 대안인 아내에게 고백하는 행동은 아내에게 불행을 안겨 준다. 성실한 줄 알았던 남편이 바람 피운 사실을 알고 충격을 받을 수 있기 때문이다. 이것은 당연히 유다와 그의 행복 수준에도 영향을 미친다(어쩌면 그의 아내는 이혼을 끝까지 고집할지도 모르고, 설령 이혼까지 가지 않는다고 하더라도 그들의 부부 생활은 피해를 입을지 모른다). 벤은 아내에게 고백하고 결혼 생활의 정직성을 유지하는 것이 불행 속의 축복이라고 말하지만, 사태가 그런 식으로 돌아가리라는 보장이 없다. 유다가 이 고백하는 대안을 선택한다면 다른 사람들도 영향을 받을지 모른다. 그런 사람들로는 유다의 친구, 친척, 이웃, 환자 등을 들 수 있다. 영향 받는 사람들의 숫자는 크게 늘어날 수도 있다. 하지만 이런 사람들의 대부분은 유다의 선택에 가벼운 영향을 받는 것으로 보아야 한다. 하지만 위의 단계2를 적용하기 위해서는 이런 사람들도 고려해야 하는 것이다.

그러면 두 번째 '아무것도 하지 않는' 대안은 어떨까? 행복(불행)과 관련하여 누가 영향을 받으며 또 어느 정도 영향을 받을 것인가? 여기에서도 비교적 소수의 사람 곧 유다, 그의 아내, 돌로레스가 직접적으로 영향을 받을 것이다. 그러나 지엽적으로 영향을 받는 사람들은 상당히 많을 것이다.

마지막으로 유다가 영화에서 선택한 대안은 어떤가? 이 대안의 공리성은 어느 정도나 되는가? 물론 돌로레스는 고통을 받는다. 죽음 그 자체는 공리주의의 관점에서 보면 나쁜 것이 아니다. 그러나 행복을 느끼려면 목숨이 있어야 하기 때문에 사람의 죽음을 야기하는 행위는, 행위 공리주의에 따르면 도덕적으로 잘못된 것이다. 더욱이 돌로레스가 죽기 전에 고통과 고난을 겪었다면 그것은 이 대안을 더욱 나쁜 것으로 만든다. 그러나 우리는 여기서 분석을 끝낼 수는 없다. 우리는 살인 행위의 도덕적 선악을 따질 때 피살자의 결과에 집중하는 경향을 보이지만, 행위 공리주의는 관련된 모든 사람을 고려하고 또 그 행위에 따라서 결과된 행복(불행)의 총량을 따지라고 요구한다. 그러니까 유다의 행위가 유다, 그의 아내, 그의 가족, 그의 친구들에게 미치는 영향을 감안해야 한다는 것이다. 우리는 영화의 마지막 대화(MM 93:30)에서 유다와 그의 가족이 유다의 선택 때문에 행복하게 되었다는 것을 알게 된다. 행복의 관점에서 보자면 유다는 단기적으로 불행했지만(양심의 가책이 너무 심각하여 경찰에 자수할 생각을 했다), 장기적으로 볼 때 그와 그가 사랑하는 모든 사람들의 일을 잘 풀리게 했다.

그렇다면 행위 공리주의의 관점에서 볼 때 유다가 돌로레스를 대리 살해한 행위는 올바른 행위인가? 아니다. 적어도 반드시 그런 것은 아니다. 그것은 다른 여러 사항을 감안해야 하는데 우리 관객은 그것들에 대해 잘 알지 못한다. 예컨대 돌로레스에게는 그녀의 죽음을 크게 상심할 가까운 친구와 친척들이 있는가? 돌로레스는 전반적으로 행복한 사람이어서 살해되지 않았다면 생애 내내 많은 행복을 만들어 낼 사람인가? 돌로레스 살해 혐의로 기소된 사람은 그런 잘못된 기소로 고통을 당할 사람인가? 등이 그런 것이다. 우리는 마지막 질문에 대해서는 아니다라는 희미한 암시를 받는다. 돌로레스를 살해한 사람은 이미 여러 차례 살인을 저질러 어차피 평생 징역형을 당하게 되어 있다. 유다의 소행은 앞으로 언젠가는 밝혀져 아주 먼 관점에서 볼 때 현재의 행복 상태를 깨뜨려 놓을 것인가? 행위 공리주의의 한 가지 괴상한 점은 이런 것이다. 만약 모든 상황과 그에 따른 결과가 모두 좋게 드러난다면 심지어 살인도 도덕적으로 올바른 행위로 판정될 수 있다. 우리는 이 점에 대하여 나중에 더 자세히 다루게 될 것이다.

지금까지의 논리 전개는 행위 공리주의의 여러 가지 흥미로운 속성을 살펴본 것이었다.

첫째, 이 이론은 평등주의적이다. 다시 말해 모든 사람의 행복을 고려한다는 것이다. 모든 사람이 똑같이 대우된다. 행위의 선택을 하는 행위자도 그 밖의 다른 사람들보다 더 중요한 존재가 아니다. 각 개인의 총체적 공리성에 대한 기여도는 사회적 지위의 기능을 따라가는 것이 아니라 그런 선택을 했을 때 그가 느끼는 행복의 총량을 따라간다. 힘 있는 사람이라고 해서 힘 없는 사람보다 더 중요한 존재는 아니다. 부자도 가난한 사람보다 더 중요한 존재는 아니다. '죄 없는' 사람이 '죄 있는' 사람보다 더 중요한 것은 아니다.

둘째, 공리주의자는 사람들이 느끼는 행복의 측정 방법이 있다고 생각한다. 그래서 개인 A가 느끼는 행복은 개인 B가 느끼는 행복에 추가하여 의미를 가질 수 있다고 본다(이러한 전제 조건은 위의 과정 2에 내재되어 있다).

셋째, 공리주의는 일반적인 윤리 이론이다. 이 이론은 행위의 도덕적 선악을 구분하는 특성을 일반적으로 말해 준다. 행위 공리주의에 따르면 어떤 행위이든 행위자의 다른 행동 못지않게 총체적 행복을 만들어 낼 수 있으면 도덕적으로 올바른 행위이다. 이 이론으로 도덕적 선악을 판단하는 것은 선택 이후에도 할 수 있고 선택 이전에도 할 수 있다.

행위 공리주의는 공리주의 이론들(행위의 결과로 도덕적 선악을 판단하는 이론들)의 한 가지 이론일 뿐이다. 공리주의의 또 다른 견해로는 **도덕적 이**

기주의(moral egoism)가 있다. 이 이론에 따르면 행위의 도덕적 지위를 결정하는 데 있어서 행복은 주요소이며 행위자의 행복만이 그 결정 기준이 되어야 한다.[12] 따라서 행동 X를 실천할 때 내 행복이 극대화된다면 행동 X는 도덕적으로 올바른 일이 된다. 어떤 행동이 다른 사람에게 미칠 영향은 이 이론에서는 고려되지 않는다. 행위 공리주의와 마찬가지로 도덕적 이기주의도 장기적인 행복에 초점을 맞춘다는 사실을 유념해야 한다. 도덕적 이기주의에 따르면 도덕적으로 올바른 일은 여러 달 또는 여러 해가 지난 후에야 결실을 맺는 행동일 수가 있다. 더욱이 행복 수준을 극대화하는 방법은 남들을 돕는 것일 수도 있다. 남을 돕는 것이 나에게 기쁨을 주거나 또는 남을 도움으로써 나중에 나도 도움을 받을 수 있기 때문이다. 도덕적 이기주의는 그 나름대로 문제점이 있으나, 그렇다고 해서 '개인의 모든 변덕을 만족시키는 것=도덕적으로 옳은 행위'라고 주장하는 하찮은 이론으로 생각해서는 안 된다.

"범죄와 비행"에서 도덕적 이기주의를 가장 잘 구현하고 있는 인물은 유다이다. 그의 말과 행동으로 미루어 보면 그가 선택을 할 때 유일한 관심사는 그 행동이 자신에게 어떤 영향을 미칠까이다. 영화의 끝 부분에서 그는 자신의 이익을 극대화함으로써 성공을 거두었다는 암시를 주고 있다.

행위의 도덕적 선악을 판단하는 데 결과가 중요하다는 주장은 타당한 이야기일까? 위에서 나는 "돌로레스를 청부 살인한 유다의 행동은 도덕적으로 올바른가?"라는 질문에 두 가지 반응을 구분한 바 있다. 첫번째 반응은 윤리의 결과주의적 견해를 구체화한 것이다. 유다의 행위는 다른 행위에 비해 더 나쁜 결과를 낳았기 때문에 잘못되었다. 대부분의 철학자는 이런 결과주의적 윤리 이론을 거부하지만, 그에 대한 대안 이론을 내놓는 데 의견이 제각각이다.

결과주의에 반대하는 가장 인기 있는 대안은 독일 철학자 **칸트**가 내놓은 윤리 이론이다.[13] 칸트에 따르면 행위의 도덕적 지위를 결정하는 데 결과는 아무런 의미도 없다. 행위의 도덕적 지위를 결정하는 유일한 요소는 행위자의 의도이다. 칸트의 견해를 단 한 문장으로 요약하기는 어렵다. 칸트의 윤리 이론은 일련의 한 꾸러미를 이룬 서술로서, 이것을 크게 하나로 보면 도덕적 옳음이 무엇인지 알 수 있다. 이미 우리가 살펴본 바와 같이 행위자의 의도가 선량하다면 그 행위는 도덕적으로 올바른 것이다. 좋은 의도는 딱 한 가지밖에 없는데, 그것은 자신의 의무를 이행하려는 의도를 말한다. 이때의 의무란 남들도 따라하기를 요구하는 일반 원칙에 준해서 행동하는 것이다[이러한 설명은 "남들이 해 주기를 바라는 대로 당신도 남들에게 하라."는 황금률(黃金律)을 연상시킨다. 칸트는 자신의 '윤리 이론=황금률"이라는 것을 거부했다. 하지만 여기서는 이해의 편의를 위해서 일단 유사성을 지적해 보았다]. 따라서 이런 것들을 모두 종합해 보면 **칸트의 윤리 이론**(Kant's ethical theory)은 이렇게 된다.

행위자가 행위를 하면서 취한 일반 원칙이 남들에게도 얼마든지 따라하기를 강요할 수 있는 일반 원칙이라면, 그 행위자의 행위는 도덕적으로 올바른 것이다.

칸트의 윤리 이론에 비추어 유다의 청부 살해를 한번 생각해 보자. 먼저 유다가 이런 행동을 하면서 어떤 일반 원칙을 따랐는지 고려해야 한다. 이것은 까다로운 문제이다. 왜냐하면 우리가 이 일반 원칙을 어떻게 정하느냐에 따라 그 원칙의 보편화가 가능한지 여부가 결정되기 때문이다. 우리가 그 원칙을 너무 구체적인 것으로 정하면(이를테면 유다의 경우에만 해당하는 원칙으로 만들면), 그것은 보편화되기 어렵다. 예를 들어 유다가 따른 '일반' 원칙이 이런 것이라고 해 보자.

"어떤 남자가 정부를 두었는데 그 정부가 혼외 정사와 공금 횡령 사실을 폭로하겠다고 협박할 때 그 남자는 조직폭력단에 연결되어 있는 남동생을 접촉하여 그 정부를 청부 살해한다."

이 원칙은 너무 구체적이어서 유다가 청부 살인을 결심하게 된 동기를 밝혀 주지 못한다. 그의 동기는 자신의 안전에 위협을 가하는 돌로레스의 협박에서부터 자신을 보호하기 위한 욕망이다. 그가 구체적으로 협박받고 있는 사항인 혼외 정사와 공금 횡령은 세부 사항에 지나지 않는다. 따라서 유다의 행동 기반이 되는 일반 원칙을 좀더 정확하게 묘사하면 이렇게 된다.

"어떤 사람이 나의 안전을 위협할 때마다 나는 그 사람을 죽일 것이다."

과연 이러한 원칙을 유다는 다른 사람들에게 따르라고 강요할 수 있을까? 물론 아니다. 왜냐하면 그도 인생을 살아 나가는 과정에서 다른 사람에게 위협을 줄 수 있기 때문이다. 그는 자신이 위협한 사람이 자신(유다)을 죽이기를 바라지 않을 것이다. 유다는 영화 속에서 이런 원칙의 보편화를 거부한다. 양심의 가책을 느낀 유다는 경찰에 자진 신고하겠다고 동생 잭에게 말한다 (MM 80:00). 이 행동은 잭에게 위협이 된다. 잭은 유다의 그런 행동에 동의할 수 없다고 분명하게 말하면서 그 경우 오히려 보복이 있을 것이라고 암시한다. 이제 상황이 반전되어 유다가 목숨이 위태로운 지경이 되자 유다는 전혀 죽고 싶은 생각이 없다. 따라서 유다가 돌로레스를 청부 살해할 때 취한 원칙은 그가 보편화하고 싶은 원칙이 아니다. 유다가 그 원칙을 바탕으로 행동했다면 그는 잘못 행동한 것이다.

칸트는 그의 윤리 이론을 구성하는 두 번째 방법을 가지고 있다. 이 두 번째 방법은 이해하기가 쉽고 많은 경우에 적용된다.

"당신 자신이든 남이든 모든 인간을 모든 경우에 하나의 목적으로 대우하라. …… 결코 수단으로 이용하지 말라."[14]

여기서 칸트가 주장하는 바는 동료인 이성적 행위자(다시 말해 '인간' 종의 구성원)를 자신의 목적을 달성하기 위한 수단으로 여기지 말고, 그 사람도 그 자신의 목적, 욕망, 의사 결정 능력 등을 가진 자율적 행위자로 여겨야 한다는 것이다. 그의 윤리 이론을 이런 식으로 체계화하는 과정에서 칸트는 같은 이론을 다른 언어로 표현하고 있다. 첫번째 원칙('일반 원칙')에 따라 도덕적으로 올바른 행동이라고 판정된 행동은 두 번째 원칙('수단이 아니라 목적')에 따라서도 올바르다고 판단되며, 그 역(逆 : 두 번째 원칙에서 선한 것은 첫번째 원칙에서도 선하다) 또한 진(眞)이라는 것이다. 실제로 유다의 행동은 두 번째 원칙에 의해서도 도덕적으로 그른 것으로 판정된다. 왜냐하면 유다는 돌로레스를 단지 자신의 목적을 달성하기 위한 수단으로 이용했기 때문이다.

여태까지 윤리 이론에 관한 우리의 토론은 유다에게 집중되어 있었다. 하지만 윤리 이론을 검토하는 데 "범죄와 비행"의 조연들의 행동과 진술도 큰 도움이 된다. 신앙심이 강한 두 인물, 벤(랍비)과 솔(유다의 아버지)은 유신론적(有神論的) 기반을 공유하는 두 가지 윤리 이론을 각각 대변한다.

솔은 **신의 명령 이론**(divine command theory)이라는 윤리 이론을 대변하는데, 이것은 하느님의 뜻을 따르는 행동은 모두 도덕적으로 옳은 행동이라는 주장이다.[15] 이 이론에 따르면 내가 신이 원하는 바를 행하면 나는 도덕적으로 옳고, 신이 원하는 바를 하지 않으면 도덕적으로 그른 것이다. 솔과 같은 정통 유대교 신자의 입장에서 볼 때 신의 뜻은 성서를 통해 인간에게 계시된다. 신의 명령 이론은 종교마다 하나씩 있기 때문에 단일 이론이 아니라 이론군(群)이다. 왜냐하면 종교마다 그런 이론이 하나씩 있고, 또 신의 뜻에 대하여 다른 해석을 내리기 때문이다.

윤리의 근거를 초월적 존재 곧 신에게 두는 이론은 신의 명령 이론만 있는 것이 아니다. 벤은 흥미로운 대안을 제시한다. 유다가 벤에게 돌로레스의 위협을 털어놓는 첫번째 대화에서 벤은 아내 미리엄이 이해해 줄 것을 기대하면서 고백하라고 조언한다. 벤은 유다의 혼외 정사 문제를 해결해 나가는 과정에서 유다와 미리엄의 결혼 생활이 더욱 풍요로워질 것이라고 말한다. 유다는 이런 조언에 코웃음을 친다. 그러자 벤은 이렇게 대답한다.

"우리가 세상을 바라보는 방식에는 근본적인 차이가 있어요. 당신은 세상을 잔인하고 무가치하고 각박한 곳으로 인식하고 있어요. 하지만 나는 이 세상에 도덕적 구조가 있다고 생각해요. 진정한 인생의 의미와 용서하는 마음과 더 고상한 마음을 가능케 하는 그런 구조를 온 마음으로 느끼고 있어요. 그것이 없다면 나는 단 하루도 살아갈 수 없을 거예요. 이런 기반이 없다면 인생을 살아갈 수 없어요……." (MM 13:50).

　벤이 위에서 말하는 이론은 **유신론적 자연법 이론**(theistic natural law theory) 이라는 것이다. 이 이론의 핵심 사항은 선과 악이 사물의 자연적 질서(벤이 말하는 '도덕적 구조')에 뿌리를 내리고 있으며 그 질서는 궁극적으로 신의 목적과 연결된다는 것이다. 당신은 이 이론과 신의 명령 이론은 어떻게 다른지 물어 보고 싶을 것이다. 그 대답은 이렇다. 유신론적 자연법 이론은 윤리와 신의 뜻 사이에 개념적 완충 단계를 두고 있는데 비해, 신의 명령 이론은 '신의 뜻 = 윤리'라는 입장이다. 유신론적 자연법 이론에 따르면 모든 사물은 목적 또는 기능을 갖고 있는데, 하느님이 사물을 창조할 때 그 목적 또는 기능을 이미 생각해 두었다는 것이다. 그 목적과 기능은 우리처럼 이성적인 존재들은 자연이 '구성되고 조직되는' 방식을 검토함으로써 흘낏 엿볼 수 있는 것이다. 따라서 신의 명령 이론과는 다르게 신의 뜻을 보여 주는 계시 같은 것을 필요로 하지 않는다. 이 유신론적 자연법 이론에 따르면 유신론자는 도덕적 지식을 얻기 위해 특별한 접근 수단을 필요로 하지 않는다. 왜냐하면 인간의 이성으로 행위의 도덕적 선악을 얼마든지 구분할 수 있기 때문이다.

　자연법 이론에는 무신론도 있다. 이 이론은 **무신론적 자연법 이론**(nontheistic natual law theory)이라고 하는데, 선과 악이 자연의 목적과 기능 속에 깃들여 있다는 입장을 취한다. 하지만 그 목적과 기능의 조정자가 신은 아니라고 보는 입장이다. 그 대신 '자연의 목적' 또는 '자연의 기능'을 진화론이나 그 밖의 자연 법칙으로 설명하려고 한다.

　이 밖에 "범죄와 비행"에는 어떤 윤리적 이론들이 들어 있는가? 영화에서 가장 이채로운 인물은 유다의 고모 메이이다. 우리는 이 인물을 유다가 어린 시절 유월절 삼나무를 회상하는 장면에서 만나게 된다(MM 69:50). 솔은 그녀를 '허무주의자'라고 말한다. 메이 고모는 문화 도덕적 상대주의자이다. 특히 "힘이 곧 정의다."라는 그녀의 말은 문화 도덕적 상대주의를 이해하는 한 가지 방법이 된다. 적어도 그녀가 도덕적 절대주의자가 아님은 분명한데, 그것은 다음의 대화에서 알 수 있다.

삼나무 손님 : 메이, 뭐라고 말하는 거예요? 이 세상 천지에 도덕이란 없다니요?
메이 : 도덕을 필요로 하는 사람들에게만 도덕이 있는 것이지요. 돌 위에 새겨진 도덕 같은 건 없어요.

윤리 이론을 다룬 이 장을 마치기 전에 우리가 지금껏 다루어 온 모든 윤리 이론들을 일목요연하게 정리해 보면 다음과 같다.

도덕적 상대주의
- 도덕적 허무주의[16]—모든 도덕적 진술은 무의미하다.
- 도덕적 주관주의—개인이 도덕의 최종 결정권자이다.
- 문화 도덕적 상대주의—문화는 도덕의 최종 결정권자이다.

도덕적 절대주의
- 결과주의
1) 도덕적 이기주의—행위자의 행복을 극대화시키는 행동은 선이다.
2) 행위 공리주의—모든 행복을 극대화시키는 행동은 선이다.

- 비결과주의
1) 칸트의 윤리 이론—행위자의 의도에 바탕을 두어 행위의 도덕적 옳고 그름을 판단한다.
2) 자연법 이론—자연을 따르는 행동은 선이다.
    a) 유신론적—'자연'은 신의 목적에 따라 질서지워져 있다.
    b) 무신론적—'자연'은 신의 개입 없이 질서지워져 있다.

c) 신의 명령 이론—신의 뜻을 따르는 행동은 선하다.

5. 윤리 이론을 평가하기

"범죄와 비행"은 다양한 윤리 이론을 소개하는 풍성한 원천이다. 이 영화는 그런 이론들을 소개하고 그치는 것이 아니라 그 이론들에 대한 찬반 논증을 펼치고 있다.

그러한 논증은 이미 위에서 언급된 바 있다. 공리주의자는 청부 살인을 사주한 유다의 행동을 어떻게 분석할까? 먼저 유다의 이 행동이 가져온 행복의 총량과 다른 대안 행동들이 가져왔을 법한 행복의 총량을 비교해야 한다. 만약 유다의 행동이 가장 큰 행복을 가져왔다면 그것은 도덕적으로 선한 행동이 된다. 하지만 일반적인 도덕 상식에 비추어 볼 때 제대로 된 윤리 이론이라면 유다의 행동을 도덕적으로 잘못된 것으로 판정해야 마땅하다. 만약 그렇게 하지 않는다면 그것만으로도 그 윤리 이론은 거부의 사유가 된다. 그러나 불운하게도 공리주의의 입장에서 보면 미래의 결과에 따라서는 유다의 행동이 도덕적으로 옳은 행동일 수도 있다. 실제로 영화는 바로 그런 결과가 되었다고 암시하고 있다. 돌로레스는 별로 행복하지 않은 외돌토리였고 그녀와 가까운 사람들은 그녀의 죽음으로 별로 고통을 당할 것 같지도 않다. 반면 유다와 그의 가족은 유다의 선택 때문에 아주 행복하게 되었다. 사실 그들은 그런 선택이 없었더라면 가능하지 않았을 그런 행복을 누리고 있다. 돌로레스 살해를 대신 뒤집어쓴 사람은 이미 여러 사람을 죽였기 때문에 돌로레스 건 때문에 형량이 더 늘어날 것 같지도 않다. 돌로레스의 죽음으로 피해를 보는 사람은 돌로레스뿐인 데 비해 그 때문에 행복 수준이 높아진 다른 사람들이 아주 많다. 또 돌로레스의 경우 그녀가 순간적으로 고통 없이 죽었다면, 그녀의 피해라는 것은 그녀가 살아 있었다면 누렸을지도 모르는 행복에 국한된다. 영화는 그녀가 특별히 행복한 사람은 아니었다고 암시한다. 따라서 그녀의 죽음은 유다와 그의 가족이 결과적으로 느끼는 행복에 따라 보상되고도 남는다. 이러한 분석은 공리주의의 가장 심각한 문제를 지적하고 있는데 통칭 **권리의 문제**(problem of rights)이다. 공리주의는 권리의 개념을 인정하지 않는다. 예컨대 살해되지 않을 권리를 인정하지 않는 것이다. 이 윤리 이론에서 누군가를 죽이는 것은 그 자체로 잘못이 되지는 않는다. 그 살해 행위가 살해를 보상하고도 남을 만큼의 커다란 행복을 가져온다면 말이다.

또 고전적 형태의 공리주의(예컨대 4에서 설명된 행위 공리주의)의 경우, 행복이 균등하게 분배되어야 한다는 요구 조건도 없다. 따라서 행위 공리주의에 따르면, 소수를 희생하여 다수에게 많은 행복을 가져다줄 수 있는 행위는 도덕적으로 올바른 행위이다. 다시 말해 다수를 만족시킬 수 있는 방법이 그 소수의 희생을 필수적으로 요구한다면 그렇게 할 수도 있다는 것이다. 가령 획기적인 치료 방법을 얻기 위해 생체 실험을 하는 따위가 구체적 사례이다. 이것은 분명 심각한 문제인데 통칭 **부정의 문제**(problem of injustice)라고 한다. 행위 공리주의자는 이에 대해 어떻게 반응할까? 그는 아마도 이렇게 말할 것이다.

"행위 공리주의에 따르면 유다의 행동이 결국 올바른 행동으로 판명될 것이라는 분석은 타당하지 않다. 그것은 몇 가지 잘못된 전제 조건들을 내걸고 있다. 무엇보다도 돌로레스가 인생에서 너무 행복하지 못해 그녀의 죽음을 슬퍼할 사람이 별로 없다는 이야기는 개연성이 없다. 또 위의 분석은 행위 공리주의의 핵심을 놓치고 있다. 행위 공리주의는 장기적인 행복에 대하여 관심이 있는 반면, 위의 분석은 유다의 행동을 단기적으로 분석한 것에 지나지 않는다."

하지만 이렇게 항변해도 행위 공리주의에 대한 비판을 잠재우지는 못한다. 돌로레스가 전반적으로 행복한 사람이었느냐 아니냐는 문제의 핵심이 아니다. 비판의 핵심은 결과가 수단을 정당화한다는 공리주의의 기본 전제를 겨냥하고 있기 때문이다. 영화 "범죄와 비행"은 그런 전제 조건이 상식에 크게 어긋나는 결과를 만들어 낸다고 지적하고 있다(다시 말해 행위 공리주의는 유다의 행동이 도덕적으로 옳다고 암시하는 반면, 우리의 도덕적 상식은 그것을 잘못된 행동이라고 보는 것이다). 실제로 우리의 도덕적 직관은 유다의 행동에 관하여 행동 그 자체가 잘못되었다고 판단한다. 유다의 행동이 어떤 결과를 가져오든 간에 그것은 도덕적으로 잘못된 행동이라고 보는 것이다.

행위 공리주의는 장기적인 행복을 목적으로 한다는 주장 때문에 세 번째의 심각한 문제에 봉착하게 된다. 이런 장기적 행복을 실제로 측정하려 든다면 우리는 세상의 미래가 우리의 행동 또는 대안 행동에 따라 어떻게 영향을 받을 것인지 아주 많이 알고 있어야 한다. 이런 측정의 문제 때문에 이 이론은 도덕적 의사 결정을 하는 데 있어서 별로 실용적인 쓰임새가 없다. 이 문제는 통칭 **전지의 문제**(problem of omniscience)라고 한다.

위에서 지적한 세 가지 중대한 문제점이 있는데도 행위 공리주의는 철학자들 사이에서 계속 인기 있는 이론으로 존재해 왔다. 일반인이 보기에도 결과에 집중하는 이 이론은 도덕적 추론의 중요한 측면을 틀어쥐고 있는 것이다. 우리가 일상 생활 속에서 의사 결정을 할 때 이런저런 대안의 결과를 반드시 검토한다. 하지만 영화 속 등장인물인 헤일리의 다음과 같은 말을 상기해 보라.

"아무리 정교한 철학적 체계를 구축한다고 하더라도 결국에는 불완전한 것으로 판명되지."

행위 공리주의는 모든 것을 포괄하는 윤리 이론으로서는 심각할 정도로 불완전하다. 그렇다면 "범죄와 비행"은 더 좋은 제안을 하고 있는가? 대답은 '있다.' 이면서 '아니다.' 이다. 영화의 주요 주제 중 하나는 유신론과 윤리의 관계에 대해서 질문하는 것이다. 이 주제는 공리주의의 타당성과도 관계가 되며 나아가 칸트의 윤리 이론 및 무신론적 자연법 이론의 타당성과도 관련이 된다. 이들 이론은 필요한 요소, 즉 신의 개념을 배제하고 있는가?

이러한 논의의 가장 좋은 출발점은 도덕적 절대주의를 다시 한 번 들추는 것이다. 공리주의, 칸트의 윤리 이론, 자연법 이론(유신론적 및 무신론적), 신의 명령 이론 등은 모두 그 자신을 절대적(객관적) 윤리 이론이라고 주장한다. 이 이론들의 당위성은 어디에서 오는가? 이를테면 공리주의에 따르면 왜 사람은 행복의 극대화를 당위로 여겨야 하는가? 분명 다음의 두 진술은 서로 다른 것을 말하고 있다.

    S : 행위 A는 전반적인 행복을 극대화한다.
    S' : 행위 A는 도덕적으로 옳다.

왜 행위 공리주의자에 따르면 S'이 S를 뒤따라 나오게 되는가? 밀에 따르면 공리주의자는 당위를 인간 심리학의 객관적 사실에서 찾는다. 그 자체로 바람직한 것은 행복뿐이라는 것이다(밀의 말을 따르면 '쾌락과 고통으로부터의 자유').

'당위'는 어디에서 오는가 하는 질문은 공리주의에만 해당되는 것이 아니다. 칸트의 윤리 이론에 대해서도 같은 질문을 할 수 있다. 왜 사람은 보편화된 원칙을 따르는 것을 당위로 여겨야 하는가? 칸트는 "이 세상에서는 의지를 빼놓고는 조건적인 선을 생각할 수 없다."[17)]는 가정을 통해 당위를 결정짓는다. 또한 인간이 이성적 존재이기 때문에 당위가 결정되어진다고 본다.

영화 "범죄와 비행"을 관통하는 여러 논증 중 하나는 공리주의나 칸트의 윤리 이론의 당위성을 질적으로 부적절하다고 논박한다. 이와 관련된 대화로는 세 가지가 있다. 첫번째 대화는 유다의 사무실에서 벌어지는 벤과 유다의 대화(MM 13:50)로서 이미 앞에서 다루어졌다. 두 번째 대화는 돌로레스의 살해를 위해 남동생 잭에게 전화를 걸까 말까 망설이면서 유다의 머릿속에서 벌어지는 대화이다(MM 40:50). 이것은 벤과 유다의 대화를 반추하는 형식으로 진행되다가 새로운 결말에 도달한다.

벤 : 율법이 없다면 모든 게 어둠일 뿐이야.

유다 : 당신은 꼭 우리 아버지 같은 소리를 하는군요. 내가 정의를 얻을 수 없다면 그 율법이 나와 무슨 상관입니까?

이 머릿속 '대화'는 유다가 잭에게 전화를 거는 것으로 끝난다. 세 번째 대화는 영화의 두 플롯을 서로 이어 주는 대화이다. 클리프와 그의 일, 유다와 그의 살해극을 교묘히 이어 주는 것이다. 이 대화는 벤의 딸 결혼식 피로연에서 벌어진다(대화는 MM 93:30에서 MM 99:30까지 이어진다). 이 대화를 통해 유다는 돌로레스 살해 이후 자신의 삶이 어떻게 되었는지를 우리에게 알려 준다. 유다는 살인 미스테리 극의 플롯을 하나 구상했다고 꾸며 대면서 이 이야기를 클리프에게 해 준다. 유다는 우리가 영화 앞부분에서 이미 보았던 것을 되풀이한다. 살인 행위가 벌어진 다음 심한 양심의 가책 때문에 경찰서에 신고할 생각을 했다는 사실을 말한다. 전에 가치가 전혀 없는 것으로 보였던 세상이 이제 가치가 가득 들어찬 것처럼 보이고, 그의 행동은 중대한 범법 행위라고 생각된다. 신의 눈이 이제 그의 일거수 일투족을 지켜보는 듯하다. 그러나 바로 그때 상황이 급변한다고 유다는 말한다. 발각에 대한 우려와 이 죄의식은 서서히 희석되어 나간다. 살인 행위는 다른 연쇄 살인범에게 뒤집어 씌워졌고 그래서 그는 혐의를 완전히 벗었다. 가끔 죄의식을 느낄 때도 있지만 시간이 가면서 빈도와 강도가 약해져 이제 아무렇지도 않게 되었다. 몇 달 뒤 그는 마치 아무런 일도 없었던 것처럼 부와 특혜의 안락한 생활로 되돌아갔다.

이 마지막 대화는 도스토예프스키의 『죄와 벌』을 암묵적으로 참조하고 있다. 이 소설의 주인공 라스콜니코프는 동네의 전당포 할머니를 죽인 인물이다. 이 소설과 앨런 영화의 차이점은 라스콜니코프의 죄의식이 날이 갈수록 강해져서 마침내 경찰서에 자수하게 되었다는 것이다. 클리프는 유다의 '이야기' 속에서 살인범이 무사히 도망쳤다는 아이디어를 납득하기 어렵다고 말한다. 게다가 살인범은 지속적으로 양심의 가책을 느끼지도 않는다. 투옥이 되었든 양심의 가책이 되었든 이 궁극적 처벌의 결핍은 유다의 '이야기'를 아주 오싹한 것으로 만든다고 클리프는 논평한다.

많은 유신론자가 동의하는 바와 같이 궁극적 처벌이 없는 세상은 아주 혼란스러운 세상이다. 이것은 기독교 신자들의 소중한 주제로서 그들은 기독교의 진리를 사람들에게 납득시키기 위해 이 주제를 집중적으로 꺼내 든다. 영화 속 인물 솔은 유대교 내에도 이런 경향이 있음을 보여 주는 증거이다.

그런데 궁극적 처벌이 없는 세상은 왜 그렇게 나쁜 것인가? 앞에서 나는 가치 판단과 가치 중립 판단을 언급했다. 도덕적 평가는 곧 가치 판단이지만 동시에 그 이상의 것이다. 도덕적 평가는 암묵적인 강제 또는 명령을 내포하고 있기 때문이다. 어떤 사람이 당신이 보기에 잘못된 일을 할 때 당신은 "당신, 그렇게 하는 것은 잘못하는 겁니다." 하고 말한다. 이 문장은 "그거 하지 마!"의 강제를 포함하고 있다. 과거에 벌어진 행동에 대하여 암묵적이든 명시적이든 명령을 내리는 것은 별 의미가 없지만, 그래도 과거의 행위에 도덕적 잘못을 판단한다는 것은 그 안에 암묵적 명령의 그림자가 깃들여 있는 것이다. 앞에서 나는 '윤리 이론들의 당위성은 어디에서 오는가?'라는 질문을 던진 바 있다. 그래서 밀과 칸트가 이 질문에 어떻게 대답하는지 살펴보았다. 그들의 답변은 도덕적 평가 속의 암묵적 명령을 설명하고 있는가? 설명하지 않는다면 무엇이 설명할 것인가? 기독교 신자들은 첫번째 질문("그들의 답변은 도덕적 평가 속의 암묵적 명령을 설명하고 있는가?")에 대하여 아니다라고 대답할 것이다. 그들이 보기에 명령을 내릴 수 있는 권위는 신의 손에 들어 있는 회초리, 곧 신의 징벌 이외에는 아무것도 없다. 여기 이승이든 또는 저승이든 그 회초리는 사악한 행위자를 내려치는 것이다.

> 만약 인생이 무덤에 들어가는 것으로 끝나 버린다면 스탈린처럼 살았든 성인처럼 살았든 아무런 문제가 되지 않는다. 인간의 운명이 인간의 행동과 무

관한 것이라면 당신은 당신 좋을 대로 살아도 된다. 도스토예프스키는 이렇게 말했다. "영생이라는 것이 없다면 모든 것이 허용된다." 이런 기반에서 본다면…… 다른 사람을 위해 희생한다는 것은 어리석은 일이다. 신 없는 윤리학의 타당성을 옹호하던 무신론자 철학자 카이 닐슨(Kai Nielson)은 결국에는 이렇게 인정했다. "우리는 이성이 도덕적 관점을 필요로 한다는 것을 증명하지 못했다. 또 신화나 이데올로기에 속지 않는 이성적 인간이 반드시 개인적 이기주의자나 전형적인 몰도덕주의자가 되지 않는다는 것을 증명하지 못했다.…… 사실에 대하여 훌륭한 지식을 갖춘 순수 실천 이성도 인간을 도덕성으로 인도하지는 못한다."[18] 만약 신이 없다면 선악에 대한 객관적 기준도 없게 된다. 그때 우리가 대면하게 되는 것은 장 폴 사르트르(Jean-Paul Sartre, 1905-1980년)의 말대로 존재라는 무가치한 노골적 사실 뿐일 것이다.[19]

'존재라는 무가치한 노골적 사실'은 벤이 말한 "율법이 없다면 모든 게 어둠일 뿐이야."와 상통한다. 또 이런 말과도 통한다.

"당신은 세상을 잔인하고 무가치하고 각박한 곳으로 인식하고 있어요. 하지만 나는 이 세상에 도덕적 구조가 있다고 생각해요. 진정한 인생의 의미와, 용서하는 마음과, 더 고상한 마음을 가능케 하는 그런 구조를 온 마음으로 느끼고 있어요. 그것이 없다면 나는 단 하루도 살아갈 수 없을 거예요. 이런 기반이 없다면 인생을 살아갈 수 없어요."

이 세상에 '외부로부터' 가치를 부여해 주는 초월적 존재(신)가 없다면 도덕은 존재하지 않는다는 것이다.

"범죄와 비행"은 어떤 윤리 이론을 지지하는가? 이 영화가 클리프와 유다의 대화(유신론적 윤리 이론을 지지하는 대화)로 끝나지 않는 것은 흥미로운 일이다. 영화는 레비 교수의 보이스오버(화면에 등장하지 않는 해설자의 목소리 / 옮긴이)에 마지막 발언권을 주고 있다.

우리 모두는 한평생 내내 고통스러운 결정들…… 도덕적 선택을 대면하게 됩니다. 어떤 결정은 규모가 큰 것도 있겠지만 대부분 사소한 결정들입니다. 하지만 우리는 선택에 따라 우리 자신을 규정합니다. 우리는 사실 우리 선택의 총합인 것입니다. 사건들은 너무나 예측 불가하게 또 불공평하게 전개됩니다. 천지창조의 구상에는 인간의 행복이 설계되어 있지 않은 것처럼 보입니다. 이처럼 무심한 우주에 의미를 부여하는 것은 우리 자신과 우리의 사랑하는 능력뿐입니다. 하지만 대부분의 인간은 열심히 노력하는 능력과 평범한 일, 가령 그들의 가족, 그들의 일, 미래 세대는 더 잘 이해할 것이라는 희망 등에서 즐거움을 찾아내는 능력을 가진 듯합니다.

레비는 우리가 객관적으로 볼 때 '무심한(즉 가치와 무관한) 우주'에 살고 있다고 인정한다. 하지만 그게 그리 나쁜 것은 아니라고 생각한다. 나는 그가 자살한 의미에 대해서는 독자 여러분이 직접 생각해 볼 것을 권한다. 또 '열심히 노력하는 능력과 평범한……에서 즐거움을 찾아내는 능력'을 그가 가지지 못한 데 대해서도 곱씹어 보기 바란다.

토론을 위한 질문

1. 상식적 판단은 윤리 이론과는 다른가? 만약 상식적 판단이 중요하다면 그것은 윤리학에 어떤 영향을 미치는가? 만약 상식적 판단이 중요하지 않다면 어떻게 되겠는가?
2. 클리프는 어떤 윤리 이론을 대변하나? 레스터는? 돌로레스는?
3. 루이스 레비의 자살은 어떤 의미를 갖는가?
4. 벤이 눈 멀게 되는 것은 무슨 의미인가?
5. 윤리는 신의 존재를 전제로 하는가?(또는 정의의 바퀴를 올바르게 돌리는 수단을 전제로 하는가?) 무신론은 '위험한 사상'인가? 유다가 결혼식 피로연에서 '영화의 플롯'이라며 클리프에게 해 준 이야기가 '오싹한 이야기'라는 데 당신은 동의하는가?
6. 당신은 "범죄와 비행"이 암묵적으로 윤리 이론을 지지한다고 생각하는가? 만약 그렇다면 어떤 이론인가? 영화가 어떤 이론을 선호한다고 생각하는가?
7. 인간 심리학에서 바람직한 것은 쾌락과 고통으로부터의 자유뿐이라는 주장은 '사실'인가?

윤리학과 관련된 영화

행위 공리주의를 비난하는 뜻이 담긴 영화들

"극단적 조치들(Extreme Measures)"(1996). 감독 마이클 앱티드(Michael Apted). 출연 휴 그랜트(Hugh Grant), 진 해크먼(Gene Hackman).
목적이 과연 수단을 정당화하는지를 검토한 영화.
"달려라 롤라(Run, Lola, Run)"(1999). 감독 톰 트위커(Tom Twyker). 출연 프랑카 포텐트(Franka Potente), 모리츠 블라이브트루(Moritz Bleibtreu)
이 영화는 전지(全知)의 문제를 다루고 있다.

도덕철학과 관련된 영화들

"쉰들러 리스트"(1993). 감독 스티븐 스필버그. 출연 리암 니슨, 랄프 피네스
영화 초반부에서 주인공 오스카 쉰들러는 이기적이고 사업가 겸 수완가로 나온다. 그는 2차대전을 돈을 벌 수 있는 기회라고 생각할 뿐이다. 하지만 유대인의 고통을 목격하면서 그는 바뀌

기 시작한다.

"죄와 벌(Crime and Punishment)"(1935). 감독 요제프 폰 스텐베르크(Josef von Sternberg). 출연 피터 로(Peter Lorre), 에드워드 아놀드(Edward Arnold). 도스토예프스키의 소설을 읽지 않고 영화를 보려는 사람에게 딱 알맞는 영화.

윤리학에 관련된 저서

도덕철학의 '고전들'

아리스토텔레스
『니코마코스 윤리학(*Ethicsa Nicomachea*)』. 이 책은 아리스토텔레스가 기원전 334-기원전 323년에 아테네의 리세움(현대의 대학 전신)에서 교수로 근무하던 시절에 집필한 것이다. 아리스토텔레스의 독특한 글 쓰기 때문에 이 책은 읽기가 까다롭다. 많은 학자는 이 책이 아리스토텔레스의 강의록이지 출판을 위한 것은 아니었다고 생각한다. 1985년에 발간된, 테렌스 이르윈의 번역본(해케트 판)이 널리 추천되고 있다. 이 책은 온라인에서도 전문을 읽을 수 있다(http://classics.mit.edu/Aristotle/nicomachean.html).

토마스 아퀴나스(St. Thomas Aquinas, 1225-1274년)
『신학 대전(*Summa Theologiae*)』. 1273년 완성. 자연법 이론의 원천. 여전히 기독교(특히 로마 가톨릭)에 영향을 미치고 있다. 이 책은 온라인에서도 전문을 읽을 수 있다(http://www.ccel.org/a/aquinas/summa/home.html).

칸트
『도덕 형이상학 원론(*Grundlegung zur Metaphysik der Sitten*)』. 1785년 독일어 초판. 100 페이지 정도 되는 이 책은 칸트 윤리 이론의 주된 원천이다. 이 책은 온라인에서도 전문을 읽을 수 있다(http://www.vt.edu/vt98/academics/books/kant/pr_moral).

밀

『공리주의(*Utilitarianism*)』. 초판 1861년. 이 읽기 쉬운 소책자는 공리적 이론을 완벽하게 옹호하고 있다. 본문에 인용된 이 책의 인용문은 1979년에 발간된 해케트 판에서 나온 것이다. 이 책은 온라인에서도 전문을 읽을 수 있다(http://www.utilitarianism.com/mill1.htm)와 (http://www.la.utexas.edu/research/poltheory/mill/until/index.html).

W. D. 로스(W. D. Ross)

『옳음과 좋음(*The Right and The Good*)』(Oxford : Oxford University, 1930). 로스는 이 책에서 윤리 이론들은 일차원적일 수가 없다고 주장한다. 이 책은 최근의 도덕철학에 상당한 영향을 미쳤다.

존 롤스(John Rawls)

『정의론(*A Theory of Justice*)』(Cambridge, MA : Harvard University Press, 1971). 이 책은 칸트의 윤리 이론 재해석과, 정의의 사회 계약 이론을 종합하고 있다.

도덕철학에 관한 단행본과 논문집

James Rachels, *The Elements of Moral Philosophy*, 3쇄, New York : McGraw-Hill, 1999. 윤리학에 대한 좋은 입문서.

Daniel Bonavec, *Today's Moral Issues*, 4쇄, New York : McGraw-Hill, 2002. 이 책은 윤리 이론과 응용 윤리를 결합시키고 있다.

Kai Nielson, *Ethics without God*, London : Pemberton Press, 1973. 이 책은 '도덕적 절대주의는 신의 존재를 전제로 하는가?'라는 질문을 검토하고 있다.

Jack Meiland and Michael Krausz 편집, *Relativism : Cognitive and Moral*, Notre Dame, In : Notre Dame University Press, 1982. 이 책은 도덕적 상대주의에 대한 찬반을 다루고 있다.

관련 저서

Alisdair MacIntyre, *After Virtue*, Notre Dame, In : Notre Dame University Press, 1981. 이 책에서 매킨타이어는 덕의 윤리학으로 되돌아가야 한다고 주장한다.

The History of Herodotus, 기원전 440년에 최초 출판. 헤로도토스는 고전 시대의 가장 위대한 역사가이다. 그의 이 책은 문화 도덕적 상대주의에 많은 자료를 제공했다.

Fyodor Dostoevsky, *Crime and Punishment*. 1865년 초판. 이 소설을 알고 있으면 영화 "범죄와 비행"을 이해하는 데 도움이 된다. 이 소설은 온라인에서도 전문을 읽을 수 있다 (http : //www.online-literature.com/dostoevsky/crimeandpunishment/).

제 6장

자유의지, 결정론, 도덕적 책임

"가타카"(1997년)와 "메멘토"(2000년)

제롬의 유전자 선택은 사실상 태어날 때부터 보장되어 있었다. 그는 이런 일에 필요한 모든 재능을 갖추고 있었다. 그의 유전 지수는 최고였다. 제롬 모로가 무한히 발전할 수 있었던 것은 어쩌면 당연한 일일지 모른다. 단지 내가 제롬 모로가 아니라는 것만 빼고는.

당신은 가능하지 않은 것에 대한 권위자이다.

— "가타카"에서

우리의 선택은 어느 정도까지 자유로운가? 우선 인간의 의지를 인간의 신체와 일치시켜야 하는 문제가 있다. 우리의 신체는 생물학, 화학, 물리학의 법칙을 따라야 하니까 말이다. 어쩌면 자유라는 개념은 환상일지도 모른다. 어쩌면 내 인생의 궤도라는 것도 내가 방금 공중으로 던진 돌의 궤도처럼 예측 가능하고 또 변경 불가능한 것인지도 모른다. 중력이나 공기 저항이 돌의 비행 거리에 영향을 미치지만 돌이 그 영향을 바꾸기 위해 할 수 있는 것은 아무것도 없다. 결정론(決定論)과 의지의 자유라는 것은 어떤 관계인가? 결정론이 참이라면 나의 '선택 사항'은 그 어떤 것도 자유롭지 않다는 말인가? 만약 그렇다면 도덕적 책임은 어떻게 되는 것인가? 내가 불가피하게 할 수밖에 없었던 행동에 대하여 어떻게 도덕적 책임을 진단 말인가? 어쩌면 결정론은 거짓인지도 모른다. 최소한 나의 선택 사항들 전체는 아닐지라도 일부는 결정되어 있지 않은 것인지도 모른다. 바로 그것이 '자유의지'라는 것인가? 이 주제는 다음과 같이 나뉜다. 섹션 1은 과학자와 철학자들이 말하는 '결정론'의 정의를 다룰 것이다. 그 다음에 "가타카"와 "메멘토"를 아이디어와 사례의 원천으로 삼아 결정론, 자유의지, 도덕적 책임의 관계를 살펴본다.

1. 결정론이란 무엇인가?

일상 생활 중에 우리 주위의 사람과 사물에 어떤 일이 벌어졌을 때 우리는 그런 일을 야기시킨 사유가 있다고 생각한다. 예를 들어 내가 퇴근길에 주차된 차에 갔다고 생각해 보자. 그때 내 차의 유리창이 깨져 있는 것을 보았다면 나는 이렇게 질문할 것이다. 무엇 때문에 유리창이 깨졌지? 누군가 차 문을 열려고 일부러 깨뜨린 것일까? 범인은 어쩌면 바로 옆의 커다란 나무에서 떨어진 나뭇가지일 수도 있다. 어쩌면 유리창 자체에 문제가 있어서 강한 햇빛을 받아 저절로 깨졌을 수도 있다. 이런 것들이 유리창을 깨뜨린 사유들로 등장한다. 이런 추리는 너무 흔한 것이어서 우리의 주목을 끌지 못한다. 내가 이런 몇몇 이유를 열거한 것은 내가 고려하지 않으려고 하는 한 가지 사항을 주목하기 위해서이다. 나는 유리창이 아무 이유 없이 저절로 깨졌을 가능성은 헤아리지 않는다. 나는 이유를 잘 모르겠다고 말할 수는 있겠으나, 이런 식으로 모르겠다고 말하는 것과 아무 이유도 없이 깨졌다는 주장은 사뭇 다른 것이다. 상식에 입각하면 일은 아무 이유 없이 발생하지는 않는다. 즉 어떤 일이 벌어지면 거기에는 반드시 원인이 있음을 전제로 하는 것이다.

보편적 결정론(universal determinism)은, 모든 사건에는 그 사건을 일으키는 원인이 있다는 이론이다. 달리 말해서 어떤 일이 발생하는 데는 그 일이 그런 방식으로 일어날 수밖에 없도록 하는 선행 조건들——그 조건들이 알려져 있는 알려지지 않든 간에——이 있다는 것이다. '보편적'이라는 수식어는 이 이론이 모든 사건에 적용된다는 뜻이다. 생명이 없는 대상은 물론이고 인간을 포함하여 생명이 있는 대상까지, 원자 수준에서 가시적(可視的) 수준까지 결정론이 적용된다는 것이다. 보편적 결정론은 이 세상의 모습에 대하여 아주 대담한 주장을 내놓고 있다. 만약 보편적 결정론이 참이라면 선행 조건들에 따라 완벽하게 결정되지 않는 사건은 단 하나도 없다는 뜻이 된다.

이 이론의 파급 효과는 실로 막대하다. 이와 관련하여 프랑스의 천문학자 겸 수학자인 피에르 시몽 라플라스(Pierre Esimon Laplace, 1749-1827년)는 라플라스의 악마라는 가상적 존재를 제시한다. 이 악마는 결정론적 인과법칙을 수반하는 모든 지식, 어느 한 시점에서 우주의 상태를 완벽하게 기술하는 능력, 무제한적인 계산 능력 등을 갖고 있기 때문에 앞으로 벌어질 일들을 정확하게 예측할 수 있다. 그런 다음 라플라스는 이렇게 말한다.

"그렇다면 우리는 우주의 현재 상태를 앞으로 다가올 상태의 원인이라고 말할 수 있을 것이다. 자연을 활성화시키는 힘들과, 자연 속에 있는 모든 존재의 상황을 모두 이해하는 지능——그런 자료들을 충분히 분석할 수 있을 정도로 광대한 지능——이 우주의 커다란 물체와 가장 가벼운 원자의 모든 움직임을 포용할 수 있을 것이다. 그 지능의 입장에서 보면 그 어떤 것도 불확실하지 않으며 그 지능의 눈 앞에는 과거와 마찬가지로 미래도 환하게 드러날 것이다."[1]

이 문장에서 라플라스는 보편적 결정론의 주장을 정확하게 이해하는 방법을 제시하고 있다. 통상적으로 우리는 과거와 미래 사이의 중요한 차이점, 즉 시간적 비대칭성을 안다. 과거에 벌어진 사건은 이미 결정되었고 또 고정되었다. 어떤 일에 대해서는 그렇게 벌어진 것을 후회할 수도 있고 또 화가 나기도 하고 또 아예 벌어지지 않았으면 더 좋았을 걸 하고 생각한다. 하지만 우리는 일단 벌어진 일을 벌어지지 않게 할 수는 없다. 과거는 단 한 부분도 바꾸어 놓지 못한다. 그러나 미래는 다르다. 적어도 우리는 미래가 다른 것처럼 말할 수 있다. 선택, 옵션, 대안 같은 단어들은 미래가 과거와는 달리 고정되어 있지 않음을 보여 준다. 라플라스가 위의 인용문에서 말하고자 하는 것은, 만약 보편적 결정론이 참이라면 미래도 과거와 마찬가지로 이미 결정되어 있다는 것이다. 우주의 진화를 결정하는 결정론적 인과법칙을 모두 알고 있는 이 가정된 초지능에게는 "과거와 마찬가지로 미래도 환하게 드러날 것이다."

우리는 또 다른 형태의 결정론을 살펴보기 위하여 뒤에서 라플라스의 악마를 다시 꺼내들게 될 것이다. 여기서는 먼저 보편적 결정론을 좀더 자세하게 고려해 보자. 보편적 결정론에 대한 첫번째 반론은 이런 것이다. 우주의 역사가 과거로 무한대 소급되지 않는 한, 적어도 그 이전의 사건들부터 영향을 받지 않은 하나의 사건, 곧 우주의 창조가 있었을 것이다. 우주의 창조에 신이라는 창조자가 있었든 없었든 이것은 타당한 추론이다. 두 번째 비판은 아원자(亞元子) 수준에서는 결정론이 반드시 적용되는 것은 아니라는 것이다. 대부분의 현대 물리학자들은 선행 사건에 의해 완전히 결정되지 않는 사건이 있다고 생각한다. 이것은 우리가 사건의 원인을 모른다는 그런 뜻이 아니라, 사건이 원인 없이도 발생한다는 뜻이다.[2]

과학이 이론적으로 할 수 있는 것은 사건 발생의 확률을 기술하는 것이다. 이를테면 다음 5초 동안에 X가 발생할 가능성은 얼마냐 하고 따지는 것이다. 이 견해는 오늘날의 물리학자들 사이에서는 통설이 되었지만, 20세기 초반만 하더라도 저명한 과학자들의 조롱을 받았다. 그런 사람들 가운데 하나가 알베르트 아인슈타인(Albert Einstein)이었는데 그는 양자 불확정 이론의 주창자인 막스 보른(Max Born)에게 이런 편지를 써 보냈다.

"당신은 주사위 노름을 하는 신을 믿는군요. 나는 이 세상에 객관적으로 존재하는 완벽한 법과 질서를 믿습니다."[3]

현대 물리학의 세계에서 아인슈타인의 입장은 더 이상 지지되지 않는다. 따라서 나는 보편적 결정론은 거짓이라고 가정한다.[4] 그렇다면 차의 깨진 유리창을 보고서 머릿속에 떠올렸던 여러 가지 원인은 타당하지 않다는 뜻인가? 유리창의 파손은 아무 원인 없이 저절로 벌어진 일인가? 그 대답은 아니오이다. 아원자 수준에서 발생하는 불확정성은 커다란 물체들의 세계, 심지어 현미경으로 관찰되는 세계에는 적용되지 않는다.

이러한 견해는 역설적으로 들린다. 커다란 물체도 결국 아원자 수준의 입자들이 모여서 이루어진 것이 아닌가? 아원자 수준의 많은 사건이 불확정하다면, 결국 이것이 대형 물체에까지 확대되어야 하는 게 아닐까? 그것은 그렇지 않다. 아원자 수준의 여러 사건이 보이는 불확정성은 상호 작용하여 무(無)가 되기 때문이다. 이 상호작용에 따른 무는 미리 정해진 수순은 아니지만 아무튼 진지한 가능성이다. 따라서 우리는 이렇게 다시 질문해야 한다.

"우리가 일상 생활에서 신경 쓰는 사건들(즉 직접적으로 지각 가능한 물체들의 사건)의 경우, 결정론은 참인가?"

나는 이 질문의 초점을 좀더 좁히고자 한다. 왜냐하면 이 장은 본래 특별한 대상, 바로 인간의 행위는 결정되어 있는가를 알아보기 위한 것이기 때문이다. **인간 행위의 결정론**(human determinism)은 인간의 모든 행동이 그 앞의 사건들에 따라 완벽하게 결정된다는 이론이다. 그 앞의 사건들은 인간 내부에 있는 것일 수도 있고 또는 외부에 있는 것일 수도 있다. 인간 행위의 결정론이 참이라면 나의 현재 상태와 현재 상황에 미루어 내가 할 수 있는 일은 딱 한 가지(결정론에 따라 결정된 사항)밖에 없다. 나는 여러 대안 중 하나를 골랐다는 느낌을 가질 수 있다. 하지만 그것은 환상에 지나지 않는다. 이 이론의 반대가 **인간 행위의 비결정론**(human indeterminism)인데, 적어도 일부 인간 행위는 그 앞의 사건들에 따라 완벽하게 결정되지 않는다고 보는 입장이다. 그런데 인간 행위의 결정론이 다음과 같이 주장하는 것은 아니다라는 점을 유념해야 한다.

"나의 상황이 달랐더라도, 나의 정신이나 몸의 상태가 달랐더라도 나는 여전히 같은 행동을 했을 것이다."

이것은 인간 행위의 운명론(human fatalism)이라는 것인데 결정론은 이것과는 다르다. 우리가 7에서 자세히 살펴보겠지만 인간 행위의 결정론과 보편적 결정론을 가시적 대상의 영역에 한정시켜 놓고 보면 인간에게 나타나는 결과는 동일하다.

라플라스는 보편적 결정론이 통용되는 세계의 맥락 안에서 '악마'를 묘사하고 있지만, 우리는 이 사례를 인간 행위의 결정론에서도 다시 사용할 수 있다. 만약 인간 행위의 결정론이 참이라면 모든 인간의 행위를 지배하는 결정론적 법칙이 있다. 인간이 참여하는 많은 행위, 가령 소화(消化), 발한(發汗), 반사적 반응 따위를 놓고 볼 때 그것이 결정론적으로 발생한다는 것을 쉽게 인정할 수 있다. 내가 더운 곳에 가면 땀을 흘릴 것이라는 점을 추론하기 위해서 라플라스의 악마를 들이댈 필요는 없다. 심지어 내가 약간의 자율 규제 능력을 가진 행위들(예컨대 재채기의 시간 간격과 숨쉬는 속도)도, 내가 의지를 발동하여 하는 행위라기보다는 저절로 이루어지는 행위처럼 느껴지는 것이다. 따라서 이런 것들은 결정론적 사건의 문제적 사례가 될 수 없다. 문제가 되는 것은 특별한 클래스의 사건들, 소위 **자발적 행동**(voluntary actions)에 한정된다. 이 행동은 예전의 의사 결정 과정과, 몇 가지 대안이 있다고 느끼는 주관적 느낌 등을 특징으로 한다.

다음은 **자발적 행동**이 무엇인지 보여 주는 자그마한 실험이다. 아래에 줄 쳐진 부분까지 계속 읽어 나가라. 이 선에 이르면 책을 덮고 몇 초 기다렸다가 다시 책을 펴서 읽어 나가라. 잠시 기다리는 시간은 당신이 임의로 정하라. 15초, 20초, 30초, 어떤 것을 선택해도 상관없다. 당신이 정한 시간이 다 되었다고 생각하면 다시 읽기 시작하라. 자, 시작한다.

자, 어떤 일이 벌어졌는가? 당신은 책을 닫고 잠시 기다렸다가 다시 펴들었다. 당신은 당신이 마음속으로 정한 시간이 되자 곧바로 책을 펴들었는가? 아니다. 당신이 나처럼 행동한다면 당신은 아마도 정해진 시간보다 몇 초 더 흐른 다음에 책을 펴들었을 것이다. 이 세상의 다른 조건이 그대로인데도 손을 뻗쳐서 책을 펴는 당신의 타이밍은 몇 초 정도 지연되었을 것이다. 바로 이것을 인간 행위의 결정론자들은 부정한다. 선택은 동일한 상황에서 다르게 행동하는 능력을 말하는데, 인간 행위의 결정론자들은 그런 선택을 부정한다. 당신이 실제 마음 먹은 시간보다 몇 초 늦게 책을 펴들었다는 주관적 느낌은, 그들에 따르면 환상이라는 것이다.

물론 책을 다시 펼치는 행위는 그리 중요한 것이 아니다. 하지만 당신의 다른 자발적 행위들은 중요하다. 예컨대 이 책을 사기로 한 결정(말이 난 김에 그 어떤 물건을 사들이기로 한 당신의 결정), 청혼을 해야겠다는 당신의 결정, 대학을 가야겠다는 당신의 결정, 원하는 대학에 가야겠다는 결정, 식료품 리스트에 양파를 적어 넣어야겠다는 당신의 결정, 여섯 살 때 옆자리 친구를 때리기로 한 당신의 결정 등은 중요한 것이다. 이런 것들은 자발적 행동들인데, 인간 행위의 결정론자들에 따르면, 그 행동들이 그 이전의 사건들로 완전히 결정되어 있다는 것이다. 그들이 이런 주장을 뒷받침하기 위해 내놓는 계산은 더운 곳에 가면 땀을 흘린다보다 더 복잡한 것이지만, 질적으로는 별반 차이가 없다.

인간 행위의 결정론에 위배되는 증거는 없는가? 직접적인 증거는 없다. 잠시만 생각해 본다면 왜 그런지 알 수 있을 것이다. 인간 행위의 결정론에 대한 유일한 직접 증거는 어떤 사람이 A라는 행동을 했다가 정확하게 똑같은 상황에서 B라는 행동을 하는 것이다(B와 A가 같지 않은 관계). 그러나 이런 경우일지라도 두 상황이 정확하게 똑같을 수는 없다. 왜냐하면 한 상황에서는 이미 A라는 행동을 했고, 다른 상황에서는 이미 A가 아닌 것(즉 B)을 했기 때문이다. 따라서 정확하게 똑같은 상황은 아니더라도, 개인이 어떤 상황에서 갑이라는 행동을 했다가 그와 아주 유사한 상황에서 을이라는 행동을 했다면 인간 행위의 결정론을 부정하는 증거가 된다. 예를 들어 나는 매일 아침 우유를 탄 차가운 시리얼을 먹는다. 하지만 특정한 날에는 변화를 줄 수도 있다. 어느날 아침에는 건포도 밀기울을 먹다가, 그 다음날 아침에는 콘플레이크를 먹을 수도 있다. 마찬가지로 내가 아침마다 시리얼을 다르게 선택하는 것은,

내가 볼 때, 내 속의 어떤 변화에 기인한 것이 아니다. 이렇게 볼 때 나는 동일한 상황 아래서 여러 다른 선택을 하는 것처럼 보인다. 물론 아침 식사로 시리얼을 선택하는 문제는 전반적인 사물 구도에서 사소한 것이지만, 인간 행위의 결정론이 참인가를 검토하는 데에 철학자들은 이런 사례를 가볍게 물리쳐서는 안 되는 것이다.

인간 행위의 결정론을 부정하는 두 번째 증거는 책을 다시 펴는 실험에서 얻을 수 있다. 당신은 다시 책을 펴면서 마음속으로 정한 시간보다 더 늦게 펴는 것이 그리 어렵지 않다고 생각한다(적어도 내게는 그렇게 느껴진다). 이런 대안적 가능성에 대한 주관적 느낌이 있기 때문에 대부분의 사람들은 인간 행위의 결정론을 거부하게 된다. 이처럼 우리의 '내부에서부터' 결정을 내린다는 견해는 아주 설득력이 있다.

아주 유사한 상황에서 다르게 행동하는 사례나 '내부에서부터의' 견해는 인간 행위의 결정론을 배척한다. 그렇다면 그 반대로 결정론을 지지하는 증거 세 가지를 살펴보기로 하자.

첫째, 물리학, 생물학, 정신 과학 등의 발달로 인간 신체의 반응을 예측할 수 있게 되어 이런 과학적 자료들은 결정론을 지지하고 있다. 그러나 그것은 현대 과학의 범위를 넘어서는 인간 자발적 행동의 분야가 있기 때문에 이 문제에 대해서 최종적인 판결은 아직 나지 않았다. 더욱이 정신 과학의 많은 법칙이 행동을 유형별로 파악하지 않고, 갑이라는 행동에 대해서는 을이라는 행동을 하는 경향으로 파악하고 있다. 이런 과학은 결정론적 법칙보다는 확률론적 법칙 쪽으로 발전할 가능성이 많다.

둘째, 인간 행위의 비결정론을 지지하는 주된 이유(대안의 가능성이 여러 가지라는 주관적 느낌)를 비판함으로써 결정론의 증거를 잡는다. 이를테면 무대 위에서 여러 번 실연된 이런 쇼가 있다. 피실험자에게 최면을 걸고서 최면에서 깨어난 후의 행위에 대해서 암시를 준다. 가령 최면에서 깨어난 후 콜라와 생맥주 가운데 선택할 때 생맥주를 고르라고 하는 것이다. 이 쇼를 보는 관중은 몇 분 후 피실험자가 생맥주를 선택하면 웃음을 터트린다. 피실험자는 관중이 웃는 것에 어리둥절하면서 주위를 둘러본다. 왜 그것을 골랐느냐고 물어 보면 피실험자는 일상 생활에서 음료를 선택하는 방식과 다르지 않다고 대답한다. 어떤 때는 콜라를 어떤 때는 생맥주를 선택하는데, 마침 지금은 생맥주를 뽑았다는 것이다. 하지만 관중의 반응은 이번만큼은 뭔가 다르다는 믿음에 기반을 두고 있다. 피실험자가 다른 선택의 가능성이 있다고 믿는 것(즉 콜라를 선택할 수도 있었는데 생맥주를 선택했을 뿐이라고 믿는 것/옮긴이)은 환상이라는 것이다. 하지만 이 경우 피실험자가 '내부에서부터의' 느낌을 잘못 보고하지 않았다는 증거가 우리에게는 없다. 만약 잘못 보고한 것이라면, 다른 가능성이 우리 앞에 있다는 우리의 주장 또한 잘못된 것인지 아닌지 어떻게 아는가?

셋째, 이 증거 또한 '내부에서부터의' 느낌에 대해서 반론을 하는 것인데, 최면 후 암시보다 약간 더 복잡하다. 유명한 일련의 실험에서[5] 연구자들은 두뇌 활동에는 특징적 패턴이 있음을 보여 주었다. 두뇌 활동은 시간 t에서 자발적 행동의 구체적 움직임보다 550밀리세컨드(약 0.5초) 앞서는 것으로 나타났다. 이 패턴은 간단하게 EEG(electric encephalo gram : 전기 뇌촬영도)로 파악할 수 있다.[6] 확인 가능한 두뇌 활동이 행동보다 앞선다는 것은 그리 놀라운 일이 아니다. 왜냐하면 근육 운동은 두뇌의 지시에 따른 것이기 때문이다(인간 행위의 비결정론자들도 이것은 인정한다). 정작 놀라운 것은 이 특징적인 EEG 패턴이 실제 운동보다 앞서는 시간의 양이다. 연구자들은 자발적 행동보다 평균 0.5초 앞서서 EEG 패턴이 나타난다는 것이다.[7] 더욱 놀라운 것은 피실험자가 실제 행동보다 겨우 200밀리세컨드(약 0.2초) 앞서서 행동하겠다는 의식적인 의도를 갖게 된다는 것이다. 이 상황을 도표로 그리면 그림 1과 같이 된다.

만약 '내부에서부터' 자발적 행동이 일어난다는 견해가 옳다면, 행동하겠다는 의식적인 의도가 특징적인 EEG 패턴보다 앞서서 일어나야 한다. 그러나

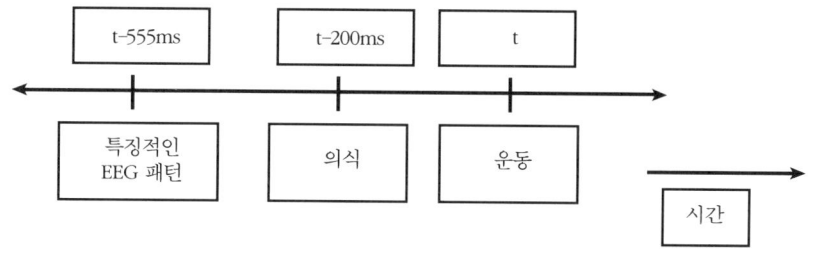

그림 1 자발적인 손가락 운동에 관련된 사건들의 타이밍

연구 조사에 따르면 그것은 후에 일어났다. 연구자 벤자민 리베트(Benjamin Libet)는 이 자료를 이렇게 해석했다. "두뇌는 이러한 행동이 일어나야 한다는 주관적 의식이 생기기 전에 행동을 주도하기로 '결정' 한다."[8]

리베트의 결론이 정확하다면 우리는 '내부에서부터' 자발적 행동이 일어난다는 견해에 대하여 심각한 의문을 제기하지 않을 수 없다. 많은 사람(철학자들과 일반인)이 이 견해 때문에 인간 행위의 비결정론을 지지하고 있지만, 이제 심각한 의문의 대상이 되고 있는 것이다. 앞에서 보았던 책 닫았다 다시 펴기 실험에서 "나는 이제 책을 다시 펼쳐야지." 하고 의식적으로 선택하는 것이 그런 행동 곧, 책 펴는 행동을 일으키는 최초의 추진력처럼 느껴진다. 하지만 리베트의 견해에 따르면 이런 느낌은 잘못되었다는 것이다. 행동의 착수는 의식적 '선택' 이 내려지기 0.3초 전에 이미 시작되는 것이다.

우리는 결정론에 대한 결론을 미해결의 상태로 남겨 둔다. 결정론은 참인가 하는 질문은 철학이 해결해야 할 문제가 아니다. 우리는 이 장의 나머지 부분에서 철학의 범위 안에 들어가는 질문들을 더 깊이 다루게 될 것이다. 예컨대 이런 것들이다. 인간 행위의 결정론, 자유의지, 도덕적 책임의 개념적 관계는 무엇인가? 결정론은 인간에게 자유의지가 없다는 것을 의미하는가? 자유의지가 없다는 것은 인간이 자신의 행동에 대해서 도덕적으로 책임이 없다는 뜻인가? 앞으로 살펴보겠지만 인간 행위의 결정론을 인정한다고 하더라도 여전히 대답해야 할 문제들이 많다.

2. 영화의 개관

"가타카" 감독 : 앤드류 니콜(Andrew Niccol)
출연 : 에단 호크(Ethan Hawke), 우마 서먼(Uma Thurman), 주드 로.

그리 멀지 않은 미래에, 생식 과정에 관한 유전자 검사가 널리 실시되어 거의 완벽한 인간을 만들어 내는 것이 가능하게 된다. 선천적인 기형과 치명적 질병의 소질을 가진 태아는 수태 시에 제거된다. 또 아주 평범한 단점(신체적, 정신적)을 가진 개인들도 제거된다. 이 놀라운 신세계에서 '과거의 방식(성교)으로' 수태되고 태어난 소수의 인간은 가는 곳마다 차별을 받게 된다. 이런 자연스러운 사랑으로 태어난 아이인 빈센트는 사회 내에서 그런 비천한 위치를 받아들이길 거부한다. 또 사회에 널리 퍼진 통념도 거부한다. 즉 그의 자연스러운 유전자 구성 때문에 신체적으로 성공하는 것이 불가능하다는 통념을 거부하는 것이다.

빈센트는 우주 비행사의 꿈을 이루기 위해 '최고의 유전 지수'를 가진 사람인 제롬의 유전자와 똑같은 것을 취한다. 하지만 아직도 그의 목표를 가로막는 많은 장애가 있다. 그는 유전학자들이 잘못되었다는 것을 입증할 수 있을까? 인간은 실제로 자연법에 도전할 만한 능력을 가지고 있을까?

"가타카"에는 여러 주제의 가닥이 흘러간다. 유전자 검사(유전공학에 따른 생식 과정에의 개입)는 훌륭한 아이디어인가? 아니면 엄격한 통제 규범을 거부하는 사람은 차별 받는 디스토피아를 가져올 것인가? 생물학적 요인이 어느 정도까지 운명으로 작용하는가? 인간은 자유의지를 가지고 있는가? 우리는 이 자유의지의 문제에 집중하게 될 것이다.

"메멘토" 감독 : 크리스토퍼 놀란
출연 : 가이 피어스, 캐리앤 모스, 조 판톨리아노

이 영화는 제3장에서 초점 영화의 하나로 제시되었는데 두 번째로 인용되는 것이다. 자유의지, 사람됨, 도덕적 책임의 관계라는 주제를 이끌어 내기 위해 인용되었다. 레너드의 신체적 부상(과 그에 따른 정신적 손상)은 그의 자유 행동을 방해하는가? 만약 그렇다면 그는 그의 행동에 대해서 도덕적 책임이 없는가? 피고의 법적 책임과 그 피고에 대해 정신이상의 변론을 펴는 것은 도덕적 책임을 둘러싼 논리적 공방과 유사한 점이 많다. 레너드는 그가 저지른 다중 살해에 대하여 법적 책임을 져야 하는가? 때때로 자발적 행동의 비표준적 케이스를 검토하는 일은 우리에게 전에는 보지 못했던 것을 보게 해준다. 레너드는 심한 전향성 기억상실증 때문에 자유의지와 도덕적 책임을 연결시키는 여러 가지 속성이 없다.

3. '자유의지'에 대한 두 가지 해석

자유의지를 갖고 있다는 것은 무슨 의미인가? 인간 행위의 결정론이 거짓일 때만 자유의지는 가능한 것인가? 자유의지를 전공하는 철학자들은 이 문제에 대하여 서로 다르게 답변한다. 이런 차이점들을 검토하기 전에 그 철학자들의 공통점을 살펴보기로 하자. 다음에서 나는 이 문제를 좀더 구체화하겠다. 자유의지가 무엇인지 묻는 게 아니라, 개인의 행동이 자유롭다는 것은 무슨 의미인지의 질문에 더 집중하겠다.

먼저 행위자가 실제로 수행한 행동 이외에 여러 가지 다른 선택을 할 수 있었다면 그 행동은 자유로운 행동이 된다. 이러한 정의는 많은 애매모호한 점을 포함하지만 동시에 몇몇 행위를 자유롭지 않은 것으로 배제하게 된다. 다음의 사례를 한번 보라. 당신과 친구가 영화 표를 사기 위해 줄을 서고 있다. 당신 뒤에 서 있던 친구는 뒤에서 밀려오는 강한 힘 때문에 당신과 부딪쳤다. 이때 그 부딪치는 행동은 자유로운 행동이 아니다(그 친구의 수동적 역할 때문에 그 '행동'이 과연 행동이라고 할 수 있는지 의문을 제기할 수 있다). 친구는 뒤에서 밀려오는 힘을 어떻게 할 수가 없었기 때문에 당신과 부딪쳤던 것이다.

자 이제 다른 상상을 해 보자. 당신과 친구가 드디어 매표구 앞까지 왔을 때 친구가 표 두 장 값을 지불하겠다고 제안했다. 이 친구의 제안은 자유로운 행동인가? 여기서 철학자들의 생각은 갈라지기 시작한다. **양립 불가능론**(incompatibilism)이라는 견해에 따르면 행위자가 아주 똑같은 상황에서 다르게 행동할 수 있을 때만 그 행동은 자유로운 것이다. 따라서 매표소 앞에서 (상황의 다른 모든 조건이 불변인 상태에서) 당신 친구가 행동할 수 있는 행동 양식이 최소한 두 가지가 있고 친구가 그중 하나를 선택했을 경우에만 그 친구의 행동은 자유로운 행동이 된다. 이 이론을 양립 불가능론이라고 하는 이유는 자유의지와 인간 행위의 결정론은 서로 양립(兩立)하지 못한다는 입장 때문에 그렇다(만약 결정론이 참이라면 매표소 앞에서 표를 산 친구의 행동은 그 상황에서 유일한 행동이 된다).

양립 불가능론은 인간이 자유의지를 갖고 있느냐를 따지는 이론이 아니라, 자유의지를 갖는다는 것이 무엇이냐를 따지는 이론이다. **엄격한 결정론자**(hard determinists)인 양립 불가능론자들은 인간에게는 자유의지가 없다고 말한다. 그 근거로 다음과 같이 두 가지 사항을 내세운다.

1) '자유의지'와 결정론은 양립되지 않는다.
2) 인간 행위의 결정론은 참이다.

비결정론자(indeterminists) 또는 **자유의지론자**(libertarians)인 양립 불가능론자들은, 인간이 자유의지를 가진다고 주장한다. 이들은 엄격한 결정론자들과 마찬가지로 동일한 상황에서 다른 어떤 행동을 할 수 있는 것을 '자유'로 해석하지만, 인간 행위의 결정론을 거부한다. 자유의지론자는 매표소 앞에서 표 두 장 값을 지불하겠다는 당신 친구의 행동은 자유라고 말할 것이다. 왜냐하면 그 친구는 동일한 상황에서 표를 사 주지 않겠다고 할 수도 있었기 때문이다.

모든 철학자가 '인간 행위의 결정론이 자유의지와 양립하지 않는다.'는 주장을 받아들이는 것은 아니다. **양립 가능론**(compatabilism)은 결정론과 자유의지가 양립한다는 입장이다. 이 이론을 설득하기 위해서 양립 가능론자는 양립 불가능론자들과는 다른 자유의 개념을 내놓아야 한다. 양립 가능론자들은 저마다 약간씩 다른 '자유'의 정의를 내놓지만 그들은 인간 행동의 모델에서 중요한 공통점을 발견한다. 일부 인간의 행동은 외부의 힘이나 충동의 결과이다(당신 뒤에 있던 친구가 뒤에서 밀려오는 힘 때문에 당신과 부딪친 것). 다른 행동들은 의도적인 결정의 결과이다(당신 친구가 표 두 장을 사겠다고 한 것). 그 친구는 그 제안을 하기 전에 곰곰이 생각해 보고 그렇게 하기로 결정했을 것이다. 이 결정은 그의 믿음(표 두 장을 살 돈이 있다, 그것이 당신을 행복하게 한다 등)과 그의 욕망(가령 당신을 기쁘게 하고 싶은 욕망)에서 영향을 받았다. 실제로 양립 가능론자들이 볼 때 이런 믿음과 욕망은 인과적(因果的)으로 그의 행동을 결정한다. 그런 믿음과 욕망이 있었기 때문에 그 친구로서는 표 두 장을 사겠다고 할 수밖에 없었던 것이다. 양립 가능론자들이 중요하게 여기는 것은 그 행동이 그 친구의 외부에 있는 힘에 의해 그에게 강요되지는 않았다는 점이다.

양립 불가능론자에 따르면, 자유의지와 결정론 사이에는 개념적 관계가 있다. 자유의지가 참이면 결정론은 거짓이고, 그 반대도 그러하다(결정론이 참이라면 자유의지는 거짓이다). 하지만 양립 가능론자는 '자유의지'를 다르게 정의한다. 인간이 자유의지를 가진다는 사실은 인간 행위의 결정론이 참이냐 아니냐와는 상관없다는 것이다. 양립 불가능론에는 두 가지 입장(엄격한 결정론과 자유의지론)이 있으나, 양립 가능론은 결정론과 자유의지의 찬부(贊否)에 따라 개념적으로 네 가지 견해가 있을 수 있다. 그러나 네 가지 견해 중 오직 한 가지만이 철학자들의 지지를 받고 있다. 그 견해는 **온건한 결정론**(soft determinism)

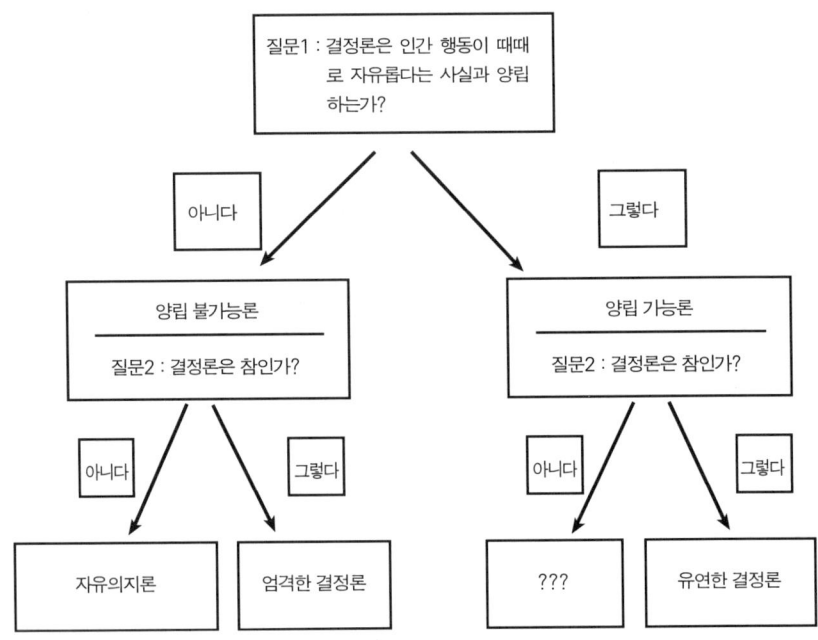

그림 2 자유의지와 결정론의 논쟁

이라는 것인데 결정론이 참이기는 하지만 몇몇 인간 행동은 자유롭다는 입장이다. 지금껏 다루어 온 이론을 일목요연하게 정리하면 그림 2와 같이 된다.

우리가 나중에 살펴보겠지만, 철학자들을 '자유의지'의 이런 해석 또는 저런 해석 쪽으로 끌어당기는 두 가지 주된 고려 사항이 있다. 그중 하나가 자유의지와, 인간의 삶의 의미와 존엄 사이의 관계이다. 일부 철학자들, 특히 자유의지론자들은 이 관계를 근거로 하여 양립 가능론을 거부한다. 그들은 이렇게 주장한다. 자유의지가 가치 있는 것이 되기 위해서는 그것이 인간을 '단순한 기계(자연의 법칙을 마지못해 따라가는 기계)' 이상의 존재로 끌어올려야 한다. 자유의지는 인간을 '부동의 동자(unmoved mover, 자신을 움직이지 않으면서 다른 존재들을 움직이게 하는 존재, 즉 신/옮긴이) 다시 말해 우리 자신이 외부적 원인이 아닌 스스로 행동을 일으킬 수 있어야 한다. 오로지 이런 맥락 속에서만 인생은 이 세상에서 어떤 의미를 획득하는 것이다. 영화 "가타카"는 이런 자유관(自由觀)을 묘사하고 있다. 빈센트는 순수한 의지의 힘을 발동하여 자기 자신을 그런 이상에 맞추어 나간다. 영화 속의 자연법칙에 따르면 그것이 불가능한데도 그렇게 하려고 노력한다. 빈센트의 행동이 특히 의미 깊은 것은 그가 그 불가능성을 알면서도 아무튼 시도한다는 것이다. 아이 시절에도 그리고 어른이 되어서도 그는 자신의 신체적 한계를 지적 당한다. 그렇게 지적하는 사람은 아이린(빈센트와 사랑에 빠지는 여자/옮긴이)이 아니다. 그 주위에 있는 모든 사람이 '가능한 것과 가능하지 않은 것을 결정할 수 있는 사람' 이다. 앞으로 자유주의론에 대하여 더 자세히 다루게 될 것이다.

도덕적 책임이라는 개념에서 자유의지가 중요한 몫을 차지하기 때문에 많은 철학자가 자유의지에 대한 두 견해 중 하나를 선택해서 주장하게 되었다. 5에서 우리는 도덕적 책임을 허용하지 않는 엄격한 결정론에 대한 비판을 다루게 될 것이다. 남아 있는 두 견해 중 어떤 것이 더 나은가에 대하여 철학자들 사이에 의견이 분분하다. 유연한 결정론자들은 자유주의론적 자유는 행위자에게 무작위로 발생하는 사건일 뿐, 도덕적 책임을 물을 정도의 자유가 되지 못한다고 지적한다. 반면에 자유주의론자들은 내부적 원인과 외부적 원인 사이의 구분은 좀더 구체적으로 따지고 들면 경계가 분명하지 않다고 지적한다.

세 가지 견해 중 그 어떤 것도 심각한 비판을 벗어나지 못한다. 일부 현대 철학자들이 이 문제에 대하여 내리는 결론은 이러하다. 지난 몇 세기 동안 이 문제의 발전이 지지부진한 것은 문제의 틀이 부적절하게 설정되었기 때문이다. 다른 철학자들은 문제의 틀보다는 철학 자체의 무능력을 한탄하고 있다. 예를 들어 로버트 노직(Robert Nozick) 같은 철학자는 이렇게 쓰고 있다.

"지난 여러 해 동안 나는 다른 철학적 주제들보다도 자유의지의 문제——이 문제는 내게 맨 땅에 헤딩하는 느낌을 주었다——에 대해서 많이 생각해 왔다. ……신선한 아이디어가 곧잘 나왔지만……곧 굳어 버렸다.……자유의지의 문제는 가장 당황스러우면서도 아무리 생각해 봐도 결실을 얻기 힘든 그런 문제이다."[9]

4. 자유의지론

자유의지론(또는 비결정론)은 인간이 자유의지——인간 행위의 결정론이 참일 경우 인간이 가질 수 없는 그런 자유의지——를 갖고 있다고 보는 견해이다. 이 이론은 철학자와 일반인들 사이에 지지자가 많다. 서양 철학사에서 자유의지론이 처음 등장한 것은 고대 그리스의 에피쿠로스 학파였다. 에피쿠로스 학파는 모든 것(마음을 포함하여)이 자그마한 원자로 구성되어서 엄격한 결정론적 법칙을 따른다고 보았다. 하지만 때때로 원자는 '일탈(逸脫)' 한다. 바로 이 일탈에서 인간 행위의 비결정론이 발견된다. 그래서 루크레티우스 (Lucretius, 기원전 99-기원전 55년)는 이렇게 물었던 것이다.

"만약 모든 움직임이 서로 연결되어 있어서 옛것에서 새로운 것이 결정론적 순서에 따라 발생한다면——원자가 전혀 일탈을 하지 않아서 운명의 끈, 즉 인과 관계의 연쇄를 끊어 놓는 새로운 움직임을 일으키지 못한다면——지구상에서 활동하는 수많은 사람이 가지고 있는 자유의지의 원천은 무엇인가?"[10]

일부 현대 철학자와 물리학자들은 비결정론의 원천을 유사한 방식으로 찾아내려 한다. 현대에서는 '일탈하는 원자' 대신에 양자의 기계적 불확정성이 두뇌 세포의 구조적 요소에 따라 대형 수준으로 확대된다고 설명하는 것이다.

어느 경우이든 이 불확정성을 이해하는 데 한 가지 문제 사항이 발생한다. 자발적 행동을 수행하는 과정의 어떤 지점에서 불확정성이 발생하는가? 만약 그것이 과정상의 늦은 지점(예컨대 의사 결정과 신체적 행동 사이의 지점)에서 발생한다면 행위자는 그의 도덕적 책임의 근거가 되는 행위를 통제하지 못하게 될 것이다. 이것이 어떤 상황인지 구체적으로 상상해 보자. 당신은 여러 대안 가운데 심사숙고하다가 하나를 결정했다. 이제 그 결정 사항을 수행하기 위해 당신의 신체에 발동을 걸려고 한다. 그러나 당신의 신체는 그 결정 사항을 수행하지 않고 엉뚱하게도 다른 행동을 한다. 이때 당신은 당신의 명령을 무시하고 다른 행동을 하는 당신의 신체를 무기력하게 내려다본다. 이것은 자유의지의 발동이라기보다 악몽을 꾸는 것이다. 더욱이 여기에 불확정성을 인정함으로써 나의 신체가 수행한 행동에 대하여 나는 그 어떤 도덕적 책임도 지지 않게 된다. 내가 있는 힘을 다해 어떤 행동을 하려 했지만 엉뚱하게도 다른 행동이 벌어졌을 때 왜 내가 그에 대하여 책임을 져야 하는가? 불확정성이 과정상의 이른 지점에서 발생한다고 해도 이와 유사한 상황이 벌어진다. 이를테면 의사 결정 직전에 불확정성이 발생하여 그 이후의 모든 것이 결정된 대로 진행된다고 하더라도, 우리는 또다시 '과연 우리가 그 결정에 책임져야 하느냐'고 질문할 수 있다. 내가 아무리 심사숙고했다고 하더라도 결정 직전에 그런 불확정성이 발생한다면 그 심사숙고는 무의미하게 된다.

이러한 사건——연쇄의 수준에서 자유의지론이 갖고 있는 난점——때문에 일부 철학자들은 자유의지론의 이런 견해를 거부하고 그 대신 원인인 행위자(agent-as-cause)를 원초적 개념으로 도입하는 자유의지론의 견해를 지지한다. 이 견해는 통상 **행위자 원인론**(agent causation)이라고 하는데 자유롭게 행동하는 행위자인 내가 인과관계의 연쇄를 끊는 능력을 가진다는 입장이다. 나는 또한 최초의 사건이 원인 없이 벌어지는 새로운 인과의 연쇄를 시작할 수 있다. 내가 가진 이러한 힘은 "공은 여기서 멈춘다(the buck stops here)."라는 저 오래된 금언을 연상시킨다. 이 경우 공은 인과론의 힘을 말한다. 과거에서부터 흘러오던 인과 작용의 연쇄가 나의 개입으로 말미암아 갑자기 멈추는 것이다. 또 '나'로부터 시작하여 미래로 흘러가는 사건의 연쇄가 있는데, 그것은 나의 개입이 없었더라면 애초에 벌어지지 않았을 것이다.

역사적으로 볼 때, 행위자 원인론은 철학자들 사이에서 가장 많이 지지되는 자유의지론의 견해였다. 심지어 서양 철학의 양 극단에 있는 사람들도 이 이론을 지지한다. 실존주의의 대표적 철학자인 사르트르의 철학에서 무로부터 자신의 미래를 창출해 내는 결단의 개념이 중요한 역할을 한다. 사르트르는 자유로운 행위자를 가리켜 "그는 세상은 물론 그 자신과 관련해서 무(無)에로의 기투를 할 수 있는 존재이다."[11]라고 말했다. 결정론적 법칙에 구애받지 않고 이런 선택을 할 수 있는 능력이야말로 인생의 의미와 자기 명예 및 자기 가치를 실현하는 수단이라고 사르트르는 주장했다. 이런 주장은 현대 영미권의 철학자들도 동조하고 있는데 솔 스밀란스키(Saul Smilansky)의 다음과 같은 글은 이를 잘 보여 준다.

> 우리가 정직하기 때문에 자부심을 느낄 만하다는 양립 가능론자의 주장을 인정한 이후에도, 인생 전체를 놓고 볼 때 우리에게 자유의지가 없다는 것은 문제가 된다. 우리는 우리 자신을 다음의 새로운 관점에서 보기 시작했다.…… 우리가 선택한 것은…… 우리라는 존재의 전개이고, 그 선택은 우리가 통제하지 못하는 것(과 궁극적으로 행운)의 결과일 뿐이다……결정론은 우리의 인간관, 우리의 성취감, 우리의 가치, 자기 존중심 등에 아주 해로운 것이다.…… 우리가 보여 준 미덕, 우리가 성취한 어떤 일이 모두 '예정되어' 있고, 우리라는 존재의 필연적 전개에 불과하다면, 우리의 인간관은 자부심을 느낄 만한 것이 되지 못한다.[12]

행위자 원인론이 "가타카"의 배경에 놓여 있다. 행위자 원인론은 빈센트의 성취가 어떻게 가능해지며 우리가 왜 빈센트의 성취를 존중할 만하다고 생각하는지를 설명해 준다. 분초 표시[13] 8:30에서는 보이스오버가 나오고 빈센트의 스토리를 플래시백으로 처리한다. 영화의 초반부에서 이런 수수께끼 같은 장소를 보여 주어서 우리는 유전공학 기반의 결정론이라는 정원(庭園)의 작은 길을 걸어 내려간다. 그러다가 마지막 구절(句節)에서 그 길을 벗어난다.

제롬의 유전자 선택은 사실상 태어날 때부터 보장되어 있었다. 그는 이런 일에 필요한 모든 재능을 갖추고 있었다. 그의 유전 지수는 최고였다. 제롬 모로가 무한히 발전하는 것은 당연한 일이었다. 단지 내가 제롬 모로가 아니라는 것만 빼고는.

행위자 원인론은 이처럼 매력이 있지만 철학적 관점에서 보자면 몇 가지 심각한 문제점을 가지고 있다. 우선 우리 모두가 일상 생활 가운데 분명하게 느끼는 인간 행위의 한계를 어떻게 설명할 것인가? 빈센트는 우주 비행사가 되겠다는 목표는 달성할 수 있지만 자기 마음대로 달(月) 위로 뛰어내릴 수는 없다. 만약 행위자가 자신의 순수한 의지로 자연의 법칙을 깨뜨릴 수 있다면, 왜 이런 한계가 있는 것인가? A와 B라는 행동이 물리법칙을 위반하기는 마찬가지인데, 행동 A는 가능하고 행동 B는 불가능한 것에 대해서 행위자 원인론의 지지자들은 어떤 원칙 있는 해명을 내놓을 것인가? 두 번째 난점은 행위자 원인론이라는 개념 그 자체이다. 이것은 새로운 형태의 원인론인가? 우리가 다른 맥락에서 관찰하게 되는 인과관계와는 전혀 다른 것인가? 만약 그렇다면 우리는 지금껏 제시되어 온 이런 유형의 원인론을 좀더 완벽하게 분석해야 할 필요가 있다. 자유의지론에 반대하는 많은 사람들은 넓게는 자유의지론을, 좁게는 행위자 원인론을 '황당한 형이상학'이라고 비판한다. 철학자들은 문제가 있고 의심스럽다는 것을 "뭔가 의심스러운 게 있군(there's something fishy here)."이라고 표현한다(1장에 나오는 버클리와 데카르트의 가상 대화 참조/옮긴이). 마지막으로 최근의 두뇌 과학 발전은 자유의지론자의 주장('내부에서부터' 나오는 자발적 행동을 주장하는 견해)을 뒷받침하지 않는다. 자유의지론자들은 이런 과학적 자료에 곧바로 응답을 하지 않기 때문에 일부 철학자들은 그들에게 신통한 대답이 없다고 생각한다.

5. 엄격한 결정론과 도덕적 책임

인간 행위의 결정론이 참이기 때문에 인간에게 자유의지는 있을 수 없다는 것이 엄격한 결정론의 주장이다. 그것은 결정론을 지지하는 양립 불가의 입장이다. 서양 철학의 역사상 엄격한 결정론은 별로 인기가 없었다. 이처럼 인기가 없는 이유는 엄격한 결정론이 참이라면 아무도 그 자신의 행동에 도덕적 책임을 질 수 없게 된다는 보편적 공포심 때문이었다(실제로 어떤 철학자들은 이것을 '엄격한 결정론'의 정의에 반드시 집어넣는다. 그들은 '양립 불가능론'을 이렇게 정의한다. 인간 행위의 결정론은 도덕적 책임의 기반이 되는 자유와 양립 불가능한 것이다). 도덕적 칭찬과 비난 등 도덕적 책임의 개념을 포기한다는 것은 곧 인간이라는 존재의 대부분을 포기하는 것이나 마찬가지이다. 엄격한 결정론을 그저 한 가지 이론에 지나지 않는 것으로 치부해 버리기 전에 도덕적 책임과 그 이론의 관계를 좀더 자세히 살펴보기로 하자. 다음은 그 논증을 정식화한 것이다.

1) 행위자가 어떤 행위에 대하여 도덕적 책임을 지려면 그는 자유롭게 그 행동을 수행해야 한다.
2) 행위자가 자유롭게 행동을 수행했다면 그는 실제 한 행동 이외의 다른 행동도 할 수 있는 입장이어야 한다.
3) 행위자는 그가 실제로 한 행동 이외에 다른 행동을 하는 것은 결코 가능하지 않다.
4) 따라서 행위자는 결코 자유롭게 행동을 한 것이 아니다.
5) 따라서 행위자는 그 행동에 대하여 결코 도덕적 책임을 지지 않는다.

1)의 진술은 어떤 사람이 어떤 행동에 도덕적 책임을 지는 경우를 말하고 있다. 도덕적 책임에 대한 이런 견해는 엄격한 결과주의와 무관하다. 이것은

자유의지론자와 유연한 결정론자들도 인정한다. 2)와 3)의 진술은 엄격한 결정론을 규정하고 있다. 특히 2)의 진술은 '자유'와 결정론의 양립 불가능론적 해석을 규정하고 있고, 3)의 진술은 인간 행위의 결정론을 규정하고 있다. 4)의 진술은 2)와 3)의 진술의 결과이고, 5)의 진술은 논증의 결론으로서 1)과 4)의 진술의 결과이다. 엄격한 결정론을 포기하는 것 이외에는 이러한 결론을 피해 가는 방법은 없는 듯하다.

하지만 이런 결론이 그처럼 나쁜 것인가? 우리가 남들의 행동을 도덕적, 사법적으로 평가할 때 우리는 행위자가 자유롭게 행동한 정도를 감안한다. 사악한 살인범의 행동이 어린 시절 학대받은 결과였다면, 그것은 그 살인범에 대한 나의 도덕적 비난을 완화시킨다. 나는 여전히 살인 행위는 비난하겠지만 행위자 개인에 대해서는 정상 참작(책임이 좀 덜하다)을 해 주어야 한다고 생각할 것이다. 이처럼 법은 범법자가 자신의 행동을 제대로 통제하지 못하는 증거를 정상 참작의 자료로 삼는다. 정신이상 변론은 전통적으로 이런 방식으로 이해되어 왔다. 만약 정신병 때문에 내가 나의 행동을 통제하지 못한다면 나는 **법적으로** 그 행동에 책임이 없고 또 그 행동이 위법일지라도 처벌받지 않는다.[14] 그렇다고 해서 나는 '완전히 풀려나는' 것은 아니다. 국가는 나를 정신병자로 판단하여 실제 감옥에서 복역하는 것보다 더 오랜 시간 정신 병원에서 치료받을 것을 명령할 것이다. 도덕적 책임과 법적 책임은 서로 관련이 있지만 반드시 일치되는 것은 아니다(법적 책임은 재판부에 따라 달라질 수 있으나 도덕적 책임은 그렇지 않다). 엄격한 결정론은 모든 처벌이 부당하다고 주장하는 것인가?[15] 바로 그 때문에 철학자와 일반인이 그것을 그토록 기피했는가? 그렇지 않다. '처벌'이 좀더 광범위하게 이해된다면 말이다. 사회는 여러 가지 뚜렷한 목적을 달성하기 위하여 범법자를 처벌한다. 만약 우리가 범법자의 행동에 대해 책임을 묻지 않는다면 그건 여러 목적 중 하나(처벌)를 면제해 준 것일 뿐이다. 처벌(특히 구금) 대신 다른 이유들, 이를테면 범인을 사회에서 격리시키는 것, 재범을 억제하는 것, 다른 사람들의 모방 범죄를 미연에 방지하는 것 등은 여전히 유효하다. 인간 행위의 결정론은 모든 인간이 교정 불가능하다는 이론은 아니다. 우리가 다음에서 살펴보겠지만 인간 행위의 결정론은 유전적 기질이나 과거의 학습이 행동의 결정적 요인인지를 구체적으로 제시하지 않는다. 엄격한 결정론자들이 자연(예컨대 유전적 요인)이냐 교육(예컨대 환경적 요인)이냐(nature-versus-nurture : 섹션 6 참조)의 논쟁에서 중간쯤에 위치한다고 볼 때, 행동 양식은 상벌의 현명한 적용에 따라 바뀔 수 있다. 이것은 범죄 행동은 물론이고 다른 행동에도 적용된다. 따라서 엄격한 결정론은 형법 제도가 해체되어야 한다고 주장하는 것은 아니다.

"메멘토"는 정신병 및 그 밖의 정신 질환의 경우 도덕적 책임과 처벌의 관계에 대하여 몇 가지 흥미로운 질문을 던진다. 3장에서는 레너드의 경우를 이렇게 요약했다. 사고로 인해 전향성 기억상실증에 걸리기 전에 레너드 셀비라는 단일한 정체성의 사람이 있었다. 사고 이후 레너드는 기억상실증 때문에 그의 신체를 차지하게 되는 나중의 자아들한테서 소외받게 된다. 그 자아는 하루 이상을 넘어가지 못한다(레너드가 잠에서 깨어나 다시 잠드는 시간 동안만 지속된다). 이 여러 자아는 사고 이전의 레너드와 같은 사람이 아니라는 점에서 레너드에게서 소외되어 있다. 심지어 레너드 자신도 그의 행동을 통해 그것(여러 명의 자아가 사고 이전의 레너드와 소외됨)이 사실임을 보여 주고 있다. 적어도 그 자신의 신체를 미래에 '차지하게 되는' 자아와 관련하여 그런 행동을 보여 주는 것이다. 그는 지미를 죽인 직후 창고에서 손쉽게 테디를 죽일 수 있었다. 그러나 레너드는 테디의 자동차 번호를 적고 "네가 나의 존 G가 될 거야."(MM 107:00) 하고 중얼거림으로써, 미래의 자아가 테디를 죽이도록 조치한다. 나중에(그러나 영화에서는 초반부에) 레너드의 미래 자아가 그 과업을 수행한다. 레너드가 의도했던 바로 그대로. 만약 테디의 자동차 번호를 쓰는 레너드가 나중에 테디를 죽이는 레너드와 뚜렷하게 다른 사람이라면, 테디의 죽음에 대하여 둘 중 누가 도덕적 책임이 있는가? 둘 다 도덕적으로 책임이 있는가? 살인 행위 이후에 '레너드의 신체를 차지하게 되는 여러 자아'는 어떻게 되는가? 그들 또한 테디의 죽음에 도덕적으로 책임이 있는가?

이 책의 3, 4, 5장에서는 다루어지지 않았으나, 윤리학에서 다루어지는 사람의 개념과 개인의 정체성에서 다루어지는 사람의 개념은 똑같은 것이다. 나는 내가 과거에 저지른 일에 대해서 현재에도 도덕적 책임이 있다. 왜냐하면 나는 과거에 그 행위를 저지른 사람과 동일한 사람이기 때문이다. 레너드의 경우 도덕적 책임의 개념은 해체된다. 그 이유는 엄격한 결정론 때문이 아니라 현재 레너드에게는 도덕적 책임을 질 사람이 없기 때문이다. 테디를 죽인 사람은 더 이상 존재하지 않는다. 만약 레너드가 테디나 지미의 죽음에 대한 용의자로 마침내 체포된다면 그를 어떻게 해야 하는가? 국가가 그를 투옥하는 것은 정당한가? 그는 분명 남들에게 심각한 위험을 주는 인물이다. 그는 심지어 손 안에 있는 총이 자신의 것이 아님을 짐작하는 순간, 자신의 위험성을 인식하고 있다. 왜냐하면 그와 같은 사람들은 총을 소지하는 것이 허용되지 않기 때문이다. 그의 위험성 때문에 국가가 그를 투옥시키는 것은 그의 도덕적 책임 유무와는 상관이 없다.

도덕적 책임이 없다는 것이 처벌을 무효화시키는 것도 아니라면 왜 엄격한 결정론은 그토록 주목을 받지 못할까? 현대 미국의 철학자인 다니엘 데넷(Daniel Dennet)은 많은 사람이 결정론을 혐오하는 것은 그것을 다른 어떤 것으로 오해하기 때문이라고 생각했다. 데넷은 그의 저서 『자유로운 행동의 범위(*Elbow Room*)』에서 결정론의 수용에 관한 여러 가지 '망상(bugbears)'을 지적하고 있다. 영화 "가타카"에서 그 망상을 대변하는 인물이 이린이다. 빈센트와 마찬가지로 이린 또한 우주 비행사가 되고 싶어한다. 그러나 그녀의 시원찮은 유전자 구성 때문에 그 욕망은 결코 이루지 못한다. 그녀의 신체 조건으로는 도저히 그 욕망을 달성할 수 없다. 우리는 이린을 보면서 그녀의 미래에 대한 이런 예측이 자기 충족적인 예언(self-fulfilling prophecy : 나는 시험에 떨어질 거야 하고 미리 생각하면 실제로 시험에 떨어지는 것/옮긴이) 같은 것이 아닌가 생각하게 된다. 마찬가지로 데닛은 결정론의 수용이 이런 자기 충족적인 예언의 유해한 효과를 갖고 있다고 생각한다.

"결정론의 수용이 왜 해로운가 하면 아주 유해한 자기 파멸적 체념과 무감각으로 떨어질 수 있기 때문이다. 예를 들어 핵전쟁이 불가피하다고 생각하여 그것을 예방할 생각이 전혀 없는 사람의 무기력한 체념을 한번 생각해 보라. 우리는 이런 태도를 권장하는 주장(설령 그 주장이 참이더라도)을 적극적으로 개탄해야 하지 않을까?"[16]

데닛은 결정론이 곧 행위자의 무기력을 의미하는 것은 아니라고 말한다. 결정론을 수용한다고 해서 우리 자신이 무기력하게 되는 것은 아니라는 것이다. 결정론은 우리와 상관없이 참일 수도 있고 거짓일 수도 있다. 그러나 데닛이 신경 쓰는 문제는 결정론이 참이냐 아니냐 하는 것보다는 우리가 그것을 어떻게 받아들이는가 하는 것이다.

또 다른 사례를 하나 들어 보자. 이 사례는 무기력의 문제점을 아주 날카롭게 드러낸다. 예를 들어 온몸이 마비되어서 몸을 움직이고 싶으나 움직일 수 없는 경우를 한번 상상해 보라. 서구의 과학계가 쿠라레(curare : 남미 산의 독초)의 존재를 처음 알았을 때, 그 성분이 어떻게 작용하는지까지는 알 수 없었다. 겉보기에 이 독초는 무의식 상태를 유발했다. 만약 다량을 복용하면 사망까지 할 수 있다. 그러나 실제로 쿠라레는 무의식을 유도하지 않는다. 뇌세포의 작용을 중지시켜 근육 무기력증을 초래한다(그러나 흥미롭게도 심장 근육은 건드리지 않는다). 이 독초를 먹은 개인은 100퍼센트 주위 상황을 의식하고 고통도 느끼지만 전혀 몸을 움직이지 못한다. 외과 수술 도중 마취약이 아니라 쿠라레를 주사했다고 한번 상상해 보라.[17] 그것은 아마도 끔찍한 악몽일 것이다. 바로 이런 끔찍한 느낌을 일반인은 결정론의 수용과 관련하여 '느끼고' 있는 것이다. 우리는 쿠라레를 주사당한 외과 수술 환자와 마찬가지로 우리가 완벽하게 무기력한 상태에 빠질지 모른다고 생각하는 것이다. 엄격한 결정론을 받아들이는 것은 능력 있는 행위자라는 우리의 이미지를 산산조각 내 버리고 우리로 하여금 우리의 몸조차 제대로 통제하지 못하게 된다는 느낌을 받게 만든다.

데닛은 이런 타당한 지적을 했다. 엄격한 것이든 유연한 것이든 결정론을 받아들이는 것이 완전 포기 상태를 의미하는 것은 아니다. 결정론에서는 우리가 꼭두각시라고 말하지 않는다. 우리가 자연 법칙에 따라 '우리의 의사에 반하여' 모든 것을 해야 된다는 뜻도 아니다(이와 반대되는 사례는 "존 말코비치 되기"에서 인용해 올 수 있다. 크레이그는 말코비치를 그의 꼭두각시로 만들었다. 그래서 말코비치는 자신의 몸을 통제하지 못할 뿐만 아니라 그런 통제의 상실을 의식한다). 결정론자들이 주장하는 것은 '우리의 머릿속에(in here)' 단 하나의 행위자가 있다는 것이다. 결정론자들의 요점은 이것이다. 즉 우리의 정신적, 신체적 상태——우리의 믿음, 욕망, 정서, 신체적 능력, 현재의 신체적 상태 등——가 우리가 하고자 하는 일을 결정한다는 것이다. 우리에게 열려 있는 행동 노선은 하나뿐이라는 것이다. 다행히도 그것은 우리가 선택할 수 있는 행동 노선이다. 말코비치 사례나 쿠라레 마비 사례는 결정론에 대한 오해를 바탕으로 한다. 결정론에 대한 오해란, 결정론이 우리가 원하는 것과 우리의 실제 행위 사이에 단절이 있다고 주장하는 이론이라는 것이다. 이런 오해가 풀리면 인간 행위의 결정론은 그 혐오스러움이 부분적으로 해소된다. 따라서 유연한 결정론자가 '자유의지'의 양립적 해석의 범위 내에서 도덕적 책임을 거론할 수 있는 길이 열린다. 우리는 7에서 유연한 결정론을 자세히 다루게 될 것이다.

6. 자연 대 교육 논쟁과 결정론에는 연관성이 없다

개인의 행동 기질은 유전자 때문이라고 주장하는 사람과, 유전자보다는 환경, 특히 학습 때문이라고 주장하는 사람 사이에 몇십 년에 걸쳐 논쟁이 진행되어 왔다. 이러한 의견의 불일치는 종종 자연 대 교육의 논쟁이라고 불린다

('자연'을 주장하는 사람은 유전자의 우세를, '교육'을 주장하는 사람은 환경의 우세를 주장한다). 유전자 지도가 발견되기 훨씬 이전에도 자연 대 교육의 논쟁은 교육학, 심리학, 사회학, 정치학 분야에서 활발하게 이루어졌다. 이런 논쟁의 파급 효과는 이론의 범위를 훨씬 넘어서서 아주 중요한 공공 정책 분야에도 흘러 들어갔다.

영화 "가타카"는 자연을 중시하는 입장을 거칠게 표현했다. "가타카"의 허구적 세계에서 태아가 수태 시에 받는 유전자가 개인의 성, 눈빛, 머리 색깔을 결정할 뿐 아니라 다른 여러 가지 정신적, 신체적 특징을 결정한다. 생식 과정에서의 유전자 검사와 선택 덕분에 사회는 사회 순응적이고 또 기여할 수 있는 인물만 선택할 수 있게 되었다(영화는 선택 기준의 구체적 목표가 무엇인지는 밝히지 않고 있다).

자연 대 교육 논쟁이 공공 정책에 광범위한 파급 효과를 갖지만 자유의지, 결정론, 도덕적 책임에 관한 핵심적 논쟁에는 아무런 영향을 미치지 못한다. 자연을 지지하든 교육을 지지하든 둘 다 인간 행위의 결정론이 참이라고 가정하고 있다. 따라서 이 점에 관해서는 양쪽이 서로 구분되지 않는다. 또 양쪽은 자유의지에 대한 양립 가능론 또는 양립 불가능론 중 어떤 것이 더 바람직한지 입장을 표명하지 않는다. 심지어 도덕적 책임의 문제도 양쪽의 논쟁에 영향을 주지 않는다. 우리가 7에서 살펴보겠지만 많은 철학자가 결정론과 도덕적 책임의 문제는 결국 엄격한 결정론자냐 유연한 결정론자냐, 이렇게 둘 중의 하나로 요약된다고 본다. 그리고 결정론의 원천으로서 유전자나 환경은 별 상관없는 문제라고 생각한다.

자연 대 교육 문제는 5와 관련하여 한 가지 겹치는 부분이 있다. 만약 철저한 자연주의자의 견해가 참이라면, 유전자 조작이나 그 밖의 생물학적 간섭 이외에, 인간은 교정이 불가능하다는 얘기가 된다. 만약 내가 법을 어기고 싶어하는 기질을 갖고 있다면 나에 대해 아무리 교정 노력을 기울여도 나의 범죄적 기질은 바뀌지 않을 것이다. 이것은 처벌의 타당성에 파급 효과를 미친다. 감금은 나를 사회에서 격리하는 효과는 있겠지만, 교정 효과는 없는 것이 된다.

7. 유연한 결정론자의 타협?

엄격한 결정론은 곧 도덕적 책임을 부정하는 것이기 때문에 많은 철학자가 그 입장을 거부했다. 일부 철학자들은 도덕적 책임의 발판을 만들기 위해 자유의지론에서 주장하는 자유를 받아들였다. 다른 철학자들은 결정론의 증거가 너무나 압도적이라고 생각한다. 이런 사람들이 엄격한 결정론의 딜레마를 빠져나가는 길은 자유의지론과 결정론이 양립 불가능하다는 해석을 거부하는 것이다. 이러한 철학자들을 유연한 결정론자라고 하는데, 이들은 자유의지를 인간 행위의 결정론과 양립 가능한 것으로 본다.

자유의지의 양립 가능 해석은 우리 모두가 인식하는 구분에 기반을 두고 있다. 나의 행동 중 어떤 것은 외부의 힘에 강제되고 또 어떤 것은 자발적 의지와 욕망의 결과이다. 유연한 결정론에 따르면, 방해받지 않고 나의 욕망에 따라 행동했거나 나의 욕망과 반(反)하여 행동하도록 강요받지 않았다면, 나의 행동은 자유로운 행동이다. 그렇지만 나의 행동은 100퍼센트 나의 현재 상태에 따라 결정된다. 나는 여전히 내 행동의 주인인 것이다.

유연한 결정론은 이처럼 자유로운 행동을 일으키는 나의 역할을 강조하기 때문에 내가 그 행동에 대하여 도덕적 책임을 질 수 있다고 주장한다. 문제는 내부적으로 자원(自願)한 행동과 외부적으로 강제된 행동을 구분하는 것이다. 유연한 결정론의 문제점은 자유와 부자유의 경계선상에 있는 다양한 부류의 행동들을 고려할 때 발생한다. 예컨대 당신이 길을 걸어가고 있는데 강도가 숲에서 튀어나와 당신에게 총을 겨누며 "돈이냐, 목숨이냐?"라고 묻는다고 해 보자. 주머니 속에 있는 50달러를 지키겠다는 욕망보다는 살겠다는 욕망이 더 강할 터이므로 당신은 강도에게 돈을 주기로 '선택'한다. 유연한 결정론자는 이 경우 당신의 행동을 자유로운 행동이라고 해석할까? 어느 면에서 보면 그 행동은 당신의 욕망으로 야기되었다. 무엇보다도 살고 싶다는 욕망이 큰 것이다. 하지만 다른 면에서 보면 당신의 행동은 강요된 것이다. 강도가 총을 겨누지 않았다면 당신은 돈을 내놓지 않았을 것이다. 이런 상황에서 당신이 자유롭게 돈을 내놓았다는 것은 우리의 상식과는 어긋난다.

이 강도의 사례는 예외적인 것인가?[18] 나는 권총을 든 강도를 당해 본 일은 없지만, 두 가지 행동을 놓고 선택할 때 나쁜 결과에 대하여 위협을 느끼며 결정을 내린 일은 여러 번 있다. 때때로 차를 몰고 가다 시간 약속에 늦을 때 나는 과속을 생각한다. 하지만 교통 순경에게 적발되어 딱지를 떼일 우려 때문에 과속을 하지 않기로 결정한다. 과속을 하지 않기로 한 나의 선택은 자유로운 것인가? 이 사례는 질적으로 강도의 사례와 다른 것인가? 만약 다르지 않다면, 나의 행동 중 상당 부분 아니, 대부분이 외부의 힘에 의해 강제된 것이다(따라서 양립 가능론에 따르면 자유의지가 아니다). 왜냐하면 나의 궁극적 선택은 각종 나쁜 결과를 피하기 위한 욕망에 바탕을 두고 있기 때문이다.

또 다른 경계선상의 사례는 충동적이고 중독적인 행동들을 들 수 있다. 유연한 결정론자는 이런 행동들을 어떻게 분류할 것인가? 그것들은 자유로운가 아니면 자유롭지 않은가? 현대 미국의 철학자 해리 프랭크퍼트(Harry Frankfurt)는, 유연한 결정론자들이 이런 유형의 행동들을 어떻게 다루어야 할 것인가에 대해 폭넓게 글을 썼다.[19] 프랭크퍼트는 1급 욕망과 2급 욕망을 구분했다. 1급 욕망은 구체적 사물이나 사태에 대한 것이다. 이를테면 바닐라 아이스크림에 대한 욕망, 명성에 대한 욕망, 세계 평화를 위한 욕망 등이 1급 욕망으로 분류된다. 2급 욕망은 구체적 욕망을 가지려는 것이다. 어떤 경우, 특히 중독적 행동과 관련된 경우에 개인은 어떤 특정 욕망을 지니지 않으려는 강한 욕망을 가지고 있다. 프랭크퍼트는 구체적 사례로 헤로인 중독자를 들었다. 이 중독자는 헤로인을 주사하고 싶은 욕망을 가지지 않았으면 하는 욕망을 지니고 있다. 프랭크퍼트가 볼 때, 개인이 가지기를 바라는 욕망에 바탕을 둔 행동을 할 때 그것은 자유로운 행동이다. 마지못해 마약을 하는 중독자는 부자유스럽게 행동하는 것이다. 마약을 하고 싶다는 욕망은 그가 가지기를 바라지 않는 욕망이기 때문이다. 프랭크퍼트의 '자유'에 대한 분석은 어떤 경우에는 유익하지만, 전반적으로 자유와 부자유를 구분하는 폭넓은 방법이 되지는 못한다.[20]

내부적으로 바라는 행동과 외부적으로 강제된 행동을 자세히 구분하는 방법상의 문제점 이외에도, 유연한 결정론자들은 또 다른 심각한 문제점을 안고 있다. 그들은 인간 행위의 결정론자들이다. 엄격한 결정론자들과의 차이점은 자유의지에 대한 분석에서 나올 뿐이다. 유연한 결정론자들은 인간 행위의 결정론자이기 때문에 개인의 행동이 그 이전의 사건들을 그 원인으로 삼는다고 본다. 그 이전의 사건은 또 그보다 이전의 사건 때문에 빚어졌다고 여긴다. 이러한 사건의 연쇄는 행위자 개인이 탄생하기 이전의 시절까지 거슬러 올라간다. 이 경우 내부적으로 바라는 행동과 외부적으로 강제된 행동의 구분은 우스꽝스럽게 된다. 왜냐하면 내부적 행동을 하는 사람이 존재하지 않기 때문이다. 그래서 우리는 유연한 결정론은 실제로는 있지도 않은 구분에 바탕을 두는 게 아닌가 하는 생각을 가지게 된다.

우리는 이 장에서 어떤 교훈을 이끌어 낼 수 있을까? 자유의지와 결정론 논쟁에 들어가는 세 가지 전통적 입장은 심각한 문제점을 안고 있다. 나는 3에서 이렇게 말한 바 있다. 철학자들이 이 문제를 별로 발전시키지 못했기 때문에, 어떤 철학자들은 이 논쟁이 벌어지는 틀이 크게 잘못된 것이 아니냐고 묻는다. 아무튼 오늘날까지도 여러 대안은 주변적인 지지밖에 얻지 못하고 있다.

토론을 위한 질문

1. 중독의 행위는 자유로운 것인가? 양립 가능론/양립 불가능론에 대하여 당신의 입장은 무엇인가?
2. 인간의 자유의지와 신의 완벽한 사전 인지 능력을 서로 일치시키는 데 어려움이 없다고 생각하는가? 이 질문에 대한 당신의 답변은 자유의지에 대한 양립 가능론을 받아들이는가, 양립 불가능론을 받아들이는가에 따라 달라지는가?
3. "메멘토"의 레너드는 그가 저지르는 살인 행위에 대하여 도덕적 책임을 져야 하는가? 그는 법적으로 책임이 있는가? 왜 책임이 있다고 생각하는가? 왜 없다고 생각하는가?
4. 인간 행위의 결정론이 참이라면 당신이나 동료의 성취는 그만큼 가치가 떨어지는가? 이 구도에서 행운은 어떤 위치를 차지하나? 운이 좋은 사람을 칭찬하는 것은 합리적인가?
5. 당신은 자유의지론을 손상하지 않은 채, 최면 후 암시의 사례를 해석하는 방법을 알고 있는가?
6. 당신은 자발적 행동의 예측 가능성을 측정한 리베트(Libet)의 실험에 대하여, 자유의지론을 손상하지 않은 채 실험을 해석하는 방법을 알고 있는가?

자유의지와 결정론에 관한 저서

'고전'

아리스토텔레스

『니코마코스 윤리학』. 이 책(특히 3권)에서 아리스토텔레스는 개인들이 그들의 행동에 대하여 책임이 있으며 따라서 잘못한 자를 처벌하는 것은 정당하다고 주장한다. 이 책은 온라인에서도 읽을 수 있다(http://classics.mit.edu/Aristotle/nichomachaen.html).

토머스 홉스(Thomas Hobbes)

『자유, 필연, 우연에 관한 질문(The Questions concerning Liberty, Necessity, and Chance)』. "자유와 필연에 관하여"라는 제목이 붙은 장에서 홉스는 자유의지와 도덕적 책임의 양립 가능성을 주장한다. "자유는 행동의 모든 장애가 부재한 상태를 말한다. 단 자연의 행위나 행위자 내부의 본래적 제약 등은 장애로 간주하지 아니한다." 이 책은 『토머스 홉스의 영어 저서(The English Works of Thomas Hobbes)』(London : J.Bohn, 1839)의 제5권이다.

흄

『인성론』, 1740. 이 책의 제2권에서 흄은 인간 심리학 이론을 펼치고 있다. 이 책의 학자 연구본은 1978년 옥스퍼드 대학 출판부에서 발간한 제2판이다. 온라인에서도 읽을 수 있다(http://socserv2.socsci.mcmaster.ca/—econ/ugcm/3ll3/hume/treat.html).

칸트

『이성의 한계 내에서의 종교(Die Religion innerhalb der Grenzen der blossen Vernunft)』, 1793년 초판. 『도덕 형이상학 원론』. 1785년 초판. 이 두 책에서 칸트는 자유의지에 대하여 자유의지론적인 해석을 지지하고 있다. 두 책은 다음 사이트에서 읽어 볼 수 있다(http://www.hkbu.edu.hk/—ppp/rbbr/toc.html와 http://www.vt.edu/vt98/academics/books/kant/pr_moral).

자유의지 논쟁에 관한 현대의 저서

Daniel Dennett, *Elbow Room*, Cambridge, MA : MIT Press, 1984). 데닛의 생생한 글쓰기는 책 읽는 재미를 더해 준다.
Laura Ekstrom, *Free Will*, Boulder : Westview Press, 2000). 이 책은 도덕적 책임과 자기 가치 의식을 동시에 살릴 수 있는 행위자 원인론의 정합적인 분석이 가능하다고 주장한다.
Dirk Pereboom, *Living without Free Will*, Cambridge : Cambridge University Press, 2001). 여기에서는 엄격한 결정론을 반대하는 전통적 주장에 대하여 반론을 펴고 있다.
Gary Watson, ed. *Free Will*, Oxford : Oxford University Press, 1982. 이것은 20세기 후반의 자유의지 논쟁과 관련하여, 중요한 논문들만 모아 놓은 논문집이다.

4부 _ 철학, 종교, 인생의 의미

제 7 장

악의 문제

"제7봉인"(1957)과 "휴거"(1991)

> 당신 이걸 알아? 신앙은 고문이야. 그건 저기 저 어둠 속에 있는 누군가를 사랑하는 것과 비슷해. 아무리 소리쳐 불러도 그는 나타나지 않는 거야.
>
> — "제7봉인"에서

> 그토록 고통 많은 삶을 안긴 그(신)에게 내가 왜 감사해야 하나?
>
> — "휴거"에서

전지전능한 신을 믿는 사람이 맞닥뜨려야 하는 가장 까다로운 문제는 이런 질문이다. 그렇게까지 모든 것에 능한 신이 왜 이 세상에 그토록 많은 고통과 고난을 허용하는가? 이 문제는 통칭 악의 문제라고 한다. 만약 신이 존재하여 그 피조물을 깊이 배려한다면 그는 이 세상의 불필요한 고통을 제거해 주는 것이 마땅하다. 신은 왜 그렇게 하지 않는가? 어떤 사람들은 고통과 고난의 존재는 곧 신이 존재하지 않는 증거라고 해석한다. 만약 신이 존재한다면 그런 불필요한 고통은 없을 것이기 때문이다. 종교를 믿는 사람들은 이 악의 문제를 극복하기 위하여 다양한 접근 방법을 시도했다. 이 장에서 우리는 그것들을 살펴보면서 그런 방법들이 각각 성공을 거두었는지 물어 보기로 하자.

악의 문제는 지난 몇천 년 동안 아주 까다로운 종교 문제로 인식되어 왔다. 고대 그리스 철학자들의 저서에도 이 문제에 대한 검토가 있다.[1] 분명 이 문제는 서구의 일신교가 유럽에 전래되면서 생겨난 문제는 아니다. 악(인간이 원인이든 자연이 원인이든)의 존재는 많은 종교적 전통 내에서 문제였지만, 특히 기독교의 계시문학 내에서 특이한 변종을 만들어 냈다. 이 장에서 다루는 자료는 전지전능한 신의 존재를 주장하는 종교적 전통과 관련이 있다. 그러나 3은 신의 존재와 신이 이 세상을 위해 예비한 것(『요한계시록』에서 예언한 것), 이렇게 두 가지를 일치시키는 문제의 어려움에 집중하고 있다. "휴거"와 "제7봉인"은 기독교 전통을 바탕으로 하고 있지만, 이 영화가 제기하는 주제는 포괄적이어서 전반적인 악의 문제를 검토하기에 알맞다.

앞에서도 그랬지만 이 장의 앞부분(1과 2)은 영화를 보지 않고 읽어도 좋으나 3 이후는 초점을 맞춘 영화를 자주 언급하고 있으므로 영화를 보아야 이해할 수 있다.

1. 악의 문제가 가진 두 측면

철학자가 종교를 포함해 그 어떤 주제에 접근하는 방식은 관련 증거를 분류한 다음에 그 증거를 바탕으로 하여 판단을 내리는 것이다. 많은 경우에 찬반양론의 증거가 있다. 그러면 철학자의 임무는 어느 쪽이 전반적으로 더 좋은 증거를 많이 가지고 있는지 판단하는 것이다. 이러한 접근 방법은 배심원이 누구——피고나 검찰——의 말을 믿어야 할지 결정하는 방법과 유사하다. 이 장에서 '양측'은 곧 유신론(신이 있다고 보는 견해)과 무신론(신이 없다고 보는 견해)이다. 우리는 잠시 뒤 이 두 입장을 좀더 자세히 살펴볼 것이다. 종교철학자는 양측의 증거(주로 논증의 형태를 취한다)를 살펴보고 어느 쪽이 더 타당한 주장을 하는지 결정한다.

신학자들은 유신론을 지지하기 위하여 많은 논증을 내놓았다. 그중 가장 상식적인 것은 **제1원인 논증**(first-cause argument)이다.[2] 이 세상의 존재를 설명하기 위해서는 영원하고 전능한 창조주(신)가 없으면 안 되므로 그래서 신이 존재한다는 주장이다. 누군가가 최초로 창조의 행위를 했기 때문에 이 세상이 생겨난 게 아니겠냐는 생각이다. 그 창조주는 창조된 이 세상의 한 부분일 수가 없다. 그 창조주는 신임에 틀림없다. 따라서 신은 존재한다.

두 번째로 인기 있는 논증은 **디자인 논증**(argument from design)이다.[3] 자동차를 보면 누구나 그 자동차의 디자이너가 있다고 생각한다. 마찬가지로 우주의 삼라만상도 전능한 디자인과 창조의 결과이다. 자동차는 여러 부품으로 이루어져 원활하게 굴러가는 물건이다. 이런 차가 자연적 힘들의 우연한 결합으로 만들어졌다고 보기는 어렵다. 그렇게 보기에 차는 아주 복잡한 물건이다. 차의 복잡성과 원활한 기능성은 차가 분명 디자인된 것임을 보여 준다. 어떤 물건이 디자인되었다면 거기에는 디자이너가 있어야 한다. 이것은 전혀 놀라운 일이 아니다. 우리는 자동차 디자이너가 분명 존재한다는 사실을 알고 있기 때문이다. 디자인 논증에 따르면 이 세상은 자동차와 비슷한데 그보다 훨씬 복잡한 자동차라는 것이다. 단세포 생물조차도 아주 복잡한 구조를 가지고 있다. 그런데 이런 생명체(인간과 전체적인 생태계는 말할 것도 없고)가 자연적 힘의 우연한 결합으로 만들어졌다고 보기는 어렵다. 디자인 논증에 따르면 이 세상의 '디자이너'가 바로 신이라는 것이다. 따라서 창조주인 신이 존재한다. 신의 존재를 주장하는 다른 논증들도 있지만 위의 두 가지가 가장 대표적인 것이다.

악의 문제는 무신론의 주된 논증이다. 이 논증은 많은 사람으로 하여금 유신론에서 멀어지게 만든 결정적 이유이다. 이 때문에 유신론자들도 이 주장을 속으로는 대단치 않게 여기면서도 악의 문제를 진지하게 이성적 틀의 범위 내에서 검토하여 대응책을 세운다. 이런 대응책은 무신론자들을 설득하여 유신론으로 돌아서게 하는 수단이 된다.

모든 종교가 악의 문제와 관련되는 것은 아니고 서구의 주요 세 종교 이슬람, 유대교, 기독교가 특히 관련된다. 악의 문제는 신에게 1)전지(모든 것을 안다), 2)전능(모든 것을 할 수 있다), 3)절대선(신의 일은 모두 선하다)의 세 속성을 부여하는 종교 내에서만 벌어진다. 신의 또 다른 속성은 주로 위의 1)과 2)에 함축되어 있는 것인데, 이 세상 일에 계속 개입하면서 마음대로 사건의 경과를 바꿀 수 있다는 것이다. 이런 속성을 배경으로 하여 **악의 문제**를 정식화하면 다음과 같다.

1) 만약 신이 존재한다면 그는 전지하기 때문에 이 세상에 불필요한 고통과 고난이 있다는 것을 알고 있다.
2) 만약 신이 존재한다면 그는 전능하기 때문에 불필요한 고통과 고난을 제거할 수 있다.
3) 만약 신이 존재한다면 그는 절대선이기 때문에 불필요한 고통과 고난을 제거하려고 할 것이다.
4) 만약 신이 존재한다면 불필요한 고통과 고난은 없게 될 것이다.
5) 세상에는 불필요한 고통과 고난이 있다.
6) 따라서 신은 존재하지 않는다.

위의 단계 1-5를 보면 유신론은 거짓이라는 결론을 포함하고 있다. 따라서 유신론자가 이런 결론을 거부하려면 단계 1-5 중 어느 하나를 거부해야 한다. 그러나 언뜻 보기에 각 단계는 모두 타당해 보인다. 단계 1-3은 전지, 전능, 절대선을 설명한 것이다. 물론 유신론자는 이 세 가지 중 어느 하나를 거부할 수도 있겠으나 그렇게 하면 서구의 종교적 정통성을 부정하는 것이 된다. 이 장의 여러 군데에서 우리는 신의 절대선을 부정할 때의 파급 효과를 검토하게 될 것이다. 하지만 진정한 유신론자들은 신의 절대선을 부정하는 태도는 신앙인의 진정한 태도가 아니라고 본다. 마찬가지로 위의 단계 1-2를 부정하는 것도 신앙인의 진정한 태도를 훼손한다. 유대교, 이슬람, 기독교의 정통 교리가 신의 세 가지 속성을 고수하는 데는 분명한 이유가 있다. 그것은 다시 말하면 신에 대한 찬양, 사랑, 존경이 적절한 신앙의 태도가 되는 전반적 세계관의 한 부분인 것이다(서구 종교의 정통 교리에서 위의 세 속성 이외에 두 가지 속성이 더 있다. 하나는 시공간 밖에서 존재하는 신의 영원성이고 다른 하나는 이 세상의 창조에 대한 책임성이다. 이 두 속성은 악의 문제와 직접적으로 관계되지 않으므로 지나가듯 언급했다).

이 장의 전편을 통하여 나는 **유신론**(theism)을 서구 3대 종교의 정통 교리(전지, 전능, 절대선)를 지칭하는 용어로 사용하겠다. 유신론자는 유신론이 참이라고 믿는 사람이다. 반대로 **무신론**(atheism)은 그런 세 가지 속성을 가진 존재는 없다고 보는 견해이고, 무신론자는 무신론이 참이라고 생각하는 사람이다. 따라서 무신론자는 신이라는 명칭이 산타클로스라는 이름과 비슷하다고 생각한다. 신이라는 이름은 그런 속성의 결집체일 뿐, 실제로 존재하는 어떤 자를 가리키는 것은 아니라고 보는 것이다. 유신론과 무신론의 논쟁과 관련하여, 아직 이론까지는 되지는 못하지만 그 논쟁에 끼어들지 않는 제3의 길이 있다. 이것을 **불가지론**(agnoticism)이라 한다. 불가지론자는 유신론과 무신론 사이에서 마음의 결정을 보지 못한 자이다. 이 사람은 신의 존재를 믿지도 부정하지도 않으면서 판단을 유보한 사람이다.

그러면 위에서 제시한 악의 문제의 정식화로 다시 돌아가자. 단계 1~3이 종교의 정통 교리상 절대 건드릴 수 없는 것이라면 단계 4~5만이 남게 된다. 그러나 유신론자는 단계 4를 부정할 수 없다. 왜냐하면 앞의 1~3에서 단계 4가 논리적으로 따라 나오기 때문이다(논리적 일관성이란 개인의 다른 믿음에서 함축되는 것을 부정하지 못하는 것을 말한다. 유신론자가 단계 1~3을 믿는다면, 단계 4를 받아들이거나 아니면 논리적 일관성을 깨뜨리거나 둘 중 하나가 되어야 한다). 따라서 유신론자가 악의 문제와 관련하여 건드릴 수 있는 전제 조건은 단계 5뿐이다. 좀더 구체적으로 말하면 유신론자는 이 세상에 불필요한 고통과 고난이 있다는 것을 부정해야 한다. 이렇게 부정하는 데는 두 가지 방법이 있다. 그 하나는 고통과 고난이 없다고 말하는 것이고, 다른 하나는 그 고통과 고난이 필요하다고 말하는 것이다. 현재 세상에는 온갖 고통과 고난이 넘쳐나고 있으므로 첫번째 방식은 통하지 않을 것이다. 그렇다면 서구 정통 교리의 범위 내에서 취할 수 있는 방법은 두 번째 것(고통과 고난은 필요하다)뿐이다.

유신론자는 고통의 필요성을 어떻게 증명할까? 유신론자가 이 세상의 모든 고통을 하나하나 열거하면서 그것이 그 사람이나 그 집단에 필요하다고 증명할 수는 없다. 그렇게 하려면 대응해야 할 사례가 너무 많아지기 때문이다. 따라서 유신론자는 고통과 고난이 필요하다는 것을 일반적으로 증명한 다음, 그것이 특정 사례에 얼마든지 적용될 수 있음을 암시하는 데 그칠 것이다. 바로 이렇게 하는 것을 가리켜 **신정론(神正論)**이라고 한다. 이것은 신의 관점에서 볼 때 좀더 커다란 선(善)의 성취를 위하여 고통과 고난이 필요하다는 이론이다. 위의 단계 5를 성공적으로 논박하기 위해서 신정론은 다음 세 기준을 충족시켜야 한다.

첫째, 신정론은 인간(예컨대 살인)이나 자연(예컨대 폭풍우 피해)으로 말미암은 고통의 필요성을 증명해야 한다.

둘째, 신정론은 그 고통을 상쇄하고도 남을 만한 좋은 결과를 증명해야 한다.

셋째, 신정론은 고통에 따라 선이 성취되는 방식을 설명해야 한다(다시 말해 그런 고통이 없었다면 선은 성취되지 않았을 것임을 증명해야 한다).

이렇게 얘기하면 약간 추상적이므로 좀더 구체적인 사례를 들어 보기로 하겠다. 유신론자들은 신과 창조의 관계가 부모와 자식의 관계와 유사점이 있다고 한다. 우선 부모는 어린 자녀를 보살펴 자녀가 달려오는 자동차에 뛰어들지 않도록 감독해야 할 책임이 있다. 아이의 이성적 판단이 미흡하여 가능한 결과(이를테면 차에 치이는 것)를 미리 말해 주어도 아이의 행동(차에 달려드는 것)을 막지 못하는 경우가 있다. 다시 말해 아이는 아직 철이 없어서 이런 결과를 제대로 이해하지 못하는 것이다. 이때 아이가 차 앞으로 달려가는 것을 막는 유일한 방법은 처벌을 하는 일이다. 아이의 관점에서 볼 때 설령 가벼운 꾸중일지라도 이러한 처벌은 고통과 고난이 된다. 꾸중이 효과적으로 작용하는 것은 아이가 그것을 처벌로 인식하기 때문이다. 그러나 순전히 성숙하지 못한 아이의 관점에서 보자면 그 처벌은 불필요한 고통과 고난이 된다. 왜? 왜냐하면 아이는 그 처벌이 가져올 더 큰 구도를 보지 못하기 때문이다. 하지만 우리 부모는 그런 구도를 본다. 이런 점에서 부모는 신과 비슷하다. 왜냐하면 부모가 사물을 바라보는 관점은 아이처럼 제한적이지 않기 때문이다. 따라서 부모가 아이에게 가하는 고통과 고난은 더 큰 선을 성취할 수 있으므로(즉 아이가 차에 치이지 않는 것) 필요한 것이 된다. 다시 말해 그런 선은 고통의 지불 없이는 성취되지 않는 것이다.

자 이제 다시 악의 문제로 돌아가 보자. 신정론이 이 세상의 고통을 적절히 설명하고 또 그 고통이 더 큰 선에 이바지한다는 것을 증명한다면, 세상의 고통이 필요하다는 것을 증명한 게 된다. 우리는 5에서 신정론의 대표적 두 이론인 자유의지 옹호론(free will defense)과 궁극적 조화 옹호론(ultimate harmony defense)을 살펴보게 될 것이다.

이 부분을 마무리짓기 전에 나는 악의 문제에 대한 변종 이론을 고려하고자 한다. 전통적으로 악의 문제는 신의 존재를 의문시했다. **수정된 악의 문제**(modified problem of evil)는 신의 찬양 가치에 대하여 의문을 표시한다. 내가 위에서 유신론을 정의한 바에 따르면 신의 절대선을 부정하는 사람은 무신론자이다. 설령 신이 존재하고 또 세상사에 관여한다고 믿는다고 하더라도 그는 무신론자가 되는 것이다. 수정된 악의 문제는 신의 절대선과 관련되는데 이 경우 위의 완벽한 유신론 정의와는 어긋나므로 나는 이것을 '수정된 유신론'이라고 하겠다. 수정된 유신론자는 위의 단계 3(신의 절대선)을 부정함으로써 이 세상의 고통에는 신경 쓸 필요 없이 무신론을 극복할 수 있다. 하지만 수정 유신론에 대가가 없는 것은 아니다. 왜냐하면 수정 유신론은 신의 존재에 대한 관심을, 절대선이 아닌 신에 대하여 인간이 취해야 할 태도에 대한 관심으로 대체시켰기 때문이다. 과연 절대선이 아닌 신에 대한 사랑과 존경이 보장될까? 버트런드 러셀은 이렇게 주장했다.

"신에 대한 존경은 선택적인 것이다. 왜냐하면 그것은 신의 절대선에 달려 있기 때문이다."[4]

만약 당신이 세상에서 고통을 너무 많이 겪어 신이 선하지 않다고 느낀다면, 정통 교리 내의 신에 대한 태도는 무관심이나 혐오감으로 대체될 것이다. 우리는 영화 "휴거"의 주인공인 샤론에게서 바로 이런 태도를 보게 된다.

2. 영화의 개관

"**제7봉인**" 감독 : 잉마르 베리만(Ingmar Bergman)
출연 : 막스 폰 시도우(Max Von Sydow), 군나르 비외른스트란드(Gunnar Bjornstrand), 비비 안데르손(Bibi Andersson) / 스웨덴어

『영화로 철학하기』란 제목을 단 책이라면 잉마르 베리만의 영화 한 편을 포함시키지 않을 수 없으리라. "제7봉인"은 그의 초기작이지만 많은 영화 평론가는 그의 최고작이라고 평가하고 있다. 영화의 무대는 14세기 스웨덴으로 흑사병이 유럽 전역에서 창궐하던 시절이다. 왜 신이 인간에게 이런 재앙을 내렸는지 알기 위한 사람들의 구도(求道) 정신은 그 어느 때보다 높았다. 영화의 주인공은 안토니우스 블록이라는 기사이다. 그는 십자군 운동에 참가하여 여러 해를 보낸 다음 종자(從者) 욘스와 함께 흑사병이 창궐하는 조국으로 돌아온다. 기사는 죽음의 방문을 받는데 죽음은 기사의 시간이 다 되었음을 통보한다. 이때 기사는 왜 그와 그의 동료들이 그토록 많은 고통을 당해야 하는지 알지 못하고 죽는 것이 너무 억울해한다. 그래서 기사는 죽음에게 도전하여 체스 게임을 한 판 벌이자고 제안한다. 만약 기사가 이기면 죽음에서 놓여 나는 것이고, 죽음이 이기면 기사가 죽어야 하는 조건이다. 하지만 그 어

느 경우든 블록은 인생이란 무엇인지 알고 싶은 욕망을 충족시키는 약간의 시간적 여유를 얻을 뿐이다.

"휴거" 감독 : 마이클 톨킨(Michael Tolkin)
출연 : 미미 로저스(Mimi Rogers), 데이비드 더초브니(David Duchovny)

"휴거"는 종교의 문제를 진지하게 다룬 할리우드 영화이다. 영화가 시작되면서 샤론이 전화 교환대에 앉아 있다. 그녀의 따분한 직장 생활은 일과 후의 '그룹 섹스' 생활과 극명한 대조를 이룬다. 그러나 관객은 처음부터 샤론이 자신의 천박한 존재 양태에 불만임을 알게 된다. 그녀는 마침내 계시록적인 기독교 교회에 가입하고, 결혼을 하고, 아이를 낳는다. 그리하여 매우 따분한 전원 생활에 안주하는 듯이 보인다. 그러나 그녀의 남편이 살해되고 그녀가 신의 메시지를 받으면서(신은 그녀에게 무엇인가 행동하라고 요청한다), 모든 것이 뒤집어진다. 샤론은 충실한 종처럼 신의 부름에 응답한다. "휴거"는 악의 문제의 수정된 설명을 제시한다. 설령 신이 존재한다고 하더라도 이런 고통을 허용하는 신이 과연 찬양과 존경을 받을 수 있을까? 샤론의 마지막 행동은 신의 찬양을 부정적으로 생각하는 태도를 보여 준다. 관객이 신자이든 아니든 "휴거"는 많은 생각을 자아내게 하는 영화이다(나는 위에서 이 영화가 종교적 문제를 아주 진지하게 다루는 할리우드 영화라고 말했다. 이 말뜻을 제대로 이해하려면 영화의 맨 마지막에 한 장면만 더 추가하면 된다. 이를테면 샤론이 잠에서 깨어나는 장면을 집어넣는 것이다).

3. 특별 경우인 기독교 계시 전통

"제7봉인"이라든지 "휴거"라든지 하는 제목은 기독교 묵시 전통의 영향을 강하게 보여 준다. 성서의 마지막 책인 『요한계시록』(이하 『계시록』)은 문자 그

대로 세상의 종말을 묘사하고 있다. '제7의 봉인'이라는 말도 이『계시록』에서 나온 것이다.『계시록』의 저자는 자신이 환상으로 본 세상의 종말을 묘사한다. 그것은 신이 다른 사람들에게 널리 알리라는 의도로 요한에게 보여 준 미래상이다. 일곱 번째 봉인을 뗀다는 것은 신이 이 세상을 완전 파괴시키기 직전의 마지막 일을 보여 준다는 뜻이다.

어린 양이 일곱째 봉인을 떼셨을 때 약 반 시간 동안 하늘에는 침묵이 흘렀습니다. 그리고 나는 하느님 앞에 서 있는 일곱 천사를 보았는데 그들은 나팔을 하나씩 가지고 있었습니다.……그때 나팔을 가진 일곱 천사가 나팔을 불 채비를 차렸습니다. 첫째 천사가 나팔을 불었습니다. 그러자 우박과 불덩어리가 피범벅이 되어서 땅에 던져져 땅의 삼분의 일이 타 버렸습니다.…… 둘째 천사가 나팔을 불었습니다. 그러자 불붙는 큰 산과 같은 것이 바다에 던져졌습니다.……셋째 천사가 나팔을 불었습니다. 그러자 하늘에서 큰 별 하나가 햇불처럼 타면서 떨어져 모든 강의 삼분의 일과 샘물을 덮쳤습니다. 그 별의 이름은 쑥이라고 합니다.……넷째 천사가 나팔을 불었습니다. 그러자 태양의 삼분의 일과 달의 삼분의 일과 별들의 삼분의 일이 타격을 받아 그것들의 삼분의 일이 어두워졌으며……그리고 나는 독수리가 소리치는 것을 보았습니다. "화를 입으리라. 화를 입으리라. 땅 위에 사는 자들은 화를 입으리라. 아직도 천사들이 불 나팔 소리가 셋이나 남아 있다!" 다섯 번째 천사가 나팔을 불었습니다. 그때 나는 하늘에서부터 땅에 떨어진 별 하나를 보았습니다. 그 별은 끝없이 깊은 지옥 구덩이를 여는 열쇠를 받았습니다. 그 별이 그 지옥 구덩이를 열자 거기에서부터 큰 용광로에서 내뿜는 것과 같은 연기가 올라와 공중을 뒤덮어서 햇빛을 어둡게 하였습니다. 그 연기 속에서 메뚜기들이 나와 땅에 퍼졌습니다. 그 메뚜기들에게는 땅에 있는 전갈들이 가진 것과 같은 권세가 주어졌습니다. 그것들은 땅에 있는 풀이나 푸성귀나 나무는 하나도 해쳐서는 안 되고 다만 하느님의 도장이 이마에 찍히지 않은 사람들만 해치라는 명령을 받았습니다. 그러나 그 사람들을 죽이지는 말고 다섯 달 동안 괴롭히기만 하라는 명령이었습니다.…… 그 다섯 달 동안에는 그 사람들이 아무리 죽으려고 애써도 죽을 수가 없고 죽기를 바라더라도 죽음이 그들을 피해 달아날 것입니다.[5]

이것이 세 가지 '화(禍)' 가운데 하나이다. 일단 세상의 파괴가 끝나면 신은 '새 하늘과 새 땅'을 창조하기 시작한다.

그 뒤에 나는 새 하늘과 새 땅을 보았습니다. 예전의 하늘과 예전의 땅은 사라지고 바다도 없어졌습니다. 나는 또 거룩한 도성인 새 예루살렘이, 신랑을 맞을 신부가 단장한 것처럼 곱게 차리고 하느님께서 계시는 하늘에서 내려오는 것을 보았습니다. 그때 나는 옥좌에서 울려 나오는 큰 음성을 들었습니다. "이제 하느님의 집은 사람들이 사는 곳에 있다. 하느님은 사람들과 함께 계시고 사람들은 하느님의 백성이 될 것이다. 하느님께서는 친히 그들과 함께 계시고 그들의 하느님이 되셔서 그들의 눈에서 모든 눈물을 씻어 주실 것이다. 이제는 죽음이 없고 슬픔도 울부짖음도 고통도 없을 것이다. 이전 것들이 다 사라져 버렸기 때문이다.[6]

첫번째 인용문(일곱 번째 봉인을 설명한 것)은 친숙하게 들릴 것이다. 영화에서 이 인용문의 첫 몇 줄을 카린(기사의 아내)이 낭독한다. 그 동안 기사와 그의 동료는 식사를 한다. 이 문장은 또한 영화의 첫 시작 장면에서 보이스오버로 들을 수 있다. "휴거"도 『계시록』을 많이 인용하고 있다. 특히 분초 표시[7] 87:30에서 시작되는 마지막 부분이 그러하다. 『계시록』의 6장(일곱 번째 봉인을 떼기 직전)은 말(馬)들이 등장하는 기이한 현상을 묘사하는데, "휴거"의 끝 부분에서 묘사된 장면과 유사하다. 바로 그 직후에 휴거(携去)가 일어난다(기독교 계시문학 내에서 휴거라 함은 『계시록』 7장에서 벌어진 사건을 가리킨다. 세상이 파괴되기 직전 신의 부름을 받은 사람이 지상을 떠나 천국으로 들어가는 것이다).

계시론적 전통이 과연 기독교 정통 교리인가에 대해서는 논쟁의 여지가 있다. 많은 기독교 신자가 『계시록』을 무시하거나 상징 문학 정도로 여기고 있다. 그러나 『요한계시록』이 세상의 종말에 대한 신의 의도를 사실적으로 보여 준 것이라고 믿는 사람들에게, 이것은 악의 문제의 독특한 변종을 제기한다. 왜냐하면 『계시록』의 전통 내에서는, 신정론이 지금 여기의 고통과 고난을 다루어야 할 뿐 아니라 『요한 계시록』에 묘사된 고통과 고난도 다루어야 하기 때문이다. 우리는, 지구의 파멸이 전통적인 악의 문제에 아무것도 추가하지 않는다거나 선택되지 못한 사악한 자들을 처벌하는 방식이라고 생각하면서 간단히 지구의 파멸을 물리칠 수가 없다. 그런 방법이 통하지 않는 것은, 분명하게 가리키자면 고통과 고난은 신이 불러일으킨 것이고 또 신은 세상의 시작부터 사태가 이렇게 끝나리라는 것을 알고 있었기 때문이다.[8] 더욱이 신은 고통과 고난이 없는 세상을 창조하는 힘을 갖고 있다. 그런 힘이 있기 때문에 신은 새 예루살렘을 창조하는 것이다. 이 『계시록』의 이야기가 신정론의 일부로 포함되어야 한다면 유신론자들은 아주 버거운 싸움을 치러야 한다. 신은 일부 사람들이 죄인이 되리라는 것을 알면서 세상, 곧 우리의 세상을 창조했다. 신은 또한 세상의 시작부터 누가 그런 죄인이 될지 알고 있었다. 신은 무슨 일이 벌어질지 알고 있었고 다른 세상을 창조할 힘도 가지고 있다. 그 다른 세상이라 함은 곧 고통과 고난이 없는 세상, '더 큰 선'을 위해 신이 인간의 행복을 기꺼이 희생시켜 가며 만드는 바로 그 세상이다. 그렇다면 신은 왜 우리의 세상을 건너뛰어 버리고 새로운 예루살렘으로 곧장 가지 않았을까? 정말로 절대선의 신이라면 차라리 이 과정을 더 좋게 생각하지 않았을까?

기독교 계시문학에는 속하지 않지만 기독교가 일반적으로 받아들이는 악의 문제의 두 번째 변종이 있다. 예수의 수난은 기독교도들에게 특별한 의미를 갖는다. 기독교의 성상학(聖像學)에서는 십자가의 상징이 특별히 강조된다. 베리만은 "제7봉인"의 여러 장면에서 이 상징을 보여 준다. 고백성사의 장면 직전, 기사는 교회의 자그마한 벽감에서 예수의 나무 십자가상을 올려다보며 기도를 한다.

"그리스도의 얼굴은 위로 치켜졌고 그의 입은 고뇌의 비명을 내지를 듯 벌어졌다."[9]

잠시 뒤 요프와 미아의 연기는 수도자의 채찍질을 받는 사람들의 행렬 때문에 방해받는다. 행렬은 멈추고 예수의 나무 십자가상은 높이 치켜올려진다. 여기서 다시 한 번 십자가에 손이 묶인 채, 고통과 고뇌(어려운 순간에 버림을 받았다는 고뇌)로 얼굴을 찡그리는 예수의 모습이 제시된다. 기독교 신자들을 대신하여 고통을 받는 예수를 묘사한 이 장면은 심오한 의미를 갖고 있다.

"신은 당신을 너무나 사랑하기 때문에 당신을 위해 이렇게 하려 한다. 다시 말해 당신의 구원을 위해 대신 고통받고 있는 것이다."(이 해석은 현대의 개신교에서 널리 수용되는 해석이다).

예수의 고통을 이런 식으로 해석하는 데 따르는 한 가지 문제점은, 예수의 고통이 불행한 인간들이 겪는 고통과 별반 다르지 않다는 것이다. 신이 우리에게 예수의 고통과 비슷한 고통을 내리는데, 왜 우리는 예수의 고통에 대해서만 동정을 느껴야 하는가? 바로 이것이 욘스가 마지막 말(MM 93:00)에서 제기하는 요점이다. 그는 이렇게 말한다.

"당신이 있게 되어 있다고 하는 그 어둠 속에서, 어쩌면 우리 모두가 있을지 모르는 그 어둠 속에서. ……당신은 당신의 외침을 들어 주는 사람, 당신의 고통에 감동받는 사람을 발견하지 못할 것입니다. 당신의 눈물을 씻고 당신 자신을 당신의 무차별한 마음에 비추어 보십시오."

욘스는 누구에게 말하고 있는가? 물론 기사는 아니다(위의 대명사가 대문자 처리가 되지 않았더라면 그가 수신인이 될 수도 있겠지만 아무튼 그는

악의 문제 263

아니다). 이것은 욘스가 존재하지 않는 신에게 보내는 '기도'이다. 이것은 기사가 금방 올린 기도("어둠 속에서 우리는 주여 당신을 향해 소리칩니다. 우리는 왜소하고 겁 많고 무식하오니 우리에게 자비를 베푸소서.")와는 극명하게 대조를 이루는, 씁쓸함과 도전 의식이 담긴 기도이다. 욘스는 기독교 신자들의 논리적 불일치를 간접적으로 지적하고 있다. 기독교 신자들은 통상적으로 이렇게 말하는 것이다. 우리는 고통받는 그리스도에게 깊이 감동을 받기 때문에 이 세상의 모든 고통과 고난에서 신을 '면책시킬' 수 있다.

"휴거"의 마지막 장면에서 샤론이 도전적인 행동을 하고 나서는 데서도 우리는 이와 비슷한 흐름을 읽을 수 있다. 신이 그녀의 죄를 용서하려면, 그녀는 먼저 그녀 자신이 신을 사랑한다고 말해야 한다. 하지만 그녀는 "누가 신을 용서하는가?(속뜻은 아무도 용서하지 않는다)"라고 수사적인 질문을 던진다. 샤론은 그 동안 철저한 신앙심을 보여 주었고 요구사항이 많은 신에게 그녀가 아끼는 모든 것을 희생하였다. 그러나 영화 말미에서 그녀는 신이 그녀의 희생이나 사랑을 받을 자격이 없다고 생각한다. 이 세상에 대하여 아주 무심한 신에게 너무나 실망하고 분노를 느낀 나머지 샤론은 아예 천국행을 포기하는 것이다.

4. 신의 침묵

몇몇 종교적인 작가들은 내가 신의 존재를 서술하는 방식에 동의하지 않을 것이다. 그들은 이렇게 반론을 펼 것이다. 종교적 신념은 믿음의 문제일 뿐 합리적 정당화의 문제가 아니다.[10] 그들은 이렇게 조언할 것이다. 유신론에 대해서 더 알고 싶으면 그 해답을 철학자한테서 찾을 것이 아니라 기도에서 구하라. 당신이 정말로 간절하게 신의 인도(引導)를 원한다면 신은 응답하실 것이다.

하지만 신은 응답했는가, 아니면 침묵인가? 기사는 정말 진지하게 그 대답을 추구한 사람이었지만 신은 그의 기도에 응답하지 않는다. 신의 침묵이 너무나 절대적이어서 기사는 뭔가 들어 볼 요량으로 악마를 찾을 생각도 한다. 기사가 그의 딜레마를 설명하는 방식은 흥미롭다. 이와 관련하여 가장 중요한 장면은 고백 성사 장면이다. 기사는 사제에게 그의 속마음을 모조리 털어놓지만 나중에 속았다는 사실을 깨닫는다. 그는 죽음에게 고해를 했던 것이다(MM 19:00).

기사 : 나는 지식을 원합니다.

죽음 : 보장을 원한다고?

기사 : 그것을 어떻게 부르든 상관없습니다. 감각으로 신을 파악하는 것이 그토록 생각조차 할 수 없는 일입니까? 왜 그분은 절반쯤 말해 준 약속과 보이지 않는 기적 속에 자신을 숨겨야 합니까?

(죽음은 말이 없다.)

기사 : 나는 지식을 원합니다. 신앙이나 가정이 아닌 지식 말입니다. 나는 신이 내게 손을 내밀고 그 자신을 내게 드러내어 내게 말해 주기를 원합니다.

죽음 : 하지만 그는 침묵을 지키고 있지.

기사 : 나는 어둠 속에서 그 분을 소리쳐 불렀지만 거기에는 아무도 없는 것 같았습니다.

죽음 : 어쩌면 거기에 아무도 없는지도 모르지.

인간은 자신의 감각을 믿고 싶어하는 경향을 갖고 있다. "보는 것이 믿는 것이다." 우리는 그런 식으로 만들어져 있다. "감각으로 신을 파악하는 것이 그토록 생각조차 할 수 없는 일입니까?"라는 기사의 질문은 유신론자들에게 심각한 의구심을 갖게 한다. 이 질문에 대한 정통 교리의 답변은 악의 문제에 대한 정통 교리의 답변과 유사하다.

"신은 인간의 자유를 파괴하는 계획은 하지 않을 것이다."[11]

기사가 요구하는 증거 곧 지식을 신이 제공할 능력이 없는 게 아니라, 그렇게 할 의사가 없는 것이다. 왜냐하면 객관적 증거에 입각한 신앙(신에 대한 믿음)은 증거 없는 신앙보다 열등하기 때문이다.

하지만 "제7봉인"의 인물 중 '감각으로 신을 파악하는' 사람이 있다. 그는 요프인데 종종 신의 미래상을 본다(요프는 또한 기사가 죽음과 대화를 나눌 때 죽음을 볼 수 있는 유일한 인물이다). 우리는 5에서 요프와 그의 비전을 의논할 것이다.

"휴거"는 어떤가? 여기에서도 처음에는 "기도하라, 그러면 신이 응답할 것이다."라는 조언이 열매를 맺는다. 절망의 구렁텅이에서, 샤론은 버몬트의 수다스런 히치하이커 토미에게서 훔친 총으로 자살을 하려다가 미수에 그치고, 그 직후 처음으로 진주의 비전을 본다. 우리 관객은 그 후 몇 년 동안 이 신과의 대화가 계속된다는 것을 알게 된다. 하지만 그런 그녀도 결국에 가서는 믿음이 붕괴된다. 그렇게 붕괴되는 방식은 "제7봉인"에서 기사가 털어놓는 불평과 유사하다. 샤론이 사막으로 가서 그녀의 아들을 죽이는 이야기는 『창세기』 22 : 1-18에 묘사된 아케다(아브라함이 하느님의 명령으로 아들 이삭을 죽일 뻔한 이야기) 이야기와 비슷하다. 아브라함의 경우, 하느님의 명령은 이행되지 않는데 마지막 순간에 하느님이 제지하기 때문이다. 그러나 유신론자들은 이 두 이야기를 동일한 결론으로 몰고 가는 것을 거부한다. 아브라함이 이 세상에서 가장 소중한 것(즉 아들)을 기꺼이 포기하려 했다면, 그런 사정은 샤론도 마찬가지였다. 유신론자들은 이렇게 말할 것이다. 두 이야기의 차이점은 이런 것이다. 아브라함의 경우, 신이 이삭을 죽이라고 명령했지만, 샤론의 경우 샤론은 신의 진정한 의도를 오해했거나, 신의 의지보다는 그녀의 의지를 발동하여 그런 행동을 하려 했던 것이다. 신이 분명하고 명확한 지시사항을 내리지 않아서 신자로 하여금 여러 추측을 하게 만드는 것──여러 사건을 신의 상징적 메시지로 읽는 것──은 분명 유신론자를 난처한 입장에 빠트린다. 신의 진정한 메시지와 우연한 사건의 엉뚱한 해석을 어떻게 구분하는가? 또는 신의 진정한 메시지를 오해하는 것을 어떻게 막을 수 있는가? "신이 내게 손을 내밀고 그 자신을 내게 드러내어 내게 말해 주기를 원합니다."라는 기사의 요구 사항은 그리 지나쳐 보이지 않는다.

5. 자유의지 옹호론과 궁극적 조화 옹호론

유신론자들은 악의 문제를 물리치기 위하여 많은 궁리를 했다. 고통, 고난을 유신론에 수용하기 위한 대표적 방어 수단이 자유의지 옹호론과 궁극적 조화 옹호론이다. 이 두 이론은 고통, 고난이 더 큰 선을 만들어 내기 위한 필수적 요소라는 입장을 취한다. 그러니까 그 선이 고통, 고난을 상쇄하고도 남는다는 이야기이다. 이 두 이론은 악의 문제와 관련된 정식화의 단계 5("세상에는 불필요한 고통, 고난이 있다.")를 막기 위한 수단이다.

먼저 정통 교리의 신정론인 자유의지 옹호론을 살펴보기로 하자. 이 이론을 설명하는 데 유익한 몇 가지 개념이 있다.[12] 선(1)은 쾌락과 행복이다. 악(1)은 고통과 고난이다. 선(2)는 2등급의 선으로 동정, 용기, 용서, 강직 따위의 성격적 특성에서 결과되는 선이다. 악(2)는 악의, 질투, 탐욕 같은 성격적 특성에서 결과되는 악이다. 이런 개념들을 활용하면 **자유의지 옹호론**(free will defense)은 설명하기가 쉽다. 선(2)는 악(1)의 존재를 필요로 한다(예컨대 누군가가 고통을 당하지 않으면 동정을 느끼기가 어렵다. 누군가가 심각한 위협을 당하지 않으면 용기를 가지기가 어렵다). 따라서 선(2)를 얻기 위해 신은 약간의 악(1)이 있는 세상을 창조했다. 하지만 여기에 설명이 더 있다. 선(2)는 인간이 자유의지——동정심과 냉정함을 선택하는 힘, 용기와 도망을 선택하는 힘——를 가지고 있는 것을 필수 조건으로 한다. 따라서 선(2)를 얻기 위해 신은 약간의 악(1)이 있을 뿐 아니라 자유의지를 가진 사람들이 있는 세상을 창조했다. 하지만 일단 이들 인간에게 자유의지를 부여하면서 신은 그 자유의지가 오용되어 악(2)를 만들어 낼 가능성도 부여한다. 신은 선(2)를 너무 높게 평가하기 때문에 그것을 얻을 수 있다면 악(1)과 그에 따르는 악(2)도 기꺼이 허용하려 한다. 바로 이 때문에 신은 약간의 오류가 있는 세상을 창조하기로 선택했다.

자유의지 옹호론을 설명하는 또 다른 방법론은 우리의 세상(신이 실제로 창조한 세상)과 신이 창조할 수도 있었지만 창조하지 않은 세상들과 비교하는 것이다. 천지창조 전에 신은 여러 가능한 창조 모델을 생각했다. 그런 창조 가능한 세상들 중 하나에는 아예 감각이 없는 피조물들이 산다. 따라서 이들은 고통과 고난을 원천적으로 느낄 수가 없다. 또 다른 세상은 감각을 가진 피조물들이 살지만 고통과 고난이 아예 없도록 디자인된다. 세 번째 세상(신이 선호하여 실제로 창조했고 그리하여 우리가 살고 있는 세상)은 고통과 고난이 있지만 자유의지를 가진 피조물들이 있다. 그래서 선(2)가 있고 악(2)의 가능성이 있게 된다. 신은 선(2)를 너무나 높게 평가하여 이 세상의 고통, 고난과 때때로 벌어지는 자유의지의 오용을 감수하기로 한 것이다. 신으로서도 선(2)가 있으면서 고통, 고난이 없는 세상을 창조하는 것은 불가능하다. 현재의 이 세상이 창조 모델 중 가장 훌륭한 세상이었기 때문에 신은 현재의 세상을 창조했고 그리하여 우리는 여기 살고 있는 것이다.

자유의지 옹호론은 성공적인 신정론인가? 먼저 충족시켜야 할 기준을 살펴보자.

1) 이 신정론은 인간이 불러일으킨 고통과 자연이 불러일으킨 고통을 모두 적절히 다루고 있는가?
2) 이 신정론은 결과적인 선이 고통, 고난을 어떻게 보상하는지 설명하는가?
3) 이 신정론은 그런 선을 성취하기 위하여 이 정도의 고통, 고난이 필요하다는 것을 설명하는가?

자유의지 옹호론은 주로 인간이 행한 고통을 설명하기 위하여 개진되었다. 왜 신은 우리 인간이 아돌프 히틀러, 조지프 스탈린(Joseph Stalin), 폴 포트(Pol Pot)같이 될 가능성을 갖고 있음을 알면서도 우리 인간을 창조하였는가? 왜냐하면 그렇게 함으로써 신은 또한 알베르트 슈바이처 박사, 마더 테레사(Mother Teresa), 프란키스쿠스(Franciscus) 같은 인물을 창조할 수 있기 때문이다. 하지만 이 신정론은 자연이 일으키는 고통은 잘 설명하지 못한다. 우리가 과연 동정심을 느끼기 위해 흑사병이 필요한 것인가? 죽어 가는 사람의 고통보다는 나무 등걸에 발부리를 채인 사람의 고통을 통해서 동정심을 배울 수는 없는가? 자유의지 옹호론자는 이런 질문을 어떻게 대답할 것인가? 그것은 불분명하다. 신이 선(2)의 총량을 높이기 위하여 이 세상에 많은 고통을 풀어 놓았다는 것은 적절한 설명이 되지 못한다. 만약 이것이 사실이라면 샤론의 말도 옳다. 신은 피조물을 너무 무심하게 대하는 것이다. 따라서 신은 절대선이라고 말할 수 없다. 어떤 사람에게 의도적으로 피해를 입혀 놓고, 나중에 "고통이 클수록 그 고통을 당하는 사람은 단련된다."고 말하는 사람을 우리는 선량하다고 할 수 없다. 우리가 보통 신의 절대선이 신을 숭배와 사랑의 대상으로 만든다고 말하는 것은 신이 우리가 이해하는 개념 그대로 선량함의 지고한 모범이라는 뜻이다.

인간이 야기하는 고통과 고난을 다루는 데도 자유의지 옹호론은 얼마간의 약점을 보인다. 이를테면 선(2)와 관련된 성격적 특징이 이 세상의 고통과 고난을 보상하고 남음이 있다고 가정해 보자. 자유의지가 그런 성격적 특징의 필수 조건이라고 가정해 보자. 하지만 유신론자는 여전히 이런 질문에 직면하게 된다. 왜 신은 잘못된 선택의 효과가 대재앙으로 번지는 것을 미리 막지 못하는가? 한 가지 사례를 생각해 보자. 1920년대 후반과 1930년대 초반에 히틀러가 권력을 잡는 과정에서 독일의 정치적 미래가 불확실한 시기가 있었다. 가령 히틀러가 결정적인 연설을 하지 못하는 상황이 왔더라면 집권을 하지 못했을 수도 있었다. 그 연설을 하기 위해 히틀러가 연단을 향해 가고 있다고 상상해 보자. 그는 이미 마음속으로 자신의 정책을 선택했다. 만약 집권하면 그는 이웃 국가들을 상대로 팽창 전쟁을 펼칠 것이고 독일이 정복한 영토에서 유대인을 쫓아내기 시작할 것이다. 악(2)가 그의 선택이고 그것은 이미 벌어졌다. 이제 그 선택을 집행하는 일만 남았다. 전지전능한 신은 이 모든 것을 알기 때문에 히틀러가 어떤 선택을 내렸는지도 안다. 그래서 신은 잠시 개입하여 히틀러에게 후두염을 안겨 준다. 이렇게 한다고 해서 신은 그 누구의 자유의지를 방해한 것도 아니다. 히틀러는 이미 선택을 했고 신은 그 이후에 개입한 것이다. 자유의지 옹호론자는 왜 이런 시나리오가 부당한 개입이 되는 것인지 설명해야 한다.

자유의지 옹호론에 대한 최종 평가는 어떤 것인가? 그것은 성공적인 신정론인가? 이 이론에서 자연이 일으킨 고통에 대해서 침묵을 지킨다는 것은 심각한 문제이다. 위에서 논의한 것과 같이 이 이론은 인간이 만든 고통에 대해서도 얼마간의 어려움을 겪고 있다. 따라서 이 이론은 실패한 것처럼 보인다. 적어도 악의 문제에 맞서는 단독 이론으로는 부족한 감이 있다.

그러면 두 번째 신정론인 **궁극적 조화 옹호론**(ultimate harmony defense)을 살펴보자. 위에서 설명한 자유의지 옹호론은 정통 교단에서 많이 지지하는 반면, 궁극적 조화 이론은 일반인 유신론자들이 많이 지지하는 옹호론이다. 이것은 이렇게 요약될 수 있다. 나의 지식이 제한되어 있기 때문에 이 고통이 전반적인 사물의 구도에서 어떤 자리를 차지하는지 알기가 어렵다. 100년밖에 살지 못하는 인간은 '거대한 그림'을 볼 수 있는 전지 능력이 결여되어 있다. 이 신정론은 음악의 비유를 사용하면 더 잘 이해된다. 에드워드 매든(Edward Madden)은 자신의 논문에서 이렇게 말했다.

"단독으로 떨어져 있는 코드는 화성이 이루어지지 않아 불쾌하게 들린다. 하지만 그것이 완벽한 조화를 이룰 때는 아주 아름다운 소리로 들린다. 악 또한 마찬가지이다. 인간이 악이라고 부르는 사건은 맥락에서 떨어져 나온 단독적인 사건이다. 인간은 사건 전체에 대해서 부분밖에는 보지 못하므로, 인간은 그 악을 악으로밖에는 보지 못하는 것이다. 하지만 신은 사건들에 대하여 전반적인 견해를 갖고 있다. 이런 하나하나의 사건들이 장기적인 관점에서 또는 전반적인 관점에서 어떻게 선을 취하게 되는지 알고 있다."[13]

아마도 인간이 죽은 후에 신은 그 개인의 고통이 필요한 것이었음을 설명해 줄 수 있을지도 모른다. 어떻게 보면 사물의 전반적 구도(신의 조감도) 속에서의 고통이라는 이론은 악의 문제를 극복할지도 모른다. 하지만 그래도 한 가지 문제점이 있다. 도스토예프스키는 위대한 소설 『카라마조프의 형제(Bratya Karamazovy)』에서 이런 문제를 제시하고 있다.

어린아이들의 고통을 한번 살펴보자고, 이반이 알료샤에게 말한다. 거기서는 이 문제의 요점이 아주 분명해져. 여기 한 가지 사례가 있어. 어떤 러시아 장군이 자신의 농노들을 바보나 원숭이 정도로 취급했어. 그는 뛰어난 사냥꾼이었고 멋진 개를 많이 갖고 있었어. 어느 날 농노의 여덟 살배기 사내애가 돌팔매질을 하다가 잘못 던져 장군이 아끼던 사냥개의 다리에 상처를 입혔어. "어째서 내가 사랑하는 저 개가 다리를 저느냐?"라고 장군이 묻자, 이러이러한 아이가 돌을 던져 개의 다리에 상처를 입혔노라고 대답했지. 그는 아이를 잡아다가 헛간에 밤새 가두었어. 그 다음날 아침 그 아이의 어머니를 포함하여 농노들이 한 곳에 모였어. 장군의 훈시를 듣기 위해서였지. 아이는 옷을 홀랑 벗고 달아나라는 지시를 받았어. 그러자 장군은 "달려들엇!" 하고 외치면서 사냥개를 모조리 풀어 주었어! 이렇게 어머니가 보는 앞에서 개들은 무슨 짐승이라도 쫓듯이 아이를 쫓아가서 순식간에 갈기갈기 찢어 버리고 말았다는 거야! 이 장군이라는 자는 총살형을 당해야 싸지 않나? 하지만 그 잔인한 짓은 이미 저질러졌어. 이반은 계속 말했다. 미래의 어떤 조화를 위해 이런 잔인함이라는 거름이 필요하다면 그 따위는 조화를 이루는 데 서푼의 가치도 없는 거야. 이어 그는 묻는다. 만약 알료샤, 네가 신이라면 결국은 모든 것이 잘 되는 세상을 창조하는 데 동의하겠니? 하지만 그런 결과를 얻기 위해 이 아이가 냄새나는 헛간에서 "오 자비로운 신이여." 하고 외치고 가슴을 쥐어뜯다가 결국에는 개들에게 물어 뜯겨 죽어야 한다면? 그런 대가를 치러야 얻어지는 조화라면 필요 없어. 물론 신은 인간과는 다르게 세상을 보겠지. 이반은 말했다. 물론 부활의 날에는 나 또한 합창단에 끼여서 "할렐루야, 신이여, 당신의 길은 정의롭습니다!"하고 외치겠지. 그 죽은 아이의 어머니가 살인자 장군을 포옹하며 "신이여 찬양 받으소서, 그때 왜 그래야 했는지 알겠습니다."라고 말하는 가운데 말이야. 하지만 난 말이야 그 순간에 그런 행동을 할 나 자신이 혐오스러워. 나는 아직 시간이 있는 지금, 저 '더 높은' 도덕, 궁극적 조화 따위를 내팽개치고 싶어. 난 인간을 사랑하기 위해 지금 그것을 아예 포기하겠다고.[14]

우리는 이반의 이러한 반응을 "휴거"의 마지막 장면에서 구원을 거부하는 샤론에게서 본다. 궁극적 조화가 있든 없든, 신이 이 세상에 허용하는 그 엄청난 고통의 총량을 생각할 때 종교는 소극(笑劇)이 되어 버리고 만다. 마찬가지 맥락에서 기사 안토니우스 블록은 탐구 작업을 계속한다. 그는 신의 존재에 대한 증거를 찾는 것이 아니라 신의 가치 있음에 대한 증거를 찾는다. 그는 죽음의 순간이 오면 모든 것이 해명될 것이라고 예상한다. 하지만 죽음이 블록에게 체스 게임에서 기사가 졌음을 알려 줄 때, 기사는 그런 기대조차도 너무 지나친 것임을 발견한다(MM 84:00).

기사 : 자 이제 당신의 비밀을 알려 주십시오.
죽음 : 난 비밀이 없어.
기사 : 그럼 당신은 아무것도 모르는군요.
죽음 : 난 아무것도 할 말이 없어.

궁극적 조화는 없다. 이 세상에 존재하는 고통에 대한 궁극적 정당화 같은 것은 없다. 바로 이것이 기사가 알게 된 것이다. 만약 **죽음**이 진실을 말한 것이라면, 신의 존재 여부와 상관없이, 종교는 평가 절하되는 것이다.

"제7봉인"에서 무신론자 욘스나 절망적인 불가지론자 블록이 마지막 말을 하는 게 아니라 평범한 일반인 유신론자 요프(MM 94:30)가 한다는 게 흥미롭다. 요프에게는 죽음조차도 신의 은총의 표시이다. 왜냐하면 죽음과 함께 "그들의 얼굴을 씻어 주고 뺨에서 소금기 어린 눈물을 닦아 주는 비"가 내리기 때문이다. 우리는 "제7봉인"에서 요프가 등장한다는 사실을 간단히 제쳐 놓을 수가 없다. 요프는 어쩌면 미아와 함께 이 영화에서 유일한 신자이다. 그는(또다시 미아와 함께) 악의 문제나 신의 침묵에 대하여 별로 신경 쓰지 않는다. 요프에게 악의 문제를 물어보면, 그는 아마도 기사에게 대답한 미아(MM 55:30)와 비슷하게 답할 것이다. 그는 무엇이 문제라는 것인지 이해하지 못한다. 그는 죽음을 볼 수 있는 유일한 인물이다(죽기로 되어 있는 사람들을 제외하고). 그의 인생도 고난이 없는 것은 아니지만, 그는 사물의 있는 그대로의 모습에 만족한다. 우리는 이것을 어떻게 해석해야 할까? 어떤 면에서 요프는 다음과 같은 예수의 말씀을 구현하고 있는 인물이다.

"누구든지 어린이와 같이 순진한 마음으로 하늘 나라를 받아들이지 않으면 결코 거기 들어가지 못할 것이다."

요프의 신앙은 단순하다. 그는 어린아이처럼 믿는다. 그는 기사나 욘스처럼 신앙을 지적 게임으로 만들어야 할 필요를 느끼지 못한다. 그 때문에 그는 영화 속의 다른 인물들보다 더 행복하다.

우리가 다음 장에서 살펴보겠지만 유신론은, 인생은 의미가 있는가? 라는 질문에 아주 명확한 대답을 제공한다. 기사 안토니우스 블록의 고민은 이런 것이다. 그는 이 질문에 유신론이 내놓는 답을 원하면서, 다른 한편으로는 악의 문제를 꺼내들어 유신론을 거부하는 것이다.

6. 악의 문제에 대한 다른 극복 방안들

전통적인 악의 문제는 유신론을 거부하는 논증이다. 이 세상에 존재하는 엄청난 고통과 고난을 보라. 이것이 서구 정통 교리에서 가르치는 '절대선의 신이 존재하지 않는다.'는 증거가 아니고 무엇인가. 우리는 이런 주장에 대하여 자유 의지와 궁극적 조화라는 두 가지 옹호론을 살펴보았다. 이 두 가지 이론은 완벽하게 악의 문제를 막아 내지 못했다. 그렇다면 유신론자들에게 무슨 다른 방어책이 있는가? 그런 다른 방어책은 효과적인가?[16]

한 가지 방어책은 이 세상의 악은 신이 아니라 사탄의 책임이라고 주장하는 것이다. 따라서 고통과 고난의 존재는 신의 절대선(수정된 악의 문제)에 손상을 가하지도 않고 또 신의 존재 여부(악의 문제)에 대해서도 타격을 입히지 않는다. 하지만 이 옹호론은 명백한 결점을 가진다. 신이 고통과 고난에 대해서 직접적으로 책임을 지지는 않는다 하더라도 신은 간접적인 책임이 있다. 왜냐하면 신이 사탄의 존재를 허용했기 때문이다. 정통 교리를 성공적으로 방어하기 위해서는 전지, 전능, 절대선의 3속성이 훼손되어서는 안 된다. 하지만 이 방어책은 신의 전능을 부정한다. 그것은 '왜 신은 사탄을 제거하지 않는가?' 라는 질문을 내어놓게 만드는데, 이것은 악의 문제를 방어하지 못할 뿐 아니라 유신론에도 치명타를 입힌다.

두 번째 방어책은 고통과 고난이 선과 극명한 대조를 이룬다는 주장이다. 고통과 고난이 없다면 우리는 선이 얼마나 좋은 것인지 알지 못한다. 이것은 아파 봐야만 건강의 고마움을 아는 것과 비슷한 이치이다. 이 방어책의 문제점은 인간이 겪는 고통과 고난의 총량이 제대로 설명되지 않는다는 점이다. 이를테면 가벼운 복통만 겪어도 건강의 소중함을 알 수 있다. 굳이 치명적인 병에 걸려야 그런 대조 효과를 깨달을 수 있는 것은 아니다. 따라서 반론은 이렇게 된다. 선이 좋다는 대조 효과만을 위한 것이라면 왜 신은 그토록 많은 고통을 이 세상에 허용했는가?

세 번째 방어책은 고통과 고난(의 위협)이 인간으로 하여금 신에게 다가서게 한다는 것이다. "여우 굴에서는 무신론자가 없다." 하지만 여기에도 심각한 문제점이 있다. 신은 얼마든지 덜 고통스러운 방법으로 신에 이르는 길을 알려 줄 수가 있다. 예를 들어 신은 인간에게 개인적으로 나타나 "나 여기 있다."라고 말할 수 있다. 하지만 신은 침묵한다. 만약 진정 이것이 이 세상에 고통을 심어 놓은 신의 의도라면 그것은 역효과를 일으킨 듯하다. 악의 문제는 사람들을 무신론 쪽으로 몰아가는 가장 강력한 요소이기 때문이다.

고통을 신의 의도가 아니라 자연적 힘의 결과로 보는 견해는 어떤가? 사탄론과 마찬가지로 이 견해는 신의 전능을 진지하게 다루지 않는 결점이 있다. 만약 신이 세상을 창조한 것이라면 인간에게 많은 고통을 안겨 주는 자연의 힘 또한 신이 만든 것이다.

어쩌면 고통과 고난은 인간의 신앙을 테스트하는 방법인지도 모른다. 이와 관련하여 유신론자들은 구약성서의 『욥기』를 자주 거론한다. 이 책은 신이 욥의 신앙을 시험하기 위해 사탄이 욥에게 엄청난 고통을 안기는 것을 허용한다는 내용이다. 신은 사탄이 아무리 욥을 괴롭혀도 욥이 신을 배반하지 않으리라는 것을 안다. 그리고 예상대로 욥은 끝까지 신앙을 지킨다. 욥기를 인용하는 방어책은 욥 혼자만이 신의 시험을 받는 특별한 경우가 아니라, 모든 사람이 고통을 통해 신의 테스트를 받는다고 주장한다. 하지만 이런 주장은 신의 전지 속성과 일치되지 않는다. 만약 신이 결과를 미리 다 알고 있다면 테스트는 무엇 때문에 하는가?[17]

마지막 방어책은 고통을 죄악의 처벌로 보는 것이다. 신은 이 세상의 고통과 고난에 책임이 없다. 단지 고통을 당하는 사람들이 자신의 과거 죄업으로 그런 고통을 초래했을 뿐이다. 이런 옹호책이 어떤 경우에는 통할지 모르겠지만 통하지 않는 경우도 많다. 가령 태어날 때부터 장애를 가진 아이들은 과연 그런 처벌을 받아서 그렇게 태어난 것인가?

악의 문제를 저지하기 위하여 많은 옹호책이 제시되어 왔다. 하지만 그런 옹호책의 대부분은 정통 교리의 3속성(전지, 전능, 절대선)에 저촉되어 금방 반박될 수 있는 것이었다.

그렇다면 유신론은 어떻게 되는 것인가? 우리는 유신론에 대한 합리적 정당화라는 맥락에서 악의 문제를 검토해 왔다. 그러니까 유신론을 지지하는 증거를 검토하고, 이어 그것을 반대하는 증거를 검토한 다음, 이어 '어느쪽'이 더 설득력 있는가를 살펴보기로 한 것이다. 악의 문제를 거부하는 변론들(위에서 보았던 5와 6)은 성공하지 못했고, 유신론 '지지' 이론에는 부족한 점이 많다는 것을 알게 되었다. 유신론자는 특정 신정론의 부족함을 보완하기 위하여 두세 개의 신정론을 종합하는 방식을 취할 수도 있을 것이다. 예컨대 자유의지 옹호론과 궁극적 조화 옹호론을 종합하는 것이다. 이런 종합론이 악의 문제를 극복할 수 있겠는지 여부는 직접 생각해 보라.

유신론자들이 취할 수 있는 또 다른 방법은 우리가 지금껏 취해 온 논리적 틀을 거부하는 것이다. 이런 방법은 비신자들에게는 큰 설득력이 없을지 모르지만, 유신론자들이 악의 문제를 거부하는 한 가지 '방법'이 될 수 있다.

토론을 위한 질문

1. 이 장을 읽기 전에 악의 문제를 생각해 본 일이 있는가? 만약 생각해 보았다면 당신의 반응은 무엇이었는가? 그런 반응이 타당하다고 생각하는가? 지금의 당신의 반응은 어떤 것인가?
2. 신은 '침묵'하고 있는가?
3. 기독교의 계시문학이 악의 문제를 다루는 엄정한 견해라고 생각하는가? 세상이 파괴되는 동안에 어떤 일이 벌어지는가? 그것은 신이 절대선이지 않다는 표시인가?
4. 종교는 신에 대한 사랑이 바탕인가 아니면 신에 대한 공포인가? 어떤 동기가 더 그럴듯하다고 생각하는가?
5. 당신은 "휴거"의 결말에 놀랐는가? 만약 놀랐다면 어떤 결말을 기대했는가? 영화 속의 그러한 끝남은 무엇을 의미한다고 생각하는가?
6. 샤론이 "휴거"에서 딸을 죽인 것과 성서에서 아브라함이 아들 이삭을 거의 죽인 것을 비교해 보라. 어떤 유사점이 있는가? 차이점과 의미는 무엇인가?
7. 왜 신은 신앙을 필요로 하는가? 다시 말해 왜 신은 다른 상황에서는 어리석다고 판단될 법한 그런 일방적 믿음을 요구하는가?
8. 6장에서 자유의지와 결정론을 다루었다. 당신이 이 6장을 읽었다고 가정하고, 신의 전지는 인간의 자유의지와 양립하는가? 신의 전능은 인간의 자유의지와 양립하는가?

악의 문제와 관련된 영화

인간 또는 자연에 의한 실제 세계의 재앙을 다룬 영화는 악의 문제를 토론하는 데 이용될 수 있다.

"킬링 필드(The Killing Fields)"(1982년). 감독 롤랑 조페(Roland Joffe). 출연 샘 워터스톤(Sam Waterston), 헹 S. 노어(Haing S. Ngor), 존 말코비치, 줄리안 샌즈(Julian Sands). 이 영화는 실화에 바탕을 두고 있으며 미국이 베트남에서 철수한 전후의 캄보디아를 배경으로 하고 있다. 잔인함과 사악함의 면에서 홀로코스트를 능가하는 캄보디아 역사상의 한 시기를 다루고 있다.

"쉰들러 리스트" 감독 스티븐 스필버그. 출연 리암 니슨, 랄프 피네스.
독일의 사업가였다가 박애주의자로 변한 오스카 쉰들러의 실화를 바탕으로 한 영화. 이 영화는 나치 시대의 폴란드와 체코슬로바키아를 배경으로 하고 있다. 이 영화는 다음 두 가지 점에서 악의 문제와 관련된다. 첫째, 엄청난 규모로 자행되는 인간의 고통을 묘사하고 있다. 둘째, 암묵적으로 자유 의지를 옹호하는 주장을 펴고 있다.

"섀도우랜즈(Shadowlands)"(1993년). 감독 리처드 아텐보로우(Richard Attenborough). 출연 안소니 홉킨스(Anthony Hopkins), 데보라 윙거(Debra Winger).
독실한 기독교 신자이며 철학 교수인 C. S. 루이스(C. S. Lewis)의 실화를 바탕으로 한 영화. 루이스는 악의 문제를 전공하는 철학 교수였으나 그의 '아내'가 암으로 사망하면서 고통의 심오한 의미를 깨닫게 된다.

"A.I." 감독 스티븐 스필버그. 출연 할리 조엘 오스멘트, 주드 로, 프랜시스 오코너, 샘 로바즈.
이 영화는 지능적인 로봇의 창조와 주로 관련이 있으나 부차적 주제로서 악의 문제를 다루고 있다.

"사도(The Apostle)"(1997년), 감독 로버트 듀발(Robert Duvall), 출연 로버트 듀발, 파라 포셋(Farrah Fawcett).
이 영화는 '침묵하지 않는' 신의 모습이 어떨까 보여 준다는 점에서 악의 문제와 관련이 있다.

악의 문제와 관련된 저서

'고전'

성 아우렐리우스 아우구스티누스(St. Aurelius Augustine, 354-430년)
『자유의지의 선택에 대하여(*On Free Choice of the Will*)』. 395년 라틴어로 최초 출판. 아우구스티누스는 악의 문제에 대하여 자유의지 옹호론을 펼친다. 이 신정론은 그 후 기독교 내에서 정통 교리가 되었다.

흄
『자연 종교에 관한 대화(*Dialogues concerning Natural Religion*)』. 1777년 사후 출판. 유신

론과 악의 문제에 대하여 완벽한 비판을 제기하고 있다. 이 책은 온라인에서도 볼 수 있다 (http://www.utm.edu/research/hume/wri/dialogue/dialogue.htm).

볼테르(Voltaire)

『캉디드(Candide)』. 1759년 초판. 이 중편 소설은 궁극적 조화론에 대하여 비판하고 있다. 이것은 온라인에서도 볼 수 있다(http://www.vt.edu/vt98/academics/books/voltaire/candide).

악의 문제와 종교 철학에 관한 최근의 저서

John Perry, *Dialogue on Good, Evil and the Existence of God*, Indianapolis : Hackett, 1999. 악의 문제와 그 문제를 극복하기 위한 다양한 신정론을 다룬 입문서.

Michael Peterson, *God and Evil*, Boulder : Westview Press, 1998. 악의 문제와 주요 신정론을 폭넓게 다룬 책.

Louis Pojman 편집, *Philosophy of Religion*, Belmont, CA : Wadsworth, 1987. 종교철학을 여러 각도에서 다룬 유익한 책.

Soren Kierkegaard, *Concluding Unscientific Postscript to the Philosophical Fragments*, 1844년 덴마크어로 최초 출판. 현대 신앙 지상주의의 원천(이 장의 주 10을 참조할 것).

"제7봉인"에 관한 책

Ingmar Bergman, *Four Screenplays*, Lars Malmstrom and David Kushner 역, New York : Simon and Schuster, 1960.

Arthur Gibson, *The Silence of God*, New York : Harper and Row, 1969.

관련 웹사이트

성서

성서의 전편을 소개하는 온라인 사이트는 많다. 다음 사이트에서는 성서의 개정 표준 영역과 그 밖의 유익한 검색 엔진을 제공한다(http://etext.virginia.edu/rsv.browse.html).

Fyodor Dostoevky, The Brothers Karamazov
http://www.ccel.org/d/dostoevky/karamazov/karamazov.html

제8장

실존주의

"제7봉인" "범죄와 비행"
"라스베이거스를 떠나며"(1995년)

기사: 나는 어둠 속에서 그분을 소리쳐 불렀지만 아무도 거기 있는 것 같지 않았습니다.
죽음: 어쩌면 거기 아무도 없는지도 모르지.
기사: 그렇다면 인생은 끔찍한 공포입니다. 모든 것이 허무라는 것을 알면서 죽음의 면전에서 살 수는 없습니다.
죽음: 대부분의 사람들은 죽음이나 인생의 허무함에 대해서는 결코 생각하지 않아.
기사: 하지만 언젠가 그들도 생의 마지막 순간에 도달하여 어둠을 바라보게 될 것입니다.
죽음: 그날이 오면……

― "제7봉인"에서

우리 모두는 한평생 내내 고통스러운 결정들…… 도덕적 선택을 대면하게 됩니다. 어떤 결정은 규모가 큰 것도 있겠지만 대부분 사소한 결정들입니다. 하지만 우리는 선택에 따라 우리 자신을 규정합니다. 우리는 사실 우리 선택의 총합인 것입니다. 사건들은 너무나 예측 불가하게 또 불공평하게 전개됩니다. 천지창조의 디자인에는 인간의 행복이 설계되어 있지 않는 것처럼 보입니다. 이처럼 무심한 우주에 의미를 부여하는 것은 우리 자신과 우리의 사랑하는 능력뿐입니다. 하지만 대부분의 인간은 열심히 노력하는 능력과 평범한 일 예컨대 그들의 가족, 그들의 일, 미래 세대는 더 잘 이해할 것이라는 희망 등에서 즐거움을 찾아내는 능력을 가진 듯합니다.

— "범죄와 비행"에서

세라 : 그래 벤…… 무슨 일로 라스베이거스에 왔나요?
벤 : 나는 술 마셔서 죽기 위해 이곳에 왔어.
세라 : 술 마셔서 죽는 데 얼마나 걸려요?
벤 : 잘 몰라. 4주쯤.

— "라스베이거스를 떠나며"에서

인생에 무슨 의미가 있는가? 우리(개인이나 집단)가 존재한다는 게 과연 의미가 있는가? 만약 당신이 의미가 있다고 대답한다면 어떤 근거로 인생은 의미가 있다고 생각하는가? 우리 자신이 '무관심한 우주에 의미를 부여' 하는 것인가, 아니면 우리의 욕망이나 가치와는 상관없는 객관적 의미가 있는 것인가? 이런 질문들이 이 장의 핵심 주제가 된다.

만약 당신이 순서대로 이 책을 읽어 왔다면 이 장의 핵심 영화 세 편 중 두 편은 이미 앞 장에서 다루었음을 눈치챘을 것이다. 이 장에서 논의되는 사항이 앞 장에서 이미 언급한 것과 얼마쯤 겹치기도 하지만 그리 많은 분량은 아니다. 만약 당신이 순서를 건너뛰면서 이 책을 읽고 있다면 5장과 7장에 들어 있는 "범죄와 비행," "제7봉인"의 영화 개관을 읽어 두는 것이 좋다.

1. 인생은 의미가 있는가?

대부분의 사람이 생애의 한 시점에 이르면 자기 자신을 향해 질문을 던진다.
"이 모든 것의 의미는 무엇인가?"

특히 중요한 사업이 실패했거나 사랑하는 사람이 죽었을 때 이러한 의문을 품게 된다. 어쩌면 이런 질문이 느닷없이 불거져 나오기도 한다. 19세기의 유명한 러시아 소설가인 레프 톨스토이(Lev Tolstoy)는 그의 신앙 에세이 『나의 신앙(V chyom moya vera)』에서 이 간단한 질문에 대답하지 못함으로써 생겨난 위기를 서술하고 있다. 톨스토이의 경우 실패나 슬픔으로 위기가 생겨난 것이 아니었다. 그가 설명한 대로 그의 인생은 잘 나가고 있었다. 작가로 성공을 거두어 부와 명예를 쌓아 올렸다. 지성인으로서 또 도덕인으로서 높은 존경을 받고 있었다. 그는 사랑하는 가족과 함께 살고 있었고 그 자신을 포함하여 가족 모두가 건강했다. 모든 일이 그의 마음먹은 대로 진행되었다. 그런데도 그는 이런 회의감을 표시했다.

"나는 내 인생의 단 하나의 행동에 대해서도 동기를 부여할 수가 없었다. 처음부터 이런 간단한 사실을 깨닫지 못했다는 것이 놀랍기만 했다. 이것이 오래 전부터 나에게 알려져 있었던 것이다! 내가 사랑하는 사람들 그리고 나 자신에게 질병과 죽음이 찾아올 것이다. 그러면 악취와 벌레밖에는 남지 않는다. 내가 무엇을 했든 나의 행동은 곧 잊혀지고 나 자신은 아무 데도 없게 될 것이다. 사정이 이럴진대 무엇 때문에 공연히 바빠야만 하는가? ······인생이 나에게 취기를 주는 동안에는 살아가는 것이 가능하리라. 그러나 술에서 깨는 순간 이 모든 것이 망상, 어리석은 망상이라는 걸 알게 된다. 여기에는 우습거나 재미있는 것이라고는 없다. 그저 잔인하고 어리석을 뿐이다!"[1]

톨스토이의 이러한 실존적 위기는 너무나 심각하여 그는 자살을 진지하게 생각할 정도였다.

이런 상황은 톨스토이뿐만이 아니다. 인생은 의미가 있는가? 이 질문은 다른 철학적 주제에서는 찾아볼 수 없는 호소력이 있다. 이를테면 앞 장에서 다룬 개인의 정체성 문제로 자살을 심각하게 생각하는 사람은 있을 것 같지 않다. 회의주의는 심오한 주제이기는 하지만 이 질문이 갖는 급박한 울림이 없다. 근대에 회의주의를 가장 강력하게 옹호했던 흄조차도 회의주의는 지적 게임일 뿐이라고 인정했다. 다시 말해 회의주의에 응답하는 것은 철학자들이 펼치는 지적 게임 같다는 이야기이다. 그러나 인생의 의미를 묻는 질문은 차원이 다르다. 20세기 작가인 알베르 카뮈(Albert Camus)는 이렇게 말했다.

"인생의 의미는 가장 긴급한 문제이다. 인생이 가치가 있는지 없는지를 판단하는 것은 가장 진지한 철학적 문제이다."[2]

논의를 계속하기 전에 이 질문이 구체적으로 무엇을 묻고 있는지 살펴보는 것이 좋을 듯하다. 그런 다음에야 우리는 어떤 답변이 타당한지 판단할 수 있기 때문이다. 인생은 의미가 있는가? 이러한 질문은 두 가지 차원에서 해석될 수 있다. 첫번째 차원은 인생이라는 단어가 무엇을 가리키느냐 하는 것이다. 가장 구체적으로, 이 질문은 나 개인의 인생은 의미가 있는지 묻는 것이다. 또는 좀더 일반적인 질문이 될 수도 있다. 인류라는 종의 삶은 의미가 있는가? 다시 말해 인류가 존재하는 데는 무슨 의미가 있는지를 묻고 있다. 이보다 범위를 더 넓힌다면 모든 생물학적 존재의 의미를 묻는 것이 될 수 있다. 삶에는 의미나 목적이 있는가? 좀더 크게 본다면 우주의 의미를 묻는 것일 수도 있다. 우주에는 목적이 있는가? 우리는 이 장에서 우주의 의미보다는 앞의 의미, 곧 개인의 인생에 좀더 집중하도록 하겠다.

그러나 애매모호함은 거기서 끝나지 않는다. 왜냐하면 이 맥락에서 의미가 있다는 것을 해석하는 데는 두 가지 방법이 있기 때문이다. 한 가지 해석 방법은 인생이 의미가 있으려면 **객관적 의미**(objective meaning)를 가져야 한다고 주장한다(여기서 말하는 '객관적'은 어떤 개인이나 집단의 생각과는 무관하게 존재한다는 뜻이다). 하지만 의미라는 것은 개인에 따라 상대적인데 어떻게 이런 객관적 의미가 있을 수 있을까? 인생에는 목적이 있다고 해석되려면 그렇게 해석하는 자가 있어야 하지 않을까? 이 질문에 대한 답은 예스이면서 노이다. 만약 우리가 개인의 관점만 고려한다면 이 세상에 객관적 의미라는 것은 있을 수가 없다. 그러나 만약 신이 존재한다면, 신의 관점은 객관적 의미를 제공할 수 있다(객관적 가치의 제공자라는 신의 개념은 독자들에게 친숙할 것이다. 이것은 신이 절대적 윤리 이론의 제공자라는 신의 명령 이론과 유사하다). 유신론자의 입장에서 볼 때 의미는 이 세상에 대한 신의 계획으로 번역될 수 있다. 신이 '외부에서' 이 세상에 의미와 목적을 제공했기 때문에 내 인생을 포함하여 세상 속의 모든 것은 객관적 의미를 갖게 된다. 비록 나의 개인적 업적이 보잘것없을지라도 신의 계획을 널리 펴는 데 도움을 주었기 때문에 나의 인생은 의미를 얻게 된다.

객관적 입장의 의미를 해석하는 또 다른 방법이 있다. 많은 사람이 이 세상의 의미와 목적에 의미를 부여하는 것이 오로지 신뿐이라고는 생각하지 않는다. 만약 내가 어떤 목표를 소중히 생각하여 그것을 성취하는 데 많은 노력을 쏟는다면(예컨대 내 아이들을 교양 있고, 도덕적으로 선량하고, 유능한 성인으로 키우는 것), 그것 또한 의미 있는 어떤 것이 될 수 있다. 톨스토이는 "내가 사랑하는 사람들 그리고 나 자신에게 질병과 죽음이 찾아올 것이다. 그러면 악취와 벌레밖에는 남지 않는다."라고 말했지만, 그래도 나의 행동, 나의 인생, 나의 업적은 나에게 의미가 있다. 의미를 해석하는 이 두 번째 관점을 **주관적 의미**(subjective meaning)라고 한다. 이 관점은 반드시 무신론적인 것은 아니다. 이것은 신이 존재한다는 가능성을 열어 놓고 있지만 인생의 의미를 이해하기 위해서 반드시 신이 필요하다는 그런 입장은 아니다. 이 때문에 이 관점은 비유신론적(non-theistic), 인본주의적(humanistic) 관점이라고 한다.

내가 위에서 한쪽에서는 유신론과 무신론을, 다른 한쪽에서는 의미의 두 해석을 구분한 것은 그것들이 나란히 정돈되지 않기 때문이다. 내가 이미 지적한 것처럼, 무신론자는 의미의 개념을 해석하는 타당한 방법은 주관적 의미라고 주장한다. 또 객관적 의미를 추구하는 어떤 사람은 신이 존재하지 않기 때문에 그런 의미는 없다고 한다(우리는 이렇게 생각하는 사람들을 "제7봉인"과 "범죄와 비행"에서 만날 수 있다). 또 제3의 선택은 인본주의적 관점을 유지하면서 인생은 무의미하다고 주장하는 것이다(우리는 이렇게 생각하는 사람을 "범죄와 비행"에서 만날 수 있다). 이렇게 볼 때 인생의 의미에 대한 전통적 입장은 무신론과 유신론으로 크게 대별되지만 다른 입장들도 있을 수 있다.

이렇게 객관적 의미와 주관적 의미를 구분하는 것, 특히 객관적 의미의 부재에 우리 자신을 적응시키는 것은 실존주의 운동의 대표적 작가인 사르트르와 카뮈의 특별한 관심사였다. 이 운동은 19세기 후반에 발원하여 1940년대와 1950년대에 작가 사르트르와 카뮈, 철학자 마르틴 하이데거(Martin Heidegger)와 카를 야스퍼스(Karl Jaspers)의 저작으로 만개했다. **실존주의**는 다양한 측면이 있고 또 다양한 입장이 있지만(그것은 운동이라기보다 반 운동으로 널리 인식된다), 나는 인생은 의미가 있는가의 질문과 관련하여 카뮈와 사르트르를 실존주의의 대표주자로 내세워 논의를 진행하겠다.

2. 영화의 개관

"제7봉인" 감독 : 잉마르 베리만
출연 : 막스 폰 시도우, 군나르 비외른스트란드, 비비 안데르손(스웨덴어).

우리는 앞 장에서 악의 문제와 관련하여 이 영화를 검토했다. 신의 침묵이라는 문제가 이 영화의 주된 관심사이지만 여러 실존적 주제도 다루고 있다. 실제로 여기 고른 세 편의 영화 중 "제7봉인"은 실존주의 운동의 전성기에 만들어진 영화이기도 하다.

독자가 이미 이 영화에 친숙할 것으로 생각하므로 줄거리를 다시 살피지는 않겠다. "제7봉인"은, 신이 없다면 인생은 과연 의미 있는가를 주로 다루고 있다. 신의 침묵이라는 문제와 마찬가지로 이 주제는 베리만의 여러 초기 영화들에 등장한다. 우리는 "제7봉인"에서 루터교 목사의 아들인 베리만이 이 문제와 어떻게 씨름하는지 살펴보게 된다. 그의 이성은 그가 어린 시절 보고 들으며 자란 유신론을 거부한다. 반면 무신론에도 대가가 없는 것은 아니다. 인생은 의미가 있는지의 질문에 간단하게 대답하지 못하는 것이다. 기사 안토니우스 블록은 이 갈등을 구체화한다. 블록은 무엇을 찾는가? 그가 찾는 것이 신인가 아니면 다른 어떤 것인가? 인생의 의미와 목적에 답을 제공해 주었던 신의 역할을 대신할 수 있는 어떤 것인가?

"범죄와 비행" 감독 : 우디 앨런
출연 : 마틴 랜다우, 우디 앨런, 미아 패로우, 앨런 앨다, 안젤리카 휴스턴, 샘 워터스톤.

이 영화는 제5장에서 살펴본 영화였는데 이 장에서도 두 번째로 인용되었다. 이 영화에 등장하는 여러 인물은 윤리 이론뿐 아니라 다양한 세계관을 대변한다. 유신론자인 벤과 솔은 유신론적 틀 밖에서는 인생의 의미를 파악하지 못한다. 솔은 심지어 이렇게 말한다.

"필요하다면 그는 언제나 진실보다는 신을 선택한다."

반면 루이스 레비 교수는 인본주의적 관점을 대변한다. 신은 존재하지 않는다. 그러나 인간은 그들이 다른 인간과의 관계에서 수행하는 행위 속에서 진정한(비록 주관적이기는 하지만) 의미를 찾을 수 있다.

"라스베이거스를 떠나며" 감독 : 마이크 피기스(Mike Figgis)
출연 : 니콜라스 케이지(Nicolas Cage), 엘리자베스 슈(Elisabeth Shue).

"라스베이거스를 떠나며"는 심한 소외감을 느끼는 두 사람의 이야기이다. 두 사람의 인생은 고작 몇 주 동안만 서로 교차된다. 벤 샌더슨은 실패한 할리우드 시나리오 작가로서 인생을 포기한 사람이다. 그는 인생에서 딱 한 가지 목표만 남겨 놓고 있다. 그것은 술을 마시다가 죽는 것이다. 최소한의 소동만을 일으킨 채 이 목적을 성취하기 위하여 그는 예전에 알던 몇 안 되는 사람들과의 관계를 끊어 버리고 라스베이거스로 이사한다. 세라는 창녀이다. 외로운 그녀는 이 기이한 술꾼에게 이상한 매력을 느끼고 그래서 벤에게 접근한다. 처음에 서로의 필요와 서로의 선택을 존중하는 바탕에서 시작된 그들의 관계는 벤의 알코올 중독과 함께 밑으로 내려가는 나선형의 사태를 가져온다.

"라스베이거스를 떠나며"는 인생과 인간 관계의 복잡성을 보여 준다. 영화는 끝까지 솔직하다. 주인공들의 인생 궤적을 좇으면서 감상이나 겉치레에 빠져드는 법이 없다. 벤과 세라라는 인물은 인생의 고통스러운 면목을 잘 보여 준다. 이것은 존 오브라이언(John O'Brien)의 동명 원작 소설을 충실하게 영화화한 것이다.

3. "제7봉인"과 "범죄와 비행"의 유신론적 반응

1에서 나는 톨스토이가 겪은 개인적 위기를 설명했다. 『나의 신앙』 뒷부분에서 톨스토이는 그에게 어떤 일이 벌어졌으며 그 위기를 결국 어떻게 극복했는지 밝히고 있다. 그는 친구나 친지들 가운데 자신처럼 인생이 무의미하다고 생각하는 사람들이 많은 것을 발견했다. 단지 톨스토이가 다른 점이 있다면 이 문제를 진지하게 다루어 보려고 마음먹었다는 것만 달랐다. 그러나 그의 친구나 친지 이외에 러시아 사회의 주된 구성원인 무식한 사람들을 살펴보니, 인생이 무의미하다고 생각하는 사람들은 별로 없었다. 왜 그런가 그 원인을 파고 들어간 톨스토이는 이유는 단 한 가지임을 발견했다. 그들은 종교적 믿음을 갖고 있었다. 톨스토이와 그의 친지들은 당시 대부분의 지식인들이 그러하듯 신앙에 바탕을 둔 인생관을 거부했다. 실제로 근대성의 주된 특징은 합리성에 바탕을 두고 세상을 이해하는 것이었다.

우리는 "제7봉인"에서도 이와 유사한 이분법이 묘사되어 있음을 볼 수 있다. 요프와 미아로 대표되는 '단순한 사람들'은 기사와는 달리 인생의 무의미함 때문에 고민하지 않는다. 특히 요프는 단순하면서도 비(非) 반성적인 믿음을 가지고 있어서 세상의 모든 것, 심지어 죽음까지 신이 계획한 일부이며, 신의 지고한 은총이라고 생각한다. "제7봉인"은 중세를 무대로 하고 있지만, 주인공 안토니우스 블록은 합리성을 내세우며 신을 믿기를 거부한다는 점에서 근대적인 인물이다. 블록은 20세기 철학자 토마스 네이글(Thomas Nagel)의 말에 동의했을 것이다.

"신이라는 개념은 그 자체에 대해서는 아무것도 설명하지 않으면서도 이 세상의 만물을 설명하는 개념이다.…… 신에 대한 믿음은 곧 우주는 가지적(可知的)이지만 단지 우리에게만 그렇지 않다는 믿음이다."[3]

신앙은 그 특성상 이성의 산물이 아니다. 그것은 비합리적(irrational)이라고 하지는 못하더라도 몰합리적(arational : 합리와는 상관없는 것/옮긴이)이다. 톨스토이는 인생의 의미를 얻기 위해서는 신이 필수적이라고 믿게 되었다. 만약 신이 존재하지 않는다면 인생에는 아무 의미가 없고 반드시 사람의 몸뚱이는 '악취와 벌레'로 끝나고 말 것이다. 아니 그보다 더 나쁘다. 악취와 벌레는 적어도 어떤 것이다. 신이 없다면 인생은 허무로 끝나고 만다. 마침내 우리가 알고 있는 우주는 존재하기를 그치게 될 것이다. 그 순간, 나의 인생, 내 주위 사람들의 인생, 온 인류, 심지어 우주 자체가 아무런 의미가 없게 될 것이다. 그러나 신이 있다면 개인의 인생은 의미를 갖게 된다. 그 개인은 이 세상을 위한 신의 커다란 계획에서 일정한 역할을 할 것이고, 또 그 개인이 영원(사후의 세상)의 삶을 결정하는 데 이 지상의 생활이 중요한 역할을 할 것이다. 이런 고려 사항을 바탕으로 하여 톨스토이는 진지한 유신론자가 되기로 결심했다. 그렇게 하지 않으면 정신 이상이 될지도 모르겠다는 생각이 들었다.(톨스토이의 이 주장은 근대적 의미에서 신의 존재를 논증하는 게 아님을 주목할 필요가 있다. 그것은 "X는 신의 존재를 증명한다."는 형태를 취하고 있지 않다. 톨스토이는 신이 존재한다는 증거를 발견했다고 말하지 않는다. 그는 단지 이렇게 말하고 있는 것이다. "신이 존재하는지 어떤지는 나는 알지 못한다. 하지만 이것 한 가지는 확실히 안다. 내가 신을 믿지 않는다면 나는 비참해질 것이다. 반면에 신을 믿는다면 기분이 좋아질 것이다. 그래서 나는 신을 믿기로 했다.")

우리는 톨스토이와 "범죄와 비행"의 등장인물인 솔 사이에 유사점이 있다는 것을 발견할 수 있다. 솔의 유신론을 비웃는 메이 고모(솔의 여동생)는 종교에 귀의하기 전의 톨스토이와 비슷하다. 분초 표시[4) 69:50에서 젊은 시절의 유월절 삼나무 장면을 회상하면서, 유다는 메이 고모가 종교와 그 상징물을 모두 '허튼 수작'으로 보는 완강한 무신론자라고 생각한다. 메이가 볼 때 종교는 지성이 떨어지는 자의 미신 같은 것이다. 눈 가리개를 벗고서 진짜 세상을 보는 사람이라면 신이 존재하지 않음을 똑똑히 볼 것이다. 솔의 반응도 흥미롭다. 그는 종교라는 것은 합리성보다 믿음을 바탕으로 한다는 메이의 말에 동의한다. 또 이런 믿음을 가지고 있으면 순전히 이성에만 의지하여 살아가는 메이 고모 같은 사람보다 더 행복하게 살 수 있다고 생각한다.

손님 : 솔, 만약에 자네의 신앙이 잘못된 거라면? 만약에……?"
솔 : 그렇다고 하더라도 나는 의심하는 자보다는 더 나은 생활을 영위한 거지.
손님 : 자네는 진실보다 신을 더 좋아한다는 건가?
솔 : 필요하다면 나는 언제나 진실보다는 신을 선택하네.

랍비 벤은 유신론이 인생의 의미를 파악하는 가장 좋은(혹은 유일한) 방법이라고 말한다(MM 13:30).

벤 : 우리가 세상을 바라보는 방식에는 근본적인 차이가 있어요. 당신은 세상을 잔인하고 무가치하고 각박한 곳으로 인식하고 있어요. 하지만 나는 이 세상에 도덕적 구조가 있다고 생각해요. 진정한 인생의 의미와 용서하는 마음과 더 고상한 마음을 가능케 하는 그런 구조를 온 마음으로 느끼고 있어요. 그것이 없다면 나는 단 하루도 살아갈 수 없을 거예요. 이런 기반이 없다면 인생을 살아갈 수 없어요……"

유다 : 당신은 신자들에게 설교하듯이 내게 말하는군요.

벤 : 그래요. 우리는 자그마한 외도 사건에서 인생의 의미로 나아간 거예요.

벤은 심지어 유다의 외도가 신이 계획한 일부일지도 모른다고 말한다. 영화의 마지막 장면은, 결혼식 피로연에서 유다와 클리프가 대화를 나누는 장면인데, 이 대화는 유신론적 틀을 마지막으로 한 번 더 제시하고 있다. 이번에는 유다가 은연중에 유신론적 입장을 드러내고 있다. 우주가 공허해지고 무가치해지는 것을 막는 것은 신의 존재뿐이라고 말하기 때문이다(MM 93:30). 톨스토이에게도 그렇지만 유다에게도 '공허한' 우주의 가능성은 끔찍한 전망인 셈이다.

"제7봉인"은 유신론과 객관적 의미의 관계를 좀더 미묘하게 다루고 있다. 기사인 주인공 안토니우스 블록은 신앙을 위해 이성을 포기할 의사는 없으면서도 객관적 의미를 꼭 찾고 싶어한다. 우리가 7장에서 살펴보았듯이 그의 이성은 그를 불가지론 또는 무신론 쪽으로 밀고 간다. 그런데도 그는 신의 존재를 반드시 필요로 하는 인생론을 떨쳐 내지 못한다. 그는 종교에 귀의하기 전의 톨스토이와 비슷한 입장이었다. 객관적 의미의 원천을 찾아내려 하지만 찾지 못한다. 기사가 겪는 고통을 언급한 대화는 영화에서 세 번에 걸쳐 나온다. 첫번째 대화는 그가 작은 교회에서 수도자(나중에 죽음으로 판명되는)에게 고백 성사를 하는 장면이다(MM 19:00). 기사와 죽음 사이의 이 대화에는 여러 가지 동기가 내재되어 있다. 기사는 자신이 객관적 의미를 필요로 하는 구조 안에 갇혀 있음을 안다. 하지만 그 구조 때문에 다른 인간들과의 관계에서 중요성을 발견하지 못한다. 그런 관계는 인생의 주관적 의미를 가져다 주는 원천일 뿐이다. 기사가 '갇혀 있다.'고 한 것은 그가 신의 존재에 대한 지식(다시 말해 합리적으로 정당화될 수 있는 믿음)을 필요로 하기 때문이다. 그러나 신의 침묵이라는 문제에서 이미 검토된 바와 같이, 신은 이런 합리적 정당화의 증거를 제공하지 않는다. 기사의 신앙 결핍에도 불구하고 신은 그의 세계관에서 주요 역할을 한다. 그가 쉽사리 챙길 수 있는 주관적 의미는 질적으로 부적합하다고 하여 거부된다. 다음 대화에서 보듯이 기사는 객관적 의미 이외의 것은 원하지 않는다.

기사 : 나는 지식을 원합니다. 신앙이나 가정이 아닌 지식 말입니다. 나는 신이 내게 손을 내밀고 그 자신을 내게 드러내어 말해 주기를 원합니다.

죽음 : 하지만 그는 침묵을 지키고 있지.

기사 : 나는 어둠 속에서 그분을 소리쳐 불렀지만 아무도 거기 있는 것 같지는 않았습니다.

죽음 : 어쩌면 거기 아무도 없는지도 모르지.

기사 : 그렇다면 인생은 끔찍한 공포입니다. 모든 것이 허무라는 것을 알면서 죽음의 면전에서 살 수는 없습니다.

죽음 : 대부분의 사람들은 죽음이나 인생의 허무함에 대해서는 결코 생각하지 않아.

기사 : 하지만 언젠가 그들도 생의 마지막 순간에 이르러 어둠을 바라보게 될 것입니다.

죽음 : 그날이 오면……

카뮈는 바로 이 현상을 『시지프의 신화(*Le Mythe de Sisyphe*)』에서 묘사했다. 그는 이 "불합리와, 인간의 마음속에서 쟁쟁 울리는 명징성에 대한 욕구 사이에서 일어나는 갈등을 부조리라고 말했다.[5] "제7봉인"의 고백 성사 장면 중 마지막 부분에서 기사는 의미 없음의 문제를 이해하는 데 한 고비를 넘었다는 것을 보여 준다. 그는 '집행 유예 시간을 하나의 의미 있는 행동'을 위해 사용하겠다고 생각한다(그 행동은 영화의 후반부에서 실천된다. 기사가 체스판의 말을 쓸어 버려 죽음을 잠시 당황하게 만들었고 그리하여 요프, 미아, 그들의 아들 미카엘이 달아난다). 기사가 한 마지막 말——"이것이 나의 행동……"——은 제3의 방향으로 달려가게 되는데 그것은 카뮈와 사르트르가 주장한 실존주의의 방향과 유사한 것이다. 카뮈와 사르트르가 볼 때 인간은 (객관적) 의미 없음을 기쁜 마음으로 받아들여 선택의 자유를 누리거나, 아니면 그런 선택을 하기 직전의 기사처럼 시무룩하고 우울해하면서 존재를 영위하는 수밖에 없다.

기사는 이 궤적을 줄기차게 따라가는 것은 아니다. 티안이 화형대에서 타 죽기 직전에 기사와 욘스가 나누는 대화에서 볼 수 있듯이, 기사는 객관적 의미를 요구하는 관점으로 되돌아갔다(MM 76:50).

욘스: 누가 저 아이를 돌봅니까? 천사들, 신, 악마 또는 공허일 뿐입니까? 공허라는 얘기입니까!
기사: 그럴 수는 없지.
욘스: 저 아이의 눈을 보십시오. 저 아이의 불쌍한 어미는 이제 하나를 발견했습니다. 달 아래의 공허를 발견했습니다.

객관적 의미와 무신론을 결합시키면 결국 이런 것—— '달 아래의 공허 (empti-ness under the moon)'——이 나오고 만다. 기사와 욘스는 이 황량한 진실을 고통스럽게 깨닫는다. 욘스의 반응은 유신론과 객관적 의미의 가능성을 내팽개치고, 그 대신 인간의 운명을 냉소와 씁쓰레함으로 받아들이는 것이다(욘스는 휴머니즘의 관점을 받아들여 주관적 의미를 기쁘게 수용하는 것도 거부한다). 그는, 사르트르와 카뮈가 주장한 총체적 무의미함을 영웅적으로 받아들인다. 그러나 욘스조차도 가끔 그런 이상이 흔들린다. 티안의 화형을 미리 막기 위해 행동하지 않은 것에서도 볼 수 있듯이, 욘스는 그런 이상을 적극적으로 옹호하지 못한다. 실존주의는 실패한 대의인 줄 알면서도 그 실패한 대의를 위해 싸우는 사람에게 최상의 찬사를 바치기 때문이다. 기사는 이 이야기에서 정말로 비극적인 인물이다. 그 자신의 곤경을 의식하고 있는데도 거기서 그 자신을 빼내지 못하기 때문이다. "제7봉인"은 그 주인공이 그의 곤경을 완벽하게 의식하기 때문에 비극인 것이다.

기사는 영화가 끝날 때까지 이 틀에 갇혀 있다. 이것은 그의 마지막 말이 증명한다(MM 92:20).

기사 : 어둠 속에서 우리는 주여 당신을 향해 소리칩니다. 우리는 왜소하고 겁 많고 무식하오니…… 우리에게 자비를 베푸소서.

욘스 : 당신이 있다고 하는 그 어둠 속에서, 어쩌면 우리 모두가 있을지 모르는 그 어둠 속에서…… 당신은 당신의 외침을 들어 주는 사람, 당신의 고통에 감동받는 사람을 발견하지 못할 것입니다. 당신의 눈물을 씻고 당신 자신을 당신의 무관심에 거울처럼 비추십시오."

기사 : 신이여, 당신은 어딘가에 계십니다. 틀림없이 계십니다. 우리에게 자비를 베푸소서.

기사는 그의 '한 가지 의미 있는 행동'을 잊어버렸다. 그래서 고백 성사 장면의 '왜소하고 겁 많고 무식한' 남자로 되돌아간다. 톨스토이는 유신론에서 위안을 얻었고 인생의 의미에 대한 답변을 이끌어 냈다. 그러나 기사는 절망감과 불안감만을 발견했을 뿐이다. 기사는 마지막 남은 자유의 순간을 즐기면서 "눈을 굴리고 발가락을 움직일 수 있다."는 욘스의 마지막 조언을 귀담아 듣지 않는다.

4. 의미 없음을 수용하기

기사는, 인생에는 객관적 의미가 없음을 날카롭게 의식하고 그 무게에 짓눌려 지낸다.

이러한 반응은 미리 정해진 결론은 아니다. 카뮈는 이런 딜레마로부터 빠져나오는 두 번째 방법을 기술하고 있다.

"'나는 모든 것이 잘될 것이라고 결론짓는다.' ……이 말은 정말 신성한 것이다. 그것은 인간의 황량하고 제한된 우주 속에서 울려 퍼진다. 그것은 모든 게 탕진되지 않았음을 가르친다. 그것은 이 세상에 불만족과 무익한 고통을 가져온 신을 이 세상 밖으로 몰아낸다. 그것은 운명을 인간의 문제, 인간들 사이에서 결정해야 할 문제로 만든다."[6]

이러한 반응이 바로 실존주의의 전형이다. 그것이 펼쳐 놓는 자유는 활기에 찬 것(카뮈의 반응) 또는 두려운 것(사르트르의 반응)이다. 왜냐하면 이 관점 안에서 우리는 우리 자신을 들여다보면서 어느쪽을 선택할지 결정해야 하기 때문이다. 더 이상 성스러운 책은 없다. 더 이상 인간을 구속하는 원칙은 없다.

사르트르는 이렇게 말한다.

"고독을 운운할 때…… 실존주의자들은…… 신이 존재하지 않으므로 오히려 거북함을 느낀다. 왜냐하면 그들은 하늘에서 뚜렷한 가치를 찾아낼 수 있는 가능성이 신과 더불어 소멸해 버렸다고 생각하기 때문이다. ……그것이 바로 실존주의의 출발이다. 사실 신이 없다면 모든 것이 허용되게 되고 사람은 자신의 내부나 외부에 의지할 곳이 없어 고독하게 되어 버린다. 아무런 핑계도 찾을 수 없다. ……우리는 앞에서나 뒤에서나 어떠한 정당성이나 이유도 설명해 낼 수가 없다. 우리는 고독한 것이다. 그뿐이다."[7]

'신의 죽음'에 대한 사르트르의 고뇌는 "신은 죽었다!"고 외친 니체의 말을 연상시킨다. 가치의 중심인 유신론이 없다면 인류는 무제한적으로 개방된

가능성의 바다에서 표류하는 것이다.

"신은 어디에 있는가?" 광인이 외쳤다. "내가 당신에게 말해 주지. 우리가 그를 죽였어.―당신과 내가 말이야. 우리 모두는 그를 죽인 살인자야. 우리가 어떻게 그런 일을 했을까? 어떻게 우리가 바다를 다 마셔 버렸을까? 누가 저 지평선을 싹 닦아 버릴 스펀지를 우리에게 주었을까? 우리가 태양에서부터 이 지구를 떼어 놓았을 때 우리는 무엇을 했는가? 그것은 지금 어디로 가고 있는가? 우리는 지금 어디로 가고 있는가?……뒤로, 옆으로, 앞으로, 온 사방으로? 위와 아래는 남아 있는가? 우리는 무한의 허무를 통과하며 헤매고 있지는 않는가? 우리는 텅 빈 공간의 숨결을 느끼지 않는가? 그것은 더 차가워지지 않았는가?……우리는 신이 썩는 냄새를 맡지 않는가? 신들 또한 썩는다. 신은 죽었다. 신은 시체가 되었다. 우리가 그를 죽인 것이다. 살인자 중 살인자인 우리는 우리 자신을 어떻게 위로할 것인가?"[8]

기사가 유신론을 물리치지 못하는 것은 놀라운 일인가? 그는 (니체나 사르트르와 마찬가지로) 자신이 무엇을 포기하는 것인지 잘 알고 있다.

5. 휴머니즘의 반응

기사의 미온적인 태도에도 불구하고, 그가 자신의 부조리한 딜레마에서 빠져나가는 방법을 테스트하는 장면이 있다. 고백 성사 직후, 그가 미아와 요프와 함께 간단한 식사를 나눌 때 그의 새로운 이해가 뿌리를 내리는 것처럼 보인다(MM 55:15). 그는 이렇게 탄식한다.

"당신, 이걸 알아, 신앙은 고문이야. 그건 저기 저 어둠 속에 있는 누군가를 사랑하는 것과 비슷해. 아무리 소리쳐 불러도 그는 나타나지 않는 거야."

미아는 기사가 무슨 말을 하는 건지 이해하지 못하겠다고 말한다. 단순한 필요성, 단순한 즐거움, 단순한 신앙 생활을 영위하는 그녀에게 인생의 의미나 신의 침묵 같은 문제는 제기되지 않는다. 그녀와 함께 있으면 기사의 어두운 얼굴도 밝아진다. 그는 그들과 함께 있는 단순한 기쁨을 즐기면서 이 일의 추억이 그의 우울한 명상——객관적 의미에 대한——을 막아 줄 것이라고 말한다. 그 다음 장면에서 죽음과 체스를 두면서 나누는 대화는 기사의 이런 자그마한 변화가 갑자기 중단되었음을 보여 준다.

하지만 기사가 주관적 의미의 길을 계속 걸어갈 수 있었을까? 그의 인생은 의미 있는 것으로 판명될 수 있었을까? 이 세계관 내에서는 '의미 있음'이 어떻게 해석될까? 분명 그것은 '객관적으로 의미 없음' 앞에서 조용히 체념하는 것 이상을 의미한다. 1에서 나는 자신이 정말로 좋아하는 일을 하는 것이 주관적 인생의 의미라고 설명했다. 이 관점에서 어떤 행위나 업적은 그 개인이 가치 있는 것이라고 생각하면 의미를 획득하게 된다. 가치는 외부가 아니라 내부에서 생성되는 것이다.

이런 의미에서 기사의 인생은 의미 있는가? 나는 그렇다고 생각한다. 요프, 미아, 미카엘이 달아나고 기사가 체크메이트(장군!)를 당하는 순간에서 기사가 죽음과 나누는 대화를 한번 살펴보라(MM 84:00). 죽음은 그에게 집행유예 기간을 즐겼느냐고 묻는다. 기사는 대답한다. "네, 그렇습니다." 그는 고백 성사 장면에서 미리 예고된 '하나의 의미 있는 행동'을 수행하는 데 성공한 것이다.

어떤 사람들은 휴머니즘적 관점을 선택하면서 인생은 무의미하다고 결론을 낼 수도 있다. 우리는 "범죄와 비행"의 레비 교수에게서 그런 견해를 볼 수 있다. 그는 휴머니즘적 관점의 구체적 내용을 웅변으로 말한다(MM 99:30). 예컨대 이렇게 말하는 것이다.

"이처럼 무심한 우주에 의미를 부여하는 것은 우리 자신과 우리의 사랑하는 능력뿐입니다. 하지만 대부분의 인간은 열심히 노력하는 능력과 평범한 일, 이를테면 그들의 가족, 그들의 일, 미래 세대는 더 잘 이해할 것이라는 희망 등에서 즐거움을 찾아내는 능력을 가진 듯합니다."

　보이스오버로 나오는 이 말은 영화의 맨 마지막 논평이다. 그러나 자살한 사람의 '무덤에서' 들려오는 이 목소리는 우리에게 아이러니컬한 느낌을 준다.

　주관적 의미가 있으면 된다는 생각에 대해서 레비 교수가 가지는 궁극적 불만 이외에도 그 의미에는 또 다른 문제점이 있다. 이 세계관은 다른 유형의 주관주의와 마찬가지로 상식에 어긋나는 의미를 내포하고 있다. 예를 들어 내가 가치의 최종 결정자라면, 아무것이나 다 의미가 있게 된다는 뜻이다(나의 가치로는 의미가 있다고 말해 버리면 그만이다). 우리는 잠시 기사와 그의 '한 가지 의미 행동'으로 되돌아가 보자. 우리는 그가 무고한 세 사람의 생명을 구한 것은 가치 있는 일이라고 생각할 수 있겠지만, 우리의 그런 의견은 기사와는 무관하다. 오로지 기사의 주관적 가치판단이 그 행동, 더 나아가 그의 인생을 의미 있는 것으로 만든다. 하지만 정말 아무것이나 다 의미가 있는가? 만약 내가 어떤 인종을 멸종시키는 일을 아주 좋아하여 평생에 걸쳐 그 일에 몰두했다면 나의 인생은 의미 있는 것이 되는가?

　"라스베이거를 떠나며"의 두 주인공을 생각해 보라. 체념이 아니라 확신에 따른 것이라면 벤의 자살은 그의 인생에 의미를 부여할 수 있다. 세라의 창녀 활동(그 일이 정말 그녀의 취미라고 가정할 때)은 마찬가지로 그녀에게 의미를 부여할 수 있다. 그녀는 여러 번 자신의 인생에 만족한다고 말했고 또 고객들에게 중요한 서비스를 제공한다고 느낀다. 외부 관객인 우리는 그녀의 그런 생각을 자기 망상이라고 생각하지만, 영화 속의 여러 장치에서는 이런 해석을 유도하고 있다. 카메라 밖에 있는 치료사에게 그녀의 창녀 활동이 중요한 서비스를 제공하는 일이라고 말할 때(MM 18:50), 그녀는 자신이 쉽게 유도해 준 그룹 섹스를 생각하고 있다. 말하자면 그녀는 자기 자신을 공연 예술에 참가한 예술가라고 생각하는 것이다. 그 다음 장면은 주리가 라스베이거스에서 그녀를 추적하는 장면인데, 관객은 창녀 생활의 어려움을 목격하게 된다. 마찬가지로 세라가 "나쁜 때는 언제나 있는 거예요. 하지만 내 인생은 좋았어요. 내가 원하는 그대로 되었어요."(MM 34:20)라고 말한 바로 다음에, 주리가 돈을 작게 가지고 온다고 그녀를 협박하는 장면이 나온다. 우리 외부 관객이 그녀를 가리켜 자기 기만을 하고 있다고 말하는 것은 곧 우리가 정말로 가치 있다고 그녀가 판단하는 것(또는 그녀가 정말로 가치 있다는 판단할 법한 것)을 그녀보다 더 잘 안다는 뜻이다. 하지만 이는 주관적 의미의 요점을 놓친 것이다. 주관주의에 따르면 세라야말로 세라가 가치 있어 하는 것의 최종 결정자인 것이다. 다시 말해 우리 관객, '점잖은' 사회, 전통적 도덕 등이 결정권자는 아닌 것이다. 사르트르는 그 점을 확인했다.

"실제로 신이 존재하지 않는다면 모든 것이 허용 가능하다. 그 결과 인간은 그의 내부에서나 외부에서나 의지할 만한 것을 찾지 못하기 때문에 절망한다."

세라는 자신의 행동에 스스로 가치를 부여하기 때문에 그녀의 인생이 의미 있다고 말했다. 만약에 우리가 이런 세라의 입장을 거부한다면, 우리는 주관적 의미를 찾으면 된다는 입장을 타당한 관점으로 인정하지 않는 것이 된다.

6. '의미 없음에 대한 반응'으로서의 자살

우리는 벤과 레비 교수의 자살을 어떻게 이해해야 할 것인가? 체념의 결과인가, 아니면 등장인물이 적극적으로 원했던, 열정에서 나온 행동인가? 레비의 죽음에 대한 소식을 듣고 나서 클리프는 레비가 자살에 대해서 말해 놓은 녹음 테이프를 다시 틀어 본다.

"우주는 대단히 냉담한 곳이야. 거기에 우리의 느낌을 부여하는 것이 바로 우리가 해야 할 일이지. 어떤 상황에서는 과연 그런 느낌의 부여가 가치 있는 일인지 의문이 되기도 하지."(MM 75:00).

만약 이것이 그의 자살을 예고한 것이라면 그는 체념 때문에 자살한 게 분명하다. 그는 휴머니즘의 관점을 수용했지만 그래도 무의미에서 빠져나오지 못한 것이다. 따라서 그는 인생이란 의미가 있는지의 질문에 아니오라고 대답할 사람이다.

톨스토이 또한 인생의 '객관적 의미 없음'을 첨예하게 인식하고 자살을 생각했다. 카뮈는 자살의 문제에 대해서 아주 길게 썼다. 실제로 그것은 『시지프의 신화』의 주요 주제이다. 자살은, 인생이 객관적으로 무의미하다고 인식함으로써 나타나는 반응이다. 카뮈는 이렇게 설명한다.

"나쁜 이유를 가지고서도 설명이 될 수 있는 세계는 그래도 다정한 세계이다. 반면 환상과 빛이 갑자기 제거된 세상에서 인간은 외계인, 이방인 같은 느낌을 가지게 된다. 그는 잃어버린 집에 대한 기억이나 약속의 땅에 대한 희망을 박탈당했기 때문에 구제 불능의 유배객이 되었다. 인간과 그의 삶, 배우와 그의 무대가 완전히 격리되어 있다는 이 느낌이 곧 부조리의 느낌이다. 건강한 사람도 자살을 생각할 때가 있는 것을 보면 부조리의 느낌과 죽음의 동경 사이에 직접적인 관계가 있음을 알 수 있다."9)

그러나 카뮈는 자살이 최종 종착역이라고는 생각하지 않았다. 그는 인생의 부조리에 그저 굴복하는 것이 아니라 그것을 적극적으로 옹호할 수도 있는 것이라고 생각했다. 그러면서 사람은 인생의 궁극적 허무함을 깨닫게 된다는 것이다.

어떤 사람이 인생의 허무함을 좀 덜 인식한다면 그것이 하나의 위안이 되지 않을까? 축복이 되지 않을까? "제7봉인"에서 기사를 괴롭히는 것은, 인생의 허무함 그 자체가 아니라 인생의 허무함에 대한 그의 공포이다. 톨스토이는 『나의 신앙』이라는 에세이에서, 종교에 귀의하기 전, 사악한 초지능이 그의 곤경을 비웃는 상상에 자주 사로잡혔다고 말했다. 그가 그 상상 속의 창조주가 잔인하다고 생각한 이유는 이렇다. 창조주는 그에게 그런 곤경을 의식할 정도의 지능은 주었으면서 거기서 벗어날 능력을 주지 않았다. 그것이 일종의 지적 무기력이었다.

이와 관련하여 벤이 자살을 선택한 것은 의미가 있다. 그는 왜 이 길을 선택했는가? 빨리 끝내 버린다는 점에서는 술 마셔서 죽는 것보다는 머리에 총을 쏘는 것이 더 빠르고 효과적일 것이다. 또 세라 같은 착한 이웃에게 방해받을 염려도 없다. 이런 여러 단점을 감안할 때 술 마셔서 죽는 것과 같은 선택은 논의해 볼 만한 가치가 있다.

벤의 자살 방식과 머리에 총을 쏘아 자살하는 방식에는 차이점이 세 가지가 있다. 첫째, 의도적으로 술을 마셔서 죽는 행위는 상당한 업적이다. 인내력, 지구력, 신체적 불쾌감을 견디는 능력이 필요한 것이다. 목표가 달성되었을 때의 상태만 아니었더라면 술 마셔서 죽는 것은 상당히 자부심을 느낄 만큼, 가치 있는 것이다. 하지만 벤의 마음속에서 자기 자신의 파괴라는 목표 상태는 그 자체로 좋은 것이다. 그가 자신의 파괴를 달성하기 위해 밀어붙이는 과정을 살펴보면 그의 자살이 얼마나 독특한 것인지 알게 된다. 그가 죽음에 가까이 다가가고 그의 정신 상태가 지나친 음주로 피폐해지면서도(예전 생활의 기억이 희미해진다), 그는 계속 술을 마셔 인사불성이 되어 간다. 세라가 왜 그런 식으로 자살하려고 하느냐고 묻자 그는 기억이 나지 않는다고 대답한다(MM 47:20). 그가 알고 있는 것이라고는 술 마셔서 죽어야 한다는 단 한 가지의 목표뿐이다. 그는 자신의 목표를 달성하기 위해 모든 일을 거기에 맞춘다. 벤은 세라가 알코올 중독에 대한 치료를 받아야 되지 않겠느냐고 하자(MM 85:20), 그것을 그의 마지막 행동을 가로막는 장애로 여긴다. 하지만 그는 세라를 떠나보낼 수 있는 방법을 발견한다. 그는 그날 밤 카지노에서 한 창녀를 만나 집으로 데려온다. 그는 그렇게 하면 세라의 방해를 제거할 수 있다고 확신한다. 그는 자신의 목표를 달성하기 위한 굳은 의지로 어떤 것이든지 누구든지 희생시킨다.

둘째, 술 마셔서 천천히 죽겠다는 벤의 선택은 운명에 대한 조롱이라는 점에서 의미가 있다. 명백하게 진술되어 있지는 않지만, 영화를 보는 우리는 알코올 중독이 그가 가진 문제의 시발점이라는 인상을 받는다. 이 어려운 상황을 역전시켜 자신의 목적 곧, 자신의 죽음에 이용하는 것은 실존주의적 영웅의 태도를 연상시킨다. 이것은 "인생이 레몬을 내밀면 그것으로 레몬수를 만들라."는 극단적인 낙관론이 아니다. 벤은 레몬수를 만들려 하지 않는다. 그의 선택은 그가 맞는 운명의 주인이 되려는 그의 욕망을 보여 준다. 적어도 그가 그 자신에게 벌어질 일을 결정하는 것이다. 이것은 6장에서 다루었던 자유의지와 결정론의 문제를 상기시킨다. 벤은 정말로 선택을 한 것인가? 아니면 불가피한 것을 받아들이기 위해 그가 원하는 것을 바꾸는 일인가? 만약 우리가 돌[石]에게 의식과 감각 능력을 부여할 수 있다면 날아가는 돌은 자신의 낙하 지점을 선택할 수 있을지도 모른다. 벤의 '선택'은 어쩌면 이 날아가는 돌과 같다. 그의 심각한 알코올 중독은 그를 이 길로 밀어 넣었다. 그는 무기력하여 묵묵히 따라가는 수밖에 없다. 하지만 낙하 지점은 그가 선택하겠다는 것이다.

마지막으로 우리는 벤의 자살을 어떻게 이해해야 하는가? 벤은 자살에 상응하는 어떤 가치 있는 것을 찾는가? 이 자살에 상응하는 어떤 가치 있는 것은 벤이 성취감을 느긋하게 즐기지 않는다는 점에서 다른 목표들과는 다르다. 아니면 그의 자살은 인생을 완전히 포기한 사람의 행동인가? 누가 "그런 인생은 살 만한 가치가 없다."고 판단하는가?[10] 우리는 벤의 자살 방법에서 영웅적인 어떤 모습을 보게 되지만, 벤으로서는 그것이 최소한의 저항을 하는 길이었을지도 모른다. 분명 "라스베이거스를 떠나며"는 이 질문에 그럴듯한 대답을 내놓지는 않는다. 하지만 벤의 죽음은 우리에게 인생의 무의미함을 깨닫는 것이 적극적으로 요망된다는 실존주의의 관점에서 생각해 볼 사례가 된다.

토론을 위한 질문

1. 인생은 의미가 있는가? 이 같은 질문은 그저 철학적 질문에 불과한가? 당신 자신을 향해 이 질문을 해 본 일이 있는가? 만약 그렇다면 그 대답은 무엇이었는가?
2. 악의 문제에 맞서는 궁극적 조화 이론과, 인생은 의미가 있는지의 질문 사이에 어떤 연결관계가 있다고 생각하는가?
3. 무신론은 '달 아래의 공허함'을 의미하는가?
4. '가난하고 힘 없는 사람들'은 실존적 위기를 겪는가? 겪는다면 왜 겪는가? 겪지 않는다면 왜 겪지 않는가?
5. 죽음이 자살로 간주되기 위해서는 어떤 기준이 필요한가? "라스베이거스를 떠나며"에서 보여 주는 벤의 행동은 자살이라고 할 수 있는가? 만약 그렇다면 그의 자살은 합리적인가?
6. 레비 교수의 자살은 어떤 의미를 갖고 있나?
7. 벤의 눈이 멀게 된 데는 어떤 의미가 있나?

실존주의와 관련된 영화

잉마르 베리만의 다른 영화들

베리만의 영화에는 실존주의적 주제가 관통하고 있는데 특히 초기 영화일수록 그런 경향이 강하다. 다음의 리스트는 몇몇 우수한 영화들이다. "산딸기(Smultronstället)"(1957년), "마법사(The Magician)"(1958년), "유리를 통하여 어렴풋이(Säsom i en spegel)"(1961년), "겨울빛(Nattsvardsgästerna)"(1962년), "침묵(Tystnaden)"(1963년), '페르소나(Persona)"(1969년), "수치(Skammen)"(1967년), "열정(En passion)"(1969년), "고함과 속삭임(Viskingar och rop)"(1972년), "대면(Face to Face)"(1976년), "가을 소나타(Herbstsonate)"(1978년), "꼭두각시의 생애에서(From the Life of the Marionettes)"(1980년), "파니와 알렉산더(Fanny and Alexander)"(1982년).

다른 감독들의 영화

"이키루(生きる)"(1952년). 감독 구로사와 아키라, 출연 시무라 다카시(市村俊幸), 카네코 노부(金子信雄), 세키 교코(關京子).
'앞으로 살 날이 몇 달밖에 남지 않았다면 당신은 어떻게 하겠는가?' 이것이 실존주의를 다룬 구로사와의 대작에서 주인공이 직면한 문제이다.

"아메리칸 뷰티(American Beauty)"(1999년). 감독 샘 멘데스(Sam Mendes). 출연 케빈 스페이시(Kevin Spacey), 아네트 베닝, 도라 버치(Thora Birch), 웨스 벤틀리(Wes Bentley).
이것은 현대 미국 사회의 '실존적' 절망을 다룬 오랜 전통에 속하는 영화이다.

"햄릿(Hamlet)"(1996년). 감독 케네스 브래너(Kenneth Branagh). 출연 케네스 브래너, 데릭 자코비(Derek Jacobi), 케이트 윈슬렛(Kate Winslet), 줄리 크리스티(Julie Christie).
이 영화의 주인공은 이 장에서 다룬 이런저런 문제들을 제기한다.

"두려움 없는(Fearless)"(1993년). 감독 피터 웨어(Peter Weir). 출연 제프 브리지스(Jeff Bridges), 이사벨라 로셀리니(Isabella Rossellini).
이 영화는 실존적 딜레마를 전도시킨다. 예를 들면 이렇게 묻는 것이다. 만약 어떤 사람이 죽음을 두려워하지 않는다면 그의 삶은 어떻게 될까?

"휴거". 감독 마이클 톨킨, 출연 미미 로저스, 데이비드 더초브니
7장에서 다룬 이 영화는 악의 문제 이외에도 인생의 의미를 묻고 있다.

실존주의와 관련된 저서

현대의 '고전'

도스토예프스키
『지하 생활자의 수기(*Zapiski iz podpolya*)』, 1864년 러시아어로 최초 발간. 많은 이들이 도스토예프스키를 최초의 실존주의자라고 판단한다.

카뮈

『시지프의 신화』, 1942년 프랑스어로 최초 발간. 카뮈의 실존주의적 에세이를 묶은 것.

사르트르

『실존주의는 휴머니즘이다(L'Existentialisme est un humanisme)』, 1946년 프랑스어로 최초 발간. 사르트르는 이 책에서 자신의 실존주의를 옹호한다. 1939년 프랑스어로 최초 발간된 단편 소설 『벽(Le Mur)』은 영어권에 널리 알려져 있다.

실존주의와 관련된 논문집 및 저서

Walter Kaufman, ed., *Existentialism from Dostoevsky to Sartre*, New York : Meridian, 1975. 이 책은 실존주의를 좀더 깊게 읽기 위한 시금석이 된다.

E.D. Klemke 편집, *The Meaning of Life*, 재판, Oxford : Oxford University Press, 2000. 이 책은 다양한 관점을 제공한다.

Leo Tolstoy, *My Confession, My Religion*, Isabel Hapgood 역, Midland, MI : Avensblume Press, 1994.

■ 주석

저자 서문
1. 영화 "A.I."는 내가 이 책을 한창 쓰고 있을 때 상영이 되어 비디오 테이프의 구입이 어려웠다.

제1장
1. 17세기를 '근대'라고 하는 것은 좀 이상하게 들릴지 모른다. 그러나 고대, 중세, 르네상스라는 시대 구분과 함께 놓고 보면 그리 이상하지 않을 것이다.
2. 데카르트의 이름을 형용사적으로 사용할 때는 '카티전(Cartesian)'이라고 한다('Cartesian doubt' 또는 'Cartesian coordinate system' 등으로 쓰인다).
3. Rene Descartes, *The Philosophical Works of Descartes* 1권, Elizabeth S. Haldane and G.R.T.Ross 역. Cambridge : Cambridge University Press, 1911. '제일성찰'은 케임브리지 대학 출판국의 허가로 여기에 인용하였다.
4. 이 질문은 영화 "매트릭스"에서 모피어스가 네오에게 물은 것이다.
5. 만약 당신이 "토털 리콜"을 처음 본다면 이 점을 파악하지 못할 것이다. 문제의 장면은 분초 표시 16:00에서 벌어진다. 임플란트 전에 비밀 요원 에고 트립을 로딩(장전)하는 기술자 어니는 이렇게 말한다. "이건 새로운 겁니다―화성의 푸른 하늘."
6. 앞으로 분초 표시는 MM으로 표기.
7. '성찰 6―물질적 사물의 존재와, 신체와 정신의 진정한 구분에 관하여'에 나오는 말.
8. 『힐라스와 필로누스의 세 대화』의 세 번째 대화를 참조할 것. 앞으로 살펴보겠지만 버클리는 우리가 앞에서 제시한 진정한의 정의를 거부할 것이다. 하지만 나는 이 점을 잠시 무시하기로 하겠다. 버클리는 실제로 진짜 지각과 상상 속의 지각에 대해 언급했다. 하지만 독자들이 이 일반적인 구분을 유념한다면 이 부분을 이해하는 데 어려움이 없으리라 생각한다.
9. David Hume, 『*A Treatise of Human Nature*』, 재판, Oxford : Oxford University Press, 1978, 252-253(1권 4부 6장).

10. 사물 앞에 외부의(external)라는 단어가 빠져 있음을 주목하라. 나는 의도적으로 이 단어를 뺐다. 우리가 앞으로 살펴보겠지만 이러한 말하기와 생각하기(다시 말해 대상 그 자체와 외부의 대상을 구분한 것)를 버클리는 거부했다.
11. 이것은 『힐라스와 필로누스의 세 대화』의 첫 대화이다.
12. George Berkeley, 『*A Treatise concerning the Principle of Human Knowledge*』 London : Bobbs-Merrill, 1970, 248(1부 6절).
13. 버클리의 답변은 '신의 반응'이다. 지각되지 않은 사물에 대한 이런 해결 방안은 『인간지식의 원리에 관하여』와 『힐라스와 필로누스의 세 대화』에서 발견된다.
14. 엄밀하게 말해서, 버클리에 따르면, 신은 지각하지 않는다(적어도 우리가 지각하는 그런 방식으로 지각하지 않는다). 신은 능동적인 지각의 생산자이지, 수동적인 수령자가 아니다. 이 점만을 분명히 해 놓는다면 신을 지각자로 지칭한다고 해서 버클리의 논증에서 크게 벗어나지 않는다.
15. Immanuel Kant, 『순수 이성 비판』 London : St. Martin's Press, 1929, Bxl. 이 책의 페이지는 차이가 있다. 초판과 재판 사이에 상당한 부분이 수정되었다. 그래서 일반적으로 통용되는 학자 번역본은 초판의 페이지 앞에는 A를 재판의 페이지 앞에는 B를 붙여서 구분하고 있다. 위의 인용문은 재판 페이지 xl에서 나온 것이다.
16. 같은 책, Bxvi.
17. 흄, 『인성론』 Indianapolis, In : Hackett, 1977, 110(2부 12장).
18. 흄의 이러한 논리에 대하여, 그의 『인성론』 2권 3부 3장을 볼 것.
19. 버트런드 러셀, 『철학의 제문제(*The Problems of Philosophy*)』의 "철학의 가치(The Value of Philosophy)" Oxford, Oxford University Press, 1912, 91.

2장

1. Immanuel Kant, *Critique of Pure Reason*, London : St. Martin's Press, 1929, A51/B75(1장에서 언급된 바와 같이, 칸트의 『순수 이성 비판』은 초판본과 재판본을 구분하기 위하여 A/B 페이지를 사용하고 있다. 이 인용문은 초판본 51 페이지, 재판본 75 페이지에 나온다).
2. 이 장 안에서 용어의 일관성을 유지하기 위하여 나는 객관적(objective)이라는 용어를 마음과 상관없는(mind-independent)이라는 뜻으로 사용했다. 칸트의 저작을 잘 아는

이는 이 객관적이라는 용어가 『순수 이성 비판』의 영역본에서 표준적으로 사용된 객관적과는 어느 정도 다르다는 사실을 발견할 것이다.

3. 문화인류학에 따르면 '눈(snow)'에 관한 에스키모의 개념 틀은 영미권의 보통사람의 그것과는 다르다고 한다. 에스키모는 내 눈(眼)에는 구분이 되지 않는 눈(雪)의 유형을 구분한다. 물론 에스키모의 감각 기관이 나의 감각 기관보다 탁월하다는 뜻은 아니다. 그보다는 에스키모의 개념의 틀이 여러 면에서 나의 그것과 다르다고 해야 하리라. 이처럼 눈의 유형을 구분하는 것은 에스키모에게 큰 혜택을 준다.

4. 이 두 번째 이유는 사피어 워프 가설이라고 알려져 있다. 사피어는 에드워드 사피어(Edward Sapir, 1884-1936년)이고 워프는 벤자민 리 워프(Benjamin Lee Whorf, 1897-1941년)인데 둘 다 언어학자이다.

5. 일부 인식론적 상대주의자는 이런 주장을 하고 있다. 실용적 기준(가령 특정 개념의 틀을 가지고 개인이 환경에 잘 적응하는 정도)은 개념의 틀을 판단하는 데 있어서 유익하다.

6. 이것은 프로타고라스의 책 『진리에 관하여(On Truth)』의 첫 문장이다. 이 책은 이 문장만이 전해져 온다.

7. 문맥 없이 이 문장만 놓고 보면, 프로타고라스의 '인간'이 개인을 가리키는 것인지 아니면 인류 전체를 가리키는 것인지 불분명하다. 다른 자료에 따르면 프로타고라스는 상대주의의 주관적 견해를 지지했다고 한다. 그래서 '인간'은 개인을 가리키는 것으로 해석되어야 한다는 것이다.

8. 매킨타이어의 APA 회장 연설문에서. *Proceedings and Addresses of the American Philosophical Association 49*의 "Relativism, Power, and Philosophy," September, 1985, 5.

9. 그 구조에서 철학적 의미를 발견할 수 있는 다른 영화는 "메멘토"이다.

10. 앞으로 분초 표시는 MM으로 표기. 초점이 된 영화의 줄거리 요약과 MM은 책 뒤에 첨부되어 있다.

11. 나는 해변의 날로 되돌아가는 최후의 플래시백을 어떻게 이해해야 할지 확신이 서지 않는다. 왜냐하면 어린 소녀 재키가 만나는 여자가 성인 재키라는 것을 영화 관객은 처음 알게 되기 때문이다.

12. 이하는 다음의 책에서 나오는 상대주의에 대한 반론을 요약한 것이다. James

Rachels, *The Elements of Moral Philosophy*, 3판, New York : McGraw-Hill, 1999.
13. Martin Hollis and Steven Lukes, *Rationality and Relativism*, Cambridge, MA : MIT Press, 1982, 10.
14. Walt Whitman, *Leaves of Grass*, Philadelphia의 "Song of Myself," PA : David McKay, 1891-92, 51.
15. 예를 들어 다음의 책을 참조할 것. Arthur Danto, *Nietzsche as Philosopher*, New York : Columbia University Press, 1965, 97.
16. Friedrich Nietzsche, *Aus dem Nachlass der Achtzigerjahre*』, 3권, of Nietzsche *Werke in Drei Bande*, Karl Schlechta, 초판 (Munich : Carl Hanser Verlag, 1958), 903과 705. 이 문장은 아더 단토가 *Nietzsche as Philosopher*에서 번역한 것.
17. Arthur Danto, *Nietzsche as Philosopher*, New York : Columbia University Press, 1965, 96.
18. 같은 책, 80.
19. Friedrich Nietsche, *Aud dem Nachlass*, 814.
20. Gene Blocker, "The Challenge of Post-Modernism", in *Introduction to Modern Philosophy*, 7th ed., ed. by Alburey Castell, Donald Borchert and Arthur Zucker, Englewood Cliffs, NJ : Prentice Hall, 2001, 554-55.
21. Alison Jaggar, "Love and Knowledge : Emotion in Feminist Epistemology," in Castell, Borchert, and Zucker 편집, *Introduction to Modern Philosophy*, 535.
22. 이름만 빼놓고 모든 면에서 포스트모더니스트인 니체는 타당성을 판단하는 실용적 기준이 보편적으로 유효하다는 입장을 취했다.
23. Blocker, "The Challenge of Post-Modernism", 558-559.
24. 이 실험 시리즈는 널리 토의되어 왔다. 최초의 연구 결과는 다음 자료에 발표되었다. Bruner and Postman, *Journal of Personality 18*의 "On the Perception of Incongruity : A Paradigm," 1949, 206-223.
25. Thomas Kuhn, *The Structure of Scientific Revolutions*, Chicago : University of Chicago Press, 1962, 63.
26. 현재 널리 쓰이는 패러다임, 패러다임 시프트 같은 용어는 영미권의 어휘로 최근에 첨가되었다. 이 용어들은 1960년대 초 쿤이 도입했다.

27. 남들을 '다른 세계에 사는 자'라고 묘사하는 것은 1920년대에 인류학자 겸 언어학자 사피어가 처음 사용한 것이다.
28. 이 비판은 프로타고라스의 견해를 논박한 플라톤의 저서 『테아에테투스(Theatetus)』에 처음 나온다.

3장

1. 사후 세계의 의미에 대한 공식화는 존 페리(John Perry)의 *A Dialogue on Personal Identity* (Indianapolis, IN : Hackett, 1978)에 따랐다.
2. 주의 깊은 독자는 이런 식으로 말한다는 것은 개인의 정체성을 결정하는 대체 방식을 전제로 하는 것임을 알아보았으리라.
3. 이 사례는 아리스토텔레스의 제자인 고대 그리스의 철학자 디미트리오스(Dimitrios)가 개발한 생각의 실험을 약간 변형한 것이다. 원래 버전은 자동차가 아니라 배였다. 통칭 테세우스의 배라고 한다.
4. 『Entertainment Weekly』(2000년 6월 15일)와의 인터뷰에서 "메멘토"의 영화 감독 크리스토퍼 놀란은 이렇게 말했다. "관객들은 레너드가 전향성 기억상실증의 전형적인 징후를 보여 주고 있는가 하는 문제는 그렇게 신경 쓸 필요가 없다. 단지 레너드의 상황을 하나의 '메타포(은유)'로 읽어 주었으면 좋겠다."
5. "메멘토"의 주인공을 명확한 이름으로 부르기가 어렵다는 것을 주목하라. 만약 내가 그를 '레너드'라고 부르면 나는 이미 그의 정체성에 대해서 나름대로 전제 조건을 달고 있는 것이 된다. 나는 그를 '배우 가이 피어스가 분장한 인물'이라고 부를 수도 있겠으나 이것은 좀 어색하다. 불행하지만 이 주인공을 이름으로 부르는 것 이외에는 달리 방법이 없다. 하지만 이름을 부른다고 해서 그의 정체성에 대하여 어떤 의미를 내포시켰다고 생각하지는 말기 바란다.
6. David Hume, *A Treatise of Human Nature*, Oxford : Oxford University Press, 1978, 252-53(1권, 4부, 섹션 6).
7. 개인과 관련하여, 장기간에 걸친 정체성의 문제는 페리의 *A Dialogue on Personal Identity*(Indianapolis, IN : Hackett, 1978)에 자세히 나와 있다(특히 이틀째 밤에 벌어진 대화를 주목하라).
8. 앞으로는 분초 표시를 MM으로 표기한다.

9. Derek Parfit, *Reasons and Persons*, Oxford : Oxford University Press, 1984, 203.
10. Cartesian Dualism은 철학자 데카르트의 이름에서 나온 것이다. 우리는 1장에서 이 철학자를 다룬 바 있다.
11. Derek Parfit, *Reasons and Persons*, Oxford : Oxford University Press, 1984, 2287-88.
12. 이와 관련하여 출발점이 되는 문헌은 엘리자베스 로프터스(Elizabeth Loftus)와 캐서린 케첨(Katherine Ketcham)의 *Witness for the Defense*(New York : St. Martin's Press, 1991)이다.

4장

1. Bruce Weber, "Swift and Slashing, Computer Topples Kasparov," *New York Times*, May 12, 1997.
2. 최초의 일반용 프로그램 컴퓨터를 누가 발명했는가에 대하여 논쟁이 있다. 1940년대 초에 다수의 발명가들이 각자 독립적으로 컴퓨터 원형을 만들어 냈다.
3. '인공(artificial)'과 '가짜(fake)'의 구분은 다른 예를 살펴보면 훨씬 알기가 쉽다. 인공 다이아몬드는 실험실에서 만든 실제 다이아몬드이지만, 가짜 다이아몬드는 결코 다이아몬드가 아니다.
4. IBM은 딥 블루의 평가 기능을 다음 사이트에서 자세히 설명하고 있다.
 ⟨http://www.research.ibm.com/deepblue/meet/html/d.3.2.html⟩
5. 딥 블루는 '프루닝(pruning : 덜어 내기)'이라는 방법을 사용하여 이런 무작위 테크닉을 수정한다. 딥 블루는 일정 수준에서의 타당한 수들을 최초로 평가하면서 대부분의 수를 덜어 낸다. 그런 다음 이 프루닝에서 유망하다고 판정된 수들만을 가지고 미래의 경우를 예측한다. 이 경우 고려 대상이 되는 행마의 수는 몇 가지 되지 않는다.
6. Rene Descartes, *Discourse on Method*, 5부, Laurence Lafleur 역, New York : Bobbs-Merril, 1960, 43.
7. 다음의 자료를 볼 것. Benjamin Beck, *Animal Tool Behavior : The Use and Manufacture of Tools by Animals*, New York, Garland Press, 1980.
8. 다음의 자료를 볼 것. H.S. Terrace, L.A. Petitto, R.J. Sanders, and T.G. Bever, "Can an Ape Create a Sentence?" *Science 206*, 1979, 981-902.

9. 실제로 튜링은 마음의 문제가 아니라 지능을 테스트하기 위하여 이것을 고안했다. 후대의 저자들은 이 차이점을 무시했는데 나도 그 관례를 따른다. 튜링 테스트의 설명이 최초로 등장한 것은 튜링의 논문 "Computing Machinery and Intelligence," *Mind 59*, (1950) : 433-460이다.
10. 나는 이곳저곳에서 튜링의 원래 테스트에서 약간 벗어났다.
11. "A.I."에서 묘사된 로봇의 언어 기능을, 자연언어 가공을 수행하는 최신 최고의 컴퓨터 프로그램과 비교하려면 로브너 상(Loebner Prize)—튜링 테스트를 지원하기 위한 상—을 자세히 설명한 웹 사이트를 찾아보는 것이 좋다. 이 테스트를 통과하는 첫번째 컴퓨터는 10만 달러를 받게 된다(하지만 그 돈을 컴퓨터가 가질지 컴퓨터 프로그래머가 가질지는 불확실하다).〈http : //www.loebner.net/Prizef/loebner-prize.html〉.
12. 엘리자는 1960년대에 조셉 바이렌바움(Joseph Weizenbaum)에 따라 개발되었다. 엘리자에 대한 설명은 그의 다음 논문에 나온다. "ELIZA—a Computer Program for the Study of Natural Language Communication between Man and Machine," *Communications of the Associations of Computing Machinery 9*, 1966, 36-45.
13. 마음을 가지고 있음의 다음 분석은 다음 자료에서 빌려온 것임. Copeland, *Artificial Intelligence*, 3장.
14. 이 이후 분초 표시는 MM으로 한다.
15. 의식을 세 가지로 나누어 분석한 것은 다음 자료에서 빌려온 것임. Copeland, *Artificial Intelligence*, 8장.
16. 이 논증은 설의 유명한 논문에서 처음 주장된 것임. "Minds, Brains and Programs," *Behavioral and Brain Sciences 3*, 1980, 417-24.
17. P*는 복합 속성을 말한다. 구체적인 예로 총각을 들어 본다면 남자이고, 인간이며, 성인이고, 결혼하지 않은 속성을 갖고 있다.
18. 이 견해는 우리가 제5장에서 다루게 될 고전적 공리주의와 밀접한 관계가 있다.
19. 이를테면 플루토늄(핵무기 또는 핵 화력 발전소의 부산물로 나오는 것)은 2만 5000년의 반감기를 갖고 있다. 이 아주 위험한 물질이 인간과 환경에 더 이상 위협이 되지 않기 위해서는 2만 5000년이 흘러가야 하는 것이다.

5장

1. 도덕적 주관주의의 표준 입장을 약간 변형한 것은 이렇게 말한다. "도덕적 판단을 하는 데에 적용되는 도덕률을 결정하는 주체는 행위자가 아니라 화자(도덕적 행위인가 아닌가를 구분해서 말하는 사람/옮긴이)이다." 이 경우 누군가 나에게 이렇게 말하는 것이 가능하다. 화자가 고기 먹는 것을 도덕적으로 그르다고 생각하기 때문에, 내가 고기를 먹는 것은 도덕적으로 잘못이다.
2. 문화 도덕적 상대주의에도 역시 변종이 있다. 이 변종에 따르면, 도덕적 판단의 진위는 화자의 문화, 도덕적 기준과 일치하는가에 따라 결정된다.
3. 이 섹션에서 도덕적 상대주의를 논하는 데에 많은 자료를 다음 저서에서 빌어 왔다. James Rachels, *The Elements of Moral Philosophy*, 3판, New York : McGraw-Hill, 1999.
4. 논리학을 조금이라도 아는 사람이 볼 때, 이는 이 주장이 타당하지 않다고 비판하는 것이다.
5. 문화적 규범의 다양성에서 문화 도덕적 상대주의에 이르는 논증이 섹션 3에서 다룬 논증과 동일한 구조적 형태를 가지고 있으므로, 이 논증의 비타당성을 증명하기 위해서 동일한 반론을 사용할 수 있다.
6. 주의 깊은 독자들은 문화 도덕적 상대주의를 비판하는 나의 입장에서, 내가 객관적 사실을 믿고 있음을 간파했을 것이다. 하지만 **인식론적 상대주의**는 그런 객관적 사실을 인정하지 않는다. 이 섹션에서 나의 목적은 문화 도덕적 상대주의는 반박하려는 것이 아니라 이 주장의 전제 조건들이 어떤 결론도 포함하지 않고 있음을 보여 주는 것이다. 따라서 나의 입장은 상대주의에 정식으로 의문을 제기하는 것이 아니다.
7. 이후 나는 분초 표시를 MM으로 표시하겠다.
8. 우리는 유다의 행동에서부터 발생하는 적극적 혜택을 잠시 뒤 자세히 다룰 것이다.
9. John Stuart Mill, *Utilitarianism*, Indianapolis, IN : Hackett, 1979, 7.
10. 같은 책, 7.
11. 같은 책, 10.
12. 도덕적 이기주의의 변종은, 행위의 도덕적 위상을 이렇게 평가한다. 즉 **행위자**가 얼마나 잘 행동하는가를 따지는 게 아니라, **화자**(즉, 도덕적 판단을 내리는 자)가 얼마나 잘 행동하는가를 따진다.

13. 칸트의 인식론과 그 의미가 1장과 2장의 주제였음을 상기하라.
14. Immanuel Kant, *Fundamental Principles of the Metaphysics of Morals*, Thomas Abbott 역, New York : Prometheus Books, 1987, 58.
15. 신의 명령 이론과 5장의 2의 도덕적 객관주의("인간의 생각과는 상관없는 도덕적 사실이 있다.")를 서로 일치시키는 데는 잠재적인 어려움이 있다. 이러한 불일치는 신이라는 특별한 경우를 동원하면 해소된다. 즉 신의 의지가 객관적 윤리 이론을 가동시킨다고 보는 것이다.
16. 어느 면에서 도덕적 허무주의는 이 산뜻한 틀과는 일치되지 않는다. 나는 편의상 도덕적 허무주의를 도덕적 상대주의의 한 견해로 편입시켰다.
17. Kant, *Fundamental Principles*, 17.
18. Kai Nielson, "Why Should I Be Moral?", *American Philosophical Quarterly 21*, 1984, 90.
19. William Lane Craig, "The Absurdity of Life without God." 원래는 다음 저서에 들어 있던 것. *Reasoning Faith : Christian Truth and Apologies*, reprinted in *The Meaning of Life*, 재판, E.D.Klemke 편집, Oxford : Oxford University Press, 2000, 43-44.

6장

1. Pierre Laplace, *A Philosophical Essay on Probabilites*, Frederick Truscott and Frederick Emory 역, New York : Dover, 1951, 4.
2. 실제로 사건은 원인이 없는 것이 아니라 확률적으로 발생하게 되어 있다. 사건의 정확한 타이밍은 원인이 없다. 사건은 언젠가 일어나도록 되어 있다. 원인이 없다고 하는 것은 왜 나중이 아니라 지금 벌어지느냐는 의미이다.
3. Albert Einstein to Max Born, 1944년 9월 7일. *The Born-Einstein Letters*, Irene Born 역, New York : Macmillan, 1971.
4. 양자역학에 대한 물리학계 내의 논쟁은 흥미롭기는 하지만 이것을 깊이 파고들어 가는 것은 이 책의 범위 밖의 일이다. 따라서 나는 설명 없이 양자역학이 보편적 결정론의 오류를 지적했다고 가정하였다.
5. 이 논의는 다음 자료를 인용하였다. Benjamin Libet, "Unconscious Cerebral Initiative

and the Role of Conscious Will in Voluntary Action," in *Behavioral and Brain Sciences 8*, 1985, 529-566. 유사한 발견이 다른 자료에서도 보고되었다. L.Deecke, B.Grozinger, and H. Kornhuber in "Voluntary Finger Movement in Man : Cerebral Potentials and Theory," *Biological Cybernetics 23*, 1976, 99-119.
6. 당신은 뇌파라는 개념에 친숙할 것이다. 예컨대 정상적인 사람이 잠을 자면서 꿈을 꾸지 않을 때, 그의 뇌는 깊이 잠든 상태에 따라 느린 파도 같은 패턴을 보인다. 그러나 일단 꿈을 꾸기 시작하면 두뇌 활동의 유형은 바뀐다. 이 '유형'을 EEG로 측정한다.
7. 때때로 이 특징적인 EEG 유형 다음에 실제 행동이 뒤따르지 않는 경우도 있다. 이럴 경우, 피실험자는 그 행동을 수행할 충동을 느끼기는 했지만 실제 행동을 하기 직전에 그 선택을 포기했다고 보고했다. 따라서 EEG가 파악한 두뇌 활동이 곧 행동의 직접적 원인이 되는 것은 아니다.
8. Benjamin Libet, "Unconscious Cerebral Initiative," 536.
9. Robert Nozick, *Philosophical Explanations*, Cambridge, MA : Havard University Press, 1981, 293.
10. Lucretius, *The Nature of the Universe* 2, 250-255행. 약 기원전 55년 최초 발간. 이 견해는 Ronald Latham(New York : Penguin, 1951)의 번역본에서 나온 것.
11. Jean-Paul Sartre, *Being and Nothingness*, Hazel Barnes 역, New York : Philosophical Library, 1956, 435.
12. Saul Smilansky, "Can a Determinist Respect Herself?" in *Freedom and Moral Responsibility*, Charles Manekin and Menachem Kellner 편집, College Park, MD : University of Maryland Press, 1997, 92-94.
13. 이하 분초 표시는 MM으로 표기.
14. 미국의 경우 정신이상을 내세우는 변론에 관한 법률은 주에 따라 다르다. 나는 여기서 가장 흔한 입장을 기술한다.
15. 이 주제에 대한 깊이 있는 논의를 원한다면, 다음 자료를 볼 것. Dirk Pereboom, *Living without Free Will*, Cambridge : Cambridge University Press, 2001. 특히 6장.
16. Daniel Dennett, *Elbow Room*, Cambridge, MA : MIT Press, 1984, 14.
17. 초기 흉과 외과수술에 관련된 속설의 한 부분이다. 쿠라레가 무의식을 유발한다는 착각에 입각하여 인간 피실험자에게 사용되었다는 것이다. 하지만 나는 이러한 주장을

확인해 주는 학자의 관련 자료를 찾지 못했다. 현대 외과술에서는 쿠라레가 국부 또는 전신 마취에 사용된다.
18. 『니코마코스 윤리학』 섹션 13에서 아리스토텔레스는 유사한 사례를 들면서 강제에 따라 행해진 행위가 반드시 비자발적인 것은 아니라고 주장했다.
19. 프랭크퍼트의 견해는 시간이 경과하면서 달라졌다. 내가 여기서 언급한 견해는 그가 1971년 논문에서 옹호했던 주장이다. "Freedom of the Will and the Concept of a Person," *Free Will*, Gary Watson 편집, Oxford : Oxford University Press, 1982.
20. 프랭크퍼트의 위계적 접근이 어디서 잘못되었는지 논의한 자료는 Laura Ekstrom, *Free Will*, Boulder : Westview Press, 2000, 3장을 볼 것.

7장

1. 에피쿠로스(기원전 341-270)는 이렇게 썼다. "신은 악을 막을 생각이 있지만 능력이 없는 것인가? 만약 그렇다면 그는 무능한 것이다. 능력은 있는데 의사가 없는 것인가? 그렇다면 그는 악의적이다. 신은 의사도 있고 능력도 있는가? 그렇다면 이 세상의 악은 어디서 오는 것인가?"
2. 이 논증은 토마스 아퀴나스와 밀접하게 관련되어 있다. 이것은 '우주론적 증명(cosmological argument)'이라는 일단의 논증 중 하나이다.
3. 이 논증은 윌리엄 페일리(William Paley, 1743-1805년)와 관련이 있다. 그가 이 논증을 내놓았고 흄이 그것을 논박했다. 이것은 '목적론적 증명(teleological argument)'이라고 한다.
4. Bertrand Russell, "The Essence of Religion" in *The Basic Writings of Bertrand Russell*, New York : Touchstone, 1963, 569.
5. 『요한계시록』 8 : 1—9 : 6, 개정 표준 영역.
6. 『요한계시록』 21 : 1-4, 개정 표준 영역.
7. 이후 분초 표시는 MM.
8. 하느님이 무엇이 벌어질지 알고 있었다—처음서부터 모든 것은 하느님의 계획의 일부분이었다—는 내용은 그 다음의 문장에 암시되어 있다. "땅 위에 사는 사람들 가운데 천지창조 때부터 생명의 책에 이름이 적혀 있지 않은 사람들은……"(『계시록』 17 : 8). 누가 구원되고 또 구원되지 않으리라는 것을 하느님이 미리 알고 있다는 것에 대해서

는, 『로마서』 8 : 29와 『에페소서』 1 : 4를 참조할 것. 종교철학자들 사이에서는 인간의 자유의지가 하느님의 예지(豫知)를 배제하느냐를 놓고 많은 논쟁이 벌어진다.
9. 베리만은 "제7봉인"의 원래 시나리오에서 이 이미지를 이런 식으로 묘사하고 있다. *Four Screenplays*, Lars Malmstrom and David Kushner 역, New York : Simon and Schuster, 1960.
10. 종교적 신앙의 문제에 이성을 적용할 수 없다는 견해를 가리켜 신앙 지상주의(fideism)라고 한다. 이 견해를 강력하게 주장한 사람은 19세기 덴마크 철학자 쇠렌 키에르케고르(Søren Kierkegaard)이다.
11. Arthur Gibson, *The Silence of God*, New York : Harper and Row, 1969, 30.
12. 자유의지론을 최초에 내놓았다고 하는 인물은 성 아우구스티누스이다. 하지만 그가 정말 이 이론의 창시자인지는 의심스럽다. 하지만 그의 교회 내 영향력 때문에 이 이론이 기독교 내에서 정통 이론으로 받아들여지게 되었다. 이 섹션에서 설명한 자유의지 이론은 다음 자료에 의존했다. J.L.Mackie, "Evil and Omnipotence," *Mind 64*, no.254, 1955, 200-12.
13. Edward Madden, "The Many Faces of Evil," in *Philosophical Issues*, James Rachels and Frank Tilman 편집, New York : Harper and Row, 1972, 472.
14. 이것은 도스토예프스키의 『카라마조프의 형제』 중 이반의 연설을 요약한 것이다. Madden의 "The Many Faces of Evil"에 들어 있는 것을 인용.
15. 『마가복음』 10 : 15, 개역 표준영역(Revised Standard Version).
16. 이 섹션의 자료는 상당 부분 매든의 "The Many Faces of Evil"에 의존.
17. 앞에서도 언급했지만 종교철학자들 사이에서 인간의 자유의지가 신의 예지를 불가능하게 만든다는 일부 논의가 있었다. 하지만 이 장의 범위에는 들어오지 않는 문제이므로 제외할 수밖에 없다.

8장

1. Leo Tolstoy, "My Confession," in *My Confession, My Religion*, Isabel Hapgood 역, Midland, MI : Avensblume Press, 1994, 16.
2. Albert Camus, *The Myth of Sisyphus*, Justin O'Brien 역, New York : Alfred A. Knopf, 1955, 3.

3. Thomas Nagel, *What Does It All Mean? A Very Short Introduction to Philosophy*, Oxford : Oxford University Press, 1987, 99-100.
4. 이하 분초 표시는 MM으로 표기.
5. Albert Camus, "An Absurd Reasoning," in *The Myth of Sisyphus*, 21.
6. Albert Camus, "The Myth of Sisyphus" in *The Myth of Sisyphus*, 122.
7. Jean-Paul Sartre, *Existentialism*, Bernard Frechtman 역, New York : Philosophical Library, 1947, 25-27.
8. Friedrich Nietzsche, "The Gay Science", in *The Portable Nietzsche*, Walter Kaufmann 역, New York : Penguin, 1976, 95.
9. Albert Camus, "An Absurd Reasoning," in *The Myth of Sisyphus*, 6.
10. Albert Camus, introduction to *The Myth of Sisyphus*, 4.

■ 영화의 스토리 라인과 분초 표시

"토털 리콜"(총 상영 시간 : 113분)

분초 표시	스토리 아이템
0 : 00	크레디트.
2 : 20	오프닝 장면—화성에서.
3 : 15	퀘이드가 깨어난다.
5 : 20	퀘이드가 텔레비전을 본다. 화성에 대한 반군의 공격을 알리는 아침 뉴스.
6 : 20	퀘이드가 로리(아내)에게 화성으로 이사갈 것을 물어 본다.
8 : 15	**퀘이드** : 난 이보다 더 많은 것을 원해…… 나는 위대한 사람이 되고 싶어.
9 : 10	퀘이드는 지하철에서 리콜 회사의 광고를 본다. 리콜의 모토 : '평생의 기억을 위하여'.
11 : 30	퀘이드가 리콜을 찾아간다.
13 : 00	**세일즈맨(밥)** (메모리 패키지를 설명하며) : 당신의 머릿속에 있는 기억처럼 선명합니다.……제품의 품질을 보장합니다. 안 그러면 대금을 환불해 드립니다.
14 : 30	퀘이드는 비밀 요원 에고 트립이라는 패키지를 집어든다.
16 : 00	어니(기술자) : 그건 새로 나온 겁니다—화성의 푸른 하늘.
17 : 10	멜리나의 사진이 화면에 떠오른다. 멜리나는 에고 트립에 나오게 될 여자.
17 : 40	"스키조이드 엠볼리즘(분열적 색전증)"—퀘이드, 광포해진다.
20 : 00	퀘이드가 택시 안에서 의식을 회복한다.
21 : 00	퀘이드가 동료와 다른 사람들의 공격을 받는다.
23 : 00	퀘이드가 집으로 돌아온다.
24 : 00	퀘이드가 로리의 공격을 받는다.
26 : 00	로리가 설명한다. "우리의 결혼은 임플란트일 뿐이야." 임플란트는 6주 전에 시술되었다.
26 : 30	**로리** : 미안해, 퀘이드, 당신의 일생은 그저 꿈에 지나지 않아.

31 : 00	퀘이드가 지하철에서 달아난다.
33 : 40	퀘이드가 서류가방을 든 남자의 전화를 받는다.
37 : 30	퀘이드가 서류가방을 연다.
43 : 00	퀘이드가 변장한 상태로 화성에 도착한다.
50 : 00	퀘이드가 화성의 호텔에 도착한다. 그는 안전 보관함의 내용물을 살펴본다.
52 : 00	퀘이드가 택시 운전사(베니)를 만난다—그들은 비너스 빌로 간다.
55 : 30	퀘이드가 멜리나를 만난다.
57 : 40	**멜리나**(정체가 바뀌었다는 얘기를 듣고) : 이건 너무 이상한데!
59 : 30	리콜 사의 닥터 에지마가 호텔 문을 두드린다.
	에지마 : 당신은 실제로는 지금 여기에 서 있는 것이 아닙니다. ……당신은 여기에 있지 않고 나 또한 여기에 있지 않습니다. 당신은 리콜 사의 임플란트 시술 의자에 가죽 줄로 묶여 있습니다.
	퀘이드 : (손을 내뻗어 에지마를 만지며) 그거 놀랍군요!
	에지마 : 한번 생각해 보세요. 당신의 꿈은 임플란트 시술 중간에 시작되었습니다. 그 이후의 모든 것은…… 리콜 사가 심어 놓은 비밀 요원 에고 트립의 일부분일 뿐입니다. 당신은 돈을 내고 비밀 요원이 된 겁니다.……그리고 저 여자는 어떻게 된 거지요? 밤색 머리에, 날씬하고, 섹시하고, 진지한 저 여자. 우연의 일치입니까?
62 : 00	로리 등장.
65 : 00	퀘이드가 에지마를 죽인다.
66 : 00	퀘이드가 로리를 죽인다.
69 : 40	멜리나와 케이드는 베니(아까의 그 택시 운전사)의 차를 타고 비너스 빌로 간다.
78 : 00	퀘이토가 등장한다.
79 : 00	**퀘이토** : 당신의 존재는 곧 당신의 행동으로 결정된다.
82 : 30	퀘이토가 베니의 총을 맞는다.
83 : 45	퀘이드와 코하겐이 만난다. 퀘이드—완벽한—첩자 계획이 퀘이드에게 설명된다.
85 : 40	코하겐이 하우저의 테이프를 틀어 준다.

86 : 40	**하우저** : 어쩌면 우리는 꿈에서 만날지도 몰라. 어떻게 알겠나!
89 : 30	퀘이드 석방된다. 그와 멜리나는 달아난다.
92 : 30	베니는 퀘이드와 멜리나를 죽이려고 한다.
94 : 30	퀘이드는 베니를 죽인다. 그와 멜리나는 리액터를 발견한다.
99 : 45	퀘이드와 코하겐은 리액터 변전기에서 다시 만난다―퀘이드가 리액터를 켠다.
103 : 30	리액터가 작동하여 화성의 분위기를 창조한다.
106 : 30	화성의 푸른 하늘.
108 : 10	마지막 장면―멜리나와 퀘이드가 화성을 바라보며 대화를 나눈다. **멜리나** : 난 믿어지지 않아. 이건 꿈만 같아. 뭐가 잘못된 걸까? **퀘이드** : 난 방금 끔찍한 생각을 했어. 만약 이게 모두 꿈이라면? **멜리나** : 그럼 당신이 깨어나기 전에 내게 키스해 줘.
108 : 40	스크린이 하얗게 페이드. 크레디트.

"매트릭스"(총 상연 시간 : 136분)

분초 표시	스토리 아이템
0 : 00	워너 브라더스 로고.
1 : 50	경찰이 트리니티와 함께 방에 들어온다.
2 : 15	에이전트들이 도착.
5 : 45	공중전화가 트럭에 치이기 직전에 트리니티가 전화기에 도착.
6 : 45	네오가 소파에서 잠자다가 깨어난다.
7 : 10	스크린에 메시지 : '깨어나라, 네오.'
7 : 40	네오의 문에 노크 소리.
9 : 00	**네오** : 꿈인지 생시인지 불분명한 그런 느낌 알아?
9 : 40	네오와 다른 사람들 파티에 참석.
10 : 00	트리니티가 네오에게 인사.
12 : 00	네오가 깨어나 일하러 간다.
13 : 00	네오(토마스 앤더슨)가 직장의 사무실에 있다―이동전화가 들어있는 페덱스 소포를 받는다.

13 : 30	이동전화가 울린다. 에이전트들을 조심하라는 모피어스의 전화.
14 : 00	모피어스가 네오를 밖으로 데려나간다.
16 : 45	네오가 감금된다.
20 : 30	조사 장면.
21 : 30	네오가 깨어난다.
21 : 45	전화가 울린다. 모피어스.
22 : 45	트리니티가 네오를 픽업한다.
24 : 30	도청 장치 제거.
25 : 40	네오가 모피어스와 얼굴을 맞대고 만난다.
26 : 30	**모피어스** : 당신은 자기가 보고 있는 것을 받아들이는 사람의 표정을 짓고 있군. 자기가 곧 잠에서 깰 것이라고 기대하는 사람의 그런 태도 말이야. 그런데 아이러니하게도 그런 태도가 진실에서 그리 멀지 않다는 거야.
28 : 00	**모피어스** : 그것(매트릭스)은 당신에게서 진실을 감추기 위해 당신의 눈 위에 씌워진 세상이지.
29 : 30	네오는 빨간 약을 선택한다.
31 : 30	**모피어스** : 네오, 아주 생생하고 진짜인 것 같았던 그런 꿈을 꾸어 봤나? 자네가 그 꿈에서부터 깨어나지 못한다면 어떻게 되나? 꿈의 세계와 진짜 세계의 차이를 어떻게 알아보겠나?
32 : 20	'진짜' 네오가 배트(가상 세계로 들어가게 해 주는 의자)에서 깨어난다.
34 : 20	네오 '얼굴을 붉힌다.'
35 : 00	네오는 모피어스의 배에 승선한다.
35 : 15	**모피어스** : 실제 세계에 온 것을 환영하네.
37 : 00	네오가 깨어난다. 여전히 배에 타고 있다. 모피어스는 올해가 대략 2199년 이라고 말한다.
39 : 15	네오가 구조물 안으로 들어온다.
40 : 00	**네오**(소파를 쓰다듬으며) : 이게 진짜가 아니란 말인가?
41 : 30	모피어스가 인류라는 종의 역사와 현재 상황을 설명한다.
43 : 00	**모피어스** : 매트릭스는 컴퓨터가 만들어 낸 꿈의 세계이지. **네오** : 아니야, 그것은 가능하지 않아.

	네오는 구조물에서 나오고 메스꺼움을 느낀다.
46 : 00	모피어스는 네오를 '그 사람'으로 믿는다고 말한다.
48 : 20	네오가 훈련을 시작한다.
49 : 00	모피어스와 네오가 스파링 프로그램에서 만난다.
54 : 00	모피어스와 네오가 점프 프로그램으로 바꾼다.
	모피어스 : 네오, 그 모든 것을 놓아 버려야 해―공포, 의심, 불신.
57 : 00	모피어스와 네오가 매트릭스와 비슷한 훈련 프로그램에 들어간다. 모피어스는 매트릭스 내에서의 에이전트들의 역할을 설명한다.
59 : 00	배가 센티넬(인간을 공격하는 기계)의 공격을 받는다.
63 : 30	에이전트와 사이퍼 사이의 저녁 식사 대화.
65 : 00	배 안의 아침.
65 : 30	바뀌어진 지각에 대한 대화.
67 : 30	네오가 매트릭스에 다시 들어간다.
68 : 00	차가 낯익은 지역을 통과하자 네오는 차창 밖을 내다본다.
	네오 : 나는 내 인생에서 이런 기억들을 갖고 있어. 그 기억들은 전혀 벌어지지 않은 것들이야.
73 : 00	네오가 오러클을 만난다.
78 : 30	네오가 이중의 검은 고양이를 본다.
79 : 00	그들은 건물에 갇혀 있다.
81 : 00	그들은 벽 안에 숨는다.
84 : 45	에이전트들이 모피어스를 잡는다.
86 : 00	사이퍼가 탱크와 도저를 쏜다.
90 : 45	탱크가 사이퍼를 죽인다.
92 : 00	에이전트가 모피어스를 심문한다.
98 : 40	네오와 트리니티가 모피어스를 석방시키기 위해 매트릭스로 다시 들어간다.
101 : 30	네오와 트리니티가 침입을 시작.
109 : 40	모피어스를 헬리콥터로 구조.
113 : 00	모피어스가 배로 돌아온다.
114 : 00	트리티니가 돌아온다. 에이전트와 네오 사이에 싸움이 시작된다.

121 : 20	센티넬이 배를 공격한다.
122 : 30	에이전트가 네오를 쏜다.
127 : 30	네오가 배에 온다.
128 : 00	컴퓨터와 네오의 목소리. 시스템 페일리어(실패)라는 메시지.
128 : 30	네오가 전화를 끊고, 1999년의 세계로 돌아온다.
129 : 00	크레디트.

"힐러리와 재키"(총 상영 시간 : 124분)

분초 표시	스토리 아이템
0 : 00	옥토버 영화사 로고.
1 : 20	어린 힐러리와 재키가 해변에서 노는 장면.
2 : 30	두 여자 아이는 멀리 서 있는 여자를 본다. 재키는 그녀에게 다가간다.
3 : 30	'힐러리와 재키' 라는 글씨가 스크린에 떠오른다.
3 : 40	어머니가 "휴일의 노래"를 작곡한다.
4 : 30	재키가 잠에서 깨어나 악보를 발견한다. 두 딸이 그것을 연주한다.
5 : 50	피아노 앞의 어머니. 딸들이 '춤을 춘다'.
6 : 30	어머니가 BBC에서 온 편지를 받는다. 어머니에게 지휘 요청을 하면서 힐러리도 연주에 참여할 것을 주문한 내용.
7 : 10	하이든의 "장난감 교향곡"의 녹음.
8 : 20	**어머니**(재키를 책망하며) : 힐러리와 함께 연주하려면 힐러리만큼 연주를 잘 해야지.
8 : 30	재키가 연습에 몰두한다.
9 : 15	힐러리와 재키가 공연 대회에서 함께 연주한다.
10 : 30	힐러리와 재키가 공연 대회에서 각자 연주한다.
12 : 15	재키가 우승하여 기립 박수를 받는다. 힐러리 또한 상을 받는다.
13 : 30	힐러리가 공연장에서 달려나와 숨는다.
14 : 00	사진사와 재키.
15 : 00	재키가 처음으로 개인 레슨을 받는다. 밖에 있는 힐러리는 풀 죽은 모습.
17 : 40	재키(지금부터 에밀리 왓슨 분)가 집에서 첼로 레슨을 받는다.

	힐러리(지금부터 레이철 그리피스 분)가 낙담한 표정으로 계단에 서 있다.
18 : 30	재키의 첼로 선생이 최초의 공연을 주선.
19 : 00	재키 콘서트. 재키는 기립 박수를 받는다.
20 : 30	콘서트 후의 피로연. 재키는 첼로를 증정받는다.
21 : 00	**첼로 선생**(재키에게 첼로를 증정하면서) : 재키 이게 너에게 세상을 가져다 줄 거야. 하지만 넌 첼로에게 너 자신을 바쳐야 해.
21 : 30	자매가 웨딩 리셉션에서 춤춘다.
22 : 40	자매가 술을 마시고 함께 침대에.
23 : 20	'힐러리' 라는 글씨가 스크린에 비춘다.
23 : 40	힐러리가 그 다음날 아침 깨어난다. 재키는 가고 없다.
24 : 10	힐러리가 왕립 음악학교 오디션에 참가. 교사의 실망스러운 논평.
27 : 00	힐러리는 재키에게서 소포가 오자 흥분한다. 소포가 지저분한 빨래라는 것을 알자 힐러리의 흥분은 실망으로 바뀐다.
27 : 50	힐러리가 키퍼를 만난다.
28 : 30	힐러리가 시험에서 비참하게 실패한다.
29 : 15	힐러리가 비가 오는데도 집밖에 앉아 있다.
30 : 55	키퍼가 뛰어든다.
31 : 20	재키가 키퍼를 만난다.
32 : 15	밤중에 자매가 이야기를 나눈다.
33 : 20	힐러리가 연주하고, 키퍼가 지휘한다.
35 : 20	자매가 두 번째로 밤중에 대화를 나눈다. 힐러리가 밤늦게 집에 돌아와 키퍼와 약혼했다고 알린다.
38 : 20	힐러리와 키퍼가 결혼한다.
39 : 15	재키가 대니를 집에 데려온다. 재키가 이상하게 행동한다.
40 : 00	재키는 대니와 결혼할 예정이며 유대교로 개종하겠다고 말한다.
41 : 15	재키와 대니의 결혼에 대한 언론 보도.
42 : 40	몇 년 뒤. 힐러리(이제 키퍼와 함께 시골 농가에 살고 있고 두 아이를 두었다)가 신문 스크랩을 스크랩북에다 붙이고 있다.
43 : 20	힐러리와 키퍼가 차의 뒷좌석에서 섹스를 하기 시작한다.

44 : 40	재키가 농가에 혼자 도착한다.
45 : 40	그날밤 모두 상당히 취했다. 와인 술잔을 부딪치면서 박자를 맞춘다.
46 : 20	대화 : 재키는 힐러리에게 키퍼와 한번 자고 싶다고 말한다.
47 : 45	재키가 힐러리와 키퍼의 침실로 온다.
48 : 30	그 다음날 아침 집 밖에서―누가 치즈를 가져올 것인가?
50 : 30	힐러리는 재키가 히스테리 상태에 빠져 있음을 발견한다.
50 : 50	**재키**(고함치는 소리로) : 꺼져. 언니는 나를 사랑하지 않아. 아무도 나를 사랑하지 않아. 난 그저 한번 자고 싶다는 것뿐이야.
51 : 20	힐러리는 키퍼에게 재키와 섹스를 해 줄 수 있겠느냐고 묻는다.
52 : 00	대니가 도착한다.
54 : 00	대니가 근처의 집을 하나 사겠다고 말한다. 재키는 조롱한다. 대니는 떠난다.
55 : 20	키퍼가 재키와 섹스. 힐러리는 침대가 삐걱거리는 소리를 듣는다. 딸애와 함께 잠이 든다.
56 : 00	그 다음날 아침 부엌.
57 : 00	재키는 힐러리에게 감사한다.
57 : 45	집에서 만든 영화의 시작. 어머니의 방문. 재키가 더 아내 겸 어머니로 보인다(집에서 만든 영화가 언제 끝나서 '실제 생활'이 시작되는지 불분명).
59 : 00	키퍼가 공을 던져 힐러리를 맞힘. 힐러리가 뒷걸음질친다.
60 : 00	키퍼가 힐러리와 섹스.
62 : 30	재키가 떠난다. 재키는 예전의 사건들을 회상한다―자매가 어린 시절 해변에서 함께 놀던 기억, 이탈리아의 결혼식에서 춤춘 기억, 술 마시던 밤의 기억.
63 : 30	'재키'라는 단어가 스크린에 떠오른다.
64 : 10	재키가 결혼식 다음날 아침 깨어나 기차를 타러 간다.
65 : 00	무대 뒷면. 재키가 '독일어'로 공연.
66 : 00	재키가 집에 전화를 걸어 하나 하지 못한다.
67 : 00	재키가 첼로를 발로 걷어찬다.
68 : 00	재키가 옷을 빨려고 한다.
68 : 30	재키가 첼로를 햇빛 쨍쨍 내리쬐는 곳에다 내버려 둔다.
69 : 10	재키가 모스크바에서 첼로를 살펴본다.

69 : 45	재키는 첼로를 연주할 생각이 없다고 말한다.
71 : 00	재키는 소포를 받는다. 깨끗하게 빤 옷. 그녀는 아주 기뻐한다.
71 : 30	재키는 첼로를 눈(雪) 속에 내버려 두고 옷에 둘러싸인 채 침대 위에 눕는다.
72 : 30	첼로를 안으로 들여놓는다.
72 : 50	재키가 집으로 돌아왔다. 키퍼가 집안에 들어와 알린다. "나는 힐러리를 사랑해요."
	보이스오버의 시작. 힐러리가 약혼을 발표할 때 두 자매가 나누었던 '바로 그' 대화가 보이스오버로 나온다.
74 : 00	재키는 파티에 가기 위해 타고 간 택시의 뒷좌석에 두었던 첼로를 '잊어버린다.' 그녀는 파티에서 대니를 처음 만난다.
76 : 30	재키는 연주를 시작한다. 대니는 머무른다.
77 : 20	재키와 대니가 함께 침대에 든다.
78 : 40	재키가 첼로에게 감사를 표시하고 다시 미안하다고 말한다.
79 : 00	재키와 대니가 녹음 세션을 갖는다.
80 : 20	재키가 손이 차갑다(최초의 증상?).
81 : 50	재키는 손의 감각이 조금 다른 것을 느끼면서 활 대를 떨어뜨린다.
82 : 40	재키의 손이 눈에 띄게 떨린다.
83 : 20	떠나기 위해 호텔 방에서 짐을 싸면서 대화를 나눈다.
84 : 20	대니는 방밖으로 나가 재키가 사라진 것을 발견한다.
	재키는 키퍼와 힐러리의 농가에 도착한다.
85 : 00	재키는 낙담하여 침대에 쪼그리고 앉아 있다.
	키퍼가 방안으로 들어와 그녀를 위로한다.
	집에서 만든 영화 상영
	재키가 떠난다.
85 : 50	재키는 자기도 모르게 온몸에 오줌을 싼다. 그녀는 크게 겁을 먹는다.
87 : 00	콘서트의 재키. 손의 감각이 아주 다르다.
88 : 40	재키는 콘서트가 끝난 후 일어서지를 못한다.
89 : 20	재키 입원. MS(다중 경화증)로 진단.
90 : 00*	힐러러가 병원으로 재키를 방문. 재키가 그녀를 모욕한다.

92 : 00	병원 대기실의 힐러리와 부모.
92 : 40*	재키와 대니가 함께 연주한다.
	대니는 재키의 신체 치료를 도와 준다.
93 : 00	대니는 그녀에게 파리에서 직업을 잡았다고 말한다.
96 : 00	부모가 재키 방문.
97 : 00	재키는 첼로를 연주하려고 하나 할 수 없다.
97 : 15	재키는 하이든의 "장난감 교향곡" 콘서트에서 드럼을 친다. 하지만 감각이 더욱 무디다.
	재키는 이제 청각마저 잃는 듯하다고 말한다.
100 : 20*	차 안에서 가족의 대화.
101 : 30*	재키가 전화를 받는다. 대니다. 아이가 우는 소리.
103 : 30	재키가 온몸을 심하게 떤다. 말도 제대로 못한다. 어머니의 방문.
104 : 20	재키는 자신이 연주한 엘가의 "첼로 콘체르토" 음반을 튼다.
106 : 20	심한 비바람. 재키가 침대에서 심하게 몸을 떤다. 대니가 그녀를 위로한다.
	재키가 비명을 지른다.
107 : 00*	힐러리가 놀라며 잠에서 깬다.
	힐러리와 남동생 피어스 도착.
107 : 40	힐러리가 재키와 함께 안으로 들어간다. 대니는 떠난다.
110 : 30	힐러리는 재키에게 해변에서 놀던 어린 날을 상기시킨다.
111 : 40	돌아가는 차 안. 차의 라디오에서 재키의 죽음이 전해진다.
	힐러리는 피어스에게 차를 멈추라고 말한다.
	오랜 세월 전인 해변의 장면으로 플래시백.
113 : 40	어린 재키가 성인(成人) 재키를 향하여 걸어간다.
115 : 00	크레디트
	(* 표시는 이야기 중에 관점이 바뀌는 것을 나타냄.)

"존 말코비치 되기"(총 상영시간 : 112분)

| 분초 표시 | 스토리 아이템 |
| 0 : 00 | 크레디트. |

0 : 50	인형 조종극의 커튼이 열린다.
3 : 00	크레이그가 깨어난다.
4 : 45	크레이그가 거리에서 인형 조종극 쇼를 한다.
8 : 45	크레이그가 7과 1/2층에서 열리는 인터뷰에 도착한다.
12 : 45	크레이그가 오리엔테이션에 도착.
20 : 50	크레이그가 쥬스 바에서 닥터 레스터를 만남.
21 : 45	크레이그가 바에서 맥신을 만남.
25 : 00	크레이그가 왜 인형 조종극을 좋아하는지 이유를 설명. 남들의 내면으로 들어가 그들이 보는 것을 보고 그들이 느끼는 것을 느낄 수 있다.
27 : 30	크레이그가 파일 캐비닛을 옆으로 밀쳐 문을 보여 줌.
29 : 30	크레이그가 존 말코비치가 '됨'.
32 : 00	크레이그가 존 말코비치의 몸에서 나옴.
33 : 30	**크레이그** : 이건 자아의 본질, 영혼의 존재 등 온갖 철학적 문제를 불러일으키지. 내가 나인가? 말코비치가 말코비치인가?……이 통로(포털)이라는 건 정말 형이상학적 깡통이로군.
34 : 40	맥신이 사업 건으로 전화를 건다.
37 : 15	로테가 존 말코비치(JM)가 '된다'.
41 : 50	로테가 직장에 와서 맥신을 만난다.
44 : 30	로테가 두 번째로 JM이 된다.
45 : 00	맥신이 JM에게 전화한다.
46 : 00	로테는 부분적이긴 하지만 자신이 '통제하고 있다'는 느낌을 갖는다.
47 : 15	맥신은 레스토랑에서 JM(로테가 내부에 들어 있는)을 만난다. 왜 왔느냐는 질문에 "이상하게도 가야 한다."는 느낌이 들었다고 말한다.
49 : 30	존 말코비치 인크가 처음으로 돈 내는 손님을 받는다.
51 : 20	맥신은 크레이그와 로테의 저녁 식사에 참가한다.
54 : 10	존 말코비치 인크의 사업이 부진하다.
55 : 15	맥신은 JM(로테가 내부에 들어 있는)의 집에 도착한다.
60 : 00	크레이그가 로테를 공격하면서 맥신에게 전화하게 만든다.
62 : 20	맥신이 리허설에 도착한다.

63 : 30	JM은 강제로 인형이 된 듯한 느낌을 느낀다.
64 : 20	JM이 인형된 경험을 설명한다.
66 : 20	JM이 맥신을 미행하여 존 말코비치 인크에 대해서 알게 된다.
67 : 30	**JM** : 이 회사는 어떤 종류의 서비스를 제공합니까?
	고객 : 200달러만 내면 15분 동안 존 말코비치가 될 수 있습니다.
69 : 15	JM이 통로(포털)로 들어간다.
75 : 00	엘리자(침팬지)가 자신이 잡힌 장면을 플래시백으로 기억한다.
76 : 30	**맥신** : 이거 아주 혼란스러운 상황인데.
77 : 50	맥신이 JM(로테가 내부에 들어 있는)을 만난다.
79 : 00	로테가 닥터 레스터를 방문한다.
81 : 40	크레이그가 JM의 몸을 완벽하게 장악한다.
88 : 20	화면에 '8개월 후' 라는 문자.
96 : 00	레스터가 JM(크레이그)을 부른다.
98 : 00	로테와 맥신이 JM의 무의식에 도착한다.
99 : 15	로테와 맥신이 통로를 통해 JM의 몸에서 빠져나온다.
101 : 50	크레이그가 JM을 떠난다.
102 : 00	다른 사람들이 통로로 들어간다.
104 : 10	'7년 뒤.'
106 : 40	크레디트

"메멘토"(총 상영 시간 : 116분)

"메멘토"는 처음 보면 아주 혼란스러운 영화이다. 아래의 요약에서 나는 서로 '연결되는' 장면은 고딕 처리를 하고 괄호 속에 관련 사건의 분초 표시를 적었다. 흑백 장면은 뒤로 돌아가는 장면을 이해하는 데 중요하므로 그 장면 앞에는 **(흑백) 표시를 했다.

분초표시	스토리 아이템
0 : 00	크레디트(뉴마켓 로고).
0 : 45	레너드가 현상되고 있는 사진을 들고 있다.
2 : 00	레너드가 사진을 찍는다.

2 : 30	레너드가 테디를 찍는다(참조 6:20 장면—같은 장면).
2 : 30	**(흑백)—레너드가 모텔 방에 있는데 보이스오버.
3 : 00	테디가 모텔 로비에서 레너드를 만난다(참조 10:00).
4 : 00	테디와 레너드가 버려진 창고로 차를 몰고 간다.
5 : 30	레너드가 테디의 사진 뒷면을 본다.
6 : 20	레너드가 테디를 찍는다(참조 2:30).
6 : 21	**(흑백) 모텔 방에서 보이스오버.
7 : 00	레너드가 테디의 사진 뒤에다 쓴다. '그를 죽여라' (참조 16:00).
8 : 30	레너드가 호텔 책상에 앉아 있는 사람에게 자신의 상황을 설명.
10 : 00	테디가 모텔 로비에서 레너드를 만난다(참조 3:00)
10 : 01	**(흑백) 모텔 방에서 보이스오버.
11 : 00	레너드가 화장실에서 문신을 지으려고 애쓴다(참조 22:00).
12 : 45	레너드가 봉투의 내용물을 살펴본다. 테디(존 가멜)의 운전 면허 기록이다. 레너드가 테디에게 전화한다.
15 : 00	레너드가 테디의 사진 뒷면에 "이자가 그자다."라고 쓴다.
16 : 00	레너드가 테디의 사진 뒤에다 쓴다. '그를 죽여라' (참조 7:00).
16 : 10	**(흑백) 레너드가 전화로 새미 잰키스와 통화한다.
17 : 30	레너드가 식당에서 나탈리를 만난다.(참조 26:30).
20 : 00	나탈리가 레너드에게 그의 아내를 묘사하라고 요청한다.
21 : 00	나탈리가 레너드에게 존 지(존 가멜)를 '처치' 하라며 그의 주소를 알려 준다. 나탈리는 레너의 모텔 방 키를 돌려준다.
22 : 00	레너드가 화장실에서 문신을 지으려고 애쓴다(참조 11:00).
22 : 01	**(흑백) 레너드가 전화로 새미 잰키스와 통화한다(레너드는 자신의 직업이 보험 감정사라고 말한다)
23 : 00	레너드가 집 밖에서 테디를 만난다(참조 31:45). 테디와 레너드는 같이 점심 식사를 한다. 레너드는 자신의 기억이 아니라 노트를 믿는 이유를 설명한다.
25 : 30	모텔 직원이 두 방에 대하여 설명한다.
26 : 30	레너드가 식당에서 나탈리를 만난다.(참조 17:30).
26 : 31	**(흑백) 레너드가 새미 잰키스와 통화한다. 긴 플래시백.

28 : 30	레너드가 나탈리와 함께 침대에서 깨어난다. 나탈리는 운전 면허 기록을 얻을 수 있는 사람을 안다고 말한다. 그녀는 오후에 레너드와 만날 약속을 한다.
31 : 45	레너드가 집 밖에서 테디를 만난다(참조 23:00).
31 : 50	**(흑백) 레너드가 전화를 말한다.
32 : 30	레너드가 나탈리의 집에 도착—도드에 관해 물어 본다(참조 44:50)
	레너드 : 뭔가 느낌이 안 좋아. 누군가 나에게 장난을 치는 것 같아. 나를 조종하여 엉뚱한 사람을 죽이게 하려는 것 같아.
36 : 00	나탈리 집에서의 나탈리와 레너드. 나탈리는 그녀 자신과 지미를 찍은 사진을 보여준다.
38 : 30	그날 밤늦게 레너드가 일어나 나탈리 사진의 뒷면에다 쓴다. '그녀는 누군가를 잃어버렸다. 그녀는 동정심에서 도와줄지 모른다.' 그는 다시 침대에 들어가 나탈리와 함께 잠잔다.
39 : 20	**(흑백) 레너드가 전화로 말하고 있다. 범죄 현장에의 플래시백.
40 : 00	레너드가 모텔 방 침대에 누워 자고 있다(참조 48:50)
41 : 00	레너드는 사지가 묶이고 입에 재갈을 물린 도드를 발견한다. 테디가 도착한다.
43 : 30	테디는 레너드가 도드를 '처치' 하는 것을 도와준다.
44 : 20	도드가 차 밖으로 내던져진다.
44 : 50	레너드가 나탈리의 집에 도착—도드에 관한 물어 본다(참조 32:30).
44 : 51	**(흑백) 레너드가 전화로 말하고 있다. 그는 바늘을 꺼낸다.
46 : 00	레너드가 병을 들고 화장실 변기에 앉아 있다(참조 52:00).
	레너드가 샤워를 하면서 누군가 방안으로 들어오는 소리를 듣는다.
47 : 00	레너드가 토드를 공격하고, 그의 사진을 찍고, 테디의 자동응답 전화에 도와달라는 메시지를 남긴다.
48 : 40	레너드가 침대 위에 눕는다.
48 : 50	레너드가 모텔 방 침대에 누워 자고 있다(참조 40:00).
48 : 51	**(흑백) 레너드가 전화기에서 이야기하고 있다. 전화의 상대방이 전화를 끊는다. 레너드는 문신을 새길 준비를 한다.

49 : 30	레너드가 달린다(참조 52:30).
49 : 40	레너드가 도드의 추격을 받고 있다.
50 : 00	레너드가 도드의 모텔 방으로 간다.
52 : 00	레너드가 병을 들고 화장실 변기에 앉아 있다(참조 46:00).
52 : 01	**(흑백) 레너드가 문신을 새길 준비를 한다.
52 : 15	레너드는 한적한 곳에 있다(이른 아침). 그는 불을 발로 비켜 끈다(참조 56:30).
52 : 20	레너드가 재규어 차를 몰고 간다. 도드가 공격을 시작한다.
52 : 30	레너드가 달린다(참조 49:30).
52 : 31	**(흑백) 레너드가 문신을 새기려는 데 전화벨이 울린다.
54 : 00	레너드가 개인 사물을 담은 백이 있는 차로 간다(참조 59:00). 그는 한적한 곳으로 차를 몰고 가 그 백을 태운다.
56 : 30	레너드는 한적한 곳에 있다(이른 아침). 그는 불을 발로 비켜 끈다(참조 52:15).
56 : 31	**(흑백) 레너드가 전화로 말한다—범죄에 관련된 증거를 얻는다.
57 : 45	레너드가 잠 잔다. 문이 닫히는 소리에 깨어난다(참조 62:30).
58 : 50	레너드가 창녀에게 떠나라고 말한다.
59 : 00	레너드가 개인 사물을 담은 백이 있는 차로 간다(참조 54:00).
59 : 01	**(흑백) 레너드가 전화로 말한다. 더 많은 단서. '사실 5'를 바꾼다.
60 : 00	레너드가 모텔 간판을 사진 찍는다(참조 68:30).
61 : 00	레너드가 경호 서비스를 부른다. 창녀가 도착한다.
61 : 30	레너드가 자신의 용건을 설명한다.
62 : 30	레너드가 잠 잔다. 문이 닫히는 소리에 깨어난다(참조 57:45).
62 : 31	**(흑백) 레너드가 '사실 5'를 문신한다. 새미 잰킨스의 '테스트'에 대해 말한다.
65 : 00	레너드가 차에 들어간다. 테디는 이미 차 안에 있다(참조 73:00) 테디는 그에게 모텔의 이름을 알려준다. 테디와 레너드는 나탈리와 레너드의 괴상함에 대하여 얘기한다.
68 : 30	레너드가 모텔 간판을 사진 찍는다(참조 60:00).
68 : 40	**(흑백) 레너드가 말한다. 밴드를 뜯어 내자 "전화를 받지 말 것"이라는 문신이 나온다.

영화의 스토리 라인과 분초 표시 | 333

69 : 00	레너드가 나탈리의 집에 있는데 나탈리가 들어온다(참조 76:40).
	나탈리가 들어온다. (그녀는 구타를 당했다). 그녀는 도드가 그랬다고 말한다. 레너드는 도와주겠다고 한다. 나탈리는 도드의 주소와 인상착의를 써 준다. 레너드는 나탈리의 집을 떠난다.
73 : 00	레너드가 차에 들어간다. 테디는 이미 차 안에 있다(참조 65:00).
73 : 01	**(흑백) 레너드가 전화벨이 울리는데 받지 않는다.
73 : 30	나탈리가 그녀의 집에 도착. 레너드가 안에 있다(참조 69:00).
	나탈리는 모든 필기 도구를 치우느라고 바쁘다.
75 : 00	나탈리가 레너드의 화를 돋우자 그가 그녀를 때린다. 그녀는 떠난다.
76 : 30	레너드는 미친 듯이 펜을 찾는다.
76 : 40	레너드가 나탈리의 집에 있는데 나탈리가 들어온다(참조 69:00).
77 : 10	**(흑백) 레너드가 들으려고 귀를 기울인다. 모텔 직원이 와서 경찰이 레너드와 통화하고 싶어한다는 것을 알린다.
78 : 00	레너드가 나탈리의 집에서 그의 아내에 대해서 말한다.
80 : 00	레너드가 떠나가는 나탈리의 사진을 찍는다.
81 : 00	나탈리가 그녀의 집에 도착. 레너드가 안에 있다(참조 73:30).
81 : 40	**(흑백) 레너드가 모텔 방안에 있다. 문 밑으로 봉투가 들어온다. 봉투 안에 의기양양해하는 레너드 사진이 들어 있다.
82 : 30	레너드가 맥주를 마신다(참조 85:30).
83 : 00	**(흑백) 레너드가 흥분된 목소리로 전화에다 대고 말한다.
83 : 40	레너드가 뒤에 노트가 있는 술잔 받침 종이를 내려다본다(참조 93:40).
	레너드가 바로 들어간다.
	나탈리 : 당신이 그 기억에 문제 있는 사람이군요.
	나탈리가 맥주로 그를 테스트한다.
85 : 30	레너드가 맥주를 마신다(참조 82:30).
86 : 30	**(흑백) 레너드가 전화에다 대고 말한다. 새미 잰킨스에게 무슨 일이 벌어졌는지 말한다. 정신병원에 있는 장면의 플래시백.
90 : 00	레너드가 문신 가게에 있다(참조 110:00).
	테디가 도착하여 레너드에게 마을을 떠나라고 말한다. **테디** : 자네가 여기서

	해야 할 일은 끝났어.
92 : 00	테디는 '나쁜 경찰'에게서 전화가 온다고 말한다.
	레너드는 화장실 창문을 통해 문신 가게를 빠져 나간다.
93 : 30	레너드가 바 밖에 도착. 나탈리는 그를 지미로 잘못 알아본다.
93 : 40	레너드가 뒤에 노트가 있는 술잔 받침 종이를 내려다본다(참조 83:40).
93 : 50	**(흑백)여기서부터 분초 표시 100:00까지 흑백.
	레너드가 전화에다 대고 말한다. 레너드가 로비에서 테디를 만난다 : "가멜 경찰관님?" 레너드가 테디의 사진을 찍는다. 테디가 레너드에게 지미에 관한 정보를 준다. 레너드가 픽업 트럭을 타고 떠난다. 레너드가 버려진 창고에 도착한다. 건물 안으로 들어간다.
97 : 15	지미가 도착하여 창고 안으로 들어간다. 레너드가 지미와 대면한다. 지미는 테디를 기다리고 있다.
99 : 00	레너드가 목 졸라서 지미를 죽이고 그의 사진을 찍는다. 레너드가 지미의 옷을 입는다.
100 : 00	컬러 화면으로 전환. 테디가 도착하여 경찰 배지를 내보인다.
102 : 00	테디는 레너드에게 그가 진짜 새미 잰킨스라고 말한다.
104 : 00	테디는 레너드에게 그가 아내의 강간범을 이미 죽였다고 말한다.
105 : 45	레너드는 그의 사진들을 살펴본다. 의기양양한 그 자신의 사진을 본다.
107 : 00	**레너드** : 난 당신을 죽여야겠어. 레너드는 테디의 열쇠들을 숲 속에 던진다. 레너드는 테디의 사진 뒤에다 '그의 거짓말을 믿지 말 것'이라고 쓴다. 레너드는 사진들(지미 사진가 의기양양한 그의 사진)을 불태우고 테디의 차량 번호를 적는다.
108 : 00	**레너드** : 당신은 나의 존 G가 될 수 있어.
	레너드가 재규어를 타고 간다.
110 : 00	레너드(문신이 있는)와 아내의 플래시백. 레너드는 문신 가게로 간다.
110 : 00	레너드가 문신 가게에 있다(참조 90:00).
110 : 20	크레디트.

"A.I."(총 상영 시간 : 145분)

분초 표시	스토리 아이템
0 : 00	워너 브라더스 로고.
1 : 00	하비 교수의 데이비드에 대한 프리젠테이션
7 : 00	20개월 후—헨리와 모니카가 크리오—의자에 앉아 있는 마틴을 방문.
9 : 00	의사와 헨리는 마틴의 예후와 모니카에 대하여 의논.
9 : 30	하비 교수와 다른 사람들이 누가 데이비드를 '입양' 할 것인가에 대해 의논.
10 : 00	헨리가 모니카에게 데이비드를 제시.
13 : 00	헨리가 임프린팅(자료 입력) 절차를 설명.
18 : 00	저녁 식사 테이블에 앉은 가족.
19 : 45	데이비드가 스파게티를 보고 '웃는다'.
21 : 45	모니카가 예절 임프린팅을 시작한다.
23 : 40	예절 임프린팅이 작동한다.
29 : 40	마틴이 회복한다.
34 : 00	마틴은 모니카에게 『피노키오(Pinocchio)』를 읽으라고 제안한다.
36 : 30	데이비드가 시금치를 먹는다.
39 : 00	마틴이 데이비드에게 모니카의 머리카락을 잘라 올 수 있냐고 묻는다. 헨리는 데이비드를 되돌려주기를 원한다.
42 : 30	수영장 옆 파티에서 사고.
46 : 00	모니카는 데이비드가 그녀에게 보낸 편지를 본다.
47 : 15	모니카와 데이비드는 '시골로 드라이브를 나간다'.
50 : 00	모니카는 사이버트로닉스 근처의 숲에다 데이비드를 버린다.
52 : 30	화면이 페이드인되어 지골로 조 등장.
56 : 30	조가 살인 현장에 등장.
58 : 00	데이비드와 테디가 숲 속에 있다—그들은 메카 부품 폐기 장까지 온다.
60 : 00	플레시 페어의 사냥꾼들.
64 : 30	데이비드와 다른 이들이 잡힌다.
65 : 40	플레시 페어에서.
77 : 00	대중은 사회자에게 달려든다—데이비드와 조는 달아난다.

시간	내용
83 : 00	데이비드와 조는 루즈 시티까지 차를 얻어 타고 간다.
85 : 30	닥터 노우 방문.
92 : 00	조가 인간과 로봇 사이의 관계를 설명한다.
94 : 30	데이비드와 조는 헬리콥터를 훔쳐서 맨해튼으로 여행한다.
98 : 00	데이비드와 조는 사이버트로닉스에 도착.
99 : 00	데이비드는 또 다른 데이비드를 만나 그를 파괴한다.
102 : 00	하비 교수는 그의 실험을 데이비드에게 설명한다.
104 : 00	데이비드는 로봇이 가득 들어찬 방을 본다.
107 : 10	데이비드는 빌딩에서 뛰어내려 물 속으로 들어간다.
112 : 00	데이비드는 블루 페어리를 발견하지만, 추락한 페리스 휠(유원지의 풍차 같은 관람차)에 갇힌다.
115 : 00	2000년 뒤—데이비드와 테디는 구조된다.
121 : 30	데이비드는 그의 옛집에서 깨어난다.
131 : 30	모니카가 딱 하루 동안 소생한다.
138 : 20	크레디트.

"범죄와 비행"(총 상영 시간 : 104분)

분초 표시	스토리 아이템
0 : 00	오리온 로고—오프닝 크레디트.
1 : 15	유다가 파티에서 소개된다.
2 : 15	과거 시절로 플래시백—유다가 돌로레스의 편지를 읽고 있다.
4 : 00	유다가 돌로레스의 편지를 불 속에 던진다.
4 : 40	**유다** : 신의 눈이 너를 관찰하고 있다.
5 : 30	유다가 돌로레스의 아파트 앞에서 그녀와 대면한다.
7 : 15	클리프와 제니(조카)가 영화관에.
9 : 40	레스터의 파티.
12 : 50	유다가 차를 몰고 가면서 돌로레스를 처음 만나는 장면으로 플래시백.
13 : 50	벤과 유다의 대화.
17 : 40	돌로레스가 해변에서 유다와 함께 조깅하는 것을 회상.

21 : 20	돌로레스가 그들의 혼외정사와 유다의 횡령 사실을 폭로하겠다고 위협.
22 : 30	레스터와의 '인터뷰'.
25 : 50	헤일리와 클리프가 레비 교수의 테이프를 본다.
28 : 20	바바라(클리프의 여동생)가 '데이트'에 대해서 말한다.
32 : 20	유다와 잭 사이의 대화.
38 : 30	돌로레스가 전화하여 방문하겠다고 위협한다.
40 : 50	벤과의 상상 속의 대화.
43 : 00	유다가 잭에게 전화한다.
44 : 45	레비와의 두 번째 녹음 인터뷰.
49 : 50	암살범이 차를 주차한다.
52 : 35	**잭**(유다에게) : 끝났어. 잘 처리되었어.
56 : 40	유다가 돌로레스의 아파트로 간다.
58 : 15	유다의 플래시백.
65 : 00	클리프와 제니 사이의 대화.
66 : 30	유다와 벤 사이의 두 번째 대화.
68 : 50	유다가 그의 옛 고향집을 방문한다.
69 : 50	유월절 삼나무로 플래시백.
75 : 00	레비 교수가 자살을 하다—레비가 말하는 테이프. 헤일리가 도착하고 그녀와 클리프는 레비의 자살을 의논한다.
75 : 40	레비의 세 번째 녹음된 인터뷰.
78 : 20	유다가 경찰관에게 조사를 당한다.
80 : 00	유다가 잭에게 더 이상 참지 못하겠다고 말한다—자수하고 싶다고 말한다.
86 : 40	화면에 '4개월 뒤'라는 글씨. 벤의 딸 결혼식의 피로연장.
88 : 20	유다는 기분이 명랑해진다.
89 : 00	헤일리와 레스터 약혼.
91 : 20	헤일리와 클리프가 이야기한다.
93 : 30	유다와 클리프가 이야기한다.
99 : 30	레비 교수의 보이스오버.
100 : 45	크레디트.

'가타카' (총 상영 시간 : 107분)

에단 호크의 역과 주드 로의 역을 구분하기 위하여 나는 전자를 '빈센트'로 후자를 '제롬'으로 부르겠다.

분초 표시	스토리 아이템
0 : 00	크레디트(컬럼비아 로고). 빈센트가 크레디트 아래에서 준비하고 있다.
4 : 20	'그리 멀지 않은 미래'라는 글자가 스크린 위에 나온다. 빈센트가 가타카에 도착하고 이어 이린이 도착한다.
5 : 30	**슈퍼바이저**(빈센트에게) : 자네는 일주일 안에 떠나.
6 : 45	빈센트가 소변 샘플을 제공한다.
8 : 30	빈센트가 자신의 스토리를 이야기하고 또 유전 정보가 사회에 미치는 영향을 설명한다.
9 : 40	빈센트가 태어난다. 그의 스토리는 보이스오버로 말해진다.
17 : 40	안톤이 수영 시합에서 거의 죽을 뻔 한다.
	빈센트가 집을 나와 가타카의 수위로 취직한다.
22 : 30	빈센트가 아이덴티티의 변화를 준비한다. 제롬의 이야기가 말해진다.
24 : 20	제롬과 빈센트가 만난다. 제롬은 휠체어에 앉아 있다.
29 : 40	제롬과 빈센트는 로켓이 발진하는 것을 지켜본다.
31 : 30	제롬의 소변 샘플이 테스트를 통과한다.
34 : 00	임무 이사가 살해된 채로 발견된다.
36 : 00	제롬과 빈센트는 살해 건과 빈센트의 임무에 대해서 논의한다.
37 : 00	제롬과 빈센트는 축하하기 위하여 밖으로 나간다.
37 : 50	이린은 빈센트의(실제로는 제롬의) 머리카락을 시퀀싱 서비스 기관에 넘겨준다.
39 : 00	제롬과 빈센트는 제롬의 계획을 논의한다.
42 : 10	제롬은 '사고'가 의도적이었다고 시인한다.
42 : 40	빈센트의 사진이 범죄 실험실에서 나온다.
43 : 40	빈센트는 제롬의 심장 기록을 얻어서 그것을 트레드밀에서 사용한다.
44 : 30	경찰은 살인 용의자(빈센트)의 정체를 의논한다.

47 : 50	빈센트는 트레드밀 테스트에서 벗어난다.
48 : 10	경찰이 이린을 조사한다.
48 : 50	빈센트와 이린이 이야기 한다.
52 : 20	빈센트가 제롬에게 자신이 살인 용의자라고 말하면서 그만두고 싶다고 말 한다. 제롬이 말린다.
55 : 40	이린과 빈센트가 피아노 연주회에 간다. 그후 그들은 검문소에서 제지당한 다.
64 : 20	경찰이 컵을 이용하여 또 다시 살해 용의자를 밝혀낸다.
66 : 30	빈센트가 혈액 테스트에서 통과한다.
68 : 30	제롬이 샘플들을 쌓아 둔다.
69 : 00	빈센트와 이린이 데이트. 결찰이 곤봉을 휘두르자 중단된다.
74 : 00	이린과 빈센트가 섹스를 한다.
76 : 00	이린과 빈센트가 그 다음날 아침 대화를 나눈다.
79 : 20	빈센트가 제롬에게 전화를 걸어 경고한다.
81 : 30	경찰과 이린이 제롬의 아파트에 들어온다. 제롬은 이린을 아는 척한다.
83 : 30	경찰이 제롬에게서 혈액 샘플을 채취한다.
85 : 00	경찰이 떠난 직후, 빈센트가 나타난다.
87 : 00	경찰이 진짜 범인을 발견한다. 그 범인은 그의 유전 프로필에 따르면 '몸 속에 폭력 뼈를 갖고 있지 않은' 자였다.
88 : 30	빈센트가 경찰을 만난다. 그는 그의 형 안톤이다.
90 : 40	안톤과 빈센트는 수영하러 간다. 또다시 빈센트가 안톤을 구해 준다.
95 : 00	빈센트가 이린과 함께 돌아온다.
96 : 30	제롬은 빈센트에게 쌓아두었던 샘플을 보여 준다.
97 : 30	빈센트가 가타카에 돌아온다. 갑작스러운 소변 테스트.
99 : 00	빈센트의 임무가 제롬의 자살 장면에 이어진다.
102 : 40	크레디트.

"제7 봉인" (총 상영 시간 : 96분)

분초 표시   스토리 아이템

0 : 00   크레디트(스벤스크 필름인두스트리 로고).

1 : 20	해변의 오프닝 신(보이스오버로 〈요한의 계시록〉).
2 : 00	기사가 해변에서 체스 판 옆에 잠들어 있다.
3 : 40	죽음이 나타난다.
5 : 00	기사와 죽음이 체스를 두기 시작한다.
7 : 20	기사와 욘스가 시체를 발견한다.
10 : 10	요프와 마리아와 아기 예수의 환상을 본다.
16 : 00	욘스와 기사가 교회에 도착한다. 이곳에서 욘스는 화가와 대화를 나눈다.
18 : 30	기사가 십자가 앞에서 기도를 올린다.
19 : 00	기사가 고해실로 간다―죽음과의 대화.
23 : 30	욘스와 화가가 교회에서 술마시며 이야기 한다.
25 : 20	기사와 욘스가 영창에 갇힌 마녀 티안 옆을 지나간다.
27 : 20	기사와 욘스가 농가들이 있는 곳으로 온다.
30 : 45	욘스가 젊은 여자를 구해주고 라발을 위협한다.
32 : 00	젊은 여자가 욘스를 따라온다.
32 : 10	요프, 미아, 스카트가 연기한다.
36 : 30	채찍질 하는 사람들이 마을을 통과한다.
38 : 00	그룹 중의 한 사람(수도자)이 옆에 있는 사람들을 비난하는 연설을 한다.
42 : 40	요프가 선술집에서 식사를 한다.
46 : 50	라발과 플로그가 요프에게 곰처럼 춤추라고 강요다.
48 : 20	욘스가 라발의 얼굴을 때린다.
48 : 40	기사가 미아와 미카엘에게 합류한다.
50 : 15	요프가 미아와 기사에게 합류한다.
53 : 00	미아가 기사에게 간단한 식사를 제공한다.
55 : 15	기사가 미아에게 왜 자신이 그토록 엄숙한지 설명한다.
57 : 00	죽음이 다시 나타난다. 그와 기사는 다시 체스 게임을 한다.
58 : 30	욘스와 플로그가 이야기 한다 플로그는 그들에게 합류할 것을 결심한다.
61 : 40	그룹은 숲 속으로 들어간다.
62 : 20	그들은 스카트와 리사(플로그의 아내)를 만난다.
66 : 20	스카트는 자살하는 척한다.

69 : 20	죽음이 그를 실제로 죽인다.
70 : 45	마녀 티안을 처형장에 데려가던 카트는 냇물에 갇힌다.
72 : 15	그들은 모두 처형장에 도착한다.
73 : 00	기사와 티안이 이야기를 한다.
75 : 00	기사는 죽음이 티안을 호송한 수도자라는 걸 안다.
75 : 10	티안을 나무 기둥에 묶어 근처의 나무 위로 올린다.
76 : 50	겁먹은 표정인 티안에 관하여 기사와 욘스가 대화를 나눈다.
79 : 40	이제 전염병으로 죽어가고 있는 라발이 도움을 요청한다.
81 : 40	요프는 기사와 죽음이 체스 게임을 하고 있는 걸 본다.
83 : 10	요프와 미아가 달아나자 기사는 체스 말을 쓸어담는 척한다.
84 : 00	체크메이트(기사 장기에서 진다).
86 : 00	그룹은 기사의 성에 도착한다.
87 : 15	그들은 기사의 아내인 카린의 영접을 받는다.
89 : 20	그들이 식사하는 동안 카린이 〈요한의 계시록〉을 읽는다.
91 : 00	죽음이 그 방안으로 들어온다. 그들은 모두 그들 자신을 소개한다.
92 : 20	기사는 기도하려 하고 욘스는 그를 비난한다.
94 : 30	요프는 죽음의 춤을 묘사한다.
95 : 50	끝.

"휴거"(총 상영 시간 : 100분)

분초 표시	스토리 아이템
0 : 00	파인라인 로고. 제목이 나타난다.
1 : 00	전화 교환수들이 있는 방.
3 : 55	샤론과 빅이 밖에서 걸어다닌다.
5 : 00	샤론과 빅이 다른 커플과 합류한다(랜디를 포함).
6 : 15	넷이서 빅의 집으로 간다.
9 : 15	샤론이 직장에 돌아와 있다.
10 : 00	휴식 시간 도중 샤론이 동료들의 말을 엿듣는다.
10 : 55	샤론이 랜디와 함께 침대에 있다. 랜디가 그의 과거를 말한다.

13 : 45	**샤론** : 모든 것이 공허하게 보여.
	랜디 : 난 네가 우울증인 것 같아. 의사를 찾아가는 게 좋겠어.
14 : 35	모르몬 교도 같은 복음 전파사가 샤론의 문 앞에 등장.
18 : 30	넷이서 이중 데이트. 이번에는 문신을 새긴 여인과 함께.
20 : 10	샤론은 파트너와의 섹스에 별로 흥미가 없다. 오히려 문신에 대한 이야기를 듣는 것에 더 흥미를 보인다.
22 : 10	샤론은 동료들에게 꿈에 대하여 이야기하려 한다. 그녀는 수세에 몰린다.
23 : 40	**샤론**(랜디를 깨우며) : 이 침대는 불결해……신은 있어. 나는 그를 만날 테야…… 나는 구제받고 싶어. 샤론과 랜디는 신에 관한 대화를 나눈다.
28 : 20	**샤론**(랜디에게 가라고 하면서) : 분명 뭔가 더 있어…… 나는 내 인생의 공허함이 지겨워.
	랜디가 떠난다.
30 : 00	**샤론**(기도하며) : 나를 도와줘요. 하느님, 난 길을 잃었어요.
30 : 35	샤론은 버몬트에서 온 수다스러운 히치하이커(토미)를 만난다
33 : 00	샤론과 토미는 모텔 방으로 간다. 샤론은 그의 총을 꺼낸다.
34 : 30	샤론은 자살하려 하나 하지 못한다.
35 : 50	샤론은 진주에 대한 꿈을 꾼다.
36 : 50	빅이 나타난다. 샤론은 그에게 그녀의 새로운 종교를 말한다.
40 : 20	**샤론**(직장에 다시 돌아와) : 당신은 예수를 만난 일이 있나요?
41 : 00	샤론이 상급자의 사무실로 불려간다.
44 : 20	샤론이 교회 예배에 참석한다.
45 : 45	샤론이 작업장의 랜디를 방문한다.
47 : 30	'6년 후' 라는 글자가 스크린에 뜬다. 랜디, 샤론, 메리가 교회에 있다.
48 : 10	**소년** : 종말이 곧 다가옵니다─금년입니다.
49 : 20	샤론과 여동생(폴라)이 수영장에서 대화.
50 : 10	랜디가 식원을 해고힌다.
51 : 50	앙심을 품은 직원이 돌아와 랜디를 죽인다.
53 : 00	장례식. 폴라는 이런 시절에는 신앙이 도움을 준다고 말한다.
55 : 40	샤론이 '표징' 을 본다─사진들.

시간	내용
56 : 00	샤론이 교회에 돌아와 '표징'의 의미를 묻는다.
	소년 : 하느님에게 중간 지점에서 만나달라고 요구하지 마세요.
56 : 30	샤론가 폴라가 이야기 한다―폴라는 샤론에게 총을 준다.
59 : 15	샤론과 메리가 사막에 도착한다.
62 : 50	차의 경보음이 울린다. 메리가 불평하기 시작한다 : "나는 죽고 싶어."
	샤론은 하느님에게 한번 더 기회를 주자고 말한다.
65 : 00	경찰(포스터)이 도착한다―그들은 사막에서 기다리면서 2주를 보냈다.
70 : 00	메리가 또 다시 죽을 것을 요구한다.
	샤론 : 하느님에게 한번 더 기회를 주자니까.
70 : 30	포스터가 밤에 들린다.
72 : 10	**메리**(악몽을 꾸며 비명을 지른다) : 하느님을 중간에서 만나지 마.
	메리는 꿈 속에서 천국에 있었고 샤론도 그랬던 것 같다고 말한다.
73 : 25	샤론는 차타고 들어가는 식당에서 음식을 훔친다.
76 : 50	샤론은 총으로 메리를 쏜다. 그녀 자신에게도 쏘려 하나 미수에 그친다.
78 : 00	샤론이 차를 몰고 가는데 말탄 사람이 추적한다. 포스터는 그녀를 갓길에 세우게 한다.
80 : 50	샤론은 포스터에게 자기가 메리를 죽였다고 말한다.
	샤론 : 그(하느님)가 나로 하여금 나의 어린 소녀를 죽이게 했는데 내가 그를 사랑해 주길 기대하나요?
84 : 45	샤론은 문신 새긴 여자와 같은 감방에 갇힌다.
	샤론 : 누가 신을 용서하나요?
86 : 30	메리(와 두 명)가 감방의 샤론에게 나타난다.
87 : 30	휴거가 시작된다.
89 : 30	감옥에서 탈출. 샤론은 포스터와 함께 떠난다.
93 : 00	샤론과 포스터는 천국 입구에 도착. 메리가 그들을 환영한다. 포스터는 천국에 간다.
	샤론 : 그토록 고통 많은 삶을 안긴 그에게 내가 왜 감사해야 하나?
	샤론은 거부한다. 천국이 보인다. 메리는 마지막으로 호소한다.
96 : 00	메리가 사라진다. 샤론은 혼자 남는다.

96 : 40   크레디트.

"라스베이거스를 떠나며" (총 상영 시간 : 111분)

분초 표시   스토리 아이템

0 : 00   크레디트(유나이티드 아티스츠 로고).
0 : 50   벤이 쇼핑 카트를 술로 가득 채운다.
1 : 50   벤은 식당에서 친구(피터)를 방해한다.
3 : 20   벤은 피터에게서 돈을 빌린다.
3 : 45   벤이 바에 여자와 함께 있다.
6 : 50   벤이 스트립쇼를 하는 술집에 있다.
7 : 45   벤이 창녀를 픽업한다.
9 : 00   벤이 그 다음날 아침 방바닥에서 깨어난다.
9 : 30   벤은 결혼 반지가 사라진 것을 발견한다.
9 : 40   벤은 은행에서 수표에 서명할 수가 없다.
10 : 30   벤이 술집에 있다. 바텐더가 조언을 한다.
11 : 50   벤이 은행으로 다시 간다.
14 : 50   벤이 직장에서 해고된다.
15 : 30   벤이 라스베이거스로 이사할 계획이라고 말한다.
16 : 00   주리가 그 자신과 세라를 고객들에게 소개한다.
18 : 50   세라가 카메라 밖의 치료사에게 말한다. 그녀는 자기 자신을 '서비스'라고 말한다.
19 : 30   세라와 주리가 식사를 한다. 세라는 불편한 표정이다.
20 : 10   주리와 세라가 섹스를 한다.
20 : 35   벤이 물품을 사들이고 소지품을 불지르거나 내버린다.
21 : 25   벤이 라스베이거스로 출발한다.
23 : 00   라스베이거스 도착.
23 : 15   벤이 세라를 거의 칠 뻔하다.
24 : 00   벤이 홀 이어 인(Whole Year Inn)에 숙박. 홀 이어 인은 다르게 읽으면 'Hole You' are In(너가 들어있는 구멍)' 이 된다.

24 : 50	세라가 치료사에게 나쁜 손님이 걸렸던 걸 불평한다.
26 : 40	벤이 세라를 픽업한다.
28 : 15	두 사람이 벤의 모텔 방에 도착한다.
32 : 00	세라 : 그래 벤…… 무슨 일로 라스베이거스에 왔나요? 벤 : 나는 술 마셔서 죽기 위해 이곳에 왔어. 세라 : 술 마셔서 죽는 데 얼마나 걸려요? 벤 : 잘 몰라. 4주쯤.
34 : 20	세라 : 나쁜 때는 언제나 있는 거예요. 하지만 내 인생은 좋았어요. 내가 원하는 그대로 되었어요.
34 : 40	세라는 그날 아침 그녀의 집에 도착한다.
35 : 00	세라는 주리에게 돈을 준다. 그는 돈이 작다고 화를 낸다.
36 : 30	세라는 치료사에게 주리에 대해 말한다.
37 : 20	주리가 전당포에 가서 보석류를 팔려고 한다.
37 : 50	벤은 시계를 판다.
38 : 10	세라는 회의에 참석하기 위해 출장 나온 남자를 꾀려 한다.
39 : 50	세라는 치료사에게 벤에 대해서 말하면서 묘하게도 그에게 끌린다고 말한다.
40 : 45	세라는 거리에서 벤을 만난다.
41 : 30	벤은 세라를 저녁 식사에 초대한다. 그녀는 거절하고 떠난다.
42 : 40	세라는 주리의 방에 도착한다—그는 미친 듯 화를 낸다. 이어 그녀에게 나가서 다시 돌아오지 말라고 말한다.
45 : 00	세라가 떠난 직후 청부 살해업자가 도착한다.
45 : 20	세라가 벤의 모텔 방문을 노크하고 그를 저녁 식사에 초대한다.
46 : 00	벤과 세라가 식당에 있다.
47 : 20	세라 : 왜 당신 자신을 죽이려 하나요? 벤 : 기억이 안 나요.
48 : 30	세라는 벤에게 그녀의 아파트에 가자고 한다.
50 : 30	세라는 치료사에게 벤에 대해 말한다.
51 : 50	세라는 벤에게 아예 그녀의 아파트에서 동거하자고 말한다.
53 : 50	벤은 동의한다. 단 세라가 그의 음주에 대해서 아무 말도 하지 않는 조건.

54 : 30	벤이 모텔 방에서 짐을 싼다.
55 : 10	세라가 그녀의 아파트에 도착하여 문 앞에 쓰러져 있는 벤을 발견한다.
60 : 00	세라가 벤에게 선물로 술잔을 준다.
61 : 00	벤과 세라는 카지노에 간다.
62 : 50	벤이 광포해진다.
66 : 50	**세라** : 난 단지 당신을 이용하고 있어요. 난 당신이 필요해요.
68 : 00	벤이 바에 있다. 남녀 커플과 언쟁을 벌인다.
72 : 00	벤과 세라가 쇼핑을 나간다. 벤이 그녀에게 귀고리를 준다.
76 : 20	사막의 모텔.
80 : 50	벤이 테이블을 부순다. 두 사람은 쫓겨난다.
83 : 00	라스베이거스에 되돌아오다.
85 : 20	세라가 음주에 대해 아무 말도 않겠다던 약속을 어긴다. **세라** : 난 당신이 의사를 만났으면 좋겠어요. **벤** : 그렇다면 나는 모텔로 되돌아가야겠군. **세라** : 뭐 하게요? 방안에서 썩으려고요?
87 : 20	세라는 일하러 간다. 벤은 카지노에 간다.
88 : 45	세라는 아파트로 돌아와 창녀와 함께 있는 벤을 발견한다.
90 : 00	세라는 벤을 쫓아낸다.
91 : 00	세라는 풋볼 선수 세 명을 손님으로 맞는다.
95 : 50	세라는 쫓겨난다.
97 : 20	세라는 벤을 찾아내려고 애쓴다.
99 : 50	세라는 벤의 전화를 받는다.
100 : 30	세라는 벤의 방에 도착한다.
103 : 40	세라가 벤의 위로 올라간다.
105 : 40	벤이 죽는다.
106 : 00	세라가 치료사에게 말하는 보이스오버.
107 : 30	크레디트.

■ 옮긴이의 글

이 책은 미국 앨라배마 대학의 철학과 교수로 재직 중인 메리 리치가 대학 1년생을 상대로 '영화로 철학하기'라는 강좌를 몇 년간 진행해 온 강의록과 학생들과 주고받은 질의응답을 토대로 하여 단행본으로 펴낸 것이다. 이 책에는 철학 입문서의 모든 범위를 다루면서도 다른 철학 입문서에서는 찾아볼 수 없는 커다란 이점 한 가지가 있다. 그것은 영화 열두 편의 내용만 숙지하고 있으면 철학개론의 절반 이상은 알게 된다는 것이다. 왜 이렇게 말하는지는 다음의 설명을 읽어 보면 알 수 있을 것이다.

철학은 여러 가지 정의를 내릴 수 있으나, 크게 볼 때 하나의 질문이라고 할 수 있다. 가령 나는 누구인가?(존재론) 나는 어떻게 아는가?(인식론) 나는 어떻게 살아야 하나?(윤리론) 같은 질문이 그것이다. 영화 또한 여러 정의를 내릴 수 있으나 결국 하나의 이미지라고 할 수 있다. 우리가 한 편의 영화를 보고 나면 그것은 결국 몇 개의 이미지로 요약된다. 예컨대 "장화, 홍련"이라는 영화에서 언니가 동생에게 "내가 너의 엄마가 되어 줄게." 하고 속삭이는 장면, "이도공간"에서 옥상의 주인공이 "너는 내가 여기서 떨어지기를 바라는 거지?" 하고 외치는 장면, "돌이킬 수 없는"에서 낯선 남자가 "이봐, 재미있는 이야기 하나 해 줄까?" 하고 말하는 장면 등이 그것이다.

이 책은 이런 영화적 이미지에 철학적 문제를 연결시켜 이야기를 풀어 나간다. 이를테면 "매트릭스"와 "토털 리콜"이라는 영화를 가지고 '우리의 인생이 깨지 않는 꿈 같은 것인가? 아니면 인생과 꿈은 전혀 다른 것인가?' 등의 문제를 검토하면서 철학의 기본 개념(회의주의)을 설명한다. 또 "힐러리와 재키"라는 영화에는 세 가지의 중요한 이미지가 있다고 제시한다. 동생 재키가 언니 힐러리를 남겨 두고 먼저 나가 버리는 장면, 동생 재키가 언니에게 빨지 않은 세탁물을 보내는 장면, 재키가 언니에게 형부랑 한번 자고 싶다고 요청하여 언니가 마지못해 동의하는 장면이 그것이다. 이 세 장면을 놓고서 저자는 누가 더 나쁜 사람인가? 재키인가, 힐러리인가? 등의 질문을 독자에게 던진다. 다시 말해 우리는 재키(세계적으로 유명한 첼리스트인 자클린 뒤 프레)라는 여자를 어떻게 볼 것인가 하는 문제를 가지고 철학의 상대주의를 이해하게 된다.

또 우디 앨런의 "범죄와 비행"이라는 영화의 한 장면을 제시하면서 윤리에 대해서 설명한 5장도 위와 동일한 방식이다. 주인공 유다는 돌로레스라는 여자와 혼외정사를 맺었는데, 이 여자가 그 사실을 폭로하겠다며 유다를 협박하여 돈을 긁어 내려고 한다. 이렇게 되자 유다는 청부살해업자를 시켜서 그녀를 죽여 버린다. 유다는 처음에 자신의 행위에 대하여 양심의 가책을 느끼지만 시간이 갈수록 오히려 잘 되었다는 이기적인 마음을 갖게 된다. 이 장면을 제시한 다음 저자는 구체적 결과를 중시하는 행위 공리주의라는 윤리학의 한 개념을 설명한다. 돌로레스는 혼자 사는 여자인 데 비해, 유다는 사회적 지위도 있고 사랑하는 가족도 있다. 따라서 돌로레스가 혼자 죽어 줌으로써, 유다의 가족은 물론 유다의 주변 사람들도 한결 마음이 편해지니까, 이것이 곧 행위 공리주의라는 것이다.

이처럼 영화 속의 구체적 상황에 질문을 던지고, 그 질문에서 지혜로운 해답을 찾는 것, 바로 그것이 철학하기라고 저자는 주장한다. 사실 영화 속의 상황은 곧 일상 생활 속의 상황이므로, 우리의 일상이 곧바로 철학하기의 대상이 된다. 따라서 영화 속의 상황을 잘 숙지하고 있으면 우리는 아주 구체적인 토대 위에서 철학적 질문과 해답을 얻을 수 있다. 바로 이것 때문에 영화 열 편의 내용만 숙지하고 있으면 철학개론의 절반 이상은 알고 들어간다고 말한 것이다.

앞에서 철학은 '질문'이라고 말했는데, 여기에 하나의 난점이 있다. 이 '질문'을 풀어 나간다는 것이 실은 그리 쉬운 문제가 아니다. 이를테면 '나는 누구인가?' 하는 질문을 보통 사람(이 책의 역자를 포함하여)이 자신에게 던질 경우 막연하게 느껴진다. 왜냐하면 사람의 생각은 제멋대로 흘러가는 경향이 있기 때문이다. 예를 들어 '소년 시절의 추억은 물 묻은 스웨터이다.' 또는 '어둠 속에서는 아카시아 냄새가 난다.' 같은 생각이 그런 것이다. 이 책에 인용된 흄의 다음과 같은 문장도 그것을 뒷받침하고 있다.

"사람의 마음은 일종의 극장과도 같아서 그 무대 위로 여러 가지 지각이 등장한다. 그 지각들은 지나가고, 다시 나타나고, 또 지나가고 그러면서 미끄러져 내리고…… 서로 섞이면서 다양한 자세와 상황을 만들어 낸다. 거기서 단 한순간도 통일성이라는 것은 있어 본 일이 없고 또 정체성이라는 것도 있어 본 일이 없다."

그래서 이 생각을 잘 조절하지 않으면 '나는 누구인가?'라는 질문은 이런 식으로 엉뚱하게 진행된다.

나는 누구인가?(그러니까 인생이란 무엇인지 묻는 거야? 그래, 그럼 이걸로 질문을 바꿔 보자)

……

인생이란 무엇인가?(이거 막연한데. 가만 있어 보자. 이런 질문을 던진 노랫말이 있었는데…… 그래 그거야. 그렇게 질문을 던지고 이렇게 대답했지)

청춘은 즐거워!(청춘은 즐거워? 이거 넌센스 게임인가?)

결론은 버킹검……

따라서 이런 우스꽝스러운 결과를 피하기 위해서는, 질문만 던져서는 안 되고 그 질문을 올바르게 유도해 주는 길잡이(좋은 안내서)가 있어야 한다. 여기에 번역한 『영화로 철학하기』는 그런 길잡이 역할이 탁월하다.

나는 평소 철학의 좋은 길잡이를 얻기 위해 '철학이란 무엇인가?' 라는 제목의 책들을 즐겨 샀는데, 그 제목을 살펴보면 철학을 고통 없이 이해하게 해주는 책, 두 번만 읽으면 철학을 떼게 해 주는 책, 소설처럼 술술 읽히는 철학 입문서 등 다양하다. 하지만 이런 책들을 읽어서 철학을 더 잘 알게 된 것은 없고, 오히려 철학 책과 철학자 이름만 가득 외우게 되었다. 사실 철학하기는 음식 먹기와 비슷한 것이어서 우리에게 정말 필요한 것은 음식 먹기(철학하기)이지 음식의 메뉴(철학자와 저서 이름)는 아니다. 따라서 철학하기를 직접 해 보려면 철학적 상황을 잘 제시하는 책이 필요하다. 그리고 이 책은 그런 목적에 잘 부합하고 있다.

이 책이 영화 속의 줄거리와 에피소드를 인용하여 철학을 쉽게 설명했다고 하지만 그래도 철학하기가 액션 영화나 로맨틱 코미디 한 편을 보는 것처럼 쉽지는 않을 것이다. 그것은 왜 그런가 하면 철학에는 더 이상 분해되지 않는 기본 개념이 있기 때문이다. 적어도 이 개념 정도는 알고 있어야 그 다음으로 진도가 나아갈 수 있다. 이 책의 1장과 2장은 그런 기본적인 개념 두 가지(회의주의와 상대주의)를 다루고 있다. 영화를 보는 기분으로 이 책을 펴든 이는 1장과 2장이 좀 벅차게 느껴질 수도 있을 것이다. 하지만 이 고비만 넘기면 그 다음부터는 술술 나가므로 끝까지 읽어 철학하기의 진수를 맛보기 바란다.

2004년 1월
이종인